U0917310

浙江省文史研究馆文史丛书之三十三

◎ 叶哲明 著

初唐治国特色及中西海洋海交开拓

叶春华 题

ZHEJIANG UNIVERSITY PRESS
浙江大学出版社

图书在版编目(CIP)数据

初唐治国特色及中西海洋海交开拓/叶哲明著. —杭州：浙江大学出版社，2013.3
ISBN 978-7-308-10184-4

Ⅰ.①初… Ⅱ.①叶… Ⅲ.①政治制度史—研究—中国—唐代 Ⅳ.①D691

中国版本图书馆 CIP 数据核字（2012）第 141532 号

初唐治国特色及中西海洋海交开拓
叶哲明 著

责任编辑 王 晴
封面题字 叶春华
封面设计 刘依群
出版发行 浙江大学出版社
（杭州市天目山路 148 号 邮政编码 310007）
（网址：http://www.zjupress.com）
排 版 杭州大漠照排印刷有限公司
印 刷 杭州日报报业集团盛元印务有限公司
开 本 710mm×1000mm 1/16
印 张 17.75
彩 插 2
字 数 350 千
版 印 次 2013 年 3 月第 1 版 2013 年 3 月第 1 次印刷
书 号 ISBN 978-7-308-10184-4
定 价 45.00 元

浙江大学出版社发行部邮购电话（0571）88925591

作者早年阅读唐杜佑《通典》留影

1982年10月唐史年会和浙东籍文史学家傅璇宗、徐连达、郑学檬、齐陈骏等留影扬州定慧寺

1985 年 10 月作者于西安昭陵参加唐太宗学术讨论会与部分学者合影

1992 年 3 月天台山学术讨论会与妻(胡雪芬)在国清寺隋梅名园留影

1995 年 9 月与国清寺
方丈可明大师留影

1996 年 9 月和复旦大学同窗齐陈骏教授北京长城留影

1996 年十月作者参加洛阳武则天国际研讨会合影

2003 年 5 月作者、复旦大学博士生导师吴时霖先生于天台国清寺与方丈可明大师听讲法华经典

自 序

ZI XU

我之喜爱、学习唐史，以及由此引发的一生史学研究情缘，展示五十年代知识分子爱国读史的社会人生，激发我撰写《唐自贞观至开元帝制改革》、《唐初儒学治国和中华大一统文化形成》、《东亚海洋文化开拓和日本高僧远渡天台》、《武则天的政治理想和人生奋斗精神》等论文，并结集成书，光阴如流水，确系赞叹岁月易逝的不朽名言，回首往事，分外感慨，转瞬过去了五十余年。“天下无巧不成书”，在小学启蒙教科书上，开始稚知大唐有个好皇帝李世民，他是我国历史上“百王之冠”，他所治理的贞观治世，誉为“千古之绝唱”，撼动幼小心灵，故乡，故土，童年所带来的知识启蒙，从此播下喜爱和研究的种子，尔后有花有果，其间确有一段颇为曲折离奇，而又令人眷恋的难忘经历。进入初中，父亲因读书很少，又饱尝旧社会商海的酸甜苦辣，主张孩子们读书谋生，讲些他也似懂非懂的三国、唐史人物，激励我们努力奋斗，督促读书习文，近乎严酷。平日少有玩耍，埋头书桌，背后我却喜偷看历史绣像小书《隋唐演义》、《薛仁贵征东》、《薛丁山征西》、《罗通扫北》、《女皇武则天》、《开元盛世杨贵妃》等，“自古英雄出少年”，敬佩他们的聪明智慧，强烈感染为国为民、英勇杀敌高尚品格之余，在童蒙世界里寻求自己生活乐趣，自始打开了学习唐史的大门，结下一生之缘，写下《初唐治国特色及中西海洋海交开拓》和《三国风云人物》等多部著作。

1953 年 8 月，我有幸考进上海复旦大学历史学系，当时系内大师辈出，顾颉刚、周予同、周谷城、蔡尚思、王造时、谭其骧等教授，都是国内一流史学家。他们学风严谨，为人风范，史学思想，体大思精，融合诸家，不泥成说，独创己见；讲学民主，各有特色，堪称学问、人格皆为素养卓然的历史大家。我特爱听谭先生的生动讲课，主修课程就是他的《魏晋隋唐史》和稍后的《中国历史地理》；因为想攻读唐朝文学，大学二年级学年论文《关于李白谪仙之探析》是鲍正鹄教授指导的，颇有好评；毕业论文《唐玄宗杨贵妃恋情和安史之乱》是由谭其骧教授和徐连达讲师(现为博士生导师)指导的,但我没有写好,有负他的教诲,这更激发我一如既往地把唐史学习和研究作为一生的奋斗目标和生活情趣。大学四年匆匆而去,学习、研究了中国和世界历史发展的特点及演变规律,非常钦佩、崇拜司马迁、陈寿、刘知幾、司马光、欧阳修、叶适、吴竞、胡三省、王夫之、赵翼、梁启超等杰出史家为人风范、政治气节,体大思精的渊博学识,正直无畏的史家直笔,也为今后学习唐史,打下一些专业基础。

1957 年以后,政治运动频仍,“文化大革命”掀起,人生道路坎坷不平,工作南北颠簸,政治也备遭莫名打击。我因回乡探望母病,引发阶级斗争理论的争议,无故挨批,由南京华东水院中国革命史教研室,下放徐淮、沂蒙山区劳动,辍学荒废五六年之久,但学史情缘难断,长年累月形成的唐史酷爱,及由此引发的对国家的振兴和英雄的崇拜,艰难的劳动生活使我更坚强起来,劳动之余,也翻阅两《唐书》,等待着报考“唐史”研究生,回南京,上北京,重温年青时一段难忘的学史情缘和恋爱旧梦,安慰慈祥的母亲,开拓新的人生旅程。所幸 1979 和 1980 年,两次遇到早在复旦读书、情同手足的同乡同窗天台人齐陈骏(后为兰州大学博士生导师、中国敦煌吐鲁番学会副秘书长),忆起当年在复旦校园“小桥流水”苑内,畅谈理想,能有如老师一样对中国史学有所贡献,热泪盈眶,感慨万分。在他的帮助和激励下,我参加了上海举办的首届“中国农民战争史”学术讨论会,后又参加西安、洛阳、扬州举办的“中国唐史”等学术讨论会,重燃学习唐史的闪烁火花;特别是聆听史念海、唐长孺、韩国磐、王仲荦、何兹全、吴枫、宁可著名史家,还有一些年轻而又有卓见的师友袁英光、胡戬、徐连达、郑学檬、齐陈骏教授的大会报告发言,受惠不浅,拨正人生行程,毅然转入家乡台州学院(当时为台州师专),讲授《魏晋南北朝隋唐史》,开始撰写《中国唐史讲义》。1982 年 5 月参加浙江省高等师范院校《中国通史讲义》的编写,执笔隋唐部分。《中国通史讲义》1984 年由浙江人民出版社出版,并发表《论唐太宗君臣贞观文治和调整统治政策》(1985 年 9 月《唐太宗研究》第一期)。其后参加“中国唐史丝绸之路学术讨论会”、“唐太宗学术讨论会”、“武则天学术讨论会”、“唐玄宗学术讨论会”、“中国海洋史学术讨论会”……深切体会唐朝在中国及世界史学研究中的重要而突出的地位。唐史的研究激发我的爱国学史情感,我以“多读书,勤讲书,苦写书”为座右铭,结合教学实践,撰著《中国唐史讲义》,力求在政治史和人物纪传、海洋海交领域，有所开拓。这次选录自认颇有深度的部分论文，结集而成《初唐治国特色及中西海洋海交开拓》一书。

诚然，我之研究唐史，是因她在世界文明史上重要而独特地位，大唐贞观至开元的一百多年间，是我国乃至世界历史上治理国家最出色的时期。政治开明，经济、文化科技高度发展，尤以贞观年间，无愧为古今治国之绝唱，历史之奇观，在世界政治、文化思想史上谱写了光辉华章。贞观二十余年，只是历史长河中的一瞬，大唐在世界历史文明竞争中，处于遥遥领先的地位，给中国乃至世界历史发展和社会进步带来巨大的作用、影响和贡献。这批杰出而充满智慧的群体，审时度势，高瞻远瞩，充分发挥最高统治集团在制定方针、政策和执行改革中的不断开拓创新，造成了文治武功都达到空前的大唐帝国，成为世界中世纪最负盛名的封建王朝。史家誉唐太宗为"百王之冠"，贞观时代"惟三代以下，治功莫胜于唐，唐三百年莫若贞观之盛"，一直成为继起的历代封建统治者效仿的表率和楷模，大唐是当时世界"文明之邦"。

以唐太宗、武则天、唐玄宗和魏徵、房玄龄、杜如晦、李勣、姚崇、宋璟、狄仁杰、张嘉贞等代表一批地主阶级政治家，其治国最大的历史特色和功绩是大乱之后，坚定地推行"必以文治之。儒待其人，乃能光明厥功，举天下一之于仁义，为百世不易之道"，实现"大道之行，天下为公，选贤与能，讲信修睦，使天下道一同风"的中华小康和谐社会：皇帝治国以民本思想，君臣论政倡民主谏诤，难能可贵地从改革封建制度核心皇权帝制入手，探索民为国本、君权民授，辅以均田、府兵、科举、刑律、义仓、政事堂和民族友好、和平交流等一系列革新制度、政策，有效地调动和启发人民群众的积极性和创造性，开拓中华大一统，谱写了我国历史上由打天下、治天下，而富天下的历史佳话；经济、文化、国力、中西海洋开拓和政治外交诸方面，尤以人民生活的改善、提高，都达到历史的高峰。武则天称帝，励精图治，独步古今，是对男权封建社会的极大挑战，并对封建皇权帝制作了重大改革。其所创设的科举殿试，任用女官，扩大和提拔下层庶族入仕为官；重视农业，开辟边塞农田，提倡民可告官的地方吏治改革，较唐初更加开放，更加发展。史学家宋祁、司马光、曾巩、欧阳修、范祖禹等都有极高赞誉："自周武、成康，历八百年而后有汉，汉历八百年而后有唐……其除隋之乱，比迹汤武，致治之美，庶几成康，自古功德兼隆，由汉以来未之有也。"唐太宗被誉为"百王之冠”；武则天为“历史上独一无二的杰出女皇政治家”，唐玄宗缔造开元盛世。遥看封建社会秦至唐，唐至清的前后二千一百多年，历代皇朝不可同日而语，望尘莫及。《唐书》曰：“大唐之治，道合乎天地，德通乎神明，虽有周、汉、成、康、文、景之理，无出于此矣！”毫无疑问，唐之后的宋无法比拟，就是汉之文景、建元，明之永乐、弘治，清之康熙、乾隆，也难以匹敌。作为封建皇帝唐太宗、武则天以至唐玄宗，较之之先的隋文帝，之后的宋太祖，就是雄才大略的秦皇汉武，也没有能如他们一样，把中华民族推向世界历史的最前列。当时亚洲、非洲，及至整个世界把大唐誉为“东方文明大国”，治国的表率，以至人类和谐社会的楷模。

翻开中国历史，对世界中世纪历史的文明传播，友好来往，贡献最大、影响最大，诚然是唐朝的贞观和开元时期。诸如经济、政治、文化的交往，特别是海洋、海运、海交的开拓，促使世界文明大交流，其广度、深度可堪为世界之首篇华章。东亚日本、朝鲜等派出一百多次“遣唐使”，中亚波斯、大食以至北非，直至欧洲西班牙，通过大秦使者，都络绎不绝地派遣留学生、商人、官员到长安，学习大唐文化、文明。试看当时世界，欧洲封建制度刚刚开始确立，七世纪中期建立的法国查理曼帝国，进攻西班牙，吞并意大利，威震四方，为罗马教皇加冕，授予“罗马人皇帝”，曾几何时，旋即分裂，演变成长期的割据战争；盎格鲁·撒克逊人这时侵入大英不列颠，建立星罗棋布的小王国，互相兼并，不断战争，有如我国的春秋战国时期，“欧洲刚刚看到封建时代的曙光”。辽阔的俄罗斯，正由斯拉夫人建立的基辅和诺夫哥罗德两个不设防城市为中心的小王国，互相竞争，阶级正在分化；至于建立以莫斯科公国为核心的俄罗斯统一国家，还要再过三四个世纪，才开始形成。所谓五大文明古国的埃及、巴比伦、印度、古希腊、古罗马等，正在衰落，昔日繁荣昌盛的东罗马，正为野蛮的日耳曼民族的侵入，而日落西山，摇摇欲坠。总之，唐初君臣所治理的贞观、开元盛世，无愧为当时世界上最强大的、最先进、最繁荣，并以和合、和平理念，推进世界文明历史向前发展。

大唐治国在我国历史上最为出色、成功，首先以唐太宗为核心统治者集团，提倡谏诤，集思广益，发扬民主，从理论、制度上反思和批判封建的皇权帝制，制定切合时宜的方针、政策和战略，奉行以儒学为宗，兼融佛道，“安民为先”，发展生产，促进科技文化繁荣。唐太宗极其难得而令人信服的是一登上皇帝宝座，大宴群臣的第一天，就宣布“以百姓之心为心”，“戡乱以武，守成以文”；从限制皇权帝制入手，进行后宫、储君（太子）、官僚制度的改革突破，创新政策，终于赢得“中国既安，天下大宁”，快速实现由打天下，治天下而富天下，社会和谐、文明，经济发展、繁荣，达到我国历史最称完美的时期。

综观贞观、开元所倡导儒学治国，不仅是祖述尧舜、宪章文武、宗师孔孟；顺阴阳，明教化，游文于六经，留意于仁义；以其“内圣外王”之道，适合时宜地制定、推行一系列政治、经济、文化、军事、外交等方针、政策和措施，和历朝，特别是和隋炀帝统治时期相比，有下面几方面明显的特色和不同：一，生产性、社会性、文化性的政策措施多于消费性、奢侈性的政策措施；二，发展经济性的政策措施多于政治性、军事性的政策措施；三，在政治经济性政策措施中，缓和安定措施多于急政扰民的政策措施，偃武修文的中外政策措施多于穷兵黩武的政策措施。这些方针政策的改变和调整，高度展示出统治者的聪明智慧、远见卓识，对于急剧变化着的唐初政治经济形势，起着适应、缓和、安定的作用，既缓和了统治阶级内部的矛盾，也缓和了统治阶级和被统治阶级，以及汉族和外族，尤以少数民族之间的矛盾，并为社会持续发展开拓创造出巨大的动力。尤以内庭及官僚制度改革，精妙有度地限制以皇帝为首的统治者的贪欲，既能适应当时统治阶级长远利益，也最大限度地顺应和满足了乱后人民群众安定生产和安定生活的迫切要求和愿望。这种民主性而又带有均衡、平和、宁静色彩的理论和让步政策，有效保证人民生产、生活，而又不过分压迫剥削人民的统治思想，大大激发了人民生产的积极性和创造性，取得了政治缓和安定与经济、文化恢复发展的双重效果，唐太宗君臣无愧为我国封建社会历史中最杰出的封建政治家、思想家。他们所导演的这场有声有色的政治经济文化与军事政策的大调整、大改革，无愧为我国封建王朝中儒家民主治国之绝唱。所以陈寅恪先生在《隋唐制度渊源略编稿》中说：“隋唐两朝为吾国中古极威之世，其文物制度，统传广播，东至日本，西及中亚”，“融会异国，混合古今”，终于赢来了中华民族文化复兴，经济繁荣，国家富强，而成为当时世界和平发展的文明大国。

史家于历代“治国以文”，亦有推崇宋朝；实则以治国实效，尤以民本治国、政策制度措施的民主创设，国力强大，社会和谐，首推大唐治国的成功，其所构建儒家封建治世的民主政制模式，是中华民族对世界历史的伟大的开拓和创造。在我国以皇帝制度为核心的封建专制制度下，大胆提出儒家民主治国，民为国本，政治权力来自人民，并以经济、文化、军事、外交的调整、改革，缓解统治阶级和被统治阶级之间的矛盾，而形成的中央到地方比较民主的政权、政制，构成大唐前期封建民主政治的模式，开拓世界政治、经济、文化交流，是得到人民的高度拥护和支持的封建民主政权，宋朝和其他王朝，是望尘莫及、不可同日而语的。这种模式，虽然和现代的民主政治，有本质的不同和区别，但其治国的理论和实践，充分反映出统治者难能可贵的最大限度的制约人性的贪欲惰性，展示出高度的政治智慧和才华，值得赞赏和借鉴，某些原理、政策、机制和具体做法，具有重要的历史意义和现代价值。

唐前期治国以文方针，开启我国人才辈出的时代。太宗、高宗、武则天、玄宗凝聚、造就了中华民族一代杰出的政治家、思想家、军事家、经济学家、文史学家、科技学家，拉开了“王者无外、四海同风”、华夏一统的历史序幕。唐太宗讲：“无隔华夷，诚信如一，日月贞明，煦照著于环宇”。他们继承和开拓两汉以来与各国的友好交往，从陆路、海路铺开中西丝绸之路，通往东亚、西亚、南亚、非洲，以至欧洲的四通八达的天可汗大道，培育了大批精英人才，也推进中外经济、文化和科技交流，促进了世界文明的发展；他们又不断吸取世界各国和各民族的文化，兼容提炼，导演出中世纪世界政治、经济、文化、科技、宗教大交流、大融合、大提高的历史壮举。大唐的国都长安、洛阳两京，是当时世界政治重心，也是经济、文化交流的中心。

大唐学者、商人、高僧、官吏频繁出使；而其他国家的留学生、商人、高僧、学者、官吏，也不断进入中华，各国的璀燦文明，在大唐舞台融合交流，发扬光大，缔造出中世纪世界历史的文化辉煌。据有关典籍资料，7—9 世纪国外涉及唐代有关历史的《行记》、《纪传》、《游记》、《文集》、《省道纪》有七八十种之多，是世界史上最多的一个时期。其中具世界性影响的名著有：公元 710—794 年日本著名文史学家淡海三船《唐大和尚东征传》，或称《鉴真和尚东征记》(有说台州开元寺高僧思托合撰)；日本高僧圆仁《入唐求法巡行记》，简称《入唐巡记》；新罗留学生崔致远，874 年在中国一举及第，曾为溧水县尉、侍御史，著有海交名著《桂苑笔耕集》；还有波斯、大秦及北非阿拉伯人撰写的：阿拉伯人苏烈曼《苏烈曼游记》;伊本·考尔大贝《道程及郡国志》,他曾任中亚喀巴尔省邮务长官;还有伊本·罗斯德《阿尔阿拉克那非撒》一书,被誉为介绍大唐文明的百科全书。这些书,从不同方面记录、描绘唐朝历史文化、经济物产、礼仪制度、社会太平、城市繁华、杰出人物、名胜古迹、经贸活动,以及丰富多彩的人民生活,称誉大唐文明"天上人间,金银铺地,城市繁华,美丽,神往,无论冬夏,都穿丝绸,人民文化素质尤高……"

对海洋的开拓和繁荣,也是大唐文明的一大亮点。唐朝为推进世界文明交流,进一步开拓海洋、海运、海交,把东西丝绸之路提升到新的历史高度。我国东南沿海著名交流港口增加,广州、扬州、楚州、明州、杭州、福州、越州、温州、台州、桂州,尤以长安、洛阳、成都、扬州等内陆名城等;誉满环宇,不少成为世界性城市。沿海港口建有市舶司、互市监,专门接待各国来华的使节和客商。顾炎武《天下郡国利病书》称广州:"贞观十七年(643),设立市舶司",是我国最早的海口市舶司。世界各国大批"遣唐使"、"入唐使"等从海道、陆道进入中国,光就日、韩官方和民间史载就有220余次。唐玄宗开元期间,"四夷来同,海内宴然","天下百姓,普皆安乐",中亚、西亚、阿拉伯,以至欧洲的大食帝国、东罗马"入唐使"、商客、学者、僧侣蜂拥而入中国。唐中央政府后来还把对外接待政策推及到州县,自由往来,相互平等,世界各民族人民共同为大唐文化添砖加瓦,缔造中世纪泱泱文明大国。

唐朝进一步开辟出四通八达的海陆丝绸之路,更广、更大、更远,开始波及西非、北非、欧洲国家;政治、经济、文化、科技、宗教、特产、商品,也有重大的拓宽和深刻的变化,极大地推进中世纪世界各国文明的交流提升,使当时世界发生历史性的变化和演进。

唐朝的中西海陆丝绸之路,较两汉魏晋南北朝有重大推进和拓展。以洛阳、长安两京为重心,构筑而成北起涿郡(今北京),南及余杭(今浙江杭州),纵贯海河、黄河、淮河、长江、钱塘江五大水系的京杭大运河,通往世界各国的海洋海交的新格局。东出东海、黄海,至高丽、日本、新罗诸国;东北经黑水靺鞨到达翰海以北"骨利于国",及"去京师一万五千里"的流鬼国(即今海参崴一带);北由回纥向西拓展到黑海以东,西出葱岭至阿姆河地区,及到波斯、大秦;西南可到印度、锡兰,至北非及拂菻(东罗马)等国,间接进入欧洲西班牙地区;向南经南海可抵苏门答腊、诃陵、婆登等地。此外出海东由广州南行，可抵印度尼西亚、菲律宾、爪哇等南海诸国，以至颇近南极的耨沱洹等，史称商船“来广州，近五月海程”。据《唐书》、《唐会要》所录的国家地区，可考的有130多国。著名而有使节来往的如康国（今撒马尔罕）、安国（今布哈拉）、石国（塔什干）、阿国（喀沙尼亚）、火成国（今欧非交界花剌子模）、吐火罗（阿富汗）、波斯（今波斯东）、骠国（缅甸）、天竺（印度）、拂菻（北非、东罗马）、狮子国（锡兰）、罽宾国（克什米尔）、穆国（今马里）、大食（又称白衣大食、倭马亚王朝）等。

当时我国海外交流航道，已经形成“两路四线”格局，较两汉南北朝的海上丝绸之路，有了历史性的开拓和发展。北路有黄海北线和黄海南线：北线北路由山东登州沿海出发，东北行经辽东半岛，再入西南朝鲜湾，直航日本九州；南路由山东靖海沿海出发，直取朝鲜半岛西岸，再沿岸南下驶进入日本。南路有东海南线和东海北线：南线的基本走向由浙江的明州、越州、台州、温州出发，横越东海，首达日本南方奄美大岛，进入日本。南路北线由江苏的楚州、扬州、苏州沿海出发，横越东海，直达日本肥前松浦郡的值嘉岛，进入日本、韩国。特别是南方大港广州的开发，使唐朝和东南亚、南亚、东非等的海上航运出现崭新的局面。

唐代南线广州海运空前活跃，堪称世界航海史上罕见的盛况，广州成为当时世界性港口城市，出现贾耽所说“广州通海夷道”。可分三段：第一段由广州出发，顺马来半岛直下爪哇；第二段再由新加坡，穿过马六甲到阿拉伯首都巴格达；第三段，由波斯湾头的奥波拉，沿阿拉伯半岛西航，直至红海口，到东非海岸。这就是世界航海史上所说由黄海、东海、南海直达欧、非的“唐代海上丝绸之路”。著名海洋著作《南海寄居内法传》、《大唐西域求法传》、《大唐和尚东征传》和日人圆仁《入唐求法巡行记》等，真实反映南北线空前开拓、繁荣，唐朝远洋船队不但已越过印度半岛，直航阿拉伯海与波斯湾，而且首次到达红海和东非海域，651年大食帝国第三任哈里发国王首次正式派使入唐，并辗转远至西班牙、葡萄牙。阿拉伯国家来中国遣使自651年至798年的148年中，正式遣使达39次之多。记录了我国与南亚、东亚、西亚、东南亚以及北非、欧洲的航海活动及经济文化交流的诸多精彩节目。

尤值得一提的是，大唐是我国历史上最开明、昌盛的王朝，百家争鸣、百花盛开、学术繁荣、日月争辉，政治、经济、文化远播中外，世界各国人民共同缔造大唐成为世界中西文化繁荣的殿堂。我国的儒学、道学、佛学、政治学、史学、文学、艺术学、音乐学、天文学、地理学、生化学、军事学等大放异彩。一代人物李世民、房玄龄、魏徵、李白、杜甫、王维、智顗、杜佑、刘知幾、白居易、韩愈、李思训、欧阳询、柳公权、颜真卿、吴道子、一行、鉴真、孙思邈、唐玄奘……他们的学术思想、著述典籍，流播世界各国，对世界文明产生重大影响。从东部的日本、朝鲜，至西部北非和东罗马，各国的学者、商旅、艺术家、僧侣，顺着海陆丝绸之路，到世界经济文化中心长安、洛阳两京和扬州、成都、广州、明州等城市，传播本国的文明和科技，真如日本著名史学家木宫泰彦所云："对中国优秀文化益加叹羡和憧憬，朝野上下醉心于学习和模仿，形成一股狂热的学习高潮，他们以文化和典章制度为主。"中亚波斯，以及印度、阿拉伯、东罗马等国来中国的学者、富商，也和日本、新罗等国一样，传播，宗教、艺术、建筑、绘画、雕塑、音乐、医药、植物和技艺，造就了以中国为重心的世界文明，"百花竞放、万紫千红"。世界各国不同民族，相互交流，兼容并蓄，开花结果，大唐是世界历史的主角，为世界中世纪文明发展作出历史性的贡献。

大唐初期的百余年，尤以开元盛世二十余年，堪称黄金盛世。当时全国人口，唐史著名学者汪篯认为实际已达7000余万(包括在外人口流亡)；全国耕地面积已达850万顷；全国有国子监在内生徒60000余人；乡里学校8.91万所；全国水陆驿有1643所；著录书籍达53915卷。疆域辽阔，东起海，西至巴尔喀什湖，西南至喜马拉雅山麓，东北达外兴安岭以南，包括库页岛在内的霍库次克海海岸，东南包括台湾至南海的南沙群岛在内的南海诸岛。当时国家粮仓堆积如山，光洛阳含嘉仓就有58334000余担，"东都米斗十三钱，青齐五钱"，诚如杜甫《忆昔》所描绘："忆昔开元全盛日，小邑犹藏万家室。稻米流脂粟米白，公私仓廪俱丰实。九州道路无豺狼，远行不劳吉日出。齐纨鲁缟车班班，男耕女织不相失。"并非溢美之词。

尤令史家研究，而异常感慨的，开元盛世的二十余年，为历史长河之一瞬，安史之乱悲剧地结束了大唐往昔的强大、繁荣、昌盛，自此步入衰退、败亡的历史进程。百年历史，由大治而为鼎盛，再由鼎盛而为极衰，自此以后，宦官擅权，朋党之争，藩镇割据，内外交困，最后演成五代十国，以至宋、辽、金、元的分裂、混乱时期。开元，这是中世纪封建社会中诡奇错综又发人深省的一段悲剧性的国史。一方面，大家都认识到开元盛世是中国历史上最繁荣、最发达、最文明的时期，它的稍纵即逝，一下子骤变而为安史大乱，揭示出盛世背后潜藏着严重社会危机，从而走向极衰，大可作为今后振兴中华历史的借鉴和教训。另一方面，唐朝百年确为我们今天振兴中华的一盏明灯，从正面学习其成功经验，开拓我国富强、繁荣、文明的社会主义的小康盛世。当然，开元骤转天宝之乱，其对大唐，以至宋明以后我国封建社会历史的逆变影响之大，更值得我们高度警惕，引以为鉴。历史实践证明，宋明之后，可以说再也没有出现有如汉、唐盛世。值得思考的是，此一，历史上比安史之乱破坏更大、更广、时间更长、影响更深的，如春秋战国、南北朝混乱之后，并无出现安史乱后长期的历史逆势。二，玄宗和贵妃恋情引发皇族、大官僚、大地主们荒淫酒色的天宝景象，腐败混乱，如汉武、西晋司马、北宋宣和、明嘉靖、清乾隆后期等，也都不一定产生这样的长期历史巨变，并不是“及富必衰”、“鼎盛极衰”，所能概括和解释的。三是安史之乱后，北方衰退，重心南移，南方经济发展，黄河流域经济衰退，然国家繁荣昌盛，也不是地域的差距所完全决定的。历史运动，应在历史运动中去探索溯源：一方面我国封建社会的主导阶级地主阶级在唐朝安史之乱后，开始走向衰退历程，只是我们还缺乏潜在内因研究；特别是知识阶层中的政治家、思想家、军事家、文史大家，随着地主阶级内争，宋、辽、金、元战乱，自难提供、产生、出现有如唐初开国辉煌，缔造出新世纪的一批伟大人物；特别是对儒家民主治国，政治、经济、军事理论的开拓和创新。宋明儒学、道学、心学，特别是理学，“以民为本”，开拓不足，滞固有余；恢复和发展、推进小农经济乏力，从政策、制度方面促发资本主义萌芽，开拓历史前进，举步艰难。另一方面，封建中世纪后期地主阶级统治者，很少有如唐太宗、魏徵等这样政治胸怀，以政策制度、治国理论的开拓提升，推动历史的前进；反而使社会陷入更为复杂深刻的矛盾，也解决不了这些矛盾。这些主观、客观，内因、外因相互交错，使我国地主阶级政治家、思想家们在治国理论、政治经济制度、提拔人才政策方面，改革乏力，纵有千百次五光十色、轰轰烈烈的政治改革，以至农民起义反抗，却难引发封建社会内部的历史剧变、质变；社会停滞不前，中国封建社会整整沿袭了一千多年。唐初百年历史，值得我们认真研究，古为今用，推陈出新，促进中华民族历史新纪元。

我这一生在教师岗位上工作了五十余年，从学习研究唐史开启，以“多读书，勤讲书，苦写书”为座右铭，在教书天地里，构建学术研究的生活乐园，促进我热爱国家、热爱人民、热爱家乡，热爱教育，热爱学生。人间特有的师生情谊，是人类文明的象征，也是人类文明进步的动力，使我度过波澜曲折的一生，这是我著述这部唐史研究的诚挚心声，奋笔疾书，使我写出著作、教材、讲义七部，论文近 180 余篇，共 200 余万字。唐史这部著作，以我所处的时代特殊灵感，对大唐人物、制度、历史事件，以及历史影响认识，希望能率直公正，褒贬得体，又能有所开拓，有所创新，能对振兴中华，产生一些积极的作用和效果。

所录贞观至开元时期 19 篇论文中，前 12 篇大半是参加唐史学习、研究、学术讨论会而发的。后数篇是从事唐史教学，有感当今治国、社会、人生的感触而作的；还有自己比较喜欢，学界又有争议的帝王将相、民间学士文人、普通农民百姓，研究亦有心得而撰写的。由于学术环境、专业基础较薄，功力不足，想有所开拓、推进，也是力难从心。其中，提出一些新的看法，又有一定学术性，如唐太宗和魏徵君臣知遇，开辟出我国儒家民主治国的政治模式，缔造中世纪世界历史强大、繁荣、文明的大唐帝国。武则天一生爬坡奋斗精神，治国特色，再度振兴中华，成为我国历史上唯一叱咤风云的女皇帝，应予正面评价。袁晁农民起义的皇帝残梦，也是浙东农民起义想做皇帝，也做了一年半载皇帝的罕见的政治、思想现象。还有几篇较有深度、广度地涉及海洋、海港、海交和中外经济文化交流的论文，是想说明唐朝所以成为强大、繁荣，在世界各国文明竞争中处于遥遥领先地位，是治国中最重要的突破，也是大唐统治者治国成功的最大亮点；展现了统治者的宽阔胸怀和聪明智慧，超出历史视野；也深感今日振兴中华，只有海洋、海港、海疆、海交的发达、强固和强大，才能真正成为时代强国。总之，历史发展和社会进步，应在历史发展运动中找到它的规律、轨迹，唐朝是中华民族屹立在世界之林的杰出榜样和典范，研究、借鉴唐史振兴中华，希望开辟历史新时代，作出新的贡献。最后一篇是关于节假制度的，也是前几年国家颁行令人振奋的全面节令假日的规定，联想而起的，实际上唐朝早就有了，全面、精彩、科学，这是振兴中华，关重民生，和谐社会的突出展示和亮点。该文有关资料及部分内容，是由我的弟子浙江省图书馆周聿丹同志提供的，由我撰写成篇的。

本书订正、删改、汇集的过程中，深感许多不足：一是大唐是世界闻名的泱泱大国，繁荣强大，丰姿多彩；但也深感时代局限，境界有限、素养和学识不足，颇有力不从心之憾。二是唐初治国思想、制度、政策，改革调整，达到历史高度，深透各个领域，需要广泛资料汇集，师辈、朋友研究磋商和提升；本书内容丰富而庞杂，论证要有广度、深度，不足和疏失，也会不少。三是治国理论思想的研究中，强调儒学，而忽略道学、佛学、法学、兵学……在政策制度研究中，偏重中央帝制、官制，而涉及基层、民间，尤以民族地区的研究，涉面不多，颇难展示大中华多民族融合的特色。其四，很想在历史人物、事件的研究中有些突破，贞观至开元期间是我国人才辈出，明星广照的时代，虽然罗列排比不少著名人物和文士学者，然深层专题点评少而褊狭，特别是对于称名中外，又有巨大历史贡献人物研究不多；纵使对唐太宗、武则天、魏徵、寒山等人的研究，有些创新，但总的而言，寥寥可数，深度、广度，更难登大雅之堂。

再者，本书是先后近三十年，逐步陆续完成。1988 年 8 月一场大病，大伤元气，尔后人大、政协，社会工作繁忙，难以集中精力和时间，反复修正；而今年事已高，全书 30 余万字，全靠自己一人校正删改；观点论证，史料取舍，以至辞不达意，错失不当之处，望不吝指正、赐教。

本书准备付梓，首先感谢浙江省参事室、文史馆潘汉生、梁平波、魏新民等诸位领导的关心、鼓励和支持，终于在完成《台州文化发展史》一书之后的第三年，得以顺利地完成《初唐治国特色及中西海洋海交开拓》。感谢复旦大学新闻学院叶春华教授为本书题词。同时，也感谢长期来，一直鼓励我完成此书的浙江省社科院原历史所所长陈学文研究员，中国唐史学会会长、厦门大学博士生导师郑学檬教授，同窗挚友兰州大学博士生导师齐陈骏教授，还有学院胡正武教授、台州国学会吕俊法副会长、编辑王晴博士，使我完成一生夙愿，在东海台州文化史上留下一部唐史学习研究的著述。

叶哲明
2011 年 4 月 22 日
于临海北固山下台州学院书斋

目 录

MU LU

初唐以文治国振兴中华伟业

大唐前期，贞观至开元的一百多年间，是我国历史上政治、经济、文化发展的黄金时期。以唐太宗、武则天、唐玄宗为代表的地主阶级政治家，高度重视儒学治国之道，推行文治，振兴中华，所谓“乱已定，必以文治之。儒待其人，乃能光明厥功，举天下一之于仁义，为百世不易之道”①。大唐以文治国，皇帝讲民本思想，君臣论政讲民主谏诤，以皇权帝制改革入手，探索“民本”的君权民授；辅以均田、府兵、科举、刑律、义仓、政事堂等制度改革，推进社会经济发展和文治政制创设，提升理论、学术研究，开拓中华大一统文化，取得前所未有的卓著成效，谱写了我国政治思想史上儒家治国以文之绝唱。当时的社会经济、文化、国力，尤以人民生活的改善、提高，以罕见速度，全面恢复和发展，达到历史的高峰，大唐在世界各国的文明竞争中，处于遥遥领先的地位。唐、宋著名史学家宋祁、司马光、曾巩、欧阳修、范祖禹等都有赞誉：“自周武、成康，历八百年而后有汉，汉历八百年而后有唐……其除隋之乱，比迹汤武，致治之美，庶几成康，自古功德兼隆，由汉以来未之有也。”②遥看封建社会秦至唐，唐至清的前、后一千三百多年，历代皇朝望尘莫及。《唐书》、《通典》、《贞观政要》、《隋唐嘉话》及《资治通鉴》等重要典籍，皆有绝唱评价。《唐书》曰：“大唐之治，道合乎天地，德通乎神明，虽有周、汉、成、康、文、景之理，无出于此矣！”又说：“千里万里，贡赋于郊；九夷百蛮，旧款于阙，自有帝王以来，未若斯之神圣也。”又说：“道德理论，善政良法，制度措置，振古以来未之有也”，宋明以后，一直将其尊为治世典范，“询足以资为宝鉴”。辽契丹、金女真、元蒙古、清政府统治者异口同声，视为治国法

①《新唐书·儒学传》。

②《唐鉴》卷4、《新唐书》卷2。

宝:“欲知古今治国成效,见其贞观君臣,竭尽忠诚,激扬议论,足以为行法之准则。”他们把唐世典籍《贞观政要》等书,译成民族语言,朝内宫内“人必诵习之”。元至大四年(1311),元成宗览《贞观政要》即下文:“谕翰林侍讲阿林铁木耳曰:此书有益于国家,其译以国语刊行,俾蒙古人、色目人必诵习之。”①清康熙、乾隆二帝赞曰:

> 太宗为一代帝王,其良法善政,嘉言微行,胪具是编,询足以资法鉴。前代经筵进讲,每多及之。故中兴书目,称历代宝传也。②

一、唐初拉开儒学治国以文的序幕

以唐太宗李世民为代表的大唐君臣及其政治家、思想家,倡导中华民族儒学治国以文之道,成功缔造了中世纪世界历史上最有影响的东方文明大国,称“三代之盛,前所未闻”,远播中外,以至新罗、高丽、日本、高昌、吐蕃、西域、林邑、真腊,甚至波斯、大食、天竺和北非诸国,“帝王,酋长,并遣子弟入学”,赞誉“天下太平,普皆安乐”,“中华大地,无隔华夷”,以“唐风文化”,引为本民族治国理念和经典程式,大唐成为世界政治、经济、文化中心,有力推进世界历史的进步和社会发展。

唐朝重视儒学治国由来已久,早在高祖开国就“颇重儒臣”,其后太宗、高宗、武后、玄宗及其文武大臣,一脉相承,一以贯之。他们重视儒士、儒家经典,为历代王朝之所罕见。高祖即便在戎马倥偬征战天下时,也不放松以儒立国,《唐书·儒学传序》载:“高祖建义太原,初定京邑,虽得之马上,而颇重儒臣。”又说:“高祖始受命,钼类夷荒,天下略定,即诏有司立周公、孔子庙于国学,四时祠祀。”太宗犹有过之,《本纪》载:“太宗风丽露沫,然锐精德术,召名儒十八人为学士,与议天下事。于是四方秀艾,坌集京师,文治煨然勃兴。”贞观元年,群臣大会,封德彝夸耀太宗:“陛下以神武平天下,古今岂难之足比!”肖瑀曰:“纣为不道,武王伐之,周及六国无罪,始皇灭之,得天下虽同,人心则异。”太宗则称:“卿谓文不及武,斯言过矣。周得天下,增修仁义,秦得天下,并尚诈力……虽非文德之雍容,然功业由兹(文)而成,而不敢忘本。”③唐太宗成就千古功业的真谛,归之儒家“文德、仁义”,“以文治国,天下太平”。

---

①《元史》卷24《成宗本纪》。

②《四库全书总目》卷51《史部七杂史》。

③《贞观政要·政体》《求谏》。

太宗君臣重视儒士、儒学、儒家经典，取得了政治史上最佳业绩。探其奥秘，不仅是重视和弘扬儒学，最成功的是以此为治国理念和指导思想，不断探索历史发展规律，适合时宜地制定方针、制度、政策和措施，推进社会向前发展。太宗在《慎所好》中宣称："朕今所好者，惟尧舜之道，周孔之教。儒学犹依水之鱼，如鸟有翼，失之则死，不可暂无。"[①]他登上帝位，把儒家天地大德，定"于道为最高"，并"无隔华夏，覆载于八方，普昭于万物"。尊儒学为"国学"，升孔子为"先圣"，颜渊为"先师"。君臣论政，"国以民本"，提出"君者舟也，民者水也，水能载舟，亦能覆舟"，"不能爱民，不能利民，则危将焉而无不至也"。以儒家学说教育子弟，授以德业，培养人才，在中央设国子监，各置博士，定儒学经典为科举主要科目，选拔人才入三省六部参与朝议。太宗初定儒生十八学士，就是后来三省六部的宰相政事堂的基本班底，为治国智囊。贞观年间，儒风颇盛，"四方儒士，多抱负典籍，云会京师"，竞赴科举，流水般进入贞观的各级政府班底。尽如太宗所言："天下英雄，尽入吾彀中矣！"唐初君臣非常重视儒学经典，亲自参加收集、整理、阐发，并撰作新著。贞观二年，太宗即命主要文臣魏徵、虞世南、颜师古等撰写、阐发四书五经：

> 请购天下书，选五品以上工书者为手书，缮藏于内库，数年之间，粲然毕备。

《唐书·艺文志》称：

> 自六经焚于秦，而复出于汉，然师德之道中绝，而简偏脱乱而讹缺，学者莫得之本真。至唐始分为四类，曰经、史、子、集。[②]

其后高宗、武后、玄宗继之，故《儒学传》称：

> 六经之道，简乎易直而天人备，故其愈久而益明，天下藏书之盛，莫盛于开元。其著录者53915卷，自唐之学者自为之书者，又28496卷。[③]

高宗、武后和玄宗重视儒学，普及儒学，并通俗深化而入民间。他们追尊孔子为大师，"并以太牢之礼，祭祀孔圣"，又令"州县整修孔庙"，优礼地方儒生进

---

①《贞观政要·政体》《求谏》。

②《新唐书·艺文志》。

③《新唐书·儒学传》。

入州县教授，再申文“科举考试以儒学为主”。唐玄宗还封孔子为“文宣王”，孔子称王其为始，宣称：“儒学为治国之本”，“论国之大事，必本于正，而根乎德，而定春秋为考古之法。”①玄宗命褚无量、马素怀等儒学大师，“劝讲于禁中”，于是“儒学大兴”，布施“而入州县学庠。”《儒学传》称玄宗时：“天子尊孔，德籍大备，乾元殿博览群书至六万卷。”玄宗提倡研讨儒家经籍，还允许道家、佛家，以至外国的宗教，开展论争，相互切磋，编成《开元佛道论衡》、《一切道德经》等鸿篇巨制；儒道佛学的通俗经典进入州县学校，流行民间。当时州县、乡里开始兴行私学，由上促下，儒学发展而进入鼎盛时期。开元时期，政治开放，百花齐放，皇帝、官员和儒家、儒臣一起研讨、儒学经典，以儒学融入佛道而三者汇为一体，故文化繁荣达到历史高峰，成为开元盛世的最大亮点。

唐自贞观至开元百余年，在儒学以文治国的旗帜下，推动培养出一大批堪称我国历史上一流的政治家、思想家、史学家、文学家和自然科技学家，其中有不少是三省六部的宰辅大臣。据两《唐书》记载钦定贞观至开元大功臣一百名之列中，主要是儒者，亦有佛者、道者：如杜如晦、萧瑀、魏徵、褚遂良、王珪、马周、戴胄、颜师古、孔颖达、褚无量、宋璟、狄仁杰、李吉甫、李光弼、哥舒翰、李淳风、刘知幾、孙思邈、一行、李白、杜甫、王维、张嘉贞、裴炎、卢怀慎等，是中华民族历史上优秀人才最多、最佳的时期。

唐初大兴儒学之风，最成功的是弘扬儒学，兼及佛道，以三教兼融的治国理政开拓创新，尤以不断改革、创新制度、政策，取得卓著成效。而且儒学文治思想，开始全面推向民间，浸润着我国千万民众，为中华大一统奠定政治、经济、文化基础。自春秋末期我国思想家孔子创立儒学，中经汉朝儒生董仲舒提出“罢黜百家，独尊儒学”的思想主张，儒家学派取得了统治地位，并成为规范君主、官吏、儒生、百姓的行为准则。魏晋南北朝儒学演绎而为玄学，政治上宏扬，开拓，颇为乏力，所谓“玄而又玄，众妙之门”，儒学不振，治国失效。大唐初期，天下粗定，经济困窘，民心不安，文化教育连同儒学都处于不振的态势。唐初统治者高瞻远瞩，大力提倡文治，以儒学为治国之本，把儒家政治理念一统上自君主，下及平民百姓；发展教育，上自国子监，下及乡里学庠，为修身齐家治国平天下的政治教育程式，并以方针、政策、制度予以贯彻，不断进取，缔造名震中外的大唐文明帝国。

---

①《新唐书·儒学传》。

二、初唐治国以文和中华天下一统思想提出

那么，大唐前期的政治家、思想家及其儒生们如何以儒学为“治国之本”，推行民本、仁政，制定方针、政策、制度、措施；在治国进程中，不断总结经验教训，把儒学理论、原理充分运用于治国实践之中，并运用经典书籍中的政治原理，教化民众，构建大唐初期百年和谐、稳定的中华文化大一统的治世、盛世。其主要特色是：唐太宗为代表贞观统治集团能以儒学理论与民主政策相融，儒家思想与君权民授结合，将君君、臣臣、父父、子子一套政治等级的理念、原理、程式……融合于儒学中华“天下一家”的民族共同体之中。君臣、臣民，协力同心，众志成城，铺开大唐突飞猛进的历史征程。贞观所缔造的大唐儒学民主治世，极大地推进世界文明的发展，以至今日，世界各地人民还深深追记大唐帝国的“唐风文化”，称中国人为唐人，中国文化为唐文化，还有唐人街、唐服、唐诗、唐城、唐乐、唐镜、唐三彩、东西唐诗之路，等等。

唐初儒学治国在政治上最重大的突破在于“以文治国”，推行儒家中华大一统思想理念，构筑中华大一统的民本政权。以唐太宗和魏徵为代表的政治家、思想家，深深懂得治国平天下要拥有占统治地位的物质力量，同时也应拥有占统治地位的精神力量，“武以克敌，文以致治”，治天下，“突出文治”的主导作用。唐初，内外交困，一方面天下萧条，人心不安，经济困窘，民生凋敝；另一方面，周边扰乱，尤以北方突厥强兵犯境，严重威胁大唐初建政权；且最高统治集团在高祖即位不久，即发生皇位继承的血溅玄武门之变。唐初政局，较之秦、汉王朝初期，困难重重，变数更大，唐初统治集团远征道路是相当艰难险阻的。他们在历史挑战面前，敢于吸取教训，挺身而出，准确分析变化形势，运用儒家理论，以文治国，适合时宜制定治国的方针、制度、政策，开拓历史发展新道路。

首先把儒家中华大一统，作为治国的纲领性政治理念和目标。他们提出天下一家，无隔华夷，太宗君臣，以宏伟政治抱负和气魄，总结秦汉，尤以隋之亡国的成败得失，改变汉武时期“独尊儒学”，又分析了西汉董仲舒提出的天人相应的“大一统”政略，强调君权民授，兼融三教，辅之制度政策的改革，如均田制、府兵制、刑律制、科举制，特别是改革皇权帝制、三省六部政事堂制度，予以新的突破。另一方面，提出天下一家的中华大一统政治理念，总结两晋南北分裂混战了 280 多年民族矛盾，民族战争，尤以隋王朝覆灭于农民大起义教训，以全新儒学大一统的治国思想，开辟局面，解决了历史的急迫要求，诚如有些学者所说：

> 七、八世纪两百年间，以儒学为中心的主流知识状况和思想形态，已在普通生活世界中产生巨大影响。①

如何把儒学和治国结合起来是这个时代所面临的主题问题，唐太宗君臣就成了新儒学治国的实践者，开创者。贞观君臣懂得得民心得天下，他们有才干，有智慧，以中华大一统政治理念，实践儒学“道行天下”，并“以其事业存于制度、政策之中”。不少学者认为唐太宗李氏集团提出和推行中华大一统，有先天的民族、血统、姻族内在因素，其主要组合人员来自各个民族、各个阶级、各个阶层；还说唐太宗李氏集团自身是混合了各民族的血统，即汉族、鲜卑、突厥等民族的混合体。

当然，唐太宗君臣提出儒学天下一家的“中华大一统”理论，来自汉儒董仲舒向汉武帝提出的天人三策“天不变，道亦不变”的华夏“大一统”理论，这是不错的，但其不是独尊儒术，罢黜百家，而是使儒、道、佛兼容，各民族文化兼及，并充实了核心的儒家仁义，减弱了参有阴阳家杂说的“君权神授”的谶纬迷信，在实践中把儒家“大一统”提升到以文治国的高度，这自然对当时的政治思想和社会历史发展产生巨大的影响和作用。

三、天下大一统和振兴中华伟业

唐初儒学治国的成功，在大一统的政治旗帜下，巧妙地把封建专制的皇权帝制改革，纳入儒家的民主仁政，民本思想的范畴，首先把太宗皇帝打扮和缔造成国家民族利益的代表，人民的皇帝，民族的天可汗。并以汉儒春秋大一统“天地之常经，古今之通谊”为中华民族统一政体的基石；摒弃汉儒封建专制的迷信谶纬、独尊儒术；强调“民为国本”，变皇权神授为“皇权民授”。明确天下大一统为各民族政治、经济、文化的大一统；一统政治秩序，是国有“民权”，有汉族，也包括周边所有各族。唐太宗在《讨薛延陀诏》中说：“中华大地，包绝漠而为苑，跨流沙以为地。黄帝不服之人，唐尧不臣之域，皆委节奉顺。”又说：“古人所不能至，今既吞之，前王所不能屈，今成灭之，无疆之业，永贻来世。”又说：“朕忧劳士庶，无隔夷夏、天地大德，覆载极于八方，日月贞明，国富民阜，煦昭普于万物。”②这就是说，春秋“大一统”是中华各民族视之如一的大一统；这是上至天，下极地，上自帝王将相下至平民百姓，自古及今、无所不包的华夏九夷百蛮的民族大一统。

---

①郑学檬、卢华语：《李世民评传·前言》。

②《唐大诏令集》卷130《讨薛延陀诏》。

唐玄宗继以贞观的儒家民本、民主推进中华大一统，开元无愧为大唐鼎盛时期，晚明思想家王夫之云："开元之盛，汉宋莫及，四夷来同，海内宴然。"①唐玄宗之追求中华一统，不逊于太宗，《本纪》称其年少时，"济苍生，安黎元，好语王霸大略，大有吐吞四夷之志"，是奠造更大范围，更大空间、更有深度的经济、政治、文化的大一统。他进一步把中华东西南北，诸如西部西域、吐蕃，东北高丽，南部南诏、林邑、扶南等"和同一统，普皆安乐"。开元初年如吐蕃赞普弃隶缩赞普就上表："千年万岁，外甥是先皇帝舅宿亲……终不敢有违盟誓"，玄宗诏曰："大唐吐蕃，遂和同一家，天下百姓，普皆安乐。"开元十二年，唐玄宗上泰山封禅，盛邀中华各族，以及日本、新罗、昆仑、大食，共庆天下一统，史载："玄宗君臣，偕戎狄、夷蛮，羌胡、氐奚、大食、昆仑；日本、新罗、高丽之侍子、使臣，同上泰山封禅，祭献孔子。封泰山为天齐王，礼秩三公，尊儒学为国教"，并"制礼作乐，维君受命，福祉百姓，锡类万国"，其盛大的仪典，被誉为天下大一统的"古今之壮观"②。

自贞观至开元一百多年，大兴儒学，构筑大唐天下一统的文明国家。其历史突破，明显四大特点：一是中华一统，主体汉族，也包括周边各族。较秦汉以来归顺民族更多，地域更大。二是较汉晋南北朝，民族之间关系更加平等、融合、团结，成为中华民族和谐共同体。三是以文治国，推行仁政，绝少战事，这是我国历史上以武功定天下的开国王朝所仅见的。唐太宗讲"每发一兵，不觉头须发白"③，当时北方劲敌突厥和东北高丽、西北高昌、薛延陀等非打不可，其他皆"委质奉顺"。四是民族大一统，是政治的，经济的，更是文化的，大唐文化是各民族相互融合的唐风文化，远播海外，享誉世界。当时日本、朝鲜、南亚、中亚以至北非、欧洲各国，神往中华唐风文化，誉称世界最进步、最辉煌，也是最有影响力的中华民族一统文化。《唐大诏令集》云："王者视四海为一家，封域之内，无隔华夷。天地之德，平分四时。帝王之道，无偏于万国。"④《唐书》："中国既安，远人自服，天下大宁，绝域君长，九夷重译，皆来朝贡，相望(中华)于道。"太宗还谨慎地总结说：

> 近代平一天下，拓定边方者，唯秦皇、汉武。始皇暴虐，至子而亡。汉武骄奢，国祚几绝。朕提三尺剑以定四海，远夷率服，亿兆乂安，自

①《旧唐书·玄宗本纪》。

②《唐会要》卷7《封禅》。

③《贞观政要·征伐》，又见《资治通鉴》卷192，贞观元年。

④《唐大诏令集》卷66《封禅》

谓不减二主也。然二主之末途，皆不能自保，由是每自惧危亡，必不敢懈怠。①

唐初在中华大一统治国思想指导下，竭尽全力，苦心经营，终于建立了“东极于海，西至焉耆，南极林邑，北抵大漠，皆为州县，凡东西九千五百一十里，南北一万九百一十八里”的“蕃汉一家，胡越一体”的大唐文明帝国。

当然，唐初开国百余年来，战事也是有的，突厥、高昌、朝鲜、南诏、西域，还有远及中亚、南亚的战争。一是打得有理、有节，贞观初年讨伐高丽、突厥、薛延陀，但都出于迫不得已，并以战求和，最终保证“布德施惠”。二是旨行仁义。如高丽朝鲜战事，“盖苏文杀其国王，好乱滋甚；穷兵不息，率其群凶之徒，屡侵新罗之地，而新罗丧士，忧危日深，远请救援”②。三是平定之后遣使朝贡，不干涉内政，独立平等。如太宗和魏徵所说：“行师用兵，古之常道，顺天应人，偃革兴文，布德施惠。”最终“讨凶渠之多罪，拯无辜之倒悬，因时而董三令，而武功成于止戈”③。

其次，唐初以儒家民本、仁政治国，制定方针政略，把国家民族统一起来，是中华历史上最辉煌的一页。其特点首先为唐初儒学以儒家民本、仁政治国，强调以民为本。唐太宗君臣提出“为君之道，必须先存百姓”，“君依于国，国依于民，刻民以奉君，犹割肉以充腹，腹饱而身毙，君富而国亡”。太宗登基声称：“治天下者，以人为本，中国百姓，实天下之根本”，并推及四夷各个民族。“自古皆贵中华，贱夷狄，朕独爱之如一；盖德泽洽，则四夷可使如一家。”唐初成为民本、仁政的文明大国，其核心是“中华百姓，实天下之根本”。

再者，在唐初政治家、思想家看来，儒学是精神力量，也是物质力量；是政治学说，也是经济学说。唐太宗君臣认为“君依于国，国依于民”，“国以农为本”，“博施于民而能济众”，富民强国是长治久安的前提与基础。他们高度重视农业、农民，以制度政策，首要而有效地恢复和发展小农经济，这是历史的突破。《唐六典》卷30对州县刺史的职责有明确规定：“每岁一巡行属县，观风俗，劝农桑，问百姓、录囚徒，恤鳏寡，阅丁口，务知百姓疾苦。”武则天重视农民、农业的传统，她组织编撰《兆人本业记》农书，于当年正月，颁行全国，发给各州来京的

①《唐大诏令集》卷135《讨高丽诏》等。

②《资治通鉴》卷188，贞观十八年。

③《唐大诏令集》卷135《讨高丽诏》。

刺史县令，要他们掌握农时，发展农业，做到“田畴垦辟，家有余粮”。她早在做皇后时，就提出《建言十二事》，第一条就是“劝农桑，薄赋徭”。后来亲自撰作《臣轨》一书，开宗明义提出：“故建国之本，必在于农，忠臣之思利人者，务在劝农。人给家足，则国自定焉。”女皇重视边防屯田，发展农业水利，巩固国防，保证边境安全。武后三大名将娄师德、郭元振、黑齿常在河套、甘州、河源屯田，誉为“天下一大善政”。唐玄宗开元年间，一方面令王珙、裴耀卿等，检括户口、查阅土地；另一方面严令各地州县“奉公之道，农为政本”，并下诏褒奖西北同州刺史姜师度开发水利，发展农业的成功。其文云：

> 食乃人天，农为政本。顷接大农，首开沟洫，奉公之道，知无不为……今原野弥望，畎浍连属。由来榛棘之所，遍为秔稻之川，仓庾有京坻之饶，关辅致珠玉之润，本营此地，欲利天人。

当然，重要的还是政治经济制度改革和政策的贯彻落实。唐初的均田制、府兵制、科举制、刑法制为民本性质的，尤以中央政事堂制、中书舍人五花判事制、中书六部八座议事制、谏官随宰相入阁议事制、御史大夫入阁谏君制等；地方的刺史、县令每岁观风劝农制、以绵代役制、两税制、农业人口招致制、义仓制度、农田水利人口增长奖励制、边区屯田受奖制等的创新，都是从民本、仁政的治国高度制定的，农业经济发展，使社会和谐，繁荣昌盛，生动事例，不胜枚举。如《贞观政要·教诫太子诸王》条云：

> （太宗）自建立太子，遇物必有诲谕见其临食将饭，谓曰：“汝知饭乎？”对曰：“不知。”曰：“稼穑艰难，皆出人力，不夺时，常有此饭。”

唐太宗说：“欲令百姓安乐，惟其刺史县令。朕每夜恒思百姓间事，或至夜半不寐，惟恐都督刺史堪养百姓以否。”《册府元龟》卷105载贞观十八年太宗到灵州，视察村落，其文云：“太宗问其受田，丁三十亩。遂夜分而寝，忧其不给，诏雍州录尤少田者，并给复，移之宽乡。”

唐初推行民本仁政，中华一统，确实取得空前绝后的经济发展，社会进步。不少学者认为唐初有关农业农民，农田水利等政策制度，未必如史书所载那样受重视，遵守不替、守而勿失，并取得卓著成效。唐自贞观、经高宗武后，到开元盛世，国力是在不断壮大，社会经济也是不断发展，人口、土地、财富高速度的增长。据《通典》所载，唐初经天下丧乱，户剩二百余万户；太宗去世时为三百八十余万户；武周时，户部尚书苏瑰奏称“计户六百一十五万六千一百四十一户”；至玄宗天宝十四年,“计有九百九十一万户”。武周、玄宗时期,“今天下户口,亡逃过半”,农户大量逃隐于豪族,官宦和寺观。唐史研究学者认为开元年间户数应有一千二百八十余万户,人口为九千万多,这是我国中世人口户数最高纪录。粮食产量增加更快,贞观年间,“频致丰稔,米斗才三、四钱”;高宗武后二圣格局麟德二年,封禅泰山,“连年丰稔,斗米仍仅五钱”;开元十三年,玄宗封禅泰山,“青州、齐州米斗五钱,东都米斗至十三钱,自后天下无贵物,两京米斗至二十钱”;天宝八年“官仓存粮共粟米九千六百多万石,长安洛阳两京堆积如山”,其中洛阳含嘉仓储粮竟达五百八十三万三千石。伟大史诗诗人杜甫《忆昔》说:“忆昔开元全盛日,小邑犹藏万家室,稻米流脂粟米白,公私仓廪俱丰实。”目睹盛世的政治家元结说:

开元天宝中,耕者益力,四海之内,高山绝壑,耒耜亦满,人家粮储,皆及数岁,太仓委积,陈腐而不可较量。

经济学家杜佑也说:

开元时,东至宋汴,西至岐州,夹路列店肆,待客酒馔丰溢,每店皆有驴,凭客乘,倏忽数十里,谓之驿驴。南至荆襄,北至太原范阳,西至川蜀凉府,皆有店肆,以供商旅,远适数千里,不恃寸刀。

农业发展,促进手工业商业的繁荣发达,当时长安、洛阳、扬州、成都、广州等地都是国际性大都市,长江沿岸和东南沿海蓬勃兴起都市经济,海陆交通四通八达,特别是大运河沿岸最为繁华,成为大唐文明帝国最大亮点。《唐书·崔融传》载:

天下诸津,舟航所聚,旁通巴汉、前指闽越、七泽十薮,三江五湖,控引河洛,兼包淮海,弘舸巨舰,千艘万舳,交贸往还,昧旦永日。

唐初以儒家仁政民本开拓中华民族文化大一统

唐初以儒家仁政、民本治国的政治理念，“民唯国本，众而亲仁”，“无隔华夷，爱之如一”，赢得中华民族文化大一统，取得我国治国的历史辉煌。李世民胸怀宏伟，卓识不凡，早在贞观登位之日，就与僚属云：“王者视四海如一家，封域之内，皆朕赤子，朕一一推心置其腹中”①，后来还从情理加以论析，“夷狄亦人，其情与中夏不殊。人主患德泽不加，不必猜忌异类。盖德泽洽，则四夷可使如一家；猜忌多，则骨肉不免为仇敌。”又说：“突厥贫弱，吾收而养之，计其感恩，入于骨髓，岂肯为患！且彼与薛延陀嗜欲略同，彼不北走薛延陀而南归我，其情可见矣！”②《通鉴》载贞观十八年十二月君臣大会，唐太宗君臣把“视之如一”、“众而亲仁”作为民族政策的指导准则：

> 自古帝王虽平定中夏，不能服戎狄。朕才不逮古人而成功过之，自不谕其故……朕所以能及此者……自古皆贵中华，贱夷狄，朕独爱之如一，故其部落皆依朕为父母，并以此诏令边境四方，日月贞明，煦照著于万物。③

唐太宗君臣以仁政民本推进中华民族文化大一统，最重要的是遵循我国儒家在处理社会群体、人际关系、民族相处中“华夷一家，诚信如一”的思想。唐初的统治者处理君臣与人民、民族与民族之间关系，自始至终提倡“诚信如

---

①《资治通鉴》卷 199，贞观二十三年。

②《资治通鉴》卷 199，贞观二十三年。

③《唐大诏令集》卷 135《讨高丽诏》等。

一”，实现中华民族“和合一家”。早在武德九年，高祖说：“我之为君，以诚信待物，欲使官人百姓，并无矫伪之心。”又说：“为国之基，必资于德礼，君之所保，惟在于诚信。诚信立，则下无二心，德礼形，则远人斯格。德礼诚信，国之大纲。在于君臣父子，不可斯而废之也。”①后魏徵上书：“竭诚则胡越为一体……虽重之以严刑，震之以威怒，终苟免而不怀仁，貌恭而心不服。”唐太宗更严肃宣称：“匹夫一言，尚须诚信，何况天下主……朕以诚信御天下。”②“诚信如一”，理须存信，亲和一家，才能和合、团结周边少数民族，开辟出我国历史上大一统的中华民族共同体，缔造出享誉中外的大唐盛世。其不少生动事例，光炽古今，传为佳话：如突厥颉利可汗、岭南冯盎酋长、凉州契必何力、塞北薛延陀、西域高昌文泰、西南吐蕃赞布等，他们都在以战求和，在亲密与和合的民族诚信政策的感召下，心悦诚服，和同一体，尊唐太宗是中华民族的天可汗，他们为中可汗、小可汗，成为一个民族共同体，为中华民族统一、繁荣、富强作出重大的贡献。贞观元年岭南冯盎骚乱边境，太宗欲发兵，魏徵劝云：“遣使臣示以至诚，彼喜于免祸，可不烦兵而服。”冯盎果然遣其子智戴随使入朝，结果太宗亲自接见，并赏魏徵绢五百匹，称“魏徵令我发一介之使，而岭表遂安，胜十万之师，不可不赏”③。贞观君臣对各族“爱之如一”，“诚信待之”，各族人民自觉、自愿地“诣阙请天下一家，上为天可汗”。贞观二十三年唐太宗去世，史称“四夷之人，入仕于朝及来朝贡者凡数百人，闻丧皆恸哭，剪发、整面、割耳、流血、洒地。那史那杜尔、契必何力请杀身殉葬”，以至各族人民“闻丧皆恸”。少数民族首领竟以“杀身殉葬”，表示对太宗无比尊敬和瞻仰。④ 可见唐大一统政策和唐太宗个人品格的巨大无比影响。

武后、玄宗君臣继承民本仁政，并坚定地从政策上贯彻落实对周边各族“视之如一”，“诚信待之”。唐太宗、武后、玄宗君臣的中华民族大一统，是政治文化的大一统，还是组织政策上的全方位的大一统。太宗任人唯贤，对少数民族的夷将、番将信用如一，并不断使其进入最高统治集团，称王、称将军，还有的是三省六部长官。他的麾下，如那史那杜尔、执失恩力、史太奈、李谨行、李思摩等进入大唐王朝，经历殊异，迟早不一，但是“胡越一体”，一视同仁

---

①《旧唐书·高祖本纪》。

②《资治通鉴》卷199，贞观二十三年。

③《旧唐书·魏徵传》。

④《新唐书》卷110《诸夷蕃将传》《史太奈，那史那社余等传》。

"均拜为大将军，供奉朝中，甚为宠爱"①；再如封突厥郡史那苏尼失为怀德郡王；封高丽高藏为辽东都督、朝鲜王；封新罗王从弟金宗相之子承庆为卫尉卿，又赠太子少保；封石国蕃王莫贺咄吐屯为石国王，又册为显义王；又封高丽别种、渤海王姓大氏祚荣为渤海郡王等。以至远在海外的拂菻、波斯、天竺、狮子国等王子、使者，都十分仰慕大唐民族和合，频繁朝圣、朝贡，也有来使在唐"赐物封王"②。

唐初大一统民族政策延续至武后、唐玄宗两代，并有所发展。当时归来入唐朝贡、朝圣的民族更多，据《唐会要》所载不下一百多个：如乌罗浑、东女国、吐火罗、流鬼国、诃陵国、泥婆罗、骠国，暇夷国、结骨国，有不少都在葱岭之西，辽东之北，漠北突厥，以及日本海东一带，都是首次来大唐的。贞观四年，诸夷君长诣阙京都长安，尊请唐太宗为天可汗，唐三省制定了一套"统制夷狄，各适其性，以德治之，使如一家"的政策，并以鸿胪寺贯彻执行，武周、玄宗时，规格礼仪及其政策优惠，堪称古今罕见。章群先生《唐代蕃将研究》说："自太宗以下，朝野不严夷夏之辨，而用蕃将如故，蕃族为兵如故。"其后，唐中央封少数民族为王，为将者很多，新旧《唐书·诸夷蕃将传》介绍阿史那大奈王等级的共21人，著名将帅如哥舒翰等80余人。玄宗时为王，为大将军、都督、刺史，不计其数，如安禄山为康国胡人，朝廷宠信，身为东北三镇范阳、平卢、河东三镇节度使，"玄宗顺旨称其美，由是禄山之宠益固而不摇矣"。玄宗一朝，"尔后入朝受封，出自部落酋帅的蕃将有27人"③。哥舒翰，为突厥骑施酋长之后，后为凉国公，西平郡王，"安史之乱拜为太子先锋兵马元帅，进封尚书仆射，同中书门下平章事"。李光弼其父楷为契丹酋长，"父曾为将军，光弼后为大将军，御史大夫、户部尚书，同中书门下平章事、郑国公、中书合……后来还任命为平叛安史副大元帅"④。又以石国蕃王莫贺咄吐屯为王、册显义王，王即上表："奴自千代以来，于国忠赤，伏乞天恩……讨得大食，诸国自然安帖"，天宝年间封王子那俱车鼻施为怀化王，"并赐铁券"⑤。章群先生称各族在朝或在内地任职的大小官员有2536人，府州羁縻都督、刺史、长史、都尉，还有所遣京都、州县宿卫人员也以千

①《新唐书》卷110《诸夷蕃将传》《史太奈，那史那社氽等传》。

②《唐会要》卷100《波斯、天竺、石国、大食》等国。

③马驰：《评章群先生·唐代蕃将研究》，转引自《中国唐史学会论文集》，三秦出版社1991年版。

④《新唐书·哥舒翰传·李光弼传》等。

⑤《唐会要》卷100《波斯、天竺、石国、大食》等国。

数。至于两京、扬州、成都等地的蕃民入住者，长期定居，当有二三百万之多了。由此可见，唐朝继南北朝“五胡”之后，民族大融合有了历史性大发展，新附少数民族：除有突厥、铁勒、契丹、奚，还有吐谷浑、党项、沙陀、昭胡九姓、林邑、曹国、牌牒、吐蕃等。至于政治、文化融合则更其深入。在“华夷共主，天下一统”号召下，唐太宗为各民族天可汗，唐朝李氏统治者，自认“蕃人血统，酷爱蕃风夷俗，广嫁皇女于番酋子弟”；还以政治“上统广宇，下行可汗事”，实行文化融合，并辅之一统制度、政策予以落实，各族人民自由进入华夏中原，久处内地，不断感染熏陶，儒家文化，几成为他们主流文化。民族上层，世代与汉人通婚，最终融于一统中华的汉族为主共同体之中。如随太宗征战，“屡获殊功”的大唐功臣西突厥王子那史那杜尔累迁右武卫大将军，检校丰州都督，“其子史仁表尚太宗女普安公主，定居长安”，其子孙还和“京洛汉人通婚”，民族一家，亲如兄弟，布列朝廷。①

初唐“大一统”思想也推动中外文化交流，朝鲜、日本、新罗、林邑、天竺、波斯等国有遣唐使频繁入唐的，有入唐为官的，其子女有与唐人通婚而定居内地的。据《新唐书》所记有“七十二国”。从630年至838年间，日本先后派遣唐使13次，加“迎入唐使”共19次。新罗唐人称“君子国”，从703年到897年“朝贡”、“贺正”、“朝唐”、“献方物”等使节团共89次。其他如《旧唐书·突厥传》称：“突厥其酋首至者，皆拜为将军，中郎将等官，布列朝廷，五品以上百余人，因而入居长安者数千家”，和汉族联姻者，也“不在少数”。大唐和印度、巴基斯坦、孟加拉、缅甸、柬埔寨，还有与中亚波斯、大食有密切的外交交往。文化、宗教、科技的相互传播，如天竺，其王称“大唐中国有圣王”，贞观十五年遣使朝贡，后来太宗遣右卫长王玄策奉使天竺国。开元时“国王李承恩来朝，授游击将军”，并遣高僧进行佛学大交流，蔗糖技术也传入中国。② 可见，“大一统”的儒家思想促进了中华民族融合发展，且大大吸引其他各国来唐学习交流，尤以婚姻、血统、生活习俗等方面的交流融合，对于中华民族发展、繁荣、强盛具有重大的作用和意义，为推进世界文明发展也谱写下了辉煌的篇章。

唐初君臣及其政治家、思想家在治国平天下的历程中，把儒学大一统的政

---

①《唐会要》卷100《波斯、天竺、石国、大食》等国。

②《唐会要》卷100《波斯、天竺、石国、大食》等国。

治理念和中国传统的学术思想结合，极大地推动了中华一统文化发展，使唐风文化成为世界性的文化。

首先，唐自贞观至开元，政治比较清明，经济发展很快，文化昌盛，国力强大，促进海内大一统，成为东方文明大国，有力地推进社会科学、自然科学的大发展，从中培育和造就了大量儒道佛兼容的思想家、政治家、文学家、史学家和自然科技家，扬名世界。

唐朝的中华大一统是吸取了秦汉以来的历史教训而逐步形成的。我国自周秦开始，经汉朝至两晋南北朝，儒学吸取固有道家、法家、墨家、阴阳家，以及外来的佛家、摩尼教、景教等流派，有效地为封建政治服务。汉初因秦亡于酷政，又处于农民大起义和楚汉相争之后，生产破坏，社会经济凋敝，“天子不具钧驷”，“齐民而无藏盖”。汉高祖一反秦王朝焚书坑儒政策起用儒生。陆贾等吸取秦亡教训，提倡儒道合流，在他所著《新语·无为》篇中提出的“事逾烦天下逾乱，法逾滋而奸逾炽，兵马益设而敌人逾多”理论，形成汉初统治阶级儒道合抱，黄老无为的治国平天下的政治思想，出现了中国封建社会第一个治世——“文景之治”。汉武帝时期，儒生董仲舒针对汉初八十年来社会经济的发展，政治力量壮大的形势，在“公羊春秋”中提出以儒家仁义为中心，以法家刑名，阴阳五行家的谶纬迷信等思想，鼓吹“以德为主，以刑辅德”、“天不变、道亦不变”的“大一统”学说，奠定了“独尊儒学，罢黜百家”的新儒学的基石，维护和发展新的封建秩序，也推动了武帝时期政治、经济、文化的发展。汉武儒学独尊，政策急进，战事用兵太多，统治集团内部矛盾加剧，吏治败坏，经济衰退，几乎酿成天下大乱。魏晋南北朝南北分裂，天下纷乱，其间各民族宗教，尤以印度佛学深入内地，士风复趋佛道老庄，玄学兴起，儒学也有“文起八代而衰”的态势。唐初开国，百废俱兴，唐太宗李世民君臣果断采取弘扬儒学，兼容佛道，奖掖文化，并吸取世界各国文化。其具体政策有三：一是以儒为本、兼容佛道，并吸收各族、各国文化，缔造大唐大一统的中华文化；二是提出“以文治国”，开拓中外和平交往，发展中华大一统文化；三是以大一统的思想开辟中华一代风气，缔造文化、政治、经济、国力全面发展的百年大唐盛世。《唐书·儒学传》称：“高祖始受命，天下略定，即诏有司立周公，孔子于庙宇。”后在门下省设弘文馆、崇文馆；中央设国子监，下置国子学、太学、四门学、律学、书学、算学，后来又设医学、乐学、天文学、历学等。还建置鸿胪寺办理中外文化和人事交流，吸纳其他国家文化科技人才入居我国，推进儒学文化大一统。地方州县，以至少数民族地区，也开始普遍设置州学、县学、乡学。唐玄宗时,“州县有州县学,里学,凡学莫不有先圣之庙(孔庙)矣”。当时私人办学也十分盛行,据《王恭传》所载,“天下州县,每乡之内,各置一学,仍择师资,令其教授。每于乡闾教授,弟子自远方自至者数百人”①。

唐初从中央到地方重视儒学,兼及佛道,所谓“以儒治世、以道治身,以佛治心”。不排斥道学、佛学,以至国外的摩尼、景教、佛教,以及少数民族文化学术不断融入华夏。唐初各级政府十分重视教师选拔,教师选拔以儒士为主,但也引进佛道名家,并请国外学者,包括从国外回来的学者进国子监讲学,如玄奘从天竺回国,唐太宗即请“国子学讲经说法”。“精选天下贤良文学,淳德之士”,进弘文、崇文及太学。具有医、算、天文、史地学识者入中央各学担任要职,如唐初经学大师孔颖达、颜师古、王恭、王瑛、马嘉运等国学大教授。教学以儒学经典为主,“并收释老,取各家之长”。还有《诗经》、《周礼》、《易经》、《尚书》、《春秋左传》、《穀梁传》,《道德经》、《说文》、《文选》、《字林》,尤值得关注,科技、生化、医药、天文、雕版印刷、土木建筑也相当发达,一行《大衍历》、《千金方》、《唐新夲草》,以及在国子学中的数理学,如《九章算术》、《海岛算经》、《周髀算经》、《律学》、《孙子算经》等。太宗、魏徵等君臣不排斥佛学、道学。太宗云:“佛道二教,同归于善”,崇文馆还“置玄学博士,学老庄之学”,崇奉《道德真经》为科举项目。太宗认为佛学“玄妙高深”,贞观十九年,亲自迎接玄奘西行回国,并请于国子学讲佛学,为玄奘《大唐三藏圣教》写序。武则天称帝,大力崇佛,曾宣布佛教在道教之上,颁布《大云经》,广选佛像。唐玄宗尤尊道教,编成《开元佛道论衡》和《一切道德经》140 卷,把《道德经》作为科举考试重要经典之一。

开元盛世的文人学者活跃政坛、文坛,以至李白、杜甫、王维、白居易等文章书画流传日本、新罗、波斯各国而为世界珍品,由他们推动中外文化交流。儒道佛兼容并蓄,发扬光大,百家争鸣,百花齐放的景象,如日中天,装点大唐一代的政治、文化舞台,成为千古以来的一大盛会。

唐朝文坛是我国秦汉以后万紫千红,风姿足彩的时期,学者估计留传下来的诗歌有 5 万多首,比西周到南北朝 1600 多年遗留下来的诗篇多出二三倍;初唐至盛唐文人儒生善诗,皇帝、皇后、贵妃、官僚喜诗,人民群众,包括和尚、道

①《旧唐书·王恭传》。

士、尼姑、歌妓、草野小民，还有各个少数民族，以至国外来唐的留学生、留学僧也写诗。著名历史诗人60多位，大大超过战国至南北朝的总和。爱好、书写唐诗是大唐普遍社会风气，浓烈地展示出开元繁华富丽，有容乃大，中外交融的盛世景象。他们歌颂河山壮丽、天下一统，中华民族学术文化灿烂辉煌。如唐初王、杨、卢、骆四杰，"以文章齐名天下"，肩负历史使命，摆脱齐梁浮华诗风，从思想、题材、格律等革新，开启唐诗新的一代天地。唐初四杰的思想即有三家兼融的色彩，骆宾王声讨反对武后檄文，有浓烈儒学思想，后来兵败，进入佛院，或入山为道，不知所终。外国来华的东亚、中亚、北非等官员、士人，他们爱好创作唐诗，有不少名震大唐文坛。日本人阿倍仲麻吕、新罗人崔政远、金可记、大食人李彦升等金榜题名，考中进士，尤善唐诗，融入本国文化特性和感情，声震大唐文坛，并和李白、杜甫有吟诗应和。所以木宫泰彦称："日本奈良朝文化的唐文化根源，本身也不是单纯的唐文化，还包含有印度，西域等地文化。"①大唐文化浸透着中西、中外合流的特色。盛唐文坛也有一些外国人；题材涉及我国四面八方的各族地区及其人民，其山水诗、田园诗、边塞诗，描述各地文化和人民生活，展示出大唐雄伟气魄和兼容并包的特色品位。浪漫派巨匠李白豪放纵恣，诗篇中充满儒士的道学思想；现实主义诗圣杜甫饱蕴爱国爱民的儒家批判思想；而王维、孟浩然的田园山水诗歌，常"流露出佛学思想"；兼融各家、各族、各派，不仅提升文学的学术价值，更开拓了他们的政治、思想境界。唐诗成为中华文化最辉煌之精品，波及整个世界。

唐朝诗文繁荣、昌盛、瑰丽，名扬四海，是我国文化史上成熟时期，其显著特色还是以儒学兼融诸学，并渗入自然科学，促进政治、经济、文化全面发展和中外文化的大交流，使我国学术文化达到中世封建时代的顶峰，成为亚洲，以至世界各地效仿的楷模。以至今天世界各国皆称中国人为唐人，中国化城市为唐城，中国式服装为唐装……当时东亚、中亚、南亚，以及北非和中欧等国，都深受大唐唐风文化的熏染，至今还留下不少遗址、遗迹。日文、朝鲜文是以中国文字为基础而发展创造出来的。尤值得一提的是大唐学者、大师，以儒道佛思辩进入自然人文学科，推进唐代学术文化哲理化、科技化，其著作有正宗儒学注疏《五经正义》、《尚书正义》、《经典释文》、《诗经》、《庄子》、《老子》、《尔雅》、《道德经》、《三藏圣教》及《大唐开元礼》，还有史著《晋书》、《南北史》、《隋书》等八部，

①[日]木宫泰彦：《中日文化交流史》。

史评经典《史通》、《通典》，等鸿篇巨制。还有涉及自然科技的李泰《括地志》，李吉甫《元和郡县志》，李淳风《算经十书》、《法象志》、《古今郡国县道四夷述》，玄奘《大唐西域记》，一行《开元大衍历》，孙思邈《千金方》、《千翼金方》，以及官修《唐本草》、《唐药本草》等。这些是我国历史上最伟大的杰作，并远播世界各地，成为国际性的历史名著。

附提一笔的是大唐文化也历史性地融合提升了我国南北文化之长，吸取和兼收各民族与亚非、大秦的文化精华，这是唐风文化提升为世界性文化的重要特色和亮点。其一，首先唐初提升南北文化融合。两汉至南北朝，南北分裂，诚如《隋书·文学传序》所云："南北文化，彼此物尚，互有异同，浙左宫商发越，贵于清绮，河朔词义贞刚，重乎气节。"唐初名臣魏徵等就主张："南北应各去所短，合其两长，则文质斌斌，尽善尽美"，《唐书·音乐志》："梁陈旧乐，杂用吴楚之音；周齐旧乐，多涉胡戎之伎。可是斟酌南北，考以古音作为大唐雅乐。"①其二，大唐文化的繁荣昌盛，吸取了江南、江东、岭南文化，再充实了西域、高昌、辽东、漠北、海南文化，以至扩及世界各地的日本、朝鲜、印度、大食、波斯、罗马等文化，官员、士人、商人等进入长安、洛阳两京，及扬州、成都、广州、明州等著名城市，传播和交流他们的文化。其三，大唐主张天下一统，政治开放，推动中外文化交流，故学派纷呈，各展其长，共同构筑辉煌的唐风文化殿堂。大唐文化雄伟开放，有容乃大，享誉中外，融合国内国外、东西南北，又为开拓创新，历史影响极大，学术价值最高的文化，是中华各族人民智慧的结晶，中华大一统精神的象征。唐太宗、唐玄宗和武则天三朝，不乏世界性的鸿篇巨制，彪炳世界史册。最为难能可贵的是有许多学术大家、科学名家、思想家等进入中枢，为三省宰辅，参与治国施政，共同缔造大唐为世界文明大国。

大唐以文治方针政策，吸取融合了中外文化，推进世界学术繁荣，而为东方文明大国，归根到底是唐政府秉承中华大一统思想，开辟"四夷来同，怀恋万国"的文明帝国。在中央和地方都设有接待外国使节的专门机构和专业制度，唐朝皇帝有接待外国使节团队的礼仪和规范，来唐的外国使节由专门机构鸿胪寺负责接待，并予政治上，经济上的优惠支持。《唐会要》证圣元年载：

> 番国使入朝，其料科以各方等第给，南天竺、北天竺、波斯、大食等国，使宜给六月粮。尸利佛誓、真腊、诃陵等国使，给五月粮。

①《旧唐书·高祖本纪》。

又称："东至高丽国，南至真腊国，西至波斯、吐蕃，及昆仑都督府，给三月粮。以至契丹、突厥、并为入番，其使应给料科，各依定式。"①当时日本、朝鲜、新罗的留学生、留学僧，以至商人、学者来中国最多，凭借传统的海上航线进入沿海的扬州、楚州、密州、海州、青州、泗州、登州、苏州、杭州、明州、台州、温州、福州、广州。寓居住所称"新罗馆"、"新罗院"等，新罗国人文明，唐朝称他们为"君子"、"君子国"。据《唐会要》载，"新罗、日本诸国，皆遣弟子入朝就业，仅大学生有三千员。"日本、朝鲜、大食等留学生徒研习唐朝经、史，通过科举考取进士者有"金云卿、金可记、朴仁范、李彦升、崔政远等五十余人之多"②。《入唐求法》、《行礼记》还载，登州赤山村有新罗人张保帛创建"法花院"，他们用新罗语言、新罗风俗、新罗仪式讲解新罗化的中国经、史典籍。后来阿拉伯人苏来曼著有《印度·中国游记》，生动地介绍了阿拉伯人在广州生活、工作和文化交往的情况，说当时广州有伊斯兰判官，是依本国教仪风俗管理本族人民，举行宗教仪式。西域、中亚，尤以波斯、天竺留学生、商人，学习唐人文化，还将本国的雕塑、音乐、书画、杂技、宗教等也因之传入中国。唐太宗朝廷确定的十部乐，即燕乐、清商乐、西凉乐、天竺乐、高丽乐、龟兹乐、安国乐、康国乐、高昌乐、疏勒乐，都是唐中央指令专业人才，精通音乐的各族文人学士，吸取改造了各族、各国音乐，以中华礼乐为主调，不断总结、演变而成。高亢、典雅、充满大唐豪放而蓬勃朝气的十部乐，深为唐人所爱。向达先生所著《唐代长安与西域文明》称："开元、天宝之际，长安胡化盛极一时。此种胡化大率为西域之风为尚；服饰、饮食、宫室、乐舞、绘画、竟事纷洎；以及社会各方面，隐约皆有所化，为之者不仅帝王及一、二贵戚而已。"唐人王建《凉州行》有"城头山鸡鸣角角，洛阳家家学胡乐"。两京街坊，包括当时的扬州、广州、成都等重要商业城市，胡市、胡饼、胡瓜、胡乐、胡琴、胡商、胡僧、胡饰等胡风充斥城乡，成为唐风文化一大特色，是大唐中华一统文化的重要组成部分，辉映盛世独特的时代风光。

总之，唐朝前期推行儒学治国的中华大一统，政治稳定、经济繁荣、四邻友好、天下一家。统治者执行民本仁政，改革、创新，"百花齐放，兼容并包"的政策，欢迎、容纳世界各国学者、文士来华传播交流，世界各国各族文化，在大

①《资治通鉴》卷199，贞观二十三年。

②《唐会要》卷100《波斯、天竺、石国、大食》等国。

唐舞台展开全面大融合，是一次世界性的文化大交流、大提高，唐风文化成了世界性文化。许多人入居中国内地，并和唐人共同生活、学习，还成立家庭，成为唐朝的各级官员，成为世界文化宣传者、传播者，他们以聪明智慧，推进了唐风文化国际化，唐人以“有容乃大”的中华一统的精神，把世界各国、各民族文化融合进三教兼容、中外合流的中华大一统文化之中。也使唐风文化更具有世界性风采。诚如常任侠教授在《丝绸之路与西域文明》中所评：“大唐封建帝国的旺盛时代，它的政治势力和文化影响从东方朝鲜、日本，到中亚细亚的阿拉伯和东罗马，各国的艺术家、商旅，顺着丝绸之路来到大唐政治中心长安，他最能吸收众长，容纳不同民族文化，百业并进，吸收精华，开花结果，焕为异彩。”

太宗和魏徵君臣彩排
封建民主政治的历史绝唱

历史上君臣知遇，同心理国，乃是我国封建史家大书特书的头等课题："君道正，臣职明，天下第一事也。"唐太宗讲：

> 择天下贤才置之百官，使其天下事，关由宰相，审熟使安，然后奏闻。有功则赏，有罪则刑，何忧天下不治。①

故历朝正史，君臣知遇、君明相贤，皆罗列第一综论。自古帝王深知得人才已难，用尽人才更难，故非常重视宰辅选拔，"宰辅为政，治半天下"。魏徵在上《太宗十思疏》中开宗明义地指出："臣闻君为元首，臣使股肱，契同齐心，合而成体"，然后才可"天下致治"。② 我国封建时代由打天下转为治天下的历史进程中，君相和合达到最高境界，论者首指唐太宗和魏徵；儒家"君为轻，民为贵，社稷次之"的民主政治最浓烈的展示，论者首推唐初的贞观之治。然唐太宗和魏徵，出身不同，初出时政见亦颇殊异，其政治、军事才能，较之秦皇和韩非、刘邦和张良、刘备和诸葛亮、曹操和荀彧，以及开国政治、经济条件优劣而论，亦未必有多大优势，才干卓识难言超群绝伦，治国能天衣无缝地"契同齐心，合而成体"，实当属不易。历史证明太宗和魏徵取天下，治天下，以至富天下的整个艰险历程中，如鱼得水，并赢得了历代任何君相遇合所难以企及的光辉顶峰。《新唐书》评曰："其除隋之乱，比迹汤武，致治之美，庶几成康，自古功德兼隆，由汉以来，未之有也。"魏徵

---

①《贞观政要》卷2《政体》。

②《贞观政要》卷2《政体》。

被誉为“千古谏臣，一人而已”；共治天下被誉称“百代之楷模，一时之准的”，“三代以下，治功莫胜于唐，唐三百年莫若贞观之盛”。唐太宗和魏徵为代表的贞观君臣，君明相贤，在中国封建社会发展历史中取得了空前绝后的成就和业绩。

历观我国政坛，有君爱其人，而臣不才；有君爱其才，而才不尽用；始时心声如一，终则相互仇杀；始时志同道合，终则分道扬镳，兵戎相见，残戮而终。故君臣遇合，常有始而无终：秦始皇得到韩非文章，非常钦慕，百计求为已用，还说“寡人得见此人游，死无恨矣！”韩非迂迴绕道跃进秦庭，为“秦王献破天下成霸业”之策。曾几何时，因李斯、姚贾挑拨，始皇竟以“韩非过法之过”，逼其自杀，史载：“韩非欲自陈，不得见，秦王后悔之，使人赦之，非已死。”[①]光武是我国历代王朝中堪称英明聪睿的君主，《汉书》赞“身济大业，明慎政体，总揽权纲，举无过事”。严子陵和光武，子陵有高名，偕光武同游学，为莫逆之交：“帝思其贤，论道旧故，因其偃卧，相对累日”，然光武取天下后，子陵竟以可为朋友，而不可为君臣，坚辞谏议大夫之职，史载：“始终不屈，乃耕于富春山之严陵滩。”[②]曹操文才武略兼备，卓识不凡，一见荀彧，即言：“吾之子房，居中持重，左右王略。”后又称：“天下之定，皆彧之功，久而益信，吾没世不忘。”曹操欲称帝，行“九锡之仪”，荀彧慎劝曹操：“秉忠贞之诚，守退让之实，不宜如此。”结果“太祖馈彧食，发之乃空器”[③]，荀彧“饮药而卒”。刘伯温和朱元璋也可以称得上一代“希世之君臣”，为“天下四先生之首”，商略奇谋，言听计从。其后，元璋登上大明皇帝宝座，“借诸功臣取天下，乃天下既定，即尽举取天下之人而杀之”[④]。刘伯温解甲归农，最后一帖“药饵”，不明不白地死于泉下。

历史上君臣知遇，自始至终，相依相存，以国家民族事业，感情、理想如一，奋斗一生，堪称我国“封建时代君臣知遇楷模”，严格意义言之寥若晨星，有刘备和诸葛亮，唐太宗和魏徵，还有清太宗和范文程等而已。陈寿说诸葛亮和刘备君臣相遇“心神无二，卒以配天，诚君臣之至公，古今之盛轨”[⑤]。清

①《史记·老子韩非列传》第三。

②《汉书·严光传》。

③《三国志·荀彧传》。

④《明史·刘基传》。

⑤《三国志·诸葛亮传》。

史称太宗一见范文程，“善遇名臣”，“裁决抚渝，书敕各国，皆文程视草”，“竟一时一刻无文程也！”[①]死后康熙亲笔题额“元辅高风”四大字。魏徵和唐太宗，《唐书》称：

> 君臣相遇，自古为难，以石投水，千载一合，其能开至公之道，申天下之用，内尽心膂，外竭股肱，和若盐梅，固若金石，莫如魏公之于太宗也。[②]

综观封建帝王，有如太宗之于魏徵，自始至终，光彩夺目，光照古今，是为典范中的佼佼者，诚如王方庆在《魏郑公谏录》赞曰：“主圣于上，臣忠于下，契协云龙，义如鱼水，成百代之楷模，同一时之准的。”叶适评为：“三代以下最盛大之节目也！”[③]诚非虚言。

李世民和魏徵君臣遇合，共治天下，何以相得益彰，取得如此光辉成就，并达到历史顶峰？

其一，两人共同理想和特殊的经历相辅相成，适为弥补。太宗是明君，魏徵是出色诤臣，特别是魏徵，不仅充实李唐集团难得人才；也为李唐政府带进人民呼声、人民抗争，以至人民的智慧，这是典型的带有社会意义的破落农民和世族公子的离奇曲折的结合。李世民和魏徵来自不同阶层和营垒，李世民出身于关陇贵族，父李渊为太原留守，和隋王室有密切姻亲关系，地位显赫，威权甚重，世封唐国公。世民“年幼聪睿，玄鉴深远，临机果断”，“年将二十，必能济世安民”，《唐书》赞其“龙凤之姿，天日之表”[④]。魏徵“少孤贫，不事生业，出家为道士”，是破落的农民，少有大志。隋末乱世，群雄竞逐，魏徵给李密的《十策》中即提出“奋臂一呼，四方云合，威之所破，将半天下”的宏伟计划。在《遭观内柏树赋序》中抒发了他的胸怀，“元坛有柏树焉，封植营护，几乎二纪、枝干扶疏，不过数尺，笼于草丛之中，覆于丛棘之下，虽磊落节目，不改本性”，一心“愿事明主，进思尽忠”，做一个“笼日月、临绝壑、带云雾”的宰臣。先是李世民于太原“推财养士，结纳豪杰，因其部署、共图大事”，欲取隋炀帝以代之；魏徵“诡为道士”，一直奔波周旋于农民起义军之中。其后李世民兼并地方割据势力，镇压农民起

①《清史稿·范文程传》。
②《全唐文》卷139《论治道疏》。
③《学习记言序目·唐记》。
④《新唐书·太宗本纪》。

义,再图河南;这个流落民间的魏徵,同时进入“天下之重”的战略要地河南,寄隐道观,窥察天下,准备干一番治国平天下的宏伟大业。历史命运决定他们要从两个不同的营垒,经历殊异道路,从统治和被统治的上下阶层,探索和追求人生实践,然后抛却政治误会,走上殊途同归,致治太平的历史征途。

魏徵的道路比较曲折,先因农民起义领袖李密“器度局小”而离去;继为窦建德“任命为起居舍人”,又嫌窦无大志而败走,差点被杀;最后看中唐太子建成,引为洗马,并为他夺取帝位,竭诚出谋划策。他曾事先预料农民义军和李唐冲突不可避免;后又预见建成与世民迟早会发生一场争夺王位的生死恶斗,“皇太子若从徵言,必无今日之祸”①。可是玄武门之变是个转折,太子被射杀,唐太宗不仅没有杀他,“还因器其直”,擢为谏议大夫。后世论者以为唐太宗不杀宿敌魏徵,是“道德上进行完善,力争成为圣君明主以资弥补”。我以为更主要的是道德完善的背后,他们有着共同的理想和目标,即探索实现治国平天下的宏伟计划和美好的蓝图,丰富而曲折经历和经验教训,抹去了开国初杀身成仇的恩恩怨怨,时机一到,自可一拍即合。这就是后来唐太宗总结治国成功体验所说的:“惟魏徵劝朕偃革兴文,献纳忠言、安国利民,成为今日之功业。”②

自古道:“马上取天下易,马下安天下难。”唐太宗、魏徵君臣在很短时间能取天下,治天下,又富天下者,确是世之罕见。曾巩在《元丰论稿·唐论》中所评,自唐虞到唐数千年,没有一朝一君能如“唐太宗为君,有天下之志,有天下之才,又有治天下之效”;也罕见魏徵这样始终如一的“千古谏臣”。以唐太宗和魏徵为代表的贞观最高统治集团,凝聚了我国封建社会历史发展中最具聪明智慧的一批政治家、思想家。他们制定的方针政策、政策、战略,顺应了隋末大乱之后人民群众要求安定生活和安定生产的最迫切愿望,提出“偃革兴文,以文治国”,也是最卓有见效的方针政策,使隋末流亡四散的农民最快回归乡土,迅速和土地重新结合,且周边民族和睦,平等相处,战争消失,社会处于异常的和谐发展之中。还有,太宗和魏徵作为最高统治集团的中枢,提倡读经习书,关心民生,民主谏诤,最难能可贵的是迅速使其中一部分打天下的功臣成为以文治国的各级吏员,君臣同心,人心大定,“四夷自服,天下帖然”。正是因为太宗接受了魏徵“以文治国”的方针,君相高度凝合,意向一

①《新唐书·太宗本纪》。

②《贞观政要·安边征伐》。

致，政治、经济，军事和文化政策，切合时宜，人民群众最大发挥了生产积极性和创造性，开创出我国历史上罕见的“贞观之治”。

贞观之治，魏徵和太宗的出色的组合，其功不可没，其最大的成功和智慧的结晶：第一，政治上，唐太宗和魏徵的领导集团的核心，突出关注小农和小家经济，解决“民处饥寒，而无室家之欢”的破产农民，并把作为封建社会基础经济的恢复和发展的首位。制定以文治国的指导思想、方针政策，也体现在“以农为先”；在满朝文武民主谏诤，反复论证，贯彻实行中，突出“农本”思想和理念。这一治国的命题，来自统治者和被统治者两大营垒的君相大臣们的民主谏诤的中心，是唐太宗作为明君，魏徵作为千古谏臣的典型，是治国成功的关键。第二，组织和制度革新上，贞观君臣协力同心，步调一致，建置一系列保证贯彻执行的政策和措置，三省六部、均田、府兵、科举、刑法，下及义仓、户籍，以至“以庸代役”，“狭乡宽乡”具体办法，切合时宜，根植于民。决定国家大政大局的宰相府以独特政事堂民主政制等改革创新，首先是由太宗和魏徵提出。第三，思想上，唐太宗和魏徵所代表的贞观统治集团，全力提倡“以百姓之心为心”，别开唐初开明政治、民主政风，思想解放，开拓创新，达到我国封建民主政治的顶峰，故而最大限度地调动人民群众的积极性和创造性，社会处于不同寻常的奋发进取之中。

其二，太宗和魏徵君臣遇合，在中国封建历史上具有特殊的地位，并引发史家不同凡响的评价。在封建的政治体制下，首先从封建皇权帝制进行改革，辅以均用、府兵、刑律的政策调整，压制统治者的贪欲，从君臣廉洁，治政清明出发，相当成功地解决了统治者如何统治人民的理论和实践，并建立相应机制政策，求得两者相对稳定与和谐。任何杰出的历史人物，只有在理论和实践的过程中认识和承认历史是人民创造的，才有可能推动社会历史的前进。在这一点上唐太宗和魏徵的杰出表现，是我国历史上其他统治者所望尘莫及的。在“皇天下”的封建社会中，阶级和阶层之间矛盾是无法避免，矛盾的主要方面在皇帝，皇帝的突出作用是毋庸否定的。黄宗羲在《明夷待访录》中说：“君分臣以天下而后治之，君授臣以人民而后牧之。”君使臣统治人民，而臣得之君行使牧守，这是封建皇权帝制的政治制度所决定的。故论治天下成败，就君臣、君相而言，君是矛盾的主要、主导方面。“君为臣纳”而正，而臣赖于“辅君而兴”。唐太宗和魏徵，深深懂得中国儒家政治思想、哲学思想、伦理思想，以及教育思想等的中心，即孔子提出“仁政”，“仁者爱人”，孟子“民为贵，社稷次之，君为轻”，荀子“用国者得民”，而管子则说：“政之所在，在顺民心，政之所废，在逆民心。”①汪藻在《奏论诸将无功状》说得更深刻：“王者所以得天下者以得民也，得民者，以得真心也！”儒家的政治家们无不从民治民政中探索和研究统治者应如何统治人民，以调和、和合、和谐等理念，缓解两者的利害冲突，保证封建政风长流，统治长治久安。综观我国王者统治天下理论，综合儒、道、佛家的法理精粹：“和谐者，得天下民心也。”

这里要强调指出的是唐太宗君臣正确认识、对待人民，是有一个过程的，才悟出理论真谛。唐太宗和魏徵都亲身参加反隋暴政的斗争，经农民起义血和火的洗礼，他们对人民力量的伟大自然有一定的认识：“水能载舟，亦能复舟”，即“所畏者民”。其次在农民起义的结局中，统治者并非一概都能接受教训，建立封建王朝，更非都建立有如贞观这样的盛世，关键在于统治者能否认识人民力量，并在不同时期的形势下，治国以民为本，制定切合时宜的方针、政策和措施，统治者的高明和智慧也体现在这一关键上。太宗君臣制定的政治、经济、文化、军事制度，如三省六部制、均田制、府兵制、刑法制、科举制等，与历代王朝开国相比，有强烈的现实性、改革性、民主性、开创性，其中心还应是充分抑制统治阶级利益，体现出的强烈的人民利益，唐太宗君臣的“贞观之治”成功的奥秘，也正在这一点上。

唐太宗刚登上皇位，就说自己不搞“家天下”，要搞“天下为家”。他说：“朕年十八犹在民间，百姓艰难，无不谙练”，因此，“劳弊之事，诚不为施予百姓”。突出关注、解决人民的生产、生活，他说：“凡营衣食，以不失时为本。夫不失时，是在人君简静，乃可致矣。”②太宗不仅安置关内百姓，且使流落塞外边疆的人民“放免为良”，回归本土，史不绝书，光流落突厥，回归就有三十余万。《通鉴》卷198载：贞观十八年，“诸军所虏高丽民万四千口，先集幽州，将以赏军士，上(太宗)悯其父子夫妇离散，命有司平其直，悉以钱布赎为民，欢呼之声，三日不息。”更可贵的是太宗看到人民力量可畏、可敬，还更可用，提出“天子者，有道则人推为主，无道则人弃而不用”，最终得出，“为君之道，必须先存百姓”③。故而“每一坐朝，欲出一言，则思者一言于百姓有益否”④。观贞观群臣能与太宗一

①《贞观政要》卷1《君道》，卷2《政体》。

②《贞观政要》卷1《君道》，卷2《政体》。

③《贞观政要》卷1《君道》，卷2《政体》。

④《贞观政要》卷1《君道》，卷2《政体》。

唱一和，理解深刻者，首推魏徵。《贞观政要》一书中，《君道》、《政体》、《纳谏》等卷，魏徵言辞多而激烈，先后谏太宗二百余事，皆"人所不敢谏言"。其最典型即在"隋亡鉴戒"所指出："君，舟也；人，水也。水能载舟，亦能覆舟，陛下以为可畏，诚如圣旨。"①所以，"百姓欲静，而徭役不止，百姓凋残而侈务不息，国之衰弊，恒由此起。"②又说，"人不聊生，则怨气充塞，怨气充塞则离叛之心生矣，可畏惟民。"③

赵翼《廿二史札记》指出贞观君臣别开一派开国气象就是从"可畏惟民"，"载舟覆舟，所宜深慎"出发的。唐太宗说："隋氏亡国圣明之所亲见"，故"今能思者所以乱则治，思者所以亡则存"，"君臣动色相戒，警于目而惕于心"。魏徵讲："殷鉴不远，昔在有隋，统一寰宇，甲兵锐弦，三十余年，风行万里，威动殊俗。一旦民举而弃之，尽为人所有。"唐太宗曰："事不师古，乱政害物。治国与养病无异，病人觉愈，弥须将护，若有触犯，必致殒命。"④唐太宗重视历史教训，首命魏徵为执掌邦国经籍的中央秘书省秘书监，还令魏徵等纂修《北周》、《北齐》和《隋书》等前朝经史书籍，并"手书一百余人"，协助整理，"观前代史书，彰善瘅恶，足为将来规诫"，避免得国而失国，这是贞观君臣论治、治政之一大特色。最后总结出："秦始皇平六国，隋炀帝富有四海"，他们不是"不欲致治"，乃因对"天下百姓"，"既骄且奢，一朝而败。每念及此，不觉惕然震惧"⑤。因此"朕夙夜孜孜，惟欲清静，遂得徭役不兴，……五谷丰登、百姓安乐，天下无事"⑥。从"可畏惟民"，进到民以食为先，国以民为本，这是贞观君臣由实践上升到理论的结晶。

太宗君臣治国成功，重在实践，重在创新，在实践过程中创新。贞观明确提出"以文治国"方针和政策，这是历史创造。唐太宗登上皇位第一天大宴群臣即宣布："武以克敌，文以致治"，遂开贞观文治的序幕。以"水能载舟，亦能覆舟"，"犹有养鱼而可取鱼，犹有育林才可获兽"相辅相成的法理，逐步地探索出一套既要压迫统治人民，又不要激起他们反抗；既要人民为王朝服役纳税，又不影响他们正常生产；既要统治者长守富贵，长治久安，又要保证人民最低生活水平而又服从统治的完整理论和实践经验。有名的《贞观政要》一书，即是这一套理论

①《新唐书·魏徵传》。

②《贞观政要·辨兴亡》。

③《通典》卷3。

④《贞观政要·任贤》。

⑤《贞观政要·纳谏》。

⑥《贞观政要·求谏》。

和实践的集大成著作。综观贞观年间唐太宗君臣所推行的政治、经济、文化等政策措施，和历朝，特别是和隋炀帝统治时期相比，有下列几方面明显的开创性的特色：一、节流开源的生产性政策措施多于消费性奢侈性的政策措施；二、经济性的政策措施多于政治性军事性的政策措施；三、在政治性政策措施中，缓和安定的政策措施多于急政扰民的政策措施，偃武修文的政策措施多于穷兵黩武的政策措施，这些政策对于急剧变化着的唐初政治经济形势，起着适应、缓和、安定和推进的作用，既缓和了统治阶级内部的矛盾，也缓和了统治阶级和被统治阶级之间的矛盾。这不仅符合当时统治阶级的根本利益，也顺应了隋末大乱后人民群众安定生产和安定生活的迫切愿望和要求。总之，这种不过分压迫剥削人民的统治思想，取得了政治缓和安定与经济恢复发展的积极效果。唐太宗君臣无愧为中国封建社会历史中杰出的、有作为的封建政治家、思想家，他们所导演的这场有声有色、有条不紊的政治经济政策的大调整、大改革，确实是“三代以来最盛大的节目也”。

其三，以唐太宗和魏徵为代表的君臣遇合，君明相贤，有效地推动了整个统治集团的团结和融合，开创出我国封建历史上罕见的“贞观治世”，其所提供给后代治国平天下最为可贵的范本，就是我国儒家的民本政治、和谐政治。其重要措置和最佳办法是把君臣民主谏诤、民主政治，提高到治亡兴国的高度来认识、对待，从而制定出体现统治集团集体智慧的国策、方针和制度。刘向在《说苑·臣术》中说：“有能尽言于君，用则留之，不用则去之，谓之谏。用则生，不用则死，谓之诤。”秦汉开始形成谏诤制度，并设立“谏官”，这对中央集权的君主专制的政体是一种积极的措施。唐贞观年间为使封建统治阶级在治国施政中渗透相当程度的民意，有效影响唯我独尊的君主决策，在谏诤制度、政策、程序作了改革创新，并力求贯彻执行。这对于调和封建统治阶级和被统治阶级之间矛盾，维护封建秩序稳定，以至促进经济恢复和发展，都产生非常重要的作用和影响。

唐朝贞观年间在君臣谏诤中，建置完善的谏官制度，在我国封建时代达到了相当完美的程度。范文澜在《中国通史》中说：“在封建帝王中，唐太宗应是最善纳谏的一人。”魏徵作为谏诤大臣，其谏论颇有章法，诚如苏洵《谏论》所云：“理谕之、势禁之、利诱之、激怒之、隐讽之”，以“居安思危”为纲，“劳神苦思”为法，抑扬跌宕、婉转曲折，十分巧妙，也是“千古一人”。唐朝是我国历史上最为开放的时期，唐太宗应为首开其风，一是强调民意，放开舆论；二是君臣同心，协调臣民,形成谏诤制度,推动和保证封建民主政治的实现。郭预衡在《唐初政治和文章》中说:"唐初不仅鼓动直言纳谏,而且容纳异端,容许是古非今,牢骚愤世。""像魏徵这样人物,生在别的朝代,可能罪该万死。太宗为帝,千古一人,不以为仇、反以为鉴,遂使魏徵感恩知己,知无不言。"在太宗和魏徵的倡导下,论道佐时,共相谏诤,上至国之政体制度,下及民间疾苦,遂出现了广开言路、生动活泼、多姿多彩的、开放的民治局面。

关于如何谏诤及建立完善的制度,首先来自太宗君臣对谏诤的重要性的认识,《贞观政要·鉴戒》引唐太宗曰:"拒谏者,君失其国,臣亦不能全其家。古今之所谓大恶也!……欲不危亡,不可得也。"唐太宗的"主纳忠谏,臣进直言"能达到古今君臣和合高度,有主观原因,亦有魏徵为代表的臣下的客观条件。太宗云"炀帝暴虐,臣下钳口",遂至灭亡,"前事不远,朕等与卿不得不慎"。唐太宗主观条件:一是深懂民主谏诤矛盾主要方面是在于君主。二是他善于在思想理论深处进行探索和深化,取得突破。唐太宗讲"未能受谏,安能谏人",此为谏诤之本,论治之原。唐太宗又讲,"深居九重,思虑难全,人非圣贤,孰能无过",因此,涉及军国大事,"每商量处置,或时有乖疏,得人谏诤,方始觉悟"①。三是对古今历史教训予以提升,他命魏徵等编撰前代《五经》和《周书》、《齐书》等史书,广泛收录自古帝王成败的史事,后录名为《诸王善恶录》。其序云:

> 观夫膺期受命,握图御宇,或保王家,与时升降,或失其土宇,不祀忽诸,然考其兴替,察其兴灭,其故何哉?是以在上不骄,夙夜匪懈,或设礼以求贤,或吐飧而接士,故甘忠言之逆耳,得百姓之欢心,树至德于生前,流遗受于自后。兴亡是系,可不勉乎?

唐太宗君臣把民主谏诤提高到治国成败、民族兴亡的高度,还把杰出人才放进谏议机构,予以政策的保证,并总结经验教训,不断制定和调整政策,建置制度。贞观元年,太宗即位初即设御史大夫,被称"丞相之贰",并召拜谏诤议大夫议政,他说:"自古人君莫不顾社稷永安,然不而得者,只是不闻其过,或闻而不能改也。"又说:"深知一人之目有限,思虑难周,若臣不匡正,集思广益,亦难以求治。"还列举历代王朝和民族兴亡实例,尤以南北朝的动荡和秦、隋内争。以隋炀帝亡国之鉴戒说:"亲见炀帝之刚愎猜忌,予智自雄,以致人情瓦解而不

①《通典》卷3。

知，盗贼蜂起而莫告，国亡身杀，为世大谬。”唐太宗高度称誉魏徵等谏议大臣：“以弼朕躬，欲致尧舜，虽亮（诸葛亮）无以为抗。”在我国历史上，有如唐太宗这样虚心听臣下谏诤者，确有“前无古人，后无来者”之感叹。能心领神会，不惜生死，又谏出实效者，当也首推魏徵，他说：“自古上书，率多激切，若不激切，则不能起人主之心。”又说：“陛下贞观之初，励精思政，从谏如流，每因一事，触类而为善。此者造作微多，谏者颇忤，以此为异耳。”他还敢多次把唐太宗比作秦始皇、梁武帝、隋炀帝，“恃其富强、不虞后患，民不堪命，率土分崩”，“鉴国之安危，必取于亡国”。甚至在太宗取得大治稍有骄傲之际说：“顷年以来，恃功业之大意蔑前王，负心智之明，心轻当代”，并严肃警告太宗，“亲狎者阿旨而不肯言，疏远者畏威而不敢谏”。唐太宗对于魏徵这样激切的谏诤不以为恨，反为所动，还发誓回答曰：“朕今闻过能改，庶已兑终善事，若违此言，更何颜与公相见。”并将魏徵《十渐不克终疏》抄写在屏风上，“朝夕瞻仰”。后来魏徵病死，太宗思前之功，悲痛欲绝，罢朝五日，并感伤万分言曰：“以铜为镜，可以正衣冠；以古为镜，可以知兴替；以人为镜，可以明得失。朕尝保此三鉴，内防己过，今魏徵逝，一鉴亡矣。”

太宗君臣取得封建民主政治的成功，建置一套较为完善的制度，尤其是谏官和谏诤制度，这是贞观治国成功的最高控制和调节的职能机构。贞观确立的中央和地方的政治、经济制度，上自三省六部，下自地方州县制度，经济财政以至文化军事制度，与历朝相比，具有重大改革和创新，体现出专制政体下的立法民主和政务运行的灵活，而又有严格监察的特点。三省的宰相政事堂，实行皇帝帝制一元化下的三管运行的民主政治的政体机制。皇帝主决、主断，相权主治、主行；又使立法、批驳、执行三省相互制约和补充；再辅之以严格权重的监察机制予以调节控制，较为有效地解决和调整君臣、君相，以至在执行中的君民、吏民之间的矛盾和冲突，开启了我国封建中后期儒家民主政治的滥觞。对于避免决策的失误，促进政治相对清明，保持统治集团的团结融合，经济文化的快速发展，都起了相当大的作用。

贞观年间重视监察制度，上有御史台，下有台院、殿院、察院，负责监察内外各级官吏，“分察百姓、巡按郡县、纠视刑狱，调整朝仪”。最高决策机构政事堂内设置谏官左右散骑常侍四人，左右谏议大夫八人，左右补阙十二人，还有左右拾遗若干人，出任顾问、谏谕、供奉，这是我国封建官僚制度中置员最多的。并规定谏议们可随宰相到两议殿“平章国事”，史载“自中书门下三品以上入阁事，皆命谏官随之，有失则谏”。谏官分任责成，地位逐步显要。贞观初，太宗首以魏徵、王珪重要大臣为谏议大夫，后与房玄龄和杜如晦同为宰相。在这一意义和功能上，贞观时期的宰相政事堂也是名副其实的最高谏议机构。贞观八年，明确规定监察机构长官为监察御史。杜佑云：“大唐自贞观初，以法理天下，尤重宪官，故御史复为重要。”太宗曾问房玄龄：“此道事最重，谁可充使？”“畿内事大，非魏徵不可……乃命李靖充使……即专知京官及监诸军旅，并承诏出使。”又云：“初置二台，每年春秋发使，春曰风俗，秋曰廉察。”后合“地官尚书韦方质为条例，删定四十八条，以察州县。”①据《唐书》、《唐会要》、《册府元龟》等书，派出使臣有三类：一类称安抚、镇抚、招抚，专事少数民族和边镇地区，带有军事察抚性质；一类称巡察、巡按、按察，带有观风、抚恤、赈济的使命；一类是宣抚、宣慰、巡抚，专事对地方官吏进行纠察、推勘的黜陟任务。如贞观八年“遣萧瑀等十三人，发十六道黜陟大使，巡省天下、观风俗之得失，策政刑之苛弊”。贞观二十年“遣孙伏伽巡察四方”，又“遣段宝元巡察岑南诸州”。使臣在纠察地方官吏，查访民间疾苦，抚恤地方赈灾等方面，起着安宁民心，稳定边防的突出作用。太宗还采取保护谏诤的政策和措施，使谏议者无贬谪、杀身之忧，君臣相保，严惩诬谏，严格区别直谏和诽谤的界限等。贞观六年有人告发魏徵“阿党亲戚”，唐太宗命温彦博案验其事，结果“不存形迹”。魏徵感叹曰：“臣以身许国，直道而行，必不敢有所欺负，但愿陛下使臣为良臣，而勿使臣为忠臣。”太宗自责曰：“前发此言，寻已悔之，实大不是，公亦不得遂怀隐避。”并一再鼓励魏徵披鳞直谏，保证“君但莫违此言，我心不忘社稷之计”，后来还对诬告者“处以反坐，流放岭外”，申明：“无识之人，交乱君臣，殊非益国。自今以后，有上书好人小恶者，当以谗人之罪罪之。”

唐太宗和魏徵，作为唐初杰出政治家、思想家，其所导演的这一场有声有色的“贞观之治”的历史壮举，影响了唐朝一代和整个封建时代，以至对中华民族的发展，都具有积极的作用和深远的影响。黑格尔说：“一个人不能离开那个时代，正如一个人的肉体不能离开他的皮肤一样。”当然唐太宗和魏徵所提出“天下为家”，“百姓之心为心”，以及“民主谏诤”，都是出于他们长远的阶级利益和他们长治久安的政治愿望，真如唐太宗自己所说“朕终日孜孜，非但忧怜百姓，亦欲使卿等长守富贵”，又说“惟合百姓安静，不有怨愤而已”，既有少数统治者

①《贞观政要·慎终》。

长远荣华富贵，同时也有了人民平安康乐。我们高度评价其历史性的功绩，是因为他们把古代的儒家的民本思想升华到一个治国成功的顶峰，并且对我们民族进步和社会发展起到了相当巨大的推进作用。

总之，太宗和魏徵是我国封建社会历史上最有智慧、最有作为的政治家和思想家，他们从“水能载舟，亦能覆舟”的“可畏惟民”思想理论出发，追求和建立统治阶级的“大天下”，同时也顾及百姓的“小天下”，特别是他们倾其全力，悉心构建的封建民主政治的政体模式，确实得到广大人民群众的拥护和支持，这在我国历史上史无前例，也难有后继者。太宗说：

> 自古有道之君，以百姓之心为心。故君处台榭，则欲民有栋宇之安，食膏粱，则欲民无饥寒之患，顾嫔御，则欲民有室家之欢。

唐太宗和魏徵治国，其聪明智慧，是他们站在那个时代的高处，看到人民的力量，做了开拓性和开创性的探索和实践，达到“四夷自服，天下帖然”的境界，是儒家民本思想家最高、最重要体现，是取得天下大治的伟大成功。

唐太宗和魏徵君臣的“贞观治世”，名垂青史，千古风流。毫无疑问，主角是唐太宗，他确有惊人之思、超人之举，“人欲自见其形，以资明镜，君欲自知其故，必待忠臣，事有得失，无惜尽言”等的求谏纳谏的愿望，推进他确立治国的民本思想，作为封建君主专制政体下的唯我独尊的帝王，是非常了不起的，应予历史性的评论和研究，作为一份民主政治的遗产留入中华史册。

论贞观君臣治国智慧及治世历史地位

唐太宗君臣统治的贞观二十三年，只是历史长河中的一瞬。但他们是我国中古历史上一批杰出的人才群体，审时度势，高瞻远瞩，充分发挥最高统治集团在制定方针、政策和执行改革中的集体智慧和力量，“安宁百姓、偃革兴文”，以发展生产入手，在不长时间内把天下丧乱、村落萧条、财力凋敝、人心未安的破败不堪的隋末乱世，一变而为民物蕃息、政治清明、文化昌盛、国威大振的贞观治世，造就了文治武功都达到空前的大唐帝国，成为世界中世历史上最负盛名的封建王朝。唐太宗被历代封建史家誉为“百王之冠”，史称贞观时代“惟三代以下，治功莫胜于唐，唐三百年莫若贞观之盛”①，一直为继起的历代封建统治者效仿的楷模。毫无疑问，贞观时期是我国封建社会历史发展中难能可贵的一个时期，也是中华民族发展史上有着相当积极意义和深远影响的一个时期。唐之后的宋无法比拟，就是汉之文景、建元，明之永乐、弘治，清之康熙、乾隆，也难以匹敌。作为封建皇帝唐太宗，较之他之先的隋文帝，之后的宋太祖，就是雄才大略的秦皇汉武，也没有能如他一样把中华民族推向世界历史的最前列，使当时亚洲、整个世界的封建王朝望尘莫及。唐王朝四围的各个民族，把唐太宗称为“天可汗”，“四夷自服，天下帖然”。自贞观到高宗、武后年间，日本、朝鲜派出五十多次“遣唐使”，中亚波斯、大食络绎不绝地派遣留学生到长安，把中国作为东方“文明之邦”，誉为“文明世界”。试看当时世界，欧洲封建制度刚刚开始确立；七世纪中期建立的法国查理曼帝国进攻西班牙，吞并意大利，威震四方，被罗马教皇加冕，授予“罗马人皇帝”，曾几何时，在他死后不久旋即分裂，演化成长期的割据战争；英格鲁一撒克逊人这时侵入大英不列颠，建立星罗棋布的小

①《习学记言序目》卷33《唐书》。

王国，互相兼并，不断战争，有如我国的春秋战国时期，“欧洲则刚刚看到封建时代的曙光”；辽阔的俄罗斯，由斯拉夫人建立的基辅和诺夫哥罗德两个不设防城市为中心的小王国正互相竞争，阶级正在分化，至于建立以莫斯科公国为核心的俄罗斯统一国家还要再过三四个世纪才开始形成。所谓世界五大文明古国中的埃及、巴比伦、印度、古希腊、罗马正在衰落，昔日繁荣昌盛的东罗马正为野蛮的日耳曼民族的侵入而日落西山，摇摇欲坠。总之，唐太宗君臣所治理的贞观封建王朝无愧为当时世界上最强大的、最先进的封建大帝国，在世界各国、各民族的文明竞争中处于遥遥领先的地位。

那么，孕育和诞生于波澜壮阔的隋末农民大起义血浴之中的李唐王朝，以唐太宗为代表的贞观统治集团建立“文明世界”的大唐王朝，究竟以何等智慧，采用了怎样的方针、政策、措施，凭借和调动了广大人民的伟大力量，开创出中外历史罕见的“贞观治世”呢？而这些方针、政策、措施又以何种独特迷人的威力把当时中国的政治、经济、文化、军事推向一个迅速发展的阶段？这是我国，也是世界历史引人注目的研究课题。

一、贞观治世的治国理论及其历史地位探讨

长期来，我国史学界普遍而传统的看法，认为唐太宗集团贞观治世的形成是得之于南北朝的大动荡、大混战、大分化趋向隋唐大集中、大稳定、大统一的历史背景，特别是隋末农民起义的教训，或者说隋末农民起义推动的结果。我认为这种因果推理似为有理，实则舍近求远，颠倒时间，重外轻内，生搬硬套，不符合历史实际的研究。首先，从因果关系上看，“贞观治世”的出现和形成，近因是在唐初新的形势下，唐太宗统治集团审慎及时地调整统治方针和政策，从而凭借和调动了广大劳动人民的生产斗争和参与社会改革后所激发的主动性和创造性，而远在贞观之前的南北分裂和隋末农民大起义仅仅是起着远因的促进作用。其次，从时间上，隋末农民起义远离南北朝少则言之已有百数十年，离贞观也有二三十年，或三四十年时间，把“贞观治世”的出现和形成硬加到隋末农民起义军的身上，而不是出于贞观统治者的治国智慧和农民的辛勤劳作，岂非颠倒了时间，张冠李戴了吗？第三，从我国封建时代南北分裂，尤以农民起义后的情况来看，当然，唐太宗统治集团调整了统治政策开创出封建社会发展史上罕见的“贞观治世”，是和南北长期分裂与隋末农民起义有一定关系，但不是主要、唯一的关系，综观我国封建时代南北分裂与农民起义后建立的政权，都不是一概出现了贞观时期那样的封建治世的？何况造成“贞观治世”的直接的参加

者,全然是唐太宗君臣,而不是曹操、刘备、孙权、刘裕、符坚以及隋文帝、隋炀帝君臣集团,以及隋末的起义农民,还有是贞观时为治国政策、方针调动起来的生产农民;真正的内因毫无疑问地应是与唐太宗统治集团主观努力和推行正确的方针政策,这正如恩格斯所说过的,在阶级社会里,统治者是可运用国家权力使社会经济的发展"沿着同一方向作用,在这种情况下,就会发展得比较快"①。

大唐贞观治世,其历史上突出的作用和影响,我们应予以总结和研究,引以为训;其更深层的重大意义,是为中国千古历史上治国最好的一个时期,其治国方针、方略和思想理论等,仍有相当的现实意义,实可为今日中华民族复兴所借鉴和效仿。如以秦始皇和唐太宗为例:秦、唐开国,秦始皇和唐太宗都可说是赫赫有名、雄才大略的封建君主。秦统一六国,拉开封建社会的新纪元,史家誉其功业"千古一帝";唐太宗开创唐王朝,造就中华民族历史上最辉煌的时代,史家赞其为"百王之冠"。从开国形势和规模看,秦始皇有不少方面来得优越和有利,秦虽有六国残余势力,北方有强敌匈奴,但内部比较团结稳定。唐太宗面临的不仅有隋末残余势力,还有相当众多的农民起义和地方割据势力,强大的突厥严重威胁唐初北方,民生凋残,社会异常动荡;且唐太宗是高祖二子,血溅宫门的皇位争夺十分剧烈。然与秦的结局不同,唐太宗之后,唐王朝延续了将近三百年的历史,而秦始皇传至二世,在不到八九年时间就夭折了,秦王朝成为中国历史上短命的王朝,秦始皇自己也落得了暴君下场。这一长一短、一得一失、一兴一亡,原因很多,也很复杂。以今天史论析之,主要应是三条:第一条,政治家应根据形势变化,作出方针政策的调整。秦始皇统一六国之后没有根据当时形势变化作出方针政策调整,把打天下转为治天下,以暴政扰民代替文治惠民;唐太宗取得天下之后,以人为本,调整方针政策,提出"偃武修文,文以致治"的治国方针,把打天下急转为以文治天下,激发和调动了广大人民群众开创历史的巨大动力。第二条,调整战略,适时改革开放,制定方针,缓和和处理好新起的各种矛盾,推动社会经济全面恢复和发展。第三条,"治国以文",民主论政,开放和信用文人,形成文治谏臣集团,以民本政策,恰如其分地限制统治集团过分权欲、利益,团结一心,审慎而全面拉开中华民族复兴的历史序幕。秦取得天下,先是采取严厉镇压六国知识分子的"焚书坑儒"政策;后又在赵高等的怂恿和策划之下,亲一派,打一派,拉一派。强征暴敛,使民处于水火之中,造成

①《马克思恩格斯全集》卷4,第483页。

秦始皇死后太子派扶苏和二世派胡亥的严重对立，争权夺利。秦始皇还四处征战，劳役赋税二三十倍于古，民不聊生，尸体遍野。唐太宗他罗致与收揽四面八方的知识分子，形成了房玄龄、杜如晦、魏徵、王珪、戴胄、马周、李百药、张玄素、褚遂良等文人组成的文治"谏臣"集团。他们有渊博的学识和丰富的实践经验，协力同心，不断进取、创新，形成唐初推行社会安定、经济恢复的核心力量，勤政廉明、发展生产，终于形成中国历史上难得的政治清明、经济发展、文化昌盛的黄金时期。凭这三条，使两个上台的帝王，一个"得天下，而失天下"，一个"得天下，治天下"。所以唐太宗说秦皇"奢淫无度，志存隐恶，焚书坑儒，以封学者之口，文士几将泯灭，此前王之得失，为后身之龟镜"。后世史家在论及"贞观治世"时说"太宗治政定于行仁义一言"，即"偃革兴文，布德施惠"，故"中国既安，远人自服，天下大宁"。

诚然，任何杰出人物，包括帝王将相，只有在肯定和事实上承认人民群众是历史创造者，并发动他们为自己利益而奋斗献身的这一前提下，才有可能推动社会历史的前进，对人民作出贡献。唐太宗统治集团正是在这一关键问题上，肯定和事实上承认人民群众的伟大力量，认识到"水能载舟，亦能覆舟"的道理，主动而及时地制定了与隋炀帝统治时期以至历代开国王朝完全不同或者说很大不同的民本统治方针和政策，使整个社会经济处于史无前例的恢复和发展之中，这即是我国封建社会中出现罕见的"贞观治世"的关键所在。

统治者治国的聪明智慧，最重要、最关键、最集中的就体现在制定方针政策上。唐太宗君臣懂得政治安定是社会存在和发展的前提，他极其难得而令人信服的是一登上皇帝宝座，即大宴群臣的第一天，就宣布"戡乱以武，守成以文"，才能"中国既安，天下大宁"。① 并以此提升起整体统治集团的政治智慧。唐太宗问："近代君臣治国，多劣于高古，何也？"有人认为："人主必须威权独任，对内严刑峻法，对外耀兵振武。"王珪则说："古之帝王为政，皆志尚清静，以百姓之心为心，近代则唯损百姓以适其欲，所任用大臣多非经术之士，汉家丞相无一不精通一经，由是人识礼教，治致太平。"②魏徵说："偃革兴文，布德施恩，中国既安，远人自服。"后来唐太宗在总结他治国成功的经验时称："以百姓之心为心……唯魏徵劝朕偃革兴文，朕从其语，天下大宁。绝域君长、皆来朝贡、九夷重译、相

①《资治通鉴》卷192，贞观元年。

②《贞观政要》卷1《政体》。

望于道,皆魏徵之力。”①

唐太宗君臣确立和推行以文治国的方针,是因他们亲眼看到隋炀帝统治时期徭役无时,穷兵黩武,穷奢极欲;又身经隋末农民大起义急风暴雨,重建了地主阶级的新政权。更重要更难得的是看到当时面临“东起海岱,西至伊洛,茫茫千里,人烟断绝、鸡犬不闻、道路萧条”的“水能载舟,亦能覆舟”的严酷形势,高瞻远瞩地提出“为君之道,必须先存百姓”,“犹有养鱼而可取鱼,犹有育林才可获兽”②的道理;发挥集体理念和智慧,建立宰相总办事处——政事堂,全面审慎地分析和研究内外形势,总结历代王朝开国的经验与教训,尤其是秦汉和隋炀帝统治时期的正面和反面的经验教训,逐步地探索出一套既要统治人民,又不要激起他们反抗;既要人民为王朝服役纳税,又不要影响他们正常生活、生产;即要统治者长守富贵、长治久安,又要保证人民最低生活水平而又服从统治的完整的理论和实践的真谛。有名的《贞观政要》一书,即是全面反映和总结这一套理论和实践的集大成著作。

综观贞观年间唐太宗所推行的政治、经济、文化、军事等政策措施,和历朝特别是和隋炀帝统治时期相比,有下面几方面明显的特色和不同:一、生产性、文化性的政策措施多于消费性奢侈性的政策措施;二、经济性的政策措施多于政治性军事性的政策措施;三、在内外政治经济性政策措施中,缓和安定措施多于急政扰民的政策措施,偃武修文的政策措施多于穷兵黩武的政策措施。这些方针政策的改变和调整,高度展示出贞观君臣的聪明与智慧,对于急剧变化着的唐初政治经济形势起着适应、缓和、安定的作用,既缓和了统治阶级内部的矛盾,也缓和了统治阶级和被统治阶级,以及汉族和少数民族之间的矛盾。符合当时统治阶级根本利益,也顺应了隋末大乱之后人民群众安定生产和安定生活的迫切要求和愿望。

唐太宗君臣无愧为中国封建社会历史中杰出的、有作为的封建政治家、思想家,他们所导演的这场有声有色、有条不紊的政治经济政策的大调整、大改革,贞观四年,终于赢得了“米斗三四钱,终岁断死刑才二十人”,也有说“八、九人”。“东至于海,南极五岭,皆外户不闭,行旅不赍粮,取给于道路焉”的历史成就,确实是“三代以来最盛大的节目也”③。下面试就贞观时期所制定和推行的政策措施,从政治、经济、文化等三个方面分述如下;

---

①《资治通鉴》卷193,贞观四年。

②《贞观政要》卷1《君道》。

③《习学记言序目》卷33《唐书》。

二、政治方面：以文治国，民主谏诤，推动社会进步

（一）确立文人政治，提倡纳谏、求谏，推进社会和谐与经济发展。

太宗君臣以讲学论政，拉开以文治国的序幕。太宗未即位之前，广招文人学士进秦王府，并建文学馆。所谓十八学士，就是他的智囊团，也是贞观宰相政事堂的主要班底。太宗登上皇位第一天群臣大会上，提出“偃革兴文”，随后即以文治国，广招人才，“予以升迁”，“破格擢用”，以一批“学识优长，兼识政体者”为御史大夫、六部大臣和宰相。贞观元年“以长孙无忌为左仆射”；二年“以杜如晦为检校侍中”；三年“以房玄龄为左仆射，魏徵为尚书左丞，参预朝政”；三年“以御史大夫温彦博为中书令，王珪为侍中，戴胄为吏部尚书，参与朝政”。① 此后以“上书议政”，求谏纳谏；科举、特举擢拔文人进入中枢。最典型的是寒士马周，就以上书议政而为太宗拔为中书尚书，进入政事堂。从贞观元年至四年，以文人入相而充实政事堂的诏令和任免即达 18 次之多，入选入朝有近二百余人。同时又精选天下儒士，不断补充中央和地方的文治班子，“大收天下儒士，令诣京师者擢以下次”，史称“四方儒士，多抱负经典，鼓箧而升讲筵者，八千余人”，又“学生通一大经者咸得署吏”。唐太宗看到进士们鱼贯出入门下，喜形于色，“天下英雄尽入吾彀中矣”。② 这样就逐步形成了稳固的文人掌权的政治局面。

最令人称许的是太宗及时把当年打天下的武将转变为治天下的能臣。太宗自己读书习文，他说：

> 朕年十八便带兵，二十定天下。二十九为天子，少从戎旅，不暇读书，贞观以来，手不释卷，知风化之本，见政理之源，行之数年，天下大治。③

号召群臣读经议政，读书识理，通过各种途径和方法，使如侯君集、李靖、李世勣等一代名将，成为贞观文治的贤相。他说：“人性含灵，待学以成其美，博学以成其道”，要他们读书学习，“致治太平”④。他还要求大臣向“笃意学问”的虞世南学习。虞世南世称“文学之宗”，曾仕宇文化及，又为窦建德黄门侍郎，然太宗“引以上客”，说他有五绝：一德行，二忠直，三博学，四辞藻，五书翰，“每机务

---

①《新唐书·太宗纪》。

②《贞观政要》卷 7《崇儒》。

③《贞观政要》卷 10《慎终》。

④《贞观政要》卷 10《慎终》。

之隙引之谈论，共观经史”，并称，“群臣皆若世南，天下何以不治”[1]。太宗抬举世南为典型，就是号召文武大臣学文致治，开辟文治之道。

太宗君临天下二十三年，贞观年初通过科举设置专管文官考试的主管机构，《通典》载：“贞观以考功郎中典贡举，考功员外郎专掌之”，“定上郡三人，中郡二人，下郡一人”，由州县保送尚书省参加科举。自此，“进士尤为贵，其得人亦最为盛焉”，故许敬宗叹曰：“士之登庸(科)，十数年间拟迹进庙堂者，不系世业，忠贤文武，固无种也。”在此期内任宰相者二十八人，除裴寂、肖瑀、陈叔达等六人是高祖旧相外，其他二十二人中，山东等地者十一人；魏徵、高士廉、房玄龄、温彦博、戴胄、马周、高季辅、张行李、崔仁师八人，出身寒微进士和文人，李世勣、张亮皆由下层因建策、军功，出将入相。关中六人：长孙无忌、杨师道、杜淹出显赫贵族；李靖、杜正伦、侯君集等三人亦以下层至高位入相。还有岑文本、刘洎、王珪、褚遂良、许敬宗五人都来自南朝名门文士之后，“博涉经史、多负才名”，“深通梁陈文物典章”。所以胡三省对此评曰：“太宗以武定祸乱，出入行间，怀之具者皆西北骁武之士；至天下既定，精选弘文学士，日夕与之商権议论”，“由是鲜有败事，天下致治”。[2] 太宗时确立的三省互相制约中央政治制度，中书草拟诏命，门下审核公文，尚书履行政务，就是太宗和他们“日夕商榷议论”，反复审定而成的。这是中国历史上宰相机制的创新，有重要时代转折意义。此后，三省行政长官制度就有了三个突出特点，一是多用文士；二是这些文士，大多出自科举；三是“以文识理、擅长政体”，包括少部分由武转文的名将执掌中枢。贞观确立的文人执掌中枢，君臣关系密切，政论深刻，制度日趋完备，并以科举制度予以保证和拓展，科举制成了王朝培养官员的摇篮，开启了我国封建政治史上文人政治的滥觞。宋、元、明、清诸朝，虽略有变动，但基本沿用唐朝旧制。三省六部政制反映了我国政治制度史上伟大变革，展现出封建中央官制的民主色彩，对于我国封建社会的进步和发展影响深远。

(二) 安民之道，以小农为本，发展生产，以轻徭薄赋，恢复和发展小农经济，从而调整与缓和统治阶级和被统治阶级之间矛盾与斗争。

太宗君臣深刻的认识到封建政治安定有赖于小农和小农经济的稳定和发展，太宗非常重视农业和农民，“治国以农为本”，“王者以天下为家”。[3] 指出君

---

①《贞观政要》卷2《任贤》。

②《资治通鉴》卷194，贞观六年。

③《贞观政要》卷1《政体》。

民与吏民是休戚相关,生死与共的整体,他说:“夫贪欲则费广,费广则赋重,赋重则民愁,民愁则国危,国危则君丧矣……夫治国犹如栽树,本根不摇,则枝叶茂荣。”因此“为君之道,必须先存百姓,若损百姓以奉其身,犹割股以啖腥,腹饥而身毙”①。太宗君臣一方面改革和调整均田制度,驱使当时流散成荫附于豪强地主的小农回归农田,并下令各地官吏开仓赈济,以保证他们安定的生活和生产。贞观二年“免关内及蒲、芮、虞、秦、陕、鼎六州二岁租,并给复天下一年”②。当时不少州县还能做到“逐粮户到,递相安养,回还之日,各有赢粮布帛,以申赠送”③。另一方面,放免大批奴婢、奴隶,并使大量部曲家奴返归于农。太宗亲自下令遣出后宫宫女三千人,“就嫁民间”传为古今佳话。贞观二年“关内饥旱,出御府金帛,赎买男女自卖者三万,还其父母”;同年又“从突厥赎回男女八万口”④,安置内地进行农业生产;贞观四年,唐军打败东突厥,又南下收复突厥散居东起幽州、西至灵州的大片土地上,进行“屯垦”取得政治安定和经济恢复的双重效果。

(三)高度重视地方吏治,用法唯简,宽刑而治,稳定唐初社会秩序。

太宗命令房玄龄、长孙无忌删去历代和《隋律》中的酷刑和繁文,修定《唐律》。太宗认为:“民之所以为盗,由是赋役繁重,官吏贪求”,提出“用法务在宽简”,“不可误用重法”。魏徵也说:

> 夫为国之有四:一曰仁义,二曰礼制,三曰法令,四曰刑罚。仁义、礼制政之本也;法令、刑罚政之末也。无本不立,无末不成。

故“御之良者,不在烦策,政之善者,无取于严刑”⑤。在《唐律》中减去《隋律》大辟 12 条,减流入徒者 21 条,还规定“决死刑者京师五复奏,诸州三复奏”⑥。太宗重视廉吏,他说:“朕居深宫之中,视听不能及远,恒每夜思百姓间事,所委者唯都督、刺史,此辈实理乱所系,尤须得人。”又说:“君,源也。臣,流也。源清则水流,源浊求之流,则不可得也。”⑦故常在屏风上“录其姓名,坐卧

①《贞观政要》卷 1《君道》。
②《新唐书·太宗纪》。
③《旧唐书·陈君宾传》。
④《新唐书·太宗纪》。
⑤《隋书·酷吏传》卷 74。
⑥《新唐书·太宗纪》。
⑦《贞观政要》卷 10《慎终》。

恒看”,唯恐他们“不能堪养百姓”[①]。对此,王夫之在《读通鉴论》中评曰:

> 太宗之世,天下大定,道有使,州有刺史,县有令尉;法令密而井庐定,民什伍而以相保,宗族亲戚又比闾而处,此乃法吏据法,而故天下帖然受治。

太宗是封建社会儒家民主色彩比较浓烈的皇帝,他说“未能受谏,安能谏人”,又说:“顺一人之情,为兆民之患,或为私怨,或成怨隙,亡国之政,炀帝之世。”[②]以“兆民为本”的论争,并成为国策的根本,这是太宗成为历史上明君,且使贞观一代吏治清明的关键所在。太宗君臣笃意廉政,强化监察、监督,重建监察机构御史台,其所属机构有台院、殿院和察院等三院。三院建置职能,“纠举百僚,推鞫狱讼”,在开创我国封建监察制度史上也有十分重要的地位和影响。监察弹劾范围十分广泛,按朝廷律令格式为依据,不仅对尚书六部、礼仪、治安、财政、馆驿有监察之权,并且还对兵部、军防、刑部、大理寺等活动也实行监督之权。所以《通典》说:“以御史监军事,大唐亦然”,太宗至高宗有“监诸军旅”的记载。当然难得者是太宗从自己做起,求谏、纳谏,还发扬君臣论争的民主,监察、弹劾皇帝。贞观文治开始后的第四年,史载:“天下大稳,流散者咸归乡里。”[③]贞观四至七年“断死刑者二十九人”,为我国封建时代断死刑者最少之最。《太宗纪》赞曰:“至治之美,庶几成康,自古功德兼隆,由汉以来未有也。”贞观一代是我国封建社会经济发展最快、政治清明、社会安定、朝气勃勃的一个时期,诚非史家之虚语。

(四)举贤任能,确立新的等级制,从组织和制度上调整和稳定统治阶级内部的关系,促进整个社会安定和发展。

唐太宗君臣无愧于顺应时代发展的政治家,进行人才选拔重大改革,他明确指出:“厘正讹谬,舍名取实”,改变魏晋以来“有司选举,必稽谱牒,故官有世胄,谱有世官”旧习。“不论数代以前,只取今日官品,人才作等级”[④]。他一生最为成功的是得人用人,并按人们对李唐王朝的贡献大小来确定政治地位,提出以“德行”、“勋劳”和“学识”为准,来确立唐初新的封建等级制度,使品位高

---

①《贞观政要》卷2《择官》。

②《贞观政要》卷2《求谏》。

③《资治通鉴》卷192,贞观元年。

④《新唐书·太宗纪》引《赞曰》。

低、社会地位和现实政治贡献结合起来。唐太宗一方面命令当时重要大臣房玄龄、杜如晦、长孙无忌、魏徵和萧瑀等，从“德才兼备，学识优长”来修订唐初沿用隋之官制、兵制、科举制，进行改革；并以李唐政权创建过程中所起的实际作用，以及关中、代北、山东、江左等世族势力消长的实际情况，确定了关中皇族为第一等，外戚和代北世族为第二等，山东和江左世族下降到第三等。最重要的、最出色的为：不是世族、士族出身或由农民起义队伍与少数民族进入李唐政权，都给予世族待遇。新确立的等级制，符合隋末唐初统治阶级内部各集团、各派系实际消长情况；也是符合李唐政权以关中为根本统一中国，组成了新的世族、寒族以至下层庶民、奴隶出身的新的最高统治集团，无疑适应了下层士族和寒门庶族势力日益抬头的这种时代趋势。

为了稳定新的等级制，唐太宗君臣还以调整和改革科举制度作为主要手段，广求贤才，压抑以门第高低取士；增加考试科目、考试内容，扩大以学识和才能选用人才的比例。据《新唐书·选举志》记载，单以考试科目而论，就有秀才、明经、俊士、进士、明法、明学、明算、一史、开元礼、道举、童子诸科。唐太宗君臣强化文治内容，开拓创新，不拘一格选拔各方面人才，从而不断地充实与扩大李唐政权的社会基础。在贞观最高统治集团中，就收揽各方、各地、各族、各种的人才。从地域看，有关中、代北、山东、江左的世族，还有少数民族，唐太宗听从温彦博建议，在突厥降众中“选其酋长，使入宿卫”，突利可汗之弟结率杜官至中郎将。高士廉就是山东世族。从出身上看，有世族、士族、庶族，还任用了农民出身的薛仁贵等。从派系上看，有来自隋末农民起义军，地方割据集团，也有来自李唐核心集团的内部如李渊派、太子建成派和李世民自己系统的各个派系人才，还有寒门庶族和平民百姓的新进人才。魏徵曾是建成派的亲信太子洗马，徐世勣来自瓦岗农民起义军，马周来自平民百姓。唐太宗都能一视同仁，让他们担负重要工作，各尽所长，发挥才干。在历代帝王中，从制度、政策和理论等方面，能这样全面地把新旧、士庶、老少、亲疏、贵贱，以至敌人中的各种人物凝聚在自己周围，组成如此融合又稳定的贞观集团，确为史不多见，这是唐太宗作为明君的最充分最突出的展示，终使各种人才发挥最大的作用，整个社会趋于不断前进和发展之中。

三、经济方面：以民为本，轻徭薄赋，发展小农经济，快速推动社会进步、发展

（一）唐太宗君臣主张以民为本，轻徭薄赋，去奢省费，以政策予以保证，实现经济很快发展。

唐太宗说:“凡理国者,务职于人,不在盈积仓库”,“民食有余,自不为盗,遂致于天下太平”。[①] 他极度反对横征暴敛,曾多次和魏徵等重要大臣讲:“人君赋敛不已,百姓既弊,其君亦亡,犹如馋人自食其肉,肉尽必死”,“炀帝失国,亦此之由”。[②] 太宗君臣力主精兵简政,把均田制、租庸调法、户籍制、义仓制、杂役制、俸禄和公廨本钱等经济制度,根据“轻徭薄赋,去奢省费”的原则作了细致务实的修正。如把隋每亩收租三石改为二石,又“以庸代役”,“以绢代役”等办法,给农民以较多时间从事农业生产。对于少数民族降附而迁居内地者特别给予“免役十年”的优待。对官吏衙门的职分田、公廨田,酌情减少,并进行自上而下的严格检查核实。贞观十一年“罢诸司公廨本钱”,并对“内外官职田恐侵百姓”,“先令官收,遂令总停”。[③] 其目的都是从根本上缓解和减轻农民的负担,诚如唐太宗自己所云:“百姓有损,朕必不为”,“轻徭薄赋,使民各治生业,皆欲使之家给人足”,“朕虽不听管弦,乐在其中矣”。[④]

唐太宗为了减轻人民负担,提高行政效率,最有历史意义的当然是多次下令精简机构和各级官员。贞观元年下令并缩减、省并了州县“不务实职”人员,第二年中央各部府的官员,从三千人减为六百四十三人,成为中国封建王朝中最低员额。并且自上而下,停建了许多重大的劳民工程:贞观四年太宗曾下令征发民役修建洛阳宫,给事中张玄素上书谏止说:“陛下今时功力,仅如隋日,承凋残之后,役疮痍之人,费亿万之功,袭百王之弊,以此言之,恐甚于炀帝远矣!”[⑤]竟把太宗贬为暴君炀帝,太宗“不以为意”停止了这次征发,并褒奖了张玄素“以卑干尊”,赐绢二百匹。唐太宗贞观初年因不得不征伐突厥、吐谷浑,以及晚年被迫出兵高丽之外,其间很少有内外战事,主动发起的“对外”战争也是很少的。唐太宗说:“每发一兵,不觉头须发白”,告诫群臣不可穷兵黩武,任意用兵;认为这是“逞嗜奔欲,逆天害人”,“是乃袭亡隋之弊”。[⑥]

(二) 检查户口,厘正户籍,安定基层,保证经济不断发展和增加财政的收入。

唐太宗“以人为本”重视户口是历代帝王所罕见的。他亲自督促三省检查

---

①《贞观政要》卷8《务农》。

②《贞观政要》卷8《辩兴亡》。

③《唐会要》卷82《内外职官田》。

④《资治通鉴》卷192,贞观元年。

⑤《贞观政要》卷2《纳谏》。

⑥《贞观政要》卷2《纳谏》。

户口，编订户籍，这是"乱后致治"的"大要所在"。并多次查问民部侍郎卢承庆关于历代和当时户口增长情况，把增殖户口定为考察州郡官吏政绩的最重要标志之一：下令"州县刺史县令若能婚姻及时，鳏寡残少量户增多，可以擢进改第"。① 唐初承战乱之后，户口"百不存一"，安定封建秩序，恢复生产，就要把四处逃散和豪强大族庇荫下的逃户变为王朝的"编户"。贞观初年，唐太宗曾不断下发争夺户口的多项法规，并对各地流散户口流入畿内及户殷之处，并听徙宽乡，进行朝议，后采用陕州刺史崔实建议：下令"畿内之地，是谓殷户，丁壮之民，患入军府，若听移转，或便出关外，此则虚近实远，非经通议"，"移民遂止，地方宁静"。② 唐政府一方面规定，各地"一岁一造记账，三年一造户籍"，最后报中央尚书省户部"总而领之"，而为定册，成为均田收税和庸调课役的根据。另一方面，千方百计解放奴婢人口，招揽大量人民垦荒、开荒，把没入外族人民和赎卖为奴者纳入"编户"。贞观二年，"遣使巡关内，出金宝赎饥民鬻子女者十余万还之"；三年，"又使中国人归自塞外及开四夷为州县者百二十万人"；六年，"纵死罪者归其家"，"是岁诸羌内属者三十万"；十六年，"赦天下死囚以实西州"；二十三年，"还以河北从军者家，令州县为营农"③。

（三）唐政府把节省下来的人力、财力、物力，用于恢复和发展经济。

驱民于农，奖励农桑，开垦荒地，屯田边疆；不断地发展布帛织染、铁器矿冶、陶瓷、造船等传统手工业；重视商业，开放长安、洛阳二京和扬州、成都、番禺（广州）等都市，并开拓中西丝绸之路和中日、中韩，推进中西、南亚以至北非的的海上商贸。当然，最突出的是兴修农田水利，开通漕运，拓展海内外商贸经济，促进文化交流（另有专文论及）。继续开凿南北大运河畅通漕运，以利灌溉，互通物资，促进中外贸易，并保证江淮和钱塘江流域等各地粮食、布帛等物资，畅通无阻地运到京都长安、洛阳等地。派出使臣走访日本、韩国、尼泊尔、印度等，以至中亚、西亚，远及北非，开启和大食、罗马的经济、文化交流，贞观年间，东罗马首次派使臣进入长安。大批商人漂洋过海，过山涉水，开发商贸，形成一代风光的"遣唐使"、"入唐使"。唐政府还集中注意力鼓励和督促地方官吏在官府资助下发动人民兴修水利和开垦荒地。如，"江都东十一里有雷塘，以溉田八

①《新唐书》卷38《地理志》。

②《唐会要》卷89《疏凿利》。

③《唐会要》卷84《移户》。

百顷”[①]，又“陈留有观省陂，令刘雅决水溉田百顷”[②]。还发动人民在龙门开渠引黄河水，“溉田六千余顷”[③]。《唐书》卷197还载沧州刺史薛大鼎“治芦、漳、衡三河，境内自此无复水害”，并“新河得通舟楫利，直通沧海鱼盐至，昔日徒行今骋驷，美哉薛公”，自此一州“政化清静”。瀛州刺州贾敦颐重视水利，其在临滹沱河和三寇水修筑堤堰，从此漫浸数百里“无有水患”，为民传为“佳话”，都得唐中央的嘉许和提升。唐太宗君臣所缔造的“贞观治世”，社会出现惊人的进步、发展而稳定，确为我国封建时代名副其实的“黄金时期”。据胡戟在《从三耕余一说起》一文中估计“唐代粮食面积产量，比西汉中期提高近一倍，人均占粮由西汉四百斤左右，提高到七百斤左右”，突破了我国古代中世纪粮食产量徘徊不进的状态。

四、文化方面：群花同放，有容乃大，推进文化繁荣昌盛

唐太宗君臣治国最大成功，就是确立“治国以文”的方针，以“自古帝王皆贵中华而贱夷狄，我独爱之如一”的政治胸怀，推进中华文化“群花同放”的繁荣局面。就其完整理论和实质而言：一是在新的形势下，迅速地把唐初社会由“戡乱以武”引向“守成以文”文治局面。二是强化舆论，从上而下，造成“治国以文”的开国崭新社会景象。三是在制定的政治、军事、经济政策中，突出文治的方针和原则，展示中华民族大一统文化的璀璨辉煌。四是从人事组织等方面，使文化和政治、文化和经济、文化政策和知识分子的命运紧密相连，推进唐初社会民主、文教发达，开拓进取，群花同放，人民充满了对人生、社会的美好追求和歌颂，体现了中华民族欣欣向荣及乐观豪放精神和气魄。唐朝把世界文化移向东方，正有如奴隶社会时期西方的希腊、罗马文化那样灿烂辉煌，给世界文化史留下了一份非常珍贵的遗产。

（一）把繁荣学术文化提高到治国成败的高度。

唐太宗君臣认为：“近代君臣治国多劣于前古”，主要是“重武轻文”，不懂得在“武”取天下之后，应急转为以“文”治天下。太宗云：“儒行既亏，淳风大坏”，自然不会“天下大治。”魏徵建议：“当今大乱之后，人在危困，则忧死亡；忧死亡，则思化，思化则易教，犹饥人易食也。”[④]“乱后思教”，“行儒识理”要紧密结合，

---

①《唐会要》卷83《嫁娶》。

②《唐会要》卷84《移户》。

③《唐会要》卷88《移户》。

④《新唐书・魏徵传》。

实现天下大治，一统于儒学，实行“修身齐家治国平天下”。儒学是我国封建文化发展的主导与主体，只有有条不紊地进行旷古未有的思想、理论的开拓创新，才能有文化复兴，才能“致治天下”。贞观君臣重经史，孔颖达、颜师古考订五经；李延寿等自为集史，故“汉晋南北诸书皆获完备”，“成败有考，统纪不失，其补益于世多矣”①。唐太宗君臣最可贵的是在开国精兵简政与财政困窘之中，却能设置各类馆舍，招揽文才，一时名师硕儒，文章时彦，俊笔秀士，“令诣京师，擢以不次，布在廊庙者也甚众”②。贞观一代，上自入阁为要官，下至州郡刺史县令，提倡文治，推行文治，重用儒士，信用文才，已形成一代风气，确是三代以下“空前之所未有也”！

（二）重视儒士、兴办学校、大力培育文治人才。

贞观政府大力兴办各类学校，把一批批生员驱向各级学校，培养大批文治人才。唐中央有国子学、太学、四门学，……东宫有崇文馆，门下省有弘文馆，吸收皇亲国戚、大官僚、大贵族子弟；地方有州学、县学，招收一部分平民百姓子弟。史称贞观年间“国学之内，鼓箧升讲筵者，几至万人”，“儒学之兴，古昔之未有也”③。为了提高学校教育，加强封建儒家思想宣传，唐太宗“数幸国学”，还征召各地有名望的、有学问的经学大师，到京师长安编撰和讲学；并令颜师古、孔颖达订定《五经疏义》一百八十卷，作为教本，“付国学施行”④。历史上难得如唐太宗君臣破格擢拔一批出自下层的杰出人才，真是天下英才悉为其用。茂才异能之如魏徵、杜如晦、岑文本、褚遂良、侯君集等，有出没市井村野的庶族、寒族；贫苦落魄如寒士马周等，或委于下级官吏，或妙用于三省六部，亲密无间，犹同鱼水，古今帝王能同儒生和谐相始相终者，唐太宗可推为第一。

尤值得一提的唐太宗君臣重视儒学，兼容各家。贞观二年，唐太宗立孔庙于国学，以仲尼为先圣，推尊儒家；但声言汉、魏、周、隋以来各家各派的经师，以至道学、佛教，以及民间三教九流之书，凡自成一家之言的，也不予禁止。形成各家学术思想，百家争鸣，兼容并蓄，儒、道、释等各派经典，尤以道家，几成为学术文化主流，并有力地弘扬大唐政风和文风，对当时社会风尚和各级吏治起了积极的推动作用。以至于当时长安各地流行的民间异端巫术，唐太宗君臣虽痛

①《贞观政要》卷7《崇儒》。
②《贞观政要》卷7《崇儒》。
③《贞观政要》卷7《崇儒》。
④《贞观政要》卷7《崇儒》。

恨入骨，说其“败俗伤风，极乖人理”，但处理方法则十分慎重宽容，“宜令州县教导，齐之以礼典”①。

（三）“中外文化，群花开放”。

唐太宗政府对于国外和少数民族的文化艺术，也一视同仁，绝不盲目排斥，显示出有容乃大的雄伟气魄。开拓中西海陆丝绸之路，推进世界文化大交流。唐太宗说：“自古皆贵中华贱夷狄，朕独爱之如一。”②国外的文化，如印度佛教、波斯摩尼教、袄教，特别是道教、佛教，唐太宗并不十分相信，但因其“佛道设教，本行善事”，“亦听之流传”。唐朝的文化艺术是中外合流的文化艺术，特别是音乐舞蹈、建筑雕刻，强烈渗透着域外和少数民族的特色。贞观初年，伊斯兰教创始人穆罕默德倾慕大唐文化，用《古兰经》鼓励门徒：“为了追求知识虽远在中国也应该去。”因此，如欧洲罗马文化、阿拉伯大食文化、印度文化、中亚波斯文化、东亚日韩文化、西域文化都进入大唐广泛交流；唐初三大舞即秦王破阵乐、九功舞、上元舞，都掺杂浓厚的少数民族的色彩，特别是西域乐舞，在当时长安是非常风行的。贞观年间，君臣对自然科技也颇重视，在学府首开研究之风。当时在国子监设算学馆，招收文武官五品以下学习《十部算经》，并在科举常科中设置“明算”科。盛清、傅仁均、孙思邈、李淳风，以及稍后一行、梁令瓒等一代名流，在算学馆、弘文馆讲学授能。李淳风于贞观七年造作新型铜质浑天仪，在前代六合仪、四渐仪之间加了三辰仪，可以直接观测日、月、星辰在各自轨道运行。唐太宗曾任命孙思邈为谏议大夫，后世尊为“药王”，其所著《彤诿内伏硫磺法》，实际上就是早期火药配方，对我国火药发明作出一定贡献。贞观一代的文化，真可谓“博大清新，灿烂辉煌”，登上了中国封建文化的顶峰。提倡兼收并蓄，群花同放，促使中外文化交流达到了极盛时代，国内各民族的融合、同化，也达到极盛时代，也使世界中世纪文化达到极盛时代。国都长安不但成为全国的政治中心，而且也成为当时世界文化交流的中心，唐太宗君臣所治理“贞观治世”，为促进中西文化交流作出了历史性贡献。

综观唐太宗统治集团在贞观短短的二十三年所推行的一系列的方针、政策和措施，其核心是领导集团能以民为本，“以文治国”、“以百姓之心为心”，充分发挥治国的聪明智慧，准确制定方针、政策和战略，对唐初形势起着积极推动作用，

①《贞观政要》卷7《礼乐》。

②黑格尔：《哲学讲演录》。

又符合隋末大乱之后人民群众要求发展生产和安定生活的迫切愿望，开创出我国封建社会历史中罕见的“贞观治世”，为唐王朝三百年的国运，以至中华民族文明发展，奠定了厚实的基础。他们的历史功勋将永垂青史，其历史性的业绩，为我们民族的无价之宝。当然，作为统治者的唐太宗君臣，以及他们毕生精力所苦心经营的“贞观之治”，无疑是我国封建时代难能可贵的治世，也是我们中华民族历史上难能可贵的盛世。唐太宗自己也说得很明白：“以百姓之心为心”，才能“四夷既安，天下大宁”；又说“朕终日孜孜，非但忧怜百姓，亦欲使卿等长守富贵”①，唐太宗君臣通过方针政策把统治者和人民利益互相协调，缓和安定，其所制定细致入微的政策措施，几已达到天衣无缝的程度，难能可贵，赢得我国封建时代治国旷古未有的业绩、达到中国封建社会的最高水平、最高境界。我们可以自豪地予以肯定：第一，在中华文明史上，唐贞观君臣以其聪明智慧，制定国策，最大限度地调动和发挥了广大人民群众的积极性，在改造自然、改造社会，以及改变自己地位的斗争过程中，赢得我国历史上史无前例的伟大业绩，把中华民族推向世界文明竞争的最前列，处于遥遥领先的地位。第二，“贞观治世”，这是封建时代的治世，是统治阶级的盛世，诚不是十全十美的人民盛世，但比之一般的治世，动乱不安的乱世，要安定，要清明，要和谐，更朝气蓬勃、繁荣昌盛，对广大人民有利，对社会历史发展有利，对中华民族的统一强大、繁荣昌盛更有利。太宗君臣及其统治集团，无愧是我国历史上充满智慧，治国论政发挥得最好最美的杰出人物。当然，贞观时期也有许多不足与不完美的地方，诚如魏徵《十渐不克终疏》中所云：

> 臣观古今帝王受图定鼎，皆欲传之万代，贻厥孙谋。故其垂棋岩廊，布政天下，其语道也，必先淳朴而抑浮华；其论人也，必贵忠良而鄙邪佞；言制度也，则绝奢靡而崇俭约；谈物产也，则重谷帛而贱珍奇。然受命之初，皆遵之以成治；稍安之后，多反之以败俗……非知之难，行之惟难；非行之难，终之斯难。

历史人物和历史事件，总是受着历史时代的制约和影响，无不打下时代的烙印，这正如伟大的哲学家黑格尔说的：“没有人真正超出他的时代，正如没有人的肉体能够超出他的皮肤一样。”②总之，唐太宗君臣是中国封建社会中杰出的历史人物，“贞观之治”是中华民族历史发展过程中难能可贵的治世、盛世。

---

①《贞观政要》卷6《贪鄙》。

②黑格尔：《哲学讲演录》。

唐初至开元民本色彩的帝制改革及其影响

历史是人民群众创造的，但翻开中国二十四史，尤以汉史、唐史、明史、清史，可以看出整部中国封建社会的正史，是围绕着封建皇帝、封建帝制以及封建王朝的治乱兴亡而谱写的，竭力为封建最高统治者皇帝、将相，最大的皇权、官权，以及儒家封建民主政治大唱赞歌的，人民群众是推动历史的伟大力量，但展现于波澜壮烈政治舞台，充其量是一幕幕历史壮剧的听众和宾客。自秦始皇创立我国封建社会第一个中央集权的君主专制的王朝至清亡的两千多年间，先后建立的 34 个封建王朝中，正式在位的皇帝计有 234 人，其中在位不到一年的有 46 人，在位二至三年的有 23 人①，再除去大多数昏庸愚阉，贪婪残暴的混蛋皇帝，留下来称得上有政治卓识、军事才干和经济理财能力的皇帝，为数不多；能打天下，安天下，治天下，又能富天下的皇帝，真是凤毛麟角了；至于堪称“文景”、“光武”、“开皇”、“洪熙”、“康熙”、“乾隆”封建治世的，寥寥可数；能像唐朝贞观、开元前后一个时期，高度推行与展示儒家的民主政治，革故鼎新，创新政制，全力推行和谐仁政，把封建社会经济、政治、文化建设推向历史顶峰，出现了唐高祖、唐太宗、唐高宗、则天皇后、唐玄宗和魏徵、房玄龄、杜如晦、李勣、马周、张九龄、狄仁杰、姚崇、宋璟、张九龄等堪称一代的皇帝、宰辅；成功地以中国封建社会历史上少有的迅猛发展速度，把天下丧乱、村落萧条、财力凋蔽、人心未安的破败不堪的封建乱世，一变而为民物蕃息，政治清明，文化昌盛，国威大振的封建治世，而成为世界历史上最负盛名的封建大唐帝国，更是屈指可数了。

应该说，中国古代的政治家、思想家生活在充满矛盾和斗争的封建时代，以

①根据万国鼎《中国历史纪年表》统计。

其政治智慧,调整政策战略,推行政制改革,经济社会处于不断进步和革新之中,当时的人民有不少时间是在政治清明,奖励农桑,轻徭薄赋,宽刑简政,言路广开,社会比较安定,经济文化发展,生活亦有不断提高的繁荣昌盛的小康治世、盛世中度过的;但也不可否认,甚至大半时间是在封建君主专制统治下的治乱交错的纷争、战争中度过的,这种历史治乱的循环、前进,主要得之于统治阶级的中枢集团,高瞻远瞩,准确分析形势,掌控和调整方针政策,重新走向光明。因此,即如在贞观、武后、开元的帝制皇权改制、改革期间仍然充满着不同程度,或明或暗的统治阶级内部围绕着帝制、皇位而展开相互厮杀的统绝拥立,嫡庶争位,女王擅权,外戚盗柄,还有宗藩窃国,宦官乱政,方镇跋扈,以及权臣谋篡之争,外族入侵,农民起义。贞观晚期陈硕真农民起义,其后武后称帝,韦后乱政,高力士、李林甫擅权,杨国忠盗柄,袁晁起义;还有安禄山藩镇大乱,吐蕃、回纥入侵,大唐走向败落衰亡。后者虽情况不一,性质殊异,但也常是打着王朝旗号、皇帝名号展开,或以重建封建王朝为结局的。展现在人们面前的,这些令人眼花缭乱,错综复杂的治世、乱世的社会革新和历史治乱事变,几乎可以说无一不围绕着皇帝的权位、帝制的统绝而展开角逐和争战的,构成我国封建社会分久必合,合久必分的治乱交替的天下大势!斗争双方屡经变换,成者为王,败者为寇,但万变不离其宗,一句话,天下无一时没有皇帝、皇权;无一日没有封建王朝专制统治的阴影。中国封建社会的发展史,犹如转旋圈的走马灯一样,一个皇帝下去,另一个皇帝上来,一批宰辅、官员上来,又一批下来,并且不是一个,十几个,数十个上来下去,而是数百个,上千个,上万个的上来下去。哪怕是千百次异常剧烈、规模浩大的农民大起义之后,及至中国资产阶级的辛亥革命推翻了清王朝之后,皇帝、帝制的幽灵也还是不止一次地反去复来,例如,去了溥仪,来了袁世凯;去了袁世凯,又来了张勋;以至到了社会主义时期的今天,也还是有人为封建皇帝、封建帝制再现于历史而摇旗呐喊,鸣锣击鼓,扬幡招魂,再一次演出"母系社会到共产主义女皇"的滑稽丑剧。著名的哲学家黑格尔饶有兴味地说:"没有人真正超出他的时代,正如没有人能超出他的皮肤一样。"①看来,封建社会皇权、帝制、政制的改革,其内在固有的发展与变化规律,以至改弦易辙是不以人们的思想好恶、善良意愿所转移的,必须科学地从内因研究探析其治乱交替中成败得失,吸取改革、创新经验教训,突破时代局限,再从新的历

①黑格尔:《哲学讲演录》,第57页。

史基点，推行政治，经济、文化等改革，坚决持久地奋战，才能开辟新的生产关系，社会形态，出现新的历史明天。

因此，历史地、科学地探索和研究我国封建皇帝、封建帝制产生、发展，特别是大唐封建帝制和政制的改革、革新，及其后又停滞、反复、衰败的历史，深入地批判我国封建皇权和封建帝制、政制的独裁性、专制性和强固性，从中吸取蕴含在其中的民主改革、创新，再梳理唐自贞观至开元时期的政治家们，如何开拓奋进，从而在政治、理论，尤以制度上铲除其再生的根源，推动社会进步、历史发展，这应是我国当前政治思想战线上进一步反封建的重要课题。

下面我想从经济、政治、思想方面，来探讨和分析我国唐自贞观至开元封建统治阶级，尤以太宗君臣，鉴因秦隋二大王朝迅速覆亡，以至太宗兄弟争夺帝位，血溅玄武门等的惨痛历史教训，怎样从皇帝及内庭首先进行改革，强化封建皇权，强固封建帝制，构筑封建治世、盛世，但最终又难以摆脱腐朽衰亡，从而造成我国封建社会历史发展的进程滞固、迟缓、缓而复退，并对社会人们产生持续的严重的政治思想毒害。

一、唐初封建帝制皇权经济改革推进生产发展

我国自古以来，史载土地就是王有的。明人顾炎武说："古者田皆王者之所有。"①《诗经》有"普天之下，莫非王土；率土之滨，莫非王臣"的说法。可见，土地、户口都是"王"有的。这种土地和户口皇有制度，一直沿袭到封建社会末期，成为我国封建君主专制在经济上强化皇权，强固帝制的最重要的物质基础。如以我国历代封建王朝所颁行土地田赋制度为例：秦汉的封邑制，魏晋的占田制，隋唐均田制，两宋公田制，明清地丁制，其土地所有权在制度上、名义上都是国有的、皇有的。这种皇有，一方面意味着皇帝赏赐，给予各级官僚的占田、职分田，勋臣的封田、品田、庄田，都是以天子名义发放的。如秦大将王翦曾向秦始皇"请田宅为子孙业"②，这是封建社会历史上大臣向皇帝要田的最早记录。秦隋以来，这些皇有土地制度最后引发土地高度集中，以及官僚地主的竞相兼并，农民失去土地，流亡道路，最后被迫揭竿起义，终至王朝倾复，败亡。贞观年间太宗君臣以"一以君臣正，而国定矣"、"君不正，国不定"的礼仪为指导方针，首先对皇有土地经济制度作了重大改革，限制、制抑皇有、官有的占有土地，推

①顾炎武：《日知录·苏松二府田赋之重》。

②《史记·白起、王翦传》。

行了民本色彩的均田制和租庸调制度。唐太宗讲“为君之道，必须先存百姓”，“治国以农为本”，深深懂得封建政治安定、经济发展有赖于小农和小农经济发展。“若损百姓从奉其身，犹割股以啖腥，腹饥而身毙。”唐政权压缩、抑制皇田、官田，土地兼并，唐武德年间即规定“民始生于黄”，唐朝颁行授田数量历朝较多，孩子降生之后，在黄册上即有一分土地，增加了十六岁以上的中男和丁男，每人受口分田八十亩，永业田二十亩；并规定工商业者、官户授田“减百姓之半”。施行颇好，租庸调的赋税负担较轻，有“输庸代役”，“以绵代役”，灾害时期也常减免，以至全免。缴纳数额，比隋有了很大减轻，是历朝剥削最轻的。《大唐创业起居注》和《唐律疏议》卷12《户婚》中记边远和塞北地区，得到法定倍数土地，“并可蠲免税役”。值得高度关注的解放部曲、奴隶：“诸部曲及徒隶征战有功者，并从本色勋授……诸放部曲为良及部曲客女者，并听之”[①]。唐自贞观至开元，促农生产，大兴农田水利，奖励屯田、边远开荒的政策措施，促进民间手工业、商业、手工作坊发展，并在西北草原地带推行马政，开河筑坝，引种中原菽麦，《通鉴》载：

> 是时中国盛强，自安远门西尽唐境万二千里，勤于稼穑，闾阖相望，桑麻翳野，天下称富庶者，无如陇右。

唐前期一百多年中，中央政府督促或直接由地方兴办修筑水利工程达到160多项。如贞观年间在福建莆田筑诸泉塘、沥寻塘、永丰塘、横塘、洋塘、国清塘，“总灌溉田一千两百余顷”。开元年间在甘肃、山西、四川开筑塘堤，卓有成效，史家认为工程最多，几乎占唐一代的三分之一。更突出的是推行桔槔、辘轳、翻车、水车灌溉新工具，提高农业产量。唐玄宗在表扬大农司、同州刺史姜师度称：“奉公之道，知无不为，顷职大农，首开沟洫……由来榛棘之所，遍为秔稻之川，仓庚有京坻之饶，关辅致珠玉之润。”甘肃金城、山西大同、内蒙古河套一带，是时“州县殷富，仓库积粟帛，动以万计”[②]，盛称“塞北小江南”。贞观至开元年间，全力开垦，使西北发生历史性的变化，西北社会经济中古时期提升质的变化，沿黄河一带有如江南的“富庶景象”。

农业、手工业的发展，推动商业、交通和都市的繁荣，促进中外经济文化交流。唐朝的长安、洛阳是名副其实的世界政治、经济、文化中心，扬州、成都盛称“扬一益

---

①《资治通鉴》卷193，贞观四年。

②《资治通鉴》卷215，天宝八年。

二”,是世界上最繁荣的“商贸城市”。杜甫在《忆昔》一诗中称“忆昔开元全盛日,小邑犹藏万家室。稻米流脂粟米白,公私仓廪俱丰实。九州道路无豺狼,远行不劳吉日出。齐纨鲁缟车班班,男耕女织不相失。”封建盛世社会繁华发展到顶峰。

贞观至开元近百年从帝制、皇权突破的经济制度、政策的改革和革新,缔造出旷古未有的大唐盛世,这是不争的事实。其只是昙花一现,开元之后,代之而起天宝安史大乱。究其原因,始自高宗永徽之后,一方面统治阶级的不断腐化,皇族、官僚、地主和寺院地主,四位一体竞向小农兼并土地;另一方面小农丧失土地,或流亡社会,或陷于官僚地主的寄附佃农,户口流失,社会动荡。开元年间,“天下户口,逃亡过半”,“土地兼并之弊,有逾于汉成哀之间”,大唐统治阶级自己葬送了逐步形成的小农经济为基础的盛世,走向败落历史进程。但我们不能低估唐初皇权帝制从经济方面进行民本改革,及其所取得的历史业绩。其一,唐初开启土地均田制度革新,宋、元、明、清远不及唐朝贞观,且其逆反演变,土地兼并愈来愈烈。特别明后期,土地向大皇族、大豪族、大地主转移,土地兼并,“有逾唐之天宝”。其二,宋元土地制度上没有重大改革。其中王安石改革,针对“势官富姓,占田无限”,全国土地集中在官户几占三分之二,但其青苗法、均输法、免役法,目的是财政聚钱,对于解决土地兼并不可能有重大效果。其三,明朝皇帝赐给皇族大臣的土地,次数也多,数目更大,万历时,神宗一次赐给福王的田多达二百万亩,中州河南土地不足,“并取山东,湖广地益之①”。天熹时,熹宗下令拨给桂、惠、瑞三王和遂平、宁国二公主的土地,少者七八十万亩,多者有三百万亩。这种列侯分土、藩王分国的政策,是人口、土地一并赐给的,其目的就是要求列侯、藩王屏障皇室,强化皇权,土地已毫无民本的属性,兼并、集中,其结果,小农破产逃亡,社会步向大动荡、大乱世。总之,由唐初兴起封建皇权经济政制的改革创新,最后仍走进败亡死胡同,归根到底还是皇权皇有制度本身,我国封建时代,户口、土地,以至于天下万物,都是皇帝的。《史记》载曰:“山海,天地之藏也,皆宜属少府。”②少府监,则是皇帝私人财政部,本质上是以压迫和剥削小农作为基础的。自然,历代土地占有情况比较复杂,制度亦有各异,然其主导的立法政制:只要皇帝需要,可以通过各种途径、办法,立即收回。如清朝顺治入关之后,贵族贪欲土地,他马上下令圈地,不到六七年,圈

①《明史》卷120《诸王》。

②《史记·平准书》。

回土地 166000 多顷，此后还以“更名田”、“牧田”等名目，又圈回明朝王公勋戚的大量庄田、小农的自耕田、无主荒田；有的赏赐给贵族，有的根据“摊丁入亩”[①]，重作分配。至乾隆嘉庆年间，在土地大兼并、大集中，建立在小农经济基础上的封建社会，又步入动荡变乱之中；康乾盛世之后，鸦片战争、太平天国起义，使大清王朝步入衰亡。

再从土地制度改革效果本身来看：初唐平民百姓确实从皇有中分得一些土地，自由耕种，发展生产，推进社会进步。但由于商品经济发展，自由买卖，一部分土地早已成为私有的，所谓私田，有官僚的，有地主的；也有部分是小农的。这种田很明显不同于“朝廷之有”的皇田、官田，但是封建王朝规定“官田曰租，私田曰税”[②]，且官租总有官方明文；私税之外，苛捐杂税，税外加税，所以对于劳动者重新占有土地来说，从皇田那边分配来的和自己已经占有的，实际上并没有多大区别。另一方面，是以皇帝、国有名义分配给劳动农民的，唐初武德七年均田令载“凡天下丁男，发田一顷，所授之田，十分之二为世业，余以口分”[③]，唐初土地制度，经济政策革新，有力开拓历史治世、盛世，农民确由国家、皇帝方面领得土地，但境随时迁，口分田、永业田，因贫困、死亡，转让给官僚、商人。土地的所有权呢？陆贽说得很明白“夫以土地，王者之所有；耕稼，农人之所为”[④]，由于土地所有权纵有变换，但租税制度，以及所有制度仍然皇有，皇帝或通过官府用法令可以改变、收回、重新分配，归根到底，土地依然皇有。分久必合，合久必分，封建社会政治现象、经济现象同样展示农民只有耕地的使用权，政治经济上是无主权的，因此封建统治者任何改革都不可能实现农民“耕者有其田”的理想。所以由统治阶级政治家们发动的政治经济改革、革新，借助广大劳动农民千辛万苦的流血代价，所缔造的封建治世、盛世，在皇权帝制政体支配下，纵然有如日升天的璀璨光辉，而最终也只是日落西山……

再者从中国封建社会土地制度性质来看，中国封建社会的土地所有制比较复杂，性质也很难一概而论；但区分起来，恐怕只有三种。唐初，一是皇有封建土地所有制，二是官僚地主商人土地所有制，三是小农土地所有制。此三种土地所有制，从数量上看，皇有并不占优势，但农民从皇有中分得历史上最多土地

---

①《康熙朝纪政》卷 4《圈地》。

②《唐会要》卷 83《租税上》。

③《唐史·食货志》。

④《陆宣公集》卷 22《均节赋税百姓》第六条。

份额；但从政治和经济上看，皇有土地所有制占有一定优势；因为官僚地主的土地也好，小农土地也好，都是在地主阶级总头目皇权帝制的支配之下，不过是皇有所有制的派生罢了；而且农民缴纳封建国家的租税看来，土地实际所有权仍在皇有。恩格斯说，封建社会中"最高权力是地产的属性"[①]，既然我国封建社会中土地是属于皇有的，至少在制度和名义上是皇有的；那么，封建地主阶级要维护他那政治、经济上的特权，地主、官僚，乃至一般平民百姓维护皇权，强固帝制，必然成为他们最首要的权利和义务。同时，深受皇权思想毒害的封建时代的小农，在他们分得土地取得土地使用权之后，在"土地皇有"这一玫瑰色外衣掩盖下，他们也是希望有个好皇帝，并从他那里得到雨露和阳光。初唐封建政治家的经济、政治的改革、创新，也从这两者的利益调和中，不断强化皇权帝制。由此看来，中国封建社会中由盛世走向乱世所出现的千百次的农民起义，虽提出反封建的"均田平赋"口号，但其矛头指向封建地主官僚土地所有制，而不指向皇有土地所有制。只反官僚地主，不反皇帝，这也是时代背景下的局限和反映。因此，一方面，统治者要推动社会发展，历史进步，根据形势变化、调整和革新政制、政策，调动了广大农民的生产积极性，然后全力以赴贯彻执行，再现历史治世、盛世；另一方面，其改革、创新，仍然强固皇权帝制，最终酿成历史循环；因此，农民的反抗、斗争、起义，也还是一个皇帝上来，另一个下去，帝制皇权始终"万变不离其宗"。

二、唐朝封建皇权、封建帝制在政治上不断革新推进社会进步文明

自从秦始皇开创了君主专制主义的中央集权制的封建政体之后，皇权被抬到至高无上的地位。一方面从中央到地方的一切官吏，三公九卿、郡守县令，都是皇帝任免的；另一方面，全国行政、军政、财政、刑政大权，都归中央，而中央又集中在皇帝一人手里。所以班彪说，这样的政治制度"主有专己之威，臣无百年之柄"[②]，君臣相比，只有皇权的权威才是神圣的，至上的。

唐太宗贞观君臣非常难得的对此作了重大的历史性改革创新，从而缔造了我国历史中旷古未有的"贞观治世"。首先，提升"以文治国"的儒家仁政方针政策。唐太宗政权是推翻了隋朝暴政，错综纷繁，备尝艰辛。他们深知由马上打天下，到下马治理天下更难。太宗君臣针对当时形势，提出改革创新，重要三点：一是针对隋王朝炀帝政权，反思批判皇权帝制，力主民本文治，唐太宗开国

①《马克思恩格斯全集》卷23，第369页。

②《汉书·叙论》。

大典就说，“以民为本”，“文以致治，武以克敌”；二是以农为本，制定独特的恢复和发展小农的政治经济制度与政策；三是从皇权帝制入手，改革旧有的体制、礼仪，体现“国以民为先”的新儒家民本理念和政策。贞观君臣政治改革最大特点和突破是从皇权帝制的重心的皇家内廷开始的：一方面从皇帝的后宫、太子、宦官制度中大量裁减机构，抑制权限，并严禁嫔妃外戚、宦官干预朝政。太宗还严格皇后体制，选定“常诫守者，吾以自检”的长孙皇后，“惟其旧德，室有嫔妃之序，朝有公卿之列，论体紫宫，不愿私亲更据权于朝”①。史称：

> 后喜图传，视古善恶以自鉴，矜尚礼法……后采古妇人事著《女则》十篇，又为论斥汉之马后不能检抑外家，使与政事。

精兵简政，裁汰人员，尤为突出，《唐会要》云：“高祖太宗黜隋之乱，未下车而大放宫女，正位配尊，宫闱之职，备员而已。”②贞观二年春三月，唐太宗接到李百药上书，加大力度：

> 自陛下受命以来，诏示天下，薄赋轻徭，躬行节俭，咸损股御，恤刑慎狱……妇人幽闭深宫，情实可愍。隋氏末年，求采无已，此皆竭人财力，亢阳为害，联所弗取，省费息人，大放宫女，各遂其性，迁出宫女三千余人。③

这些我国历史罕见的后宫精兵简政，收到实效，且为外朝改革开辟生机。此后中枢三省六部改革，推动地方机构厘正，都最大限度体现了精兵简政的精神和原则，中央员额仅为3680余人，是我国历代王朝最少的。高宗永徽之后，后宫制度松弛，仕女充塞，“政出宫门，公卿大夫，罔不惮服……朝政之道大坏，乱逆谋而预召也”。玄宗初政，也大力提倡后宫改革，缩减财政，自己也由大明宫回到比较简易“显仁宫”办公。唐初政制改革，涉及各个方面，可贵的是从封建地主阶级最高统治者皇帝做起，改革具有历史创新的进步意义。

其次，调整和废弃皇帝区别臣民的一整套名号、封禅、明堂、庙陵、舆服、礼乐等仪礼制度，并进行简化。

中国皇帝传统礼仪，秦汉开始都有定制：第一，皇帝出生和去世，都有专用

---

①《旧唐书·长孙皇后》。

②《唐会要》卷三《皇后杂录》。

③《唐会要》卷三《皇后杂录》。

的称呼和名号：生曰“号”，死曰“谥”；在世称“万岁”，死后叫“驾崩”；被俘曰“北狩”，受难曰“蒙尘”。第二，皇帝的衣、食、住、行也有专用的称呼和名号，住居曰“禁中”，吃的称“御膳”，车马衣物称“乘舆”，至曰“幸”，进曰“御”。第三，印曰“玺”，有命令：敕、诏、书、令、谕、告等。这些，臣民是绝对不能僭用的，违反者是大逆不道。不管该杀，还是枉杀，都得说一声：“主上圣明，臣罪当诛”，随后引颈受戮。第四，尤其显示皇权至高神圣的是关于皇帝宫殿、陵墓、宗庙建筑的制度。秦始皇所建阿房宫规模，史称“前殿之基，上可坐万人，下可建五大旗”①。

唐初改革、创新，也是从唐太宗本人开始的，有二个特点，十分难得而鲜明，一是理论上对皇权帝制的反思和批判；二是提倡民主谏诤，建立谏议制度。唐朝建立，统治者经历农民大起义、烽火的洗礼，深深懂得“舟之所以比人君，水所以比黎庶，水能载舟，亦能覆舟”。唐太宗作为一代明君，最关键、最重要的是认识和明白人民群众的伟大力量，登上皇位就常声称自己为“明君”、“民君”、“万民之君”，提出“可爱非君，可畏非民”，“为君必须先存百姓”，崇信并执行孟子“民为贵，社稷次之，君为轻”的儒家民本仁政。唐太宗讲：“自古明王圣主虽因人设教，宽猛随时，而大要唯以节俭于身，恩加于人二者而务。”他还下诏书：“今宜依据礼典，务从宫宦、官衙简约……其官号人名，及公私文籍，有‘世’及‘民’两字不连读，并不忌讳。”。二是简化皇帝、后宫的一些定制，省简和中止宗庙、皇陵、官衙等劳民伤财的建筑，《唐书》、《贞观政要》中这样的记载比比皆是：“焚鹿台之宝衣，毁阿房之广殿，惧危亡峻宇，思安处于卑宫，则神化潜通，宁人安国，德之上也。”三是以儒家民主政治方针国策，来规范君主的行为。如提出：“政之所为，在于养民”，即所谓“敬顺民意，关顾民性，乐民所乐，忧民之忧”，从“民者国之先，国者君之本”中谋求二者的和合和统一，这是太宗贞观君臣论治、治国重心，也是成功的关键。四是提倡谏议，求谏、听谏、纳谏，且引导人人进谏，君臣、君民形成固定的、权威性的谏议制度，落拓书生马周由上书而入相，别开一代风流。贞观君臣以谏诤督察太宗皇帝推行仁政，“亡隋之辙，殷鉴不远”，“使人懔懔然兢惧，如履朽落”。君臣谏诤造就了太宗成为“千古明君”。我国历代有左史记言，右史记事的“起居注制度”，太宗曾欲观《起居注》，为朱子奢止之，太宗誉为“善守职者”，而为定制，可见唐初限制皇权的谏议的权威。唐太宗是比较谦逊谨慎的君主，很少讲大话，说狂语，废弃不少千古以来帝王繁文缛

①《史记·秦始皇本纪》。

节，能省则省，能略则略。常与大臣讲“慈爱万民，存收抚养百姓，天下大安”。所以，帝王封禅大典、四方巡狩、宫殿建置等，如封禅、明堂、游幸等竟多次停罢。贞观五年，朝臣再次提去泰山封禅，史称：“郡王孝恭等合议以为天下一统，四夷来同，诣阙上表请封禅。帝于诏曰：省表具怀，谦让不许”，还说，“自有隋无道、四海横流，百王之弊，以斯为甚。”朝臣多次提议建仁寿宫、洛阳殿，太宗以“刻民奉君，其身自毙，予以拒绝”，还说，“观隋宫殿，逞侈心，穷人役，无亡得乎！”唐太宗常讲：“民愁国则危，国危君丧矣。”又说：“以一人之智，决天下之务，天子者，有道则人推而为主，无道则人弃而不用。[①]”李世民是我国历史上处理君臣、君民关系最好的皇帝，他是“胸怀四海”的天可汗，又是“天下万民，皆朕赤子”的明君，更是“所畏惟民，无道则人(民)弃之不用”的“百姓之君”。

唐朝前期最重要、最出色政制改革是建立限制皇权的有浓烈的民本思想的宰相政事堂会议制度，一方面政事堂是君臣民主谏诤，民主议政、治政，限制皇权的最高决策机构；另一方面，为了更好反映下层民间的声音和疾苦，体现谏诤的民主政治，起用文人，以及品位略低的翰林学士、中书舍人，以同中书门下等三品、四品，进入班底，有利于反映民意，开拓谏议广度深度，并常召开百官议政会议，除了中级官员，可以放宽到包括在京的九品以上官员参加。这样使三省中书、门下、尚书议政决策，更具有广泛性，社会性和准确性；且会议期间君臣论政，无分上下，争议之热烈，谏诤之激烈，所取得的行政效率之高效，确为“前古之未有也”。唐朝贞观成为我国儒家民主治政的楷模，达到封建民主政治的顶峰。

值得一提的是唐初两京长安、洛阳的修建，这也是我国皇城古都建置定制规模中的一大革新和创造。它代表我们伟大民族的象征，大唐盛世的展示，也为后代王朝作为范本。唐朝两京长安、洛阳是当时世界上最大、最宏伟的都城，但也多少体现和展示出“以民为本”的儒家民主政治的色彩。十余年落成的长安京城，城有三重：最内是紫禁城，皇帝居其中；其外是皇城，其东是太庙，其西是西苑、海子和西宫；皇城外面是京城。当然，用民力之多，耗费财力之巨，其工程之宏伟，是国家民族强大辉煌的象征，说明封建皇帝威权，向臣民们显示皇权的至上和神圣！但从皇城展示来看，周围达七十多里，全城呈长方形，分为宫城、皇城和外郭城三部分。宫城即宫殿城，皇城是中央官署所在地。皇城、宫城

①《贞观政要》之《政体》《君道》等。

富丽堂皇,气势宏伟。但是不可否认,京城、外郭城规模更加庞大,市井林立,屋宇齐整,街道纵模,也多少体现出治世下人民百姓安居乐业小康生活景象。尤以外郭城,占地广阔,规模更大,划为 108 坊,遍布寺院、府第和民宅,还有两个相当规模的东市和西市。西市长、宽各一千米,有两条南北和东西大街,宽度在 15 米左右。东市构造同西市,有 220 个行业,《长安志》卷八称:"邸(凭栈)、肆(店铺)鳞次栉比,四方珍奇,皆所积集。"长安城内人口众多,繁荣热闹,有许多西域胡商、波斯、大食外国商人,还有来自罗马商客、学者,尤其是高丽、新罗、日本的高僧、学者、商人,通过"遣唐使团",蜂拥进入长安城的。当地长安还有五条陆路经由少数民族地区通往安南、吐蕃(西藏)、蒙古、西域(新疆)、朝鲜。水路大运河贯通黄河、长江、淮河、钱塘江等五条大河:"弘舸巨舰,千艘万舳,交贸往还,昧旦永日。"还有发达的海上航道,远去日本、朝鲜、南亚和印度及欧、非各地,这些在客观上也多少体现大唐治国理政的民本理念,对一般平民百姓也是有利的。

当然,唐初对皇权帝制、政制的特权、礼仪、制度改革,尤对象征性的宫殿、都城、陵园简化措置等,是比较成功的;政治、经济、文化、军事,特别是围绕官僚制度的改革和创新,历史影响更大。太宗君臣深深懂得皇权帝制需要平民百姓的理解,以至支持;若是失去统治阶级内部皇亲国戚、地主官僚的理解、支持,显然成了空无其有的桎梏和虚壳。深通治术的太宗君臣,明白皇帝和官僚、地主间的"身之使臂,臂之所指,莫不从制"不可分割的关系。太宗君臣以其卓绝的政治智慧,改革创新,更有效,更合理,更协调地建立以帝制为中心,从横的方面,建置宗法姻亲的东宫、后宫、宦戚制度;从纵的方面,建置官僚制度,从中央三省六部到基层乡、里制度,使封建社会的帝制更加严整、完备,提升行政效益,在我国政治史上留下光辉的篇章。

第一,东宫制度改革。

唐初立国,因为太宗兄弟争夺皇位,血溅玄武门,十分重视太子东宫制度,推行少见的君臣共同评议,民主册立的政制。太宗贞观元年就说太子是"国之储贰,王本所系",长孙无忌也说"太子为本,本一摇,天下振动"①,要从"治国所本",重视太子的册立,制定相应制度。当时朝臣对太子"孰与俱佳"?争论不休,而后定论。贞观六年,唐太宗召集群臣,再议,"当今国家,何事为急",高士

①《贞观政要·政体》。

廉说“养百姓最急”，王珪说“抚四夷最急”，岑文本说“行礼仪最急”。当褚遂良说：“太子诸王，须有定分，此为最急”时，唐太宗连忙答曰：“此言是也！”[①]唐太宗君臣之所以把太子册立当做所有政务中的“当务之急”，因其在封建帝统持续中有举足轻重的地位。且太宗谋取帝位引发兄弟残杀，登位之后，一再发生环绕皇位的太子之争，如“长子中山王承乾，废为庶人”，代王明“迁于黔州”，蜀王“愔为庶人”。太子之制，需经全面严格制定制度、章程，反复批审，到贞观十年才定下来。其制规定：册立太子，多次“严于朝议”，又定制然后议定，举行庄严而隆重的仪式：“皇帝临殿，百官大会，太子升殿，司空宣策，中常传授玺绶”，然后“三公朝贺，朝皇后，谒太庙，大赦天下”[②]。建立官署东宫，以精兵简政原则，《会要》称唐初对东宫财政料物，“颇择汉（文帝）法，多为节限”，“此则防其嗜欲，节其骄姿”。刘洎、马周曾上书称：“伏见东宫料物，岁得四尤段，付市华卖凡值一万一千贯，魏王支别，封及物一年，凡一万六千贯”，“储君料物，及少藩王”；并规定“对无德义之人，好奢华驰骋，嫚游声色之人，不得使亲而近之”。精选“搜访贤德，先武允文”，以辅储君，并建“是限王府官僚”的机构，其官爵有：三师、三少，即太师、太傅、太保、少师、少傅、少保，还有詹事府、左春坊、太子仆寺等，分掌宫内各种事务。太子是有关封建统治是否持续的头等重要问题，太宗严格挑选任命太子的老师，重视儒家政治思想的传承教育：三师、三少及太子宾客等，以德高望重，才识兼备且社会阅历尤深的辅国将相兼之。唐初名臣，如房玄龄、魏徵、王珪、褚遂良、萧瑀、李勣等，都担任过太子的老师。唐太宗远征高丽，太子留任两京，还命令太傅房玄龄留守京城，少傅萧瑀留守东都，足证太子以及太子老师的重要地位。

第二，唐初后宫制度改革。

历代后宫有二，皇后的后宫和皇太后的后宫。皇后是皇帝正妻，皇太后是皇帝母亲，两宫再加母族、妻族，以及帝王姐妹，女儿夫族……组成了以两宫及其外戚为中心的政治集团，人多势众，俨然是一个小朝廷。可以说除东宫之外的强化皇权和帝制最大一支政治机构。唐太宗即位以后，严定皇后，并及时对内宫进行整顿革新，后宫不干预朝政，专事内务；且对外戚入主三省六部长官都作了严格限制，史载：长孙皇后“兄无忌，于帝本布衣交，以佐命为元功，出入卧

①《贞观政要·政体》。

②《唐会要》卷4“储君”。

内，帝将引为辅政，后固谓不可”，并说“妾托体紫宫……不愿私亲更据于朝”。太宗对长孙无忌入相进行了殿前讨论，史载：“帝不听，用无忌为尚书仆射。后密谕令牢让，帝不获已，乃听。”①两宫组织庞杂，官爵也多，唐太宗作了精简：“宫掖庭内动有数尤巨，隋氏末年，求米无已，此皆竭人财力，朕所弗取”，并遣出宫女三千，“今将出之，任求伉俪，非独以省费息人，亦各得遂其性”。三宫、六院、八十二妃宫，限有定员，皇后之下，有淑、贤、德、贵四妃，为正一品；再有昭仪、昭容九嫔，正二品；婕妤九人，正三品；美人九人，正四品；才人九人，正五品；宝林二十七人，正六品；采女五十四人，正七品；此外还有尚宫、尚仪、尚寝、御女数百人，加上宫女，亦不足千余人。唐制与孙吴孙皓、隋炀帝后宫嫔妃“数万人”，大巫见小巫；即与隋文帝的俭简相比，婕妤之下，定员减少了三分之一，两次迁出宫女，总数也减少了三分之一多。对于皇帝，财政也颇富裕的太宗而言，能下放大批冗员，两次整顿，一次即“迁出宫女三千人，就嫁民间”，在我国历代帝王中诚为不易，更为难得。

庞大的后宫制度，借助皇权后盾，权势自然威赫无比，后宫的混乱，后宫干预朝政酿成女后乱政，史不绝书，关键当然皇帝昏暗。后来才人武则天称帝，在我国古代史上是石破天惊的创举，这也许是太宗始料不及的。武周政权历经三四十年逐步谋夺帝位，武则天一方面录引人才，推行改革创新，发展经济，另一方面增加后宫人员，并且引入大量人才，以至男宠进入外庭，逐渐改变了贞观以来的后宫不预朝政的机制。武则天取代了高宗，政局、政风和政情都有很大改变，武则天治国施政，还是成功的。首先，她继承和发挥了太宗年间的宰相政事堂民主议政的政制、政风，并在文职人员加入女官，充实队伍，改革开拓。史家评称：武后强有力的中枢三省六部议政决策，营造出有如贞观的政治局面，“她不但继承了太宗的遗业，开启了开元盛世，使唐初社会变革带来第一次强力的推动”。另一方面，不可否认武后对后宫也有些改革。武后为皇帝，中枢重重矛盾，朝内朝外，反武斗争，连续不断，更引发了武后与太子、皇子夺位内争。武则天整顿内宫政治，不但亲手杀死反武的儿子、女儿，还贬杀皇族、后族长孙无忌者，不计其数，以至于“皇嗣妃、刘氏、窦氏、德妃……同时杀之”②。武则天借后宫登上皇位，大肆击杀贞观以来后宫、皇族、外戚势力，其所造成冤杀、错杀、

①《新唐书》卷2《长孙皇后传》。

②《唐会要》卷4“储君”。

诬杀的黑暗一面不容否认；但是，武后为政五十年间，一个被压的女性皇帝，在男性封建社会展示她的不凡的政治智慧；敢于挑战封建皇权帝制，实施改革，并取得一定成就，朝政也有开拓，这也是不可否认的事实。其一，女性皇帝选用了七十多位德才兼备男性宰相，不少出自庶族的文士，如女性上官婉儿等，参予三省议政。诚如李商隐在《宜都内人传》云：

古有女娲亦不正是天子，佐伏羲，理九州耳……独大家（武后）革夫性，改去钗钏，袭服冠冕，符瑞日至，大臣不敢动，真天子也。

二是继唐太宗后，改革科举取士，她擢用江东和江南、岭南人才，打击皇族、保守关陇贵族，并派遣存抚使奔赴十道，物色人才，下诏自举，亲自殿试贡士；增加进士科录取名额，并设特举、制举为庶族平民大开方便之门。改撰《姓氏录》，使一批庶族、平民出身的举子、进士的新贵，进入“士族行列”，再进入三省六部。三是武则天改革、创新，大唐社会风气更加开放，推动政治、经济、文化发生历史性演进。武则天以女人身份称帝，从制度、政制打破了封建时代女人不能称帝，女子不可为官的禁忌和法规，震撼了封建社会，本身也是一种社会大进步。可以毫不夸张地说，她的称帝及政制改革本身就是唐朝一大重要政治改革；思想解放，政治开明有力证明女性人才的出类拔萃，武后之后再现大唐繁荣昌盛的开元盛世，完全可以卓立于中国古代伟大的政治家行列，与秦皇汉武、唐宗宋祖相颉颃，相比美。

诚然，武后称帝改制，也有不足和阴暗的一面。封建社会中的后宫及其派生的外戚，他们是一方政治机构、重要力量，所以他们之中，不少虽一无军功治绩，二无实际封建统治才干；但可凭借皇帝的姻亲、宫掖关系，居位显要，权倾朝野。在我国封建社会的两千多年的历史中，从汉初吕后，中经唐朝武后，一直至清之慈禧专权；后宫外戚，预闻国政，位高震主，压制朝臣，皇帝皆成为他们掌上的玩物，屡见不鲜；由此酿成的外戚谋位、宦官弄权，朋党之争，搞得封建朝纲混乱不堪，民不聊生。如东汉冲帝时，太后和其兄梁冀专权二十多年，历经冲、质、桓三帝，七封侯，三皇后，六贵人，二大将军，八大夫人，此外尚公主者三人，位卿，将、尹、校者五十七人，朝官“莫敢违命”；天子“恭己而不得亲豫”，到了“威行内外，穷极满盛”①的地步。唐高宗以后，后宫皇亲国戚跃登中心，长孙氏权倾

①《后汉书·梁冀传》。

内外，干预朝政，操揽中枢；武则天以后宫参议朝政，是为“二圣”，最后总揽大权，武氏武三思、承嗣，扰乱朝纲。唐玄宗时期的杨国忠，无赖小人，凭借杨贵妃而取得相位，专权十多年，身兼四十多职，权倾朝野，终使武后之后，开元盛世急变为安史之乱，唐初百年创业，溃于一旦，繁荣昌盛的唐帝国走上一蹶不振的衰败道路。

总之，武则天称帝改制有正面作用，也有负面的影响，其负面引发暗流，这就是皇权帝制下政制的改革本身不足和执行不力，导致后宫、宦官、外戚干预朝政，民主政治格局破坏，中枢和地方吏治败坏，人民日益不满，以致统治阶级内部产生强烈的变动与争斗。武则天改变不了皇权帝制制度下统治阶级内部的矛盾斗争：长孙无忌反武，陈硕真农民造反，徐敬业扬州起兵，裴炎宰相反武，李唐宗室呼应等，形成各个阶层反武大合唱，预示大唐封建社会由盛世走向衰世的开始。终使唐玄宗天宝后期引发外戚擅权，宦官专权，朋党之争，藩镇之祸，其间酿成历史上因之死了多少耿直谏臣名将的惨剧。武则天擅权惨杀了名相长孙无忌、褚遂良和裴炎，其后，丞相侍中桓彦范再三奏本，规劝皇帝，要引察前朝，提出“凡帝王与妇人谋及政者，莫不破国忘身”，其结果桓彦范被“放流襄州，禁锢终身，亲属年十六以上谪迁岭南”①，最后被杖杀于贵州。在中国两千多年的封建社会发展历史中，出现了不下数百次的后宫、外戚之祸，造成了一系列的政变或动乱；汉唐以来一些有作为的皇帝和有识见的封建官僚即使有所觉察认识和改革，他们没有、也不可能有任何有效的彻底的制止措施，历史惨剧一再重演。其结果，至多不过统治阶级最高集团发生了变化和调整，或者是女皇帝代替了男皇帝，或者这一派系、这一集团皇帝的外戚代替另一方外戚，封建君主专制的制度依然原封不动，女后外戚之祸还是去而复来。其流所以欲止而不断，就是因为它是皇权帝制身上的寄生物，不能打碎皇权帝制的政治经济制度，是不可能实现的。

第三，宦官制度。

宦官机构是历代王朝专门为侍奉皇帝、后宫、东宫及其家属而设立的。其名称“宦官”、“中官”、“内侍”、“太监”等。他们生活上是皇帝、皇后、太子等的侍奉，政治上又是他们的耳目和打手，由于他们身居宫室，又接近皇帝，虽处于卑劣的奴隶地位，但在最高统治集团中，依然是一支重要的政治力量，特别是在皇

①《新唐书》卷120《桓彦范传》。

帝幼弱，君权旁落，因缘时会，常常被皇帝、女后利用，成为反击外戚权臣篡权盗柄的一支决定性的力量；甚至还控制皇权，左右朝政。

宦官制度产生历来说法不一，《旧唐书·宦官传序》有“自书契以来，不无阍寺，况垂之天象，备见职官”，先秦之时就有宦官。《周礼》称商周“寺人，掌王之内人及女宫诫令；阍人，掌守王宫之中门之禁”，其职掌就是后来两汉时的“阉官”，并设立机构和吏员，中黄门、中常侍、中书谒者令、大长秋。秦时嫪毐，就是大宦官。汉武帝、昭帝、宣帝时，阉人开始封侯，被纳入官僚体系之中。到了东汉，法定宦官可以封侯，中黄门孙程因拥立顺帝有功，阉人19人封为“十九侯”。宦官享有食邑，数量很大，如单超“食邑为二万户”。宦官所受爵位，可传之养子或其他亲属；王朝还为宦官加赠官号如“骑都尉”、“奉车都尉”、“车骑将军”，而且是直接受命于皇帝的机构和官员。东汉一代宦官势力膨胀，遂发生石显擅权，桓帝时“十常侍”，“名称一时”，“败国乱政，不可单书”。两次荼毒政权的“党锢之祸”，是为东汉的祸国之根。诚如赵翼在《二十二史札记》所云：“东汉末宦官之恶遍天下，釀成阉尹倾国。”

唐朝对宦官制度进行改革，唐太宗限其权位，简其机构，节其人员，规定：“宦官不任以事，惟门国二守御，庭内扫除，禀食而已”，并规定“内侍省不置三品官，内侍长官最高为四品。”魏徵说“奄竖狎近左右，轻而易信，为患特深”，他建议裁制定员一半，要求唐太宗把皇后中宫、太子东宫的宦官事务一并纳入内侍省，人数少了，政治弱化，使宦官无权干政。其次，唐初规定宦官阉寺不预军政、财政：

> 唐制内侍省，官内侍四人，内常侍六人，内谒者监六人……另有五局：掖庭局掌官人簿籍，宫闱局掌宫内门禁，奚官局掌宫内疾病死丧，内府局掌宫中供帐灯烛……其职是宫门守御，黄衣禀食而已。①

宦官制度的改革中断，是在永徽、武后之后，首先后宫员额猛增，势力上升。《唐会要》卷65《内侍省》载：“则天称制二十余年，差增员数，宦官三千人，超授七品以上员外宦者千余人。”玄宗在位后期，高力士开始权倾朝野，“而中官稍稍称旨者，即授三品”。及李辅国从幸灵武，程元振翼卫代宗，中官遂至守三公、封王爵，直接干预国政。贞元以后，“天子爪牙之士，悉命统之……宦官跋扈，萌乎

①《唐书·百官志》。

于兹”。宦官引发和导致的中枢混乱，武后开始萌芽，唐玄宗宠爱杨贵妃，兄杨国忠、宦官高力士干预朝政，于是“中外党锢，恣为不法，廷之朝令，渐不能制”，大唐盛世“因斯息矣”。唐后期宦官擅权，朋党之争，藩镇之乱，葬送了大唐帝国，宦官是首乱，也是三者动乱的最重要根源。

值得一提的是唐初宦官制度改革相比于明清二代，宦官更为猖獗、黑暗，左右朝政相当长的时期。朱元璋开国，由他亲自指挥，并以宦官为头领的卫所军队就有 180 万之多，还设立由宦官控制的，旨在保卫皇帝京城的锦衣卫，东、西厂的“特务”组织，数万人。此后，于厂、卫军队之外，设立十二监、四司、八局，通称二十四衙门，其宦官头领司礼监，经济上执掌宫内财政大权，政治上凌驾于六部之上，可以代理皇帝审阅奏章，传布法令。如明宪宗时太监汪直，时称“只知汪太监，不知有天子”；武宗时太监刘瑾，京城内外都说“当今有两个皇帝，一个坐皇帝，一个立皇帝，一个朱皇帝，一个刘皇帝”；明熹宗的太监魏忠贤，他恃势专权，达到中国封建时代宦官专权的顶峰，人称“九千岁”，他身兼司礼监、秉笔监，又提督东、西厂，手下有五彪，十狗，十孩子，四十孙等爪牙，还在“内阁、六部、四方总督，遍置亲信死党”①，结成阉党，只要有人说一句魏的坏话，即遭捕杀。明末阉党的暴虐专政，激起统治阶级内部更大矛盾，将明代政治推到黑暗的极点，终于爆发了农民大起义，加速了明王朝崩溃的进程。

总之，环绕封建皇权和帝制而设置的东宫、后宫、宦官制度，是封建君主专制政体的产物，是封建最高统治皇权的一个组成部分；遇到皇帝幼弱无能，皇权暗弱不振的时期，他们结党营私，为争夺最高统治权，互相倾轧，自相残杀；而厮杀一场的结果，不是为历史前进开辟了道路，而是新的皇帝，或新的王朝，吸取了经验教训，强化君主专政，使历史走向迂回曲折的道路。

唐王朝的皇权、帝制为重心的改革，无论就其对当时的政治作用，以至对今后历史的影响都是十分深远的，大唐一百多年的治世、盛世，声震中外，成为封建社会历史的绝唱，这是至关重要的、核心的一场政治改革，促使我国封建社会政制朝向儒家民主政体的演变，推动经济、文化的发展，赢得了中华民族的大唐盛世。唐王朝的帝制改革，是从皇帝和内庭核心做起的，对整个封建制度的改革，既是示范，又波及全面变革的作用。一方面展示了大唐君臣将相的难能可贵的政治悟性和智慧，能主动将自身的利益加以制约、限制，保证封建政体稳定

---

①《明史》卷 305《魏忠贤传》。

和发展，推进社会进步和繁荣，从整个中国历史来看，较前之秦汉，还是以后宋元明清，前无古人，后无来者。唐太宗为“千古一帝”，长孙皇后也是“千古一后”，在这一点上，是当之无愧的。当然，唐初帝制皇权的改革，并不深入持久，高宗武后以后，没有限制、废除帝王的政治权限和生活的享受，纵有一些皇权帝制改革，还是以强固皇权为终极目标的；因此一旦逆变，还会还原如初，全然不会因此产生社会性质的变革。但改革对人民来说，对唐初治国历史来说，这无疑是一场重大的变革，推进民族历史的民主政治的开拓和前进。唐太宗为代表的贞观君臣所开启的封建帝制和皇权的改革，可惜没有延续发展下去，到了武后、开元年间所逐步形成的以大皇族为代表的大官僚、大地主、大豪强、大寺院主的政治、经济，断送大唐百年创业的治世、盛世，天宝十四年发生了安史大乱，步向一蹶不振，走向衰落败亡的历史进程。

初唐官吏制度改革创新及其历史局限之评析

唐初开国伊始，就提出封建官僚制度的改革和创新。《唐会要》称：皇帝要树立绝对的支配权力，尤需“设官司以制海内，建屏藩以辅王室”①。失去官僚制度的有力配合，皇权就变成空无所有的抽象；官僚、后宫、东宫制度，三者犹同枝干相持，确保皇权和帝制“深根固本”。在这一方面，官僚制度尤起着“治乱所系”的决定性作用。唐官制开宗明义就说：“设官分职，量事置吏，官得其人，天下大治。”②“百王之冠”的唐太宗就曾再三对群臣说：各级官僚“治乱所系，尤须得人”③。他把任用官吏当作政治乱所系的要害，是改善君臣关系和君民关系的政治桥梁和组织关键，常在自己屏风上对有政绩的官吏，“缘其姓名”，“坐卧恒看”，使封建地主阶级国家“社稷永安”。

唐初最重要的、最有成效官僚制度的改革，是比较全面的，且从方针、制度、政策的改革创新做起，突出四个历史性的特点。其一，发扬儒家民主治国的传统，确立以文治国，上自三省六部的中央政事堂，下及州县的制度和政策改革创新，确立民主治国的政体体制。其二，建立了比较完备的监督、监察制度及相应政策，推进君臣、大臣以至臣民的相互谏诤，造成君臣、君民、吏民共治天下的政治围氛。其三，唐初也比较重视地方基层政权的改革和创新，涉及官制、经济均田制、军事府兵制，以及科举选士制等改革，并且还波及周边的少数民族地区，体现出地方政权的开放、民主、民生的色彩。地方吏治比较清明，促进百姓生活小康平安，四周边境也相应安宁。其四，还有一个极为重要的是武则天时期倡导和推行科举制度的“革命”，拓宽科举取士的地域、渠道、阶层，以至阶级；设立

①《唐会要》卷46《封建杂录》。

②《唐会要》卷67《员外官》。

③《旧唐书·马周传》。

女官，以及边远少数民族地区增加员额；还可以自荐，百姓推荐，四方选集，群才辐辏，“应制者向万人”。开创我国科举史上第一次由皇帝主持向贡士提策试问的“殿试制度”，广泛选拔人才，充实各级政权机构，为大唐政治、经济、文化、军事全面发展奠定坚实政治和组织基础。

贞观年间首开大唐封建官僚制度变革的先声，从总的趋势来看有三个特点，其一，官制机构减少层叠，员额大有精简。中央官制有三省、六部、二十四司；地方有郡守、县令；还有基层组织乡、里。分别有行政、军政、财政、刑政、监察并行机构。等级森严，爵位分明，有正、从九品，共十八级，精简未入流的小官小吏及办事人员。其二，改革和发展科举制为候补的官僚制度，保持官僚新陈代谢，这是唐初政治改革的最大成功，也是大唐盛世的最佳措施。通过中央及地方的太学、州学、县学培养，然后经察举、岁举、科举、特举等途径，普遍地选拔各阶级各阶层和民间的寒士、平民子弟，淘汰各级冗员。这样，正式官僚，加上候补官僚，就形成一支精要的维护封建皇权、保卫封建秩序的官僚队伍。其三，唐太宗培养人才，革新官僚队伍，任用官员，提倡以文为重，文武并用，强化文治机构。他第一次登上皇帝宝座就说：“以武克敌，文以致治”，“文武其用，各随其时”。富有统治经验的太宗及其官僚，打天下重视武职人员；治天下重视文职人员。太宗论及西汉开国就说：汉高祖刘邦开始反对儒生，待他取得帝业，取得政权，就“贤士大夫，定有天下”①；唐太宗取得封建时代其他帝王所难以企及的功业，因素很多，而他把“以文致治”作为治国指导思想，罗致人才，收揽民心，建立了“文武其用、各随其时”的官僚集团，推行儒家民主仁政，是其关键和基础。

唐太宗君臣作为我国历史上一流的政治家，在探索和吸取历代治国经验教训后，其在关键的官僚制度的改革、创新中，其政策、制度，措置突破有三：其一是精兵简政，简化行政程式，大量裁汰机构及其人员，提高效率。三省长官为中书令二人，门下省长官为侍中二人，尚书省长官为左、右仆射二人，一起在门下省的政事堂共议国政。三省地位显赫，人员却很少，又不轻易任命；必要时，选品位较低、年青的文职官员，以“参政知事”，“同中书门下三品”，参与政事。既机构精简，又辅以培养后备宰辅人才，梯队培养成功，而行政效率又极佳。明确规定：中书主起草诏令，门下主审议诏令，是决策机构。尚书省为执行机构，下设吏、户、礼、兵、刑、工六部，负责贯彻诏令和政令。互相制约，互相配合，分工

①《唐会要·君上慎恤》。

明确，不使干扰，取得历史上难能可贵的量事制吏，政治清明的治国效果。在其指导下确立的，如府兵制、科举制、租庸调制、刑法制、监察制、史馆制、朝议谏诤制，以及地方义仓制、州县学制、乡里制都有精简员额的定制和改革，特别是均田、府兵、监察、科举和学校教育制度改革，"近古未有"，社会开放，经济恢复，保证中央到地方吏治清明，天下安宁。

其二，唐太宗君臣十分重视州县吏治制度改革。他从不虚言"为君之道，必须先存百姓"，关心和重视地方行政改革，作为要务之重，这是他构建清明"贞观治世"最突出的亮点。他于贞观二年对大臣说：

> 朕每夜恒思，百姓间事，或至夜半不寐。惟恐都督、刺史堪养百姓以否，此辈系治乱所系。

宰相马周也曾上疏称："治天下者以人为本，欲令百姓安乐，惟其制史、县令。县令既众，不可昌贤，若每州得良刺史，则合境苏息。"[①]先是地方制度改革，太宗省并了不少州县，分天下为大、中、小县，从而裁减了大量地方吏员。此外又规定州县官吏以养百姓，增户口、粮棉为政三大要务。再以租庸调均田制保证百姓有田纳租。《唐律疏议》"户婚令"云：

> 规定诸里正，依令：授人田，课农桑……如此事类违法者，失一事，笞四十。

又令：

> 里正及州县官吏，各于所部之内，应受(田)而不受，妄为脱漏户口，脱田、脱户，或增减年状……十五口，流三千里。

贞观十八年唐太宗到灵口考察村落：

> 问其受田，丁三十庙，遂夜分而寝，忧其不给。诏雍州录尤少田者，并给移之于宽分(乡)。[②]

唐太宗君臣使百姓有地有田，不夺农时。订正"宽刑简政"，针对百姓的刑罚过重，在刑法中作了厘改，并命长孙无忌、房玄龄与学士法官对秦隋以来的刑法，尤对"开皇律"，废去不便于时者四十余节，废"刖刑"等十余条，做到慎政宽刑、"用

---

①《资治通鉴》卷194，贞观七年。

②《资治通鉴》卷194，贞观七年。

法宽简”。这是“贞观治世”的最醒目的政治亮点,也是建立在小农经济的恢复和发展基础上取得旷古未有的最成功的改制和政策。《贞观政要·政体》云:“天下大稔,流散者皆归乡里,斗米不过三四钱……(贞观四年至九年)断死刑者才二十九人。”“东至于海,南极五岭,皆外户不闭,行旅不赉粮,取给于道路焉。”①

其三,谏议制、监察制也是唐太宗君臣政制改革创新的重要方面,有广度,有深度,具有划时代的意义。唐太宗君臣作为明君贤相,从理念、思想、制度、政策上把民主谏诤提高到治国成败、民族兴亡高度;他被誉为“英明君主,天之骄子”,各民族“天可汗”;其“嘉言美行”,“良法善政”,被誉为“至治之美,留芳千古”。唐太宗提倡谏诤,并且在历史上第一次建立了比较完整的君臣谏诤谏议制度。李世民常说:“人欲自见其形,必资明镜;君欲自知其过,必待忠臣。苟其恳愎谏自贤,其臣阿谀顺旨,君既失国,臣能独全。”魏徵等一批谏臣提出“兼听则明,偏信则暗”,以处理国家大事的认识方法论科学性,判断准确性,定制国策大政,并在政事堂通过君臣谏议来决定,高度展示了贞观君臣为政的政治品格和风貌,也成全了唐太宗作为英明君主的高大形象。太宗告诫群臣、皇子:

> 太子生长深宫,百姓艰难,耳目所未涉,及居大位,区处世务,犹有差失,能无骄佚,卿等不可不极谏。②

谏诤在政事堂、六部二十四司都形成了风气、制度,并以此民主传统培养中央至地方的各级官员的治政才干,促进吏治清明。

唐太宗君臣取得“贞观治世”,还有较为完善的监察制度及相应政策。谏官谏诤制度和政策,而为贞观治国的最高控制和调节的职能机制。《文苑英华·御史台》称:

> 御史府居朝廷之中,杰出他署,盖以圭表百吏,纠绳四方,故选其属者,必在坚明劲尚,临事不挠,百司畏惧。

贞观确立的三省六部和地方州县制度,包括财政、经济、文化、军事制度,与历朝相比,不仅精兵简政、刑宽慎政,廉洁清明,且官员精练,并不断调整政策、理念、法理,探索出一套统治阶级既要压迫剥削人民,又不要激起他们反抗;既要人民为王朝劳役纳税,又不影响他们正常生活生产;既要统治者长守富贵,长

---

①《贞观政要》卷2《政体》。
②《贞观政要》卷2《政体》。

治久安，又要保证人民最低生活水平；既统治、又服从完整的理论和实践。因此贞观年间上自皇帝三省，下及地方县吏，其所推行政策措施，和历代，特别和隋朝相比，有三个明显不同和特色：节流开源的生产性的政策措施多于消费性奢侈性的政策措施；经济性的政策措施多于军事性的政策措施；政治性政策措施中缓和安定多于急政扰民、穷兵黩武的政策措施。诚如太宗自己所言："惟欲清静，使天下无事"，"每发一兵，不觉头须发白"，故"夙夜孜孜，遍得徭役不举，年谷丰稔，百姓安乐"。贞观年间，一方面显示出君民、君臣、臣民相互之间较为和谐的社会态势；又使君臣和百姓处于既矛盾又统一，以谏诤又和合的相互制约、相互补充的动态之中。特别是君臣相知相处的三省宰相政事堂为示范，实行皇帝一元化下的三管运行的民主议政的政体机制，其进程本身就具有和合议政，又谏察谏诤的相互制约、相互补充的理念机制和政策的创新：立法、批驳，执行三省分制，既有相互配合，也必然产生相互制约，相互补充的行政职能。宰相政事堂，是历史上第一次成为名副其实的最高决策、又是谏议机构。

其次，太宗重视谏官的任命和安排，贞观初年，"首命魏徵、王珪为谏议大夫"，"三品入阁，皆命谏官随之，有失则谏"。监察御史独立于中央机构，诚如杜佑所云"大唐自贞观始，以法理天下，尤要宪官，故御史复为重要"①，如任命出将入相的李靖"专知京官及监诸军旅"。其后，通过监察御史台派出三类使臣，一类为巡察、监察，有恤忧、赈济、观风使命；一类为宣抚、宣慰、巡抚，专对地方官吏进行纠察；还有一类为镇抚、招抚、安抚，专对边远少数民族地区，带有一定边塞军事察抚的性质。贞观年间，通过监察机制监督地方州县，立法公正，宽政慎刑，惟政简约；另一方面重大案件中央予以督察和审议。贞观五年，太宗提出"凡有死刑，虽令即决，皆复五覆奏"。具体做法，在京诸司处决死囚，二天覆奏五次；在诸州三覆奏，不限制一定时间。唐太宗常与群臣讲："人命至重，一死不可再生，昔世充杀郑延，既而悔之，追止不及，皆由思而不审也。"②贞观年间的监察、谏诤政策和制度，把君臣、君民、臣民视为一体，控制和调节到较为相安平行态势，推进君臣、君民谏诤，共治天下，使国家方针政策较好较快地贯彻执行下去，这是唐太宗君臣导演的贞观治世成为历史上最为盛大的节目！《贞观政要·求谏》称"贞观四年，全国断死刑者三人"，应该说是历代王朝判死刑最少，

---

①《唐会要·君上慎恤》。

②唐太宗《金镜》，又见《贞观政要·安边》。

可为贞观太平治世的最夺目展示和象征。

还有一个历史上极其重要、很有特色的是大力推进唐初政治、经济、文化发展的选士和科举制度改革和创新。唐初提倡重视儒士，兴办学校，通过科举改革创新，培养人才，开拓局面。唐中央有国子学、太学、四门学，东宫有崇文馆，三省有弘文馆，地方有州学、县学，还有各地士人所办私学。太宗重视教育，贞观初年“国学之内，鼓箧升讲筵者，几至万人”。地方官府可以把学校毕业生员贡给尚书省，私学毕业生员也可以由州县推荐参加应试，进入仕途。唐贞观年间科举改革取得卓著的成效，增加科举名额，科举科目，加大科题的社会容量，有自然科、社会科，还有文词、兵科，又有以论政见长的诗词科、时务对策科，以进士科最有特色。中进士，最为显耀，誉为“跳龙门”。

唐初科举改革，较两汉魏晋以来，为官择人方面，有重大的开拓、改革和发展。汉魏选士以察举、征辟、德行、经术为应举的主要方面，这固然是“任人惟才”的重要政策和措施；但这一制度在门阀制的历史背景下，摆脱不了以“血统的贵贱尊卑，来决定任职的清浊”，造成“世胄蹑高位，英俊沿下位”，“上品无寒门，下品无世族”的局面。唐初，一方面唐太宗君臣开放科举，增加科目，同时对血缘、地域、门第加强开放力度。唐太宗讲：“用人取仕以德行、学识为本”，强调才干，善处政务，“坚明劲尚，”重视社会实践的能力。太宗又下令各地科举取士要面向各阶层、地域，五湖四海，各有所长，“齐、赵、魏、鲁礼仪自出；江、淮、吴、含英俊斯在……我平定天下，四海一家，凡为朝士，独唱区宇”。又说：“中国百姓，实天下之根本，四域之人，乃同枝叶”，“根实枝茂，是用晨兴夕阳，无忘斯事”。

当然最有力度，在历史又有独树一帜影响的是，科举建置直接成为候补官僚制度。科举制度是我国封建王朝中期笼络士人，选拔官吏的重要制度，在治理天下，巩固政权，以至发展经济的整个历史进程中，具有举足轻重的作用。史家称：“得天下者在于得人才，士为秀民，士心得，则天下得矣。”①太宗贞观年间科举选士，最大改革创新在于向庶族、平民、一般百姓开放，面向各地域、各阶层，下令各地科举取士，并强调才干卓识，《贞观政要》云：“凡为朝士，四海为家，各有所长，独唱区宇”，因此，“令诣京师者提以不次”，扩大科举选士员额，大多选士，直接成为中央、地方官吏。高祖的进士只有 26 人，太宗时就有 205 人。

①《清史稿》卷 232《范文程传》。

武则天革故鼎新，对科举制度进行了“革命”，一方面大开科举之门，以至“制内外官九品以上及百姓咸令自荐”，“遗逸四方之士，应制者向万人”。武则天励精思化，开创科举殿试制度，史载“天授元年(689)十二月，太后策贡士于洛城殿，殿试自此始”，此后“亲策试举者，凡九百人”，所以《会要》称“虽农夫樵人，皆得召见，……所言称是者，则不次除官，无实者不问”。再者，科目、科第等考试内容更广泛，并偏重实际，便于下层平民庶族应举人仕，有辞标文苑，文艺优长，操守贞亮，蕴韬谋略，文藻之思，贤良方正，志烈称霸，理选拔萃等。同时正式制定武举取士，“射长垛、骑射、马枪、步射、才貌、言语与举重”。大唐初期通过文举、制举、特举、武举等，选拔人才，培植了不少卓识才干的文武大臣，为治世、盛世的出现作出政治和组织保证。

其次，值得一提的是唐初政治、文化和教育改制改革，推进学术自由、开放，学校教育比较普遍，面向基层平民百姓。贞观年间，太宗尊崇儒家，但对于道学、佛学，都不排斥。中央太学、国子学规定有老子道学经典，太宗还讲“佛学亦为我有用”。我们从唐初所取举士，以至三省官员，其学术、思想的渊源，可谓“诸子百家”，儒、道、佛、墨、法诸家皆有。魏徵是道学家，还做过道士；马周为“寒士”，为学纵横；至于杜如晦、房玄龄、高士廉、肖瑀、姚思廉等，都是典型的正统儒家。太宗贞观政风、文风，有容乃大，容纳各家英才，所以，最高统治集团所制定的政策，措施带有儒、佛、道兼容政治理念。唐初科举人才济济，文化发达，社会清明，民风朝气蓬勃，所谓“唐风”，也基于这一基础所展示的百家争鸣、百花竞放。大唐的科举、文化、教育，对宋、明、清产生巨大的影响和作用。如清入关之后，清世祖听了兵部侍郎范文程关于“治天下在得民心，士为秀民，士心得，则天下得矣”的奏章之后即仿效大唐，一方面稍开文网，征召各地儒生，编订政史文籍，笼络士人，旋于顺治二年、三年，连续在全国范围内，依照唐制举行乡试、会试的科举考试，笼络儒生入仕为官，起着收买人心，安定局面，稳定初建清朝政权的重要作用。

还有，唐朝的科举改革和取士制度革新，在“以文治国”的方针下，文职人员增加，且位高权重。还通过改革、使军功转为文职，促进大唐社会进步，政治清明。唐自贞观至开元，学者认为文官占政府机构四分之三，武官四分之一，且文官在中央、地方亦颇为重要而吃香。中进士，誉为“跳龙门”。宋朝开国，效法贞观，此风更盛，军权枢密院也掌管在文官之手。明朝开始一变，明初太祖朱元璋在军事机构建有兵部，下有左、右、中、前、后五军都督府，还有卫所制度的禁卫军队，总数在二百万以上，若是把明代文职官吏、武职官吏和士兵加在一起，总数超出三百万以上，武职已占绝大多数，这也预示明朝中后期政局动荡，吏治腐朽。明朝强化军事专制的结果是适得其反，民乱四起，农民反抗斗争一个接着一个。明初开始庞大的官僚机构，特别军事机构高度强化，不能不说是一个很重要的原因。

总之，我国封建皇帝及其皇权政制改革，唐初是比较成功的，形成治世、盛世，功不可没。历代王朝对官僚采取“爵位尊之，恩泽赐之，粱肉食之，金帛富之”的办法，在整个皇权帝制下有机地、巧妙地分赐给全体的官僚及地主，形成政治上经济上、利益完全一致的统一体。皇帝离不开官僚，官僚不能失去皇帝。皇帝给予官僚依品级高低，分享不同的政治和经济的特权，而大小官吏则为“强固君身”而卖命效劳。但唐朝官吏经济俸禄待遇和享受相对不高，也比较合理，例如两汉时期的官禄，三公月俸高达350斗谷，划地分国，拥有数万亩，王侯拥有人口、土地，不计其数，地方小吏也有8斛谷。唐朝三省最高长官月俸330斛谷，永业田4000～6000亩、职田1200亩，并有一定马匹、绫、绢、粟、薪、盐等。宋朝枢密使月俸是300贯，绫40匹，绢60匹，禄粟100石，薪1200束，盐七石，此外还有职田数十顷。明朝公侯一级官僚的住房，前厅七间、两厦，九架；中间七间，九架；后堂七间，七架；门三间，五架；家庙三间，五架等。越到后来，名目越多，特权更多、更大。真是因为各级官僚分享了皇权一部分政治、经济的特权，官僚们的利益自然维系在皇权之中，他们对于皇帝也自然是“心如金石，忠心不二”，维护皇权就是他们最高的权利和义务。皇帝是百姓们的皇帝，也是官僚们的皇帝；而官僚也可以凭借皇帝所给予政治经济特权鱼肉百姓，而成为百姓们的小皇帝。大皇帝依靠这些小皇帝，树立绝对皇权；小皇帝庇护大皇帝，奴役人民。所以中国封建政治最根本、最普遍的特征，一是盲从皇帝，忠心不二；二是官吏不对人民负责，而只对皇帝尽忠。君臣相依，官官相护，就是建立在一致统治广大人民的基础上。中国历史上的清官，特别是杰出政治家在政治、经济上的改革和创新，是给当时人民做了一些好事；但从其出发点来看，与其说是为了人民，不如说是为了皇帝。总之，封建官僚制度等的设置，根本的目的是为加强皇权，统治人民。只是到了政治混乱，统治崩溃，有卓识远见的皇帝及其官僚政治家们又兴起一场又一场的政治改革。因此，对于统治阶级内部和统治者与被统治阶级矛盾起着调整和缓解的作用，成为加强封建统治最重要的社会职能，但最终不可能解决封建社会内在的矛盾，一仍旧贯，走向败落。

关于唐初稳定地方的军事府兵制度和基层政权的改革和创新：唐初的军事府兵制度和地方政制制度的改革和创新，在灭隋的军事倥偬中，只能“唐承隋制、权宜设计，率由旧章”。唐太宗贞观君臣高瞻远瞩，为了安定天下，恢复和发展经济，提出两大富民强国的改革方针，在政治上确立“以文治国”，在经济上发展小农经济，在军事上鉴因北方突厥、西部吐蕃的严重威胁，重视军防，增强兵力，并对兵制进行了重大的改革。其一，为了强化中央集权，太宗统领总率府军，并逐步进行改制。贞观三年，全面完整建置府兵，中央三省六部为兵部，下设十二卫，州下设折冲府，地方置团、旅、队、火等基层机构。十二卫长官提升品位，为大将军、大都督，州设折冲都尉，代替自北魏的骠骑、车骑、鹰扬郎将，实行耕战并重。其二，军事布局“重内安外”，“举关中之众，以临四方”的方略，使中央有效地控制地方，保证边境安全，并改革府兵制，也减轻地方的负担。其折冲府的分布也遵循这一方略。据谷霁光《府兵制度考释》所析：

> 唐在关中置十二军，十道置折冲府，关内、河东、河南三道有526府，占总额府657府的80%；东西两京设置131府，占总数20%。河北、陇右、山南更少。①

诚如大臣魏徵、萧瑀等所云：“唯有如此，方使黄帝不服之人，唐尧不臣之域，并皆委节奉顺。”②

唐初府兵制毋庸置疑的最大改革特点是寓兵于农，兵农合一，说明改革进入成熟时期。有不少学者否认这一点，但相对而言，唐初兵制改革是历代王朝中最为难得的、成功的。《唐书·兵制》称：“三时务农，一时讲武。分道分军、以督耕战，以劝农桑。”据《唐书·百官志》记载，在长安城周，设置“军防，任坊主一人，检查户口，劝课农桑，以本坊五品勋官为之”；关中则定十二军卫驻防，“士兵安定于乡团坊间”。《邺侯家传》记载唐太宗还亲自教射府兵，引入殿廷。府兵奉命出征时，史称“太宗之时，统领兵府，每当番上，必引于殿廷，亲自教射，加以赏赐，由是用之，所向无敌”。我们从《唐书》有关资料所见，唐朝地方府兵平时参予农业，并且还为地方“开渠筑堤，挖疏沟洫”，到高宗时“总习军任，灵、夏两州屯田，收率既多，京坻遽积，不烦和籴之费，无复转输之艰，两军及此镇兵，数

---

①谷霁光：《府兵制考释》之《府兵制与均田制及封建国家职能的关系》。

②《旧唐书》卷70《戴胄传》。

年咸得支给”。所以,唐初府兵素质甚好,大半来自政治、经济翻身的小农。自耕农、一般平民亦愿入伍,《唐书》载:“关中河外,局置军团,富室强丁,并从戎旅。”所以,府兵为国效劳,战斗力极强。

再者,府兵制也体现了开放、民主的改革色彩。唐初太宗和李靖、李勣、侯君集等一些著名大将,和谐相处,君臣民主论政、施政浓烈,唐太宗《唐大诏令》称:“王者视四海为一家,封域之内,皆朕赤子,朕一一推心置其腹中。”《贞观政要》载:贞观年间,太宗君臣论及致治天下,说自古帝王虽平定中夏,不能服戎狄? 臣下称:“陛下功德如天地,万物不得而名言。”太宗曰:“不然,朕所以能及此者……自古帝王贵中华、贱戎狄,朕独爱之如一,故其种落皆视朕如父母。”因此,唐初府兵来自各民族、各阶级、各阶层,多半为小农平民。府兵将领“汉蕃如一,承人为贤”:唐初军事家李勣来自平民,自称“山东田夫”;薛仁贵名将,出自山西佃农;更有来自少数民族的大将军:如那史那杜尔、阿史那忠、执失恩力、史大奈、李谨行、李思摩等,太宗时“拜为大将军,甚为宠任”。

唐初对地方基层政权有较大的改革和创新。秦朝开始建立的郡县、亭里制是封建统治的基层政权组织,它是封建君主专制政治得以贯彻到社会每一个细胞——家族最重要的也是最后一个环节。唐太宗对地方行政制度进行了一些重要改革。太宗初年,因民少官多,大加并省,全国州府精简到 360,县 1557。县以下地方组织有乡,乡下有里:“百户为里,五里为乡,每里设里正。”我们从《唐书》有关资料所见,唐初乡里官员重视农业“按此户口,课植农桑,检察非违,催驱赋役”。州县官吏则“抚宇之道、在于县令”,“其县令在任,户口增益,何由奖劝,界内丰稳”。唐初基层政权重视文治,选定有学识儒士和宗族有名望的长者,为乡、亭、里的头目。州县、乡里官员,平时督促农民生产,催缴赋税,还教化百姓;战时,输送府兵,番上征戍。还有一个极为重要西北、西南地区历史性的政权改革,当时西北灵、庆、银、夏州河套平原,鄂尔多斯高原,及秦岭以东的甘肃东南部地区,建于羁縻州,特设农牧兼营的屯区,“俗皆土著,勤于稼穑,居有栋宇”。到了开元年间,西北诸州“是时州县殷富,仓库积粟帛,动以万计”。当地的牧民和军府的戍兵相互混合,构成一个亦农、亦牧、亦兵的屯区,以至安西四镇政治比较稳定,生产日趋恢复发展,取得我国历史罕见的民族和睦,边疆安定,这是大唐治世最明显的亮点。地方政权是君主专制政治通过他们渗透进血统的家族,使家族政治化,家族成了政治化的社会单位。于是,他们就代表封建国家直接向人民施以政治教化,催缴皇朝赋税,以及处理治安和诉讼等事宜,较好地实现儒家“修身、齐家、治国、平天下”的政治理想。可见，我国封建君主专制政治，通过改革改制，深深扎根于广大农村和城镇的基层，若说封建君主专制政治有着强固的社会基础是毫不夸张的。

针对中国型的以地主经济为基础的官僚制度等的政制改革、创新，唐初应该说是比较成功的，有成效的；但自秦至清，封建帝制已有两千多年的历史，纵使有任何政制改革，政治变动，也很难从根本上改变皇权帝制的固有基础，自然更难摧垮这一无所不包的支配力量。一方面，因为这一社会支配力量根深蒂固，相当强大；另一方面，它把中国广大农民禁锢在由这种力量完全控制的自足自给的自然经济的桎梏之中。即便在盛世、治世期间，农民们绝对不可能拥有真正政治权利和土地的真正所有权和使用权，政治上也不可能彻底翻身，自然不会有如官僚、地主那样富裕，最终还是贫困落后，政治孤立无援，文化被剥夺了受教育机会；这就是为什么我国辛亥革命前两千多年来，只见统治阶级发动眼花缭乱的政治改革、创新，农民千百次流血奋斗的大规模斗争起义，只见一个接一个王朝的更替，难见社会全面革命风暴的到来，更难孕育出新的生产力，新的革命阶级，其社会总根源恐怕就在这里。

武则天女性施政治国和反封建色彩的人生奋斗精神

伟大的时代孕育出伟大的历史人物。由魏晋南北朝的民族大分裂、大混战，迈向隋唐大融合、大发展的贞观和开元盛世，是我国封建社会历史发展中的黄金时期，经济、文化十分发达繁荣，人才辈出，国力强大，中华民族在七八世纪世界各国的文明竞争中，处于遥遥领先地位，出现了李世民、武则天、李隆基和魏徵、徐世勣、狄仁杰、张柬之、张九龄、姚崇、宋璟等杰出人物及政治群体，这是时代的趋势。其发人深省、引为历史罕见的是武则天以女人身份，蔑视男权社会的一切，对抗封建的礼仪秩序，运筹权谋，力压群雄，君临天下，叱咤风云，登上我国历史上男性社会的政治顶峰，成为历史上唯一的女皇帝，且赢得史家"治宏贞观，政启开元"的高度评价。她在初唐政治舞台角逐五十余年，充满智慧，步履艰难地跨过商人、士庶、才人、嫔妃、皇后、皇太后、皇帝的人生七大台阶，代表了我国古代封建社会女性的美丽人生追求，成为男权社会的女性追求权欲、利欲、物欲和精神享受的政治绝唱。武则天女皇帝曲折的人生爬坡传奇，以致如刘邦、曹操、刘裕、刘备、柴荣、朱元璋、努尔哈赤等出身低微而荣登皇帝者望尘莫及，且在"百王之冠"的唐太宗之后，开创出毫不亚于贞观的武周政权，并为"开元盛世"铺开平坦而辉煌历史航程。世界倾慕大唐帝国，称誉女皇武则天为中世纪历史的明星，亚洲的日本、朝鲜、印度、尼泊尔等国家多次派出遣唐使；中亚的波斯、东非的大食，以及罗马帝国络绎不绝地派遣使团、商人、留学生来到长安、洛阳；东南亚、南洋，以及北非的船舶涌向广州、扬州、明州、楚州等地，中国成为世界经济、文化的重心，展示出武周王朝在当时世界的重要地位和历史影响。

不少史家对武后反封建色彩的人生爬坡，苦斗群雄，称帝及其取得功业，颇多赞誉。当代名家岑仲勉、胡如雷、赵文瑞，尤以一代史家郭沫若、翦伯赞等都从不同角度高度评价武则天，但把武周政权的成就归之于贞观为其开创基业，得之于“唐太宗贞观君臣的启迪和熏陶和当时的民族融合，社会经济、文化的高速发展”，看来颇有道理。但从武则天所处时代背景，武周政权特色，特别是从直接因果考察研究，显然是舍近求远、主次不分、主因不明，近乎是非颠倒，并造成千余年来对武则天评价的强烈纷争以至否定的主要原因。我以为武则天作为女性的反封建色彩独特理念、人生奋斗精神，是取得帝业最重要、最主要的因果。一则从时间看，太宗贞观君臣，褚遂良、长孙无忌、魏徵、房玄龄、杜如晦、马周、李靖、李勣等一批贤相出色施政治国，会有影响，毋庸置疑，但一是过去了三四十年，且当时则天年少，唐太宗，以至名臣勋戚，对她皆“颇多疑忌”，自不能真实反映和代替武周时代治国历史实际。二则从时势上看，太宗晚期，最高统治集团渐趋腐化，始自“骄奢放逸，及其安乐也”，显露一定的政治社会危机，高层及统治集团内争初露端倪，朝鲜战事失利，边境的扰乱，给高宗武后开辟局面带来极大困难和挑战。三则武则天的个人成功甚至没有得之贞观元老们实际支持和辅助；且其中大多是武后的政治反对派，夺权称帝的死敌。武周时代，主要是由武则天为代表的一代君臣，顺应变化着的形势，调整政策，革故鼎新，奋发自强，以其聪明智慧排除万难，特别是武则天的政治智慧和苦斗理念与精神，从而赢得新的历史业绩，是大唐精神和气魄新的象征，成为初唐历史发展中敢超前人，开拓创新的代表人物。

其一，作为中国历史上唯一的女皇帝，武则天一生是苦斗爬坡的一生，充满政治智慧的一生，思想、理念和精神有浓烈女性政治家反封建、反潮流的丰采，超越时代，这是她成功的主要内在因果。如何拨开武则天内心世界的庐山真面目，是饶有兴味研究我国封建时代女性历史人物的精神，及其历史评价的关键所在，意义深远。

在我国历史上，出色政治家要想对历史发展和社会进步作出积极贡献，首先要立足现实，对形势发展作出预见性的分析判断，然后制定方针、政策、策略，动员和组织力量，把判断变成现实。武则天在这方面表现，达到男性帝王也难以企及的水平和境界。武则天人生苦斗精神和智慧，具有很高的政治卓识和才华；女性色彩的细致入微、审时度势、机警果断、坚忍的精神和精妙而阴险的方略，使她取得了难能可贵的封建时代只允许男性所能取得的皇帝立效。

武则天踏进人生社会，经历了坎坷不平的四个时期：623—636 年，武则天以寒门庶族的木材商人的女儿，进入皇宫开始入仕时期；637—649年，进宫为才人至出家感业寺为尼的政治委曲进取时期；650—655年，复召入宫至苦斗皇后的时期；655—705年，形成二圣格局及称帝、病死退位时期，《旧唐书·本纪》称："遗制附庙，归陵，去帝号，称则天，大圣皇后。"武则天踏进人生征程，似有独特的天生的思想理念，少有传统的"三从四德"，"女子不能参政"等观念，有浓烈反社会潮流性格，且贯穿于她一生征程。其传称少女时，"年少敏悟"，性格刚烈有从政意识，不喜针织花绣，而爱"白马金勒，带弓箭"，有探索猎奇之心机，诚如《大唐新语》等所云"若为女，当为天下主"，武则天出身木材商人之家，父亲参与兴唐灭隋，后为工部尚书，为她涉足政治提供客观际遇。武则天母亲弘农杨氏，父、祖曾为隋工部尚书，年轻时"满腹经纶，明诗习礼，阅史披图，智周寰宇，识洞古今，思如泉涌，入文章之妙境"，故武后年少"爱好文史、涉猎经籍"，初露不凡的志向和才识。初入宫是她进入政治社会的开始，给予她思想灵魂的冲击是相当强烈的，人生信念、理想，已初见征兆。其母"恸泣与诀"，而她独曰："见天子庸知非福，何儿女悲乎！"[①]以"花须连夜发，莫待晓风吹"的神态，进入皇宫，投身于未来的险酷而复杂的内宫、外朝的生死搏击。入宫即面临生死的考验："既入宫，宠待逾于良娣，良娣王皇后协心谋之，递相潜毁"。武后"冷血但却有理智，残忍但做事多有计划"[②]，机警应变，运筹权谋，周旋高宗与后妃、皇亲的内庭和外朝之中，闯出女皇的人生天地。她一方面"诬王皇后与母柳氏求厌胜之术，昭仪所生女卒、又奏王皇后杀之"；另一方面开始参与高宗施政："上苦目眩，表奏时合为详决"，"几三十年，当时畏威"，形成"二圣格局"[③]。"暗以妙若神转"，凝聚文士，物色人才，结识学者、清官、廉吏、高僧、道长、以至酷吏，参议政治、经济、军事等具体政策措施，关心官员和平民百姓生活，发展生产、繁荣文化、重视边防、开疆拓土；并打击政敌，澄清吏治，大兴告密告状，力战来自男性社会的各种反对势力；准确无误、毫不留情地贬逐和残杀褚遂良、长孙无忌为代表的一批批政敌和反对派，确立了唯我独尊的女皇擅权的地位，五十多年所表现的冷酷而理性的政治智慧和苦斗精神，在我国封建社会政治史中展示出女性特有的不怕万难，勇往直前的精神风采。

值得一提的是武则天踏进后宫为才人，敏锐地窥测唐太宗时内宫的复

①《新唐书》卷76，《则天皇后》。

②《评雷家骥武则天的精神和心理分析》，引《中国唐史会刊》第6期。

③《唐会要》卷3《皇后》，第24页。

杂形势,及其动态和人事变化。她首先深切看中李治并和他暗中往来,“上为太子也,入待太宗,见才人武氏而悦之”。其后深窥王皇后和萧淑妃的内情动向,“昭仪心知之,皆闻于上”,阴险地离间了王、萧关系,取得斗争的主动。继后以残忍手段掐死亲生女儿,达到酷杀王皇后和萧淑妃的目的,赢得皇后这一女性独尊的宝座。武则天血溅宫门,是她夺权、谋取帝位的第一步,其复杂内心活动和有关事迹,史家褒贬不一。不少学者以武则天掐死亲生女儿,是历史伪造?我以为这是当时被逼的情势,也出于武后政治冷酷无情及策略应变的需要不容置疑:其一,此事《唐书》、《通鉴》等史籍明文载录,无法改变。其二,其时武后所处的政治险境,特别是王、萧两后联盟和武则天的生死斗争,武后诚有被迫,并带有反抗的态势,唯有抓住高宗对两后的心态和时机的突变,唯有采取残忍的“掐毙”女儿,才能取得高宗同情,摆脱困境,所以史载:“中书舍人李义府上表请废王皇后,立昭仪,以厌众庶之心”,并通过顾命大臣、功臣李勣,争取舆论外援 :“上谓李勣曰立昭仪之事,此是陛下家事,何须更问外人。”重重打击王皇后背后的政治靠山褚遂良、长孙无忌等贞观顾命大臣。其三,符合武则天的冷酷无情思想性格;而又理性地抓住时机,不择手段。武后一生不仅酷杀一批官僚大臣、贪官酷吏,也毫不留情迫杀她的亲生太子、皇子、皇女。“太子弘仁孝谦谨,上甚爱之。天后方逞其者,太子奏请,数迁旨,由是失爱天后……时人以为天后酖之也”①。“掐毙”,一则可看出她对内宫形势的准确估量分析,具体战略无误;二则她善于抓住要害机宜,策略果断,手段残忍,因此取得出于常情的成功,较之我国男性政治治家、阴谋家如汉武、曹操、隋文帝等青出于蓝,而胜于蓝。

其二,武则天执掌政权的五十余年中,其所展示的苦斗精神和政治智慧,带有超越时代、反潮流的特色,主要反映在广开言路,博采众议,制定方针、政策、战略,提倡文治,革新政治,发展经济,以及如何积聚力量,有力地酷杀一批批政敌和反对者,在贞观之后开辟出女皇的革新征途,缔造出政治、经济、军事和文化持续发展的武周时代。

武则天登上政治舞台之时,贞观后期高层统治集团开始腐化,大臣勋戚,“好尚奇异,无远不臻,珍玩之作,无时能止”。唐太宗晚年,面临前进与后退,保

---

①《资治通鉴》卷202,高宗上元二年。

守还是革新，发展还是衰退的转折关头。公元 648 年太宗临终前把自己亲自撰写的《帝范》交给太子李治，再三叮嘱曰：

> 吾居位以来，锦绣珠玉不绝不前，宫室台榭屡有兴作，犬马鹰隼无远不致，行游四方，供顿劳烦，此皆吾之深过，勿以为而法也。①

魏徵指出："自古帝王初即位者，皆欲励精为政，比迹于尧舜；及其安乐也，则骄奢放逸，莫能终其善。"②其后，武则天进入内宫，册封为皇后，逐步确立二圣临朝，朝内激起一场中枢最高统治集团强烈的反武风浪。遗诏辅臣宰相褚遂良、长孙无忌等上书："陛下必欲易皇后，伏请妙择天下公族，何必武氏。"③其后，徐敬业在扬州起兵讨武，骆宾王撰作《讨武氏檄》，声称："伪临朝武氏者，性非和顺，地实寒微。……试看今日之域中，竟是谁家天下！"④大有不打倒武后决不收兵之势。同时在浙江睦州（今建德）又发生陈硕真农民起义，自称文佳皇帝，一时波及歙、婺、润等江东各州；而朝内著名宰相裴炎和握有重兵的名将程务挺不肯出兵平乱，公开要求武后归政唐高宗。朝内、朝外、宫内、宫外，武后面临"山雨欲来风满楼"的形势。

武则天无愧为谋深虑远的政治家。她把当时政治中枢开始腐败、反武的元老辅臣与社会动荡背景，和反武形势联系一起，借助二圣格局，使高宗之手，把褚遂良、韩瑗、来济等一批"社稷之旧臣，中枢之贤佑"，视以"悖戾犯上，恐非国家之福"，予以反击，有的"以言不用，斥归田里"，有的"无闻罪状，逐出朝廷"；并旋即组合力量，里拉外合，以一批庶族官僚许敬宗、崔义元、李义府、狄仁杰、娄师德、唐休璟、吉项等和一批文人学士、亲信、酷吏等，充实朝内，稳定中枢；并千方百计发动基层百姓，普设暗箱密柜，奖励告密；上下内外结合，软硬兼施，全力摧毁保守倾向的李唐开国元老功臣、门阀贵族，最后向掌握实权的长孙氏系统的勋族开刀，以"无忌谋逆，由褚遂良、柳爽、韩瑗构扇而成"，继又"使人告密，尽收宗室，诛之无遗"⑤，并罗织罪名，将其余党"死亡流放者数百人"，为武后掌权称帝拉开序幕。令人惊叹地果断及时地亲自镇压扬州徐敬业叛乱和浙西北陈硕真造反，无情地惨杀了"乃请太后归政李唐"的名相

①《旧唐书·太宗本纪》。

②《贞观政要》卷 6《奢纵》。

③《新唐书·褚遂良传》。

④《新唐书·骆宾王传》。

⑤《新唐书·褚遂良传》。

名将裴炎和程务挺。武则天以其女性特有的聪明智慧和冷酷无情，理智而有计划的谋略，彻底地铲除了反抗武后谋夺李唐政权的政治和组织基础。苦斗群雄，君临天下，成为名副其实的女皇，培养提拔了一批“一国之重”的宰相，终于形成名称一代“武周王朝”。

赵文润先生在《论武则天时期的宰相》一文称：

> 高祖时宰相 12 人，士族占 100%。太宗朝 29 人，士族 19 人，占 65.5%，庶族 6 人占 20.7%，士庶 4 人，占 13.8%。武则天一朝亲点宰相 64 人，士族 29 人，占 45.3%，庶族 35 人，占54.7% 。[①]

其中通过科举的有 27 人，占 36%，而门荫的只有 3 人，仅占 4%。“武则天所以能控制男性社会五十余年，在取天下、治天下、富天下的艰难曲折的历程中，解决并缔造了中枢权力的政治组织基础，赢得男性皇帝，以致超过男性皇帝的权力和辉煌业绩，这是最关键性、决定性的方略战略与政策措施。

不少史家以其在夺权过程中滥用酷吏，残忍惨杀王公大臣、宗室勋贵，并以告密无辜杀人的酷吏酷刑政策，以及生活淫乱、迷信佛教等，指斥和贬低她的历史地位和作用。自然，武则天一生有严重错误，喜爱酷斗、酷杀的阴暗一面；然而，以男权社会史家带着传统的保守观念，以不公平、乏情理，贬责、诬陷反潮流并取历史性业绩的女皇武则天，这诚是片面、错误的。历史是现实的，历史人物的评价是真实、平等、合理、一视同仁的。首先，古今不少公正的学者，以致著名史学家，诸如司马光、欧阳修、李贽、赵翼、郭沫若、翦伯赞等一流史学家，皆有正面肯定评述。二是公允地考察历代帝王，包括那些在历史上有杰出贡献的帝王，如秦皇、汉武、曹操、孙权，以至刘邦、明太祖、明成祖、康熙、乾隆等相比，一者帝王诛杀大臣，杀戮平民，以至于坑杀数百数千者，不胜枚举。至于生活淫荡的古代帝王，犹有过之者更史不乏书。三是武则天重大决策及其一生政治、经济、文化、军事所取得的历史业绩，使她无愧为唐初英明、有作为的英主，这是主流；她改革创新，推动社会、经济发展，军力强盛，人民生活提高和改善；还难能可贵地重塑、保持有如贞观时期君臣上下一心，励精图治、政治清明、威震四方、民生安定的良好遗风，综合国力强大，并为开元盛世开辟出广阔的征途。当然也有过严重错误，特别因残酷政治斗争过于滥杀，以及后期贪图功名，擅权独

①《论武则天时期的宰相》，引自《中国唐书论丛》第 8，西安人民出版社 1988 年版。

尊，封建迷信，滥用酷吏，生活奢靡，在初唐历史上留下政治阴影，并促发内庭、外朝一次一次的风波，造成社会动荡，民心不安。

其次，关于武则天人生爬坡和文治人才思想之研究。武则天的人生苦斗精神、政治智慧，及其所取得业绩，最为独特而主要展示和表现是进一步提倡文治，信用文才，革故鼎新，开拓创新，展示新朝的文治制度和人文风采。她在夺取政权、治理天下、富强天下的历程中，以女性特有的冷静、坚韧、严密、细致，集思广益，颁行各种制度和措施，赢得贞观以后难得的经济、政治、文化长足发展。在二千余年男性强权的封建时代，武则天治国和政治作为自可炳彪史册，而与我国历代的女后，如吕后、贾后、孝文皇后、长孙皇后、马太后、慈禧等相比，颇有天地悬殊；就是较之男性的帝王秦皇、汉武、唐宗、宋祖，也并不逊色，从历史客观和时代意义观之，可谓空前绝后，也并不过分。

首先，提倡文治，提拔文才，建立新型的以文治国的中枢班底，有的理念超过太宗贞观年代。垂拱元年武则天就称："天于万物为最大，前诸儒易称先王乐崇德。"以文明、垂拱、天授、如意、长寿、天册万岁、万岁通天、神功、长安、神元为年号，并提出"祖（周）文王、武王，一名而有二义"，是为"武周革命，得以配天"。她说："朕励精思化，侧席求贤，品藻人物，铨综士流，委之选曹，责成斯在，必胜草泽无遗，方员曲尽，改弦易调，革故鼎新，载想缉熙之崇，式伫清通之效。"则天永昌元年诏云："大开举士之科，广开训迪之典"，"其有抱梁栋之材，可以丹青神化；蕴韬铃之略，可以振耀天威；资道德之方，可以奖训风俗；践孝友之行，可以劝率生灵；抱儒素之业，可以师范国胄；蓄文藻之思，可以方驾词人；守贞亮之节，可以直言无隐；履清白之操，可以守职不谕；凡此八科，实该三道，取人以器，求人务适。副朕意焉，主者施行"。武则天以反潮流、超越时代的气魄、规模，高度地注意提拔出身庶族的寒门文士、地方下层吏员、少数民族，以及江南、岭南等偏僻地区士人入仕为官；并广泛收揽贞观后期遭贬逐，冷落于山林民间的文人学士；当然，更多的是通过科举政策和制度的调整和革新，广招人才，吸引到自己周围参与朝政；并组织著述史书，编辑典籍，制造舆论，宣传新朝政治。"天后多引文学之士著作郎万元顷，左史刘纬之等，使撰《烈女传》、《臣轨》、《兆人本业》、《百僚新戒》、《乐书》，凡千余卷。朝廷奏议及百司表疏，时密令参决，以分宰相之权"，改造旧的班底，更新政策、制度、典籍，确立文治理国，形成全新中枢文治班底，以至于史家斥之为："后之乱，改而旧制颇多。"实际上，已彻底改变太宗以来以陇右皇族、官僚为主体的三省六部，形成由文人支撑的武周王朝的新格局。二是改订唐太宗时期的《氏族志》为武氏的《姓氏录》,以五品为界线,五品以上不管氏族与否皆可写入《姓氏录》,共345姓,2876家。把原有官僚望族大姓品第取消,沉重打击以关陇门阀为主体的李唐荫袭的政治势力。其三,通过新的科举制、制举、特举、南选以至殿试;以新的军功级选制度,从下层不断提升,大量、快速选拔文武人才,迅速改变整个统治集团的决策班底。武则天文治集团尤其关注基层人才,她常派员出访,诏使州牧,破格擢拔人才;并亲自带领按察谏使、安抚使、经略使、知轨使、督作使,巡视地方,一面了解民情吏治,一面物色人才补充各级政府机构的大小官员。多次颁布《求贤制》令,应征之广,选才之众,提擢之快,为历史之最。她由制举,州牧进选,"时有千余人",垂拱称帝之后,年有五万;乾封之后,法制进入"三品、五品甚多";她一朝提升宰相共78人,多为文人学士,为历代王朝所不曾有。尤重奖励地方举贤,狄仁杰从基层进入朝内,"其所引拔恒彦范、敬晖、窦怀贞、姚崇等,至公卿者数十人"。以至不惜采取"泛阶制",每逢大庆之日,不经"劳绩考核",各地州牧"量多少进叙,全以本品授官,乾封之后,始有泛阶进入五品、三品"①。各级政权入仕的寒门文士,较快取得勋位、实权、品田,在社会经济迅速发展和贫富分化过程中,从政治、经济权位两者逐级上升,有效地取代旧有的中央及地方势力,开拓历史航程,这是我国文化史上一大创举,对于控制大唐五十余年的武周统治,无疑起着鼎力的支撑和稳定作用。

武则天重视文人,还起用女性人才,引入中枢,这在历史上是罕见的。朝纲一新,社会革新,对于形成新的文治格局,新的社会风尚,有着重大的作用和影响。千百年来,男权社会绝不起用女子人才,更从未有过任用女官,其艰难不易和风险,自不待言。武则天初以出入禁中北门学士制度、地方政绩考察制度、科举改制中的殿试制度等,掺杂一些女官、女侍;又在殿试进程中,以女皇帝与伴女侍官、女内侍策试中和文士见面,参议朝政,拟订政策,展示女性人才的风采。当然,其目的还是巩固女皇权力,使中央权力集中于武后一人之手,但其目的促使中央决策机构因女官参入,而较务实,民主。以女皇帝名义,男女共同参与国策议政,千古未有,展示武则天女皇擅权独尊的精神和气魄。设置女官,选择才华女子,史有记录:载初元年(690)创设殿试时,她钦点才华横溢的太平公主和上官婉儿等,"为神殿测试的正副考官,直接典试文士",史称"靡然成风"。武则

①《唐会要》卷53《举贤》。

天为搜罗天下真才，派女官使员以察访使到各州县查访落第士子，令其入宫，“史不乏书”。女官上官婉儿曾为此出访洛阳、江南各地。通天元年(697)任命上官婉儿掌管大臣奏章，下达朝命，“内掌诏命，外出察使……群臣奏议及天下事皆与之”，①然后制定政策措施，其权限有如三省宰辅长官，甚至超出职权。武则天不仅在宫内提拔重用有才华的妇女，还象征性地下令奖赏州县有贡献的年老妇女干部，显庆五年令“并州妇人八十以上，皆版授郡县”②，这是我国历史上皇帝版授地方有贡献妇女的罕见诏令，为妇女参政、议政创造和提供相应机遇和条件，年老还有“版授”的奖励。所以，高世瑜在《唐代妇女》一文中，称武后称帝“唐代妇女能进入参政议政行列，是我国古代妇女中最为幸运的一群”。

这里要强调武则天文治的最大特色，还是大兴科举、特举，通过开创性殿试破格起用人才，并快速擢为中枢高官。《唐会要·学校》称：“垂拱以后，文明在辰，盛典鸿休，日书月至，因籍际会，入仕尤多。广开庠序，大敦学校，三馆生徒，王公以下子弟，皆入国学，服膺训曲，崇饰馆庙，尊尚师儒。多士如林，干时求进，……于是乎，则四海之内，靡然向风矣!”武则天统治集团精选天下儒士，提拔士庶文才，其目的是擢拔宰相以为辅弼，形成武周全新的文人掌权的政治格局。通天年间十道存抚使选得举子一百三十余人，一律用于“三省部属官员”，又长安二年，“举人授拾遗、补阙、御史、佑郎、大理评事，凡百余人。”明年“引见风俗使，举人悉就试官，高者至凤阁舍人、御史……时李峤为尚书，又置员外郎二千余员”。元万顷、狄仁杰等步入高官速度快到出奇，其传载：“万顷举选不久……朝廷疑议及有司表疏，皆密令万顷等参决，以分宰相之权。”③武则天还下令，“能通五经者，特授朝散大夫，通三经以上者，随才擢用”；并以“上书议政”，求谏纳谏，擢拔一批文人进入中枢，出现了“君子盈朝，恒如不及”的文治局面，所以张鷟曰：“起家至御史、评事，补阙者不可胜数。”④

武则天以文治政策制度广收各阶级、各族别、各地区、各政治派别人才入官，较历代，以至贞观，更加开放，亦有创新。武则天政治集团，创新了不少制度：如殿试试官制度、文官制度、刑赏惩罚制度、求谏纳谏制度、树楷考绩制度、病吊抚恤、酷吏制度等，有利士庶下层入仕，并顺利进入武周文治决策队伍。官员治国比

①《新唐书·上官婉儿传》。
②《旧唐书·元万顷传》。
③《新唐书·姚璹传》。
④《新唐书·上官婉儿传》。

较清廉、清明，同时，进行严厉的政策制度约束和制裁。如荐举贤才，大量受荐者来者授官，正官不足，设试官以收之。但为防止滥荐，规定被荐为官而犯罪者，除自己服罪外，被荐者和荐者一起受重刑。司马光评武则天用人"求才贵广，考课贵精"，"不称职者，寻亦黜之"。最引人注目的还是在特定时期，用酷吏酷刑制度来监察、酷杀中央和地方各级犯罪官员。其事，千余年来纷争不休，贬责以至咒骂者不在少数。然公允论之，一是酷吏、酷刑古已有之，历史上酷吏酷刑之黑暗，史不乏书，武后在执行中，也犹有过之。垂拱初年大开告密之门，酷吏横行天下，"构似是之言，成不赧之罪"，滥用酷吏，败坏政风，引发社会的动荡不安和人民的不满，武则天成了千古未有的"忍人"。另一方面，武周政权以酷吏酷刑惩办有罪官吏，"不乏其数"，对当时吏治起了一定作用，在揭露我国腐朽官场，以酷吏酷刑取得一时政治效应，应有不少可取之处。诚如她自己所云："朕情在爱育，志在受矜；苛政察口，良夙心之所鄙"，"不显刑名，不可摧奸息暴"①。再者，酷吏有好坏，情节亦有轻重；武则天一朝有一批酷吏清官，较之汉武帝、曹操、隋炀帝盛行时，取得完成不同政治效果。在当时不仅有利武后夺权统治，整肃吏治，威慑、打击贪官污吏、世族豪强亦有较好的时效；再者，作为帝王酷杀、残杀平民百姓，以史实公允论之，有如曹操、炀帝，"坑万人"，"血流成河"，我们在《唐书》、《通鉴》中几乎没有看到这样的史实。且武后一旦发现恶吏、酷吏罪责，不使善终，以正刑法，史家亦有好评。因此也不能说全是很坏、极坏的。何况外朝中枢高官大臣，多少由于酷吏、酷刑不敢放纵，有所制约；以至宰相，多半是品学兼优、才干出众，群策群力，励精图治，在贞观治天下过渡开元富天下的历史进程中扮演了举足轻重的政治过渡角色，使武则天控制大唐天下五十多年，对盛唐的社会进步和历史发展作出积极贡献。

当然，武周政权通过科举制度增置职官，调整使职，增额设官，过杂、过多、过滥，不同程度地引发吏治腐败，财政困难，出现地方民变，亦为史家贬责。但第一，武则天想尽一切措置、办法，革故鼎新，甚至不惜酷吏酷刑"以毒攻毒"，加强监察军政；并改革制度，如改御史台为左肃政台，"专营在京百司及监军旅"，其后又增右肃政台，"按察京城内外武官"，"肃正朝廷纲纪，举报百官紊失，整肃京内京外吏治"。第二，在女皇帝左右，新置左右补阙和左右拾遗，为"皇帝记言书事，期之进善"，成为有实权的供奉讽谏的机构，以致对三省高官及决策都起了推进、制约作用。第三，武则天政治智慧和苦斗精神，超越时代，带有女性反

①引自《中国唐书论丛》第8《论武则天时期的宰相》，西安人民出版社1988年版。

潮流色彩。在“士为秀民，士心得，则天下得矣”的方针下，她广招人才、信用文才，并有理论和制度，予以改革创新，这是我国史家有口皆碑的评价。

司马光在《资治通鉴》说武后用人有细腻精微、进用不疑、坚忍不拔、明察果断的特色，评曰：“太后挟刑赏之柄驾御天下，政由己出，明察善断，故当时英贤竞为之用。”①唐德宗宰相陆贽云：

后欲收人心，尤务拔擢，弘委任之意，开涉引之门，进用不疑，求访无倦。非但人得荐士，亦许自举其才。所荐必行，所举辄试……不肖者旋黜，才能者骤升，是谓当代知人之明，累朝赖多士之用。②

史家赵翼在《二十二史札记》中亦称：“武后知人纳谏，用人行政之端，(后代)自有不可及者。”武周一朝，有赖于她知人纳谏，求访无倦，考察入微，使用不疑，武周一朝人才济济一堂，男性帝王，“也自有不可及者”。明《读史漫录》称：

武后笼络天下，故尝有不测之恩威，鼓舞一世。至于危言切谏，或诽谤上闻，往往优容，终无所问，故施驾御一世，当时英贤亦为之用，使在丈夫，汉武之流也。

所以李商隐在《宜都内人传》称武则天“古之女娲，并非天子，仅佐伏羲；历代有掌权太后……唯武后独大家，革夫性，改去钗钏，袭服冠冕、符端日至，真天子也，是有史第一次”。

武则天在人才和用人理论方面有独到的见地和历史创新。她在其所精心编撰的《臣轨》一书中，从君臣治国的高度提出人才的素质要求：“君臣之道，有仁智文武之臣，同其心体，兴起功业也。”武则天以“圣母临人，永昌帝业”，要臣下“应臣其可，以去其否”，“扶危之道，莫过于谏”，才能“除国之大患，除国之大害”；又说：“上下相资，喻涉水之舟，比翔空之羽翼”，治国人才要有涉水、翔空的本领，贞松、劲草的品格。这与唐太宗的“能安天下者，惟有用得文武贤才”，有异曲同工之妙。武则天重视文武官吏开拓创新才干，《资治通鉴》称：“大周革命，万物惟新；驾御天下，政由己出，明察善断，故当时英贤亦竞为之用”；指出官员要“临变不惊，化险为夷，青出于蓝，而胜于蓝”，她在给益州都督府长吏姚璹时指出：“夫严霜之下识贞

①《资治通鉴》卷205。

②《旧唐书·陆贽传》。

松之擅奇,疾风之前知劲草之为贵。"[①]武则天在长寿元年(692)下诏追赠永徽时期的"翊赞之功"六大臣,即李义府、许敬宗、崔义玄、袁公瑜、王德俭、侯善业等,评价他们在艰难险阻生死搏斗中,都有开拓征程的临变不惊、临危不惧、化险为夷、开拓创新、转危为安的杰出才干,故能"协赞计谋,甚见亲委",为武则天登上唯我独尊的女皇宝座,立下功勋。

武则天广招文士,能发挥人才所长,有利政治进步,社会发展;[②]又严格考察,严格政策,使之互相制约,张鷟说:"乾封以前,选人每年不越数千,垂拱之后,每岁常至五万。"《新唐书・选举志》称:"武后务收人心,士无贤不肖,多所进奖。"又说:"及其临事设施,奋其事业,隐其为国名臣者不可胜数。"然武后用人过多、过滥,酷吏横行,吏治渐趋腐败也是事实。但她总以政策制令等予以制约、纠正。全面、公正地评价,一方面武则天以《姓氏录》、《臣轨》、《百僚新戒》、《三教珠英》、《玄览》等儒道佛三教合流的政治原则和指导思想,规定官吏言行规范,使之"为事上之轨模,臣下之准绳",去掉私利,"一心为武周政权"。并多次告诫官吏要忠诚、廉洁、慎言、慎身,严守机密,谏君主,恤人民,勤农业,达到"先其君,而后其家,先其国,而后其家"的富国、富民,治国平天下。另一方面又推行监察、谏诤,以酷吏酷刑,限制官僚腐败。

武周用人政策的最具特色方面,一是任用寒庶,突出政绩,大量提拔下层官吏,任用女官,把各方面、各地区、各阶层人才输送进入中枢三省六部,形成武后"革命"的三省宰相办事处,其决策过程中结合国情、民情,民主论争,激烈尖锐,较贞观更有朝气、民主、实效。二是武则天以女性身份登上皇帝宝座,要开拓创新,要击败政敌,只有培养出众多名相、良将,不然就只有坐以待毙。如李峤、娄师德、狄仁杰、韦嗣立等都是"卓识不凡"的名相,郭元振、唐休璟、刘仁轨等都是一代的名将。唐太宗时并未解决的高丽问题,武则天派遣刘仁轨等鸣金挂帅,威震辽海,自此"高丽士众皆欣然忘亡"[③]。唐玄宗开元盛世名相姚崇、宋璟、张说、张嘉贞等,都曾得武则天的培养、赏识和提拔,受过武周王朝的熏染和陶冶。姚崇,应下笔成章举,对契丹扰河北一事"剖析若流",武后擢为侍郎,后为开元名相。张说,应贤良方正举,"御洛阳南门,亲自临试,张说对策,为天下第一"[④],进入御史,为

①《新唐书・姚璹传》。
②《唐会要》卷3《皇后》,第24页。
③《新唐书・薛仁贵传》。
④《新唐书・张说传》。

玄宗时宰相。三是武则天广收天下人才，培养了一批“实为一国之重”的78名当朝宰相，大力促进政治安定，经济发展，文化昌盛，为玄宗开元盛世铺开了平坦征程。马俊民教授《武则天朝宰相考》一文，指出武则天自弘道元年临朝称制至神龙元年28年中，培育的78名宰相，来自各地区、各民族、各阶层，都有不凡才华和政绩。有来自江南侨姓、东南吴姓、山东郡姓、关中大姓，还有岭南、渤海封、高，清河和房张等名门大姓；更多来自普通庶族地主和“衰微破落”、“役同厮养”的下等户。如刘仁轨、薛元超、姚玄崇、裴炎、袁怒己、魏元同、刘祎之、武承嗣、韦方质、王本立、傅游艺、任知古、裴度、狄仁杰、李昭德、姚𤩽、娄师德、王孝杰、孙元享、王方庆、吉顼、李峤、张柬之、房融等，大多正直、方正，都有治国理政之才。至于涉及武氏姻亲裙带者如武三思等，还是少数。在武则天亲自提拔的67个宰相中，其中由进士、明经、杂色入流为相的要占90%，由门荫特恩入相的仅占10%。大量史料证明，宰相任职时间不一，有的很短，政绩一般，但大多数是很有卓识，且有一定建树业绩。当然，在实践过程中，置员过多，机构臃肿，人浮于事，经常更换，以至卖官鬻爵，影响地方吏治和政局中央的稳定，也是存在的。特别是到武后称帝之后的十余年，地方开始吏治败坏，官僚地主横征暴敛，兼并土地，即便采用酷吏酷政，也难以解决，中枢政局不稳，天下“人口逃亡过半”，最后导致武周王朝的结束。

在我国人才史上，武则天最难得的是颇有反潮流的政治气魄，提拔庶族出身隐逸高士，边远基层，虽仕途曲折艰辛，而又敢于谏诤，出色政绩的人才和官员，有不少甚至曾经是反对过她的政敌。地方边将唐休璟熟谙边事，长安四年(702)西突厥乌质勒与诸蕃不和，引兵入侵，“安西道绝”。则天诏令休璟来京和宰相对策，当即草奏，依诏施行，一举成功，武则天还和休璟说“恨用卿晚”①，擢为尚书。武则天还破格擢拔政敌和反对派。宰相上官仪被杀之后，其孙女上官婉儿才华横溢，“琰丽可观”，武则天慕名召其入宫，置身左右，有职有权，甚为宠用。“令内掌诏命文书，外接群臣奏议”；后来因忤旨当诛，“后惜其才，止黥而不杀也”②。武则天保护直言进谏、刚正不阿的朝臣，时称狄仁杰“好面引廷争”，武则天“每屈意从之”，并说他“出移节传，播良守之风；入践台阁，得名臣之体”③。后来酷吏多次诬告，武承嗣亦屡请诛之，武则天坚决反对：“朕好生恶

①《旧唐书·唐休璟传》。
②《新唐书·上官婉儿传》。
③《新唐书·张说传》。

杀，志在恤刑，涣汗已行，不可更返”，引狄仁杰为一代“君明臣贤的知己”①。骆宾王参与徐敬业扬州叛乱，曾撰《讨武氏檄》，咒骂武则天为“虺蜴为心，豺狼成性，近狎邪僻，残害忠良……”武则天读后，说：“宰相安得失此人。”表现了一个女政治家爱才、惜才的宽阔胸怀和磊落气度。

武则天聪明智慧、苦斗精神，及其一生坎坷曲折的奋斗经历，所形成的理念和精神，丰富了她的人才思想；她的出色人才思想和用人政策，也丰富发展了封建时代的人才理论和人才政策，使她实现攀登女皇宝座的最终目标，而且更为她一生治国理政，少犯过失和错误。她敢于承认错误，改正错误，及时调整方针、政策、战略、开拓创新，不断前进，终于赢得了封建社会不少男性也难以企及的历史业绩。

①《新唐书·狄仁杰传》。

武则天称帝和科举殿试选士制度的改革

贞观十一年(637),妩媚娇艳的十四岁少女武则天,“召入太宗后宫为才人”,655年被立为皇后,“因高宗苦风眩,表奏时令皇后详决”,参与朝政,形成“二圣格局”。690年武后“革命”称帝,执掌中枢大权,前后控制大唐政局将近半个世纪。武则天以一个女人的身份,君临天下,步履艰难地跨过了士庶、才人、嫔妃、皇后、皇太后和皇帝的六大社会台阶,终于完成了她作为我国历史上唯一女皇帝的传奇人生旅程。她审时度势,以出色政治家的卓识和才干,乘风破浪,跃登政治舞台中心,奋力自强,不折不挠,以坚强的毅力开辟出“政宏贞观,治启开元”的局面。当然,她的成功颇得之于唐初经济的迅猛发展,社会风尚的开放,庶族地主力量上升的历史趋势,贞观“以文治国”的熏陶与启迪;但最主要还是她的难得的卓识才华。在男性封建社会,政敌众多,斗争残酷的困境中,千古唯一的女皇帝,被迫地不断采取比男性皇帝都无情且难以想象的斗争政略,大造舆论,开拓创新,广收人才,在唐太宗贞观治世之后,开创了经济持续发展、国力比较强大、文化教育相当发达的武周王朝。武则天确为我国中世纪封建社会中很不寻常的一个政治家。

武则天在政治、经济、军事、文化诸方面进行卓有成效的改革和创新,别开武周政权一派新的景象,赢得了史家“政宏贞观、治启开元”的高度评价。这些令人瞩目的改革和创新,对武则天夺权称帝产生极大作用,对唐一代政治、经济、文化和社会风尚产生重大影响;而又突出反映了武则天施政治国的卓识才华,品格风貌,以及文化素养等诸多特色的,当推她一手倡导和推行的科举制度中的一系列选拔人才的革新政策和措施。诚如她在永昌元年下诏所云:“朕以薄德,思欲追逸轨于上皇,拯群生于季俗、澄原正本,式启维新”,“设官分职用力于人,名实相遍,自古称雄”,这是武则天作为我国唯一且成功的女皇,控制初唐政局四五十年的真谛所在。

她针对形势，改革创新，别开武周政权的“革命”政局，主要通过下列政策、措施：一是革新科举、扩大选仕阶层，提拔新人；二是提倡文治、改革政制，开创新的政治局面和社会风尚；三是任用廉官，甚至酷吏，推行高压刑政，全面击杀所有政敌，稳定政局，期盼在男性为主体的社会中确立女皇宝座和新政武周政权。而关联三者因果，保证实行武周“革命”，建立武周政权，并取得实效的，是大力提倡科举、推行科举的一系列政策和措施。

科举制度是我国封建王朝笼络士人，选拔官吏的重要制度，在治理天下、巩固政权、发展经济、富强国家的整个历史进程中，具有举足轻重的作用。科举萌芽于南北朝，创制于隋，健全于唐，一直延续到明清。唐初科举制度已颇发达，省试的科目就有六科：秀才、明经、进士、明法、明书、明算。高祖武德五年“诸州共贡明经 134 人，秀才 6 人，俊士 39 人，进士 30 人”。其后地方岁贡“常不减八九百人”。① 唐太宗未即位之前，就广招文人学士进入秦王府，建文学馆、弘文馆，既讲学又读书，又议论时政。十八学士就是他的智囊团，也是贞观宰相政事堂的主要班底。唐太宗登上皇帝宝座，励精图治，推行文人政治，大量吸收人才，科举制度得到较大发展。贞观年间，偃革兴文，以文治国，提拔一批以“学识优长，兼识政体”者为御史大夫、六部大臣及宰相。同时，又在天下精选儒士，“令诣京师者擢以不次”。他自己也说：“朕年十八便带兵，二十定天下，二十九为天子，少从戎旅，不暇读书。贞观以来，手不释卷，知风化之本，见政理之原，行之数年，天下大治。”可见，他把读书习文繁荣学术文化，提高到施政治国的高度。太宗在位期间，由科举入仕者已有 224 人。所以李牧说：“国朝自房、梁已降，有大功立节者，率多科第人也。”但不少也是“闻其嘉声”而用之的②，宰相褚遂良说：“陛下闻其嘉声，悉用之。并有清廉干用，为众所望，大唐得人，于斯为美。”③有所谓“太宗皇帝真长策，赚得英雄尽白头”。

武则天作为唐太宗的文职才人，太宗治国施政的卓识才干、为人品格风范，对她的影响自不待言；贞观一代治国以文和勤政廉洁的吏治风尚，对年少武则天的思想有潜移默化的作用。所以，到武则天当政时，一是出于紧迫的内政形

---

①《唐摭言》卷 15《杂记》。

②《登科记考》卷 28。

③《新唐书·褚遂良传》。

势，朝内朝外一片哗然，尤其太宗旧班底关陇集团为代表的长孙无忌皇族集团和三省官僚褚遂良等的强硬反对。二是对来自封建男性社会为主体的传统社会风尚、社会心理及价值观念的强列反对，必须进行政治和文化改革。三是武则天要夺权称帝，建立武周王朝，必须广收贤才、扩大政治力量和社会基础，亦要大开科举之门，“引仁智文武之臣，同其心体”。她一方面创设北门禁中学士制度，竭力破格提拔在职的一批下级文吏；另一方面“大搜遗逸四方之士，应制者向万人”，使一批有卓识才华的文人学士进入宫闱。武则天通过各种政策、途径，大量选拔和任用人才。垂拱元年(685)五月，“制内外九品以上及百姓咸令自荐”，打破人才需要官员举荐的历史记录。甚至规定“虽农夫樵人，皆得召见……所言或称者，则不次除官，无实者不问”。由此进入为御史、评事、拾遗不可胜数，不少还为一代英杰、安邦定国的将相。据万绳楠《武则天与进士新阶层》一文说：“高祖时进士 26 人，太宗时 205 人，高宗武后时 1297 人。”如果从永徽六年武氏立为皇后，高宗委政于武后算起，至武后卒年为止，“录取进士为官者就有 1157 人”，此数为高祖进士的 44.5 倍，太宗进士的 5.6 倍。更重要的是武后时扩大科举规模和入仕人数，由皇帝亲自出面主持制举和殿试，提高科举取士的声望，吸引更多士人应试。显庆四年(659)她和高宗“亲策试举人者，凡九百人”，这是两圣殿试的开始。当时应试人数之多、规模之大、场面之壮观、试题之丰富、入仕授勋之荣耀光彩，确为我国文化史上“盛大之节目也”！武则天就是通过这些措施提拔一批批普通庶族地主，以至出自各地民间的士人进入统治机构，并使其中一部分和皇帝直接见面，擢为要职，权据要津，参与朝政，议定国事，成为武则天夺权称帝的亲信和心腹，组成武周政权的统治班底，为完成武则天的武周革命，献计献策，竭尽全力。这是武后一生帝业成功的政治和组织保证。

制举和殿试的创立，这是我国科举史上的一件大事。制举是由皇帝亲自主持的考试；殿试则是皇帝亲自在殿廷上向贡士发问提策的考试。制举最早见于高宗显庆三年二月，史载：“志烈秋霜科，韩思彦及弟。”由高宗武后“亲策”应为显庆四年(659)，武则天亲自主持的殿试，较为确切的记载是天授元年(689)十二月：“太后策贡士于洛城殿，(贡士)殿试自此始。”①长期来由于封建史家对武则天的偏见，不少史籍隐晦刊削，疏于记述。因此对于武周时期的科举(制举、

①《资治通鉴》卷 204。

殿试)的实际情况,史载过于简略。但从《唐书》、《资治通鉴》、《朝野佥载》、《太平御览》、《文苑英华》、《大唐新语》、《隋唐嘉话》、《唐摭言》、《登科录》等史志典录中,仍可窥见当时科举的政策、制度、科目、考试内容以及文人学士的议政和武则天殿廷对策议评的诸多精彩场面和情况。

综合《唐书》、《唐会要》等有关史籍记载,武后时期的科举考试一般是在二月开始,制举、殿试时间是不等的,科目和科第也是多种多样的。今引《唐会要·论选·论限》为例:"载初元年二月,试贡人于洛城殿前,数日方毕。""垂拱四年十二月……辞标文苑科。""永昌元年正月……蓄文藻之思科。""长寿三年四月……临难不顾殉节宁邦科。"①还有文艺优长科、理选拔萃科等。由皇帝主持的制举、殿试规模宏大,人数极多,使当时文场呈现出旷古未有的盛况。《大唐新语》称"应制者向万人","四方选集,群才辐辏,操斧伐柯,求之不远……博采明试,朕亲择焉"。至于制举的试题、殿试的策问,多半涉及政治、经济、文化、军事等各个方面。最明显特色是:取题社会、联系政治,不少还是当时社会的重点、焦点议题,主要目标是服务于武周政权。当时文举一般放在洛城殿,武举放在武成殿。永昌元年下了一道焕然一新的制举的诏书:

> 上之临下,道莫贵于求贤;臣之事君,功岂逾于进善。所以允凝庶绩,式静群方,成大厦之凌云,济巨川之沃日。故周称多士,著美风谣;汉号得人,重芳竹素。历观前代,罔不由兹。朕虽宵分辍寝,日旰忘食,勉思政术,不惮苟劳。而九域之至广,岂一人之独化,必伫材能,共成羽翼……所以屡回旌帛,频遣搜扬,推荐之道相寻,而虚伫之怀未惬。永言于此,寤寐以之。宜令文武官五品以上,各举所知。其有梁栋之材,可以丹青神化;蕴韬铃之略,可以振耀天威;资道德之方,可以奖训风俗……蓄文藻之思,可以方驾词人;守贞亮之节,可以直言无隐;履清白之操,可以守职不渝;凡此八科,实该三道,取人以器,求才务适。所司乃具为限程,副朕意焉。②

说明科举的宗旨就是广收贤才,以达到修身、齐家、治国平天下的目标。到了天册元年(695)下诏科举的殿试,一切为了武周革命,服务武周政权。其

①《唐会要》卷76《贡举·制科举》。

②《文苑英华》卷482。

文曰："朕励精思化，侧席求贤，……必使草泽无遗，方员曲尽……改弦易调，革故鼎新，载想缉熙之崇，式伫清通之效。"①诚如赵文润、王双怀先生在《武则天评传》中所说，"武则天通过完善的科举制度，创立殿试等一系列有力措施，正值'革命'前夜，其所策向，无疑侧重于'革命'的问题"，从而取得国内"地主阶级各阶层，尤其分布在全国各地普通地主（中小地主）——主要是庶族地主的支持"。

此外在考试策问过程中还有许多规定，如神功初年，贡士对于"选司抑塞者，不须清不理状，任经御史台论告"。尤甚者，"乃于省门选人决三才，乃殿六选"。② 对于贡士违反纪律，"三试三注唱不到者，不在诠试重注之列。其过门下三引，不过者，亦不更注之限"，看来考试的组织纪律是比较严格的。

制举和殿试的内容，有文有武，涉及社会各个方面。大者涉及国家大政的革故鼎新，小者有关文藻辞丽的研究。如永隆元年的岳牧举充分展示武则天和文士对策中的才识水平：

> 上御武成殿，亲问曰："兵书云天阵、地阵、人阵各何谓也？"半千对曰："臣观载籍，多谓天阵，谓星辰孤虚也。地阵，谓山川向背也。人阵，谓偏伍弥缝也。以臣愚见，谓不然也。夫师出以义，有若时雨，得天之时，此天阵也。兵在足食，且耕且战，得地之利，此地阵也。士卒轻利，将帅和睦，此人阵也。若谓兵者，使三者去矣，其何以战。"上深赏之。③

再如嗣圣元年的策词标文苑科问：

> 朕闻北辰端扆，伫众彦以经帮。南面居尊，俟群材而纬俗。是知九官分职，薰风之咏载敷；八元匡朝，就日之规方远……洎乎淳风陵替，雅道湮沉，仕必因基，官非材进。官虽备职，位非得人。遂使七辅之材，销声于岩穴；六佐之彦，晦迹于邱园……今欲革因循之弊，蹑稽古之踪，此志虽勤，其途未遂。为是旌贲爽于前代，英杰寡于今晨，伫尔昌言，朕将亲览。④

---

①《唐会要》卷 74《贡举·论选事》。
②《唐会要》卷 76《贡举·制科举》。
③《唐会要》卷 76《贡举·制科举》。
④《文苑英华》卷 481。

又如永昌元年策贤良方正科问：

> 朕闻体国经野，取则于天文；设官分职，用力于人纪。名实相遍，自古称雄；则哲以方，深所不易。朕以薄德，谬荷昌国，俾用材委能，匀失其序，以事效力，多得所长。至于考课之方，犹迷于去取；黜陟之义，尚惑于古今。未知何帝之法制可遵，何代之沿革可衷？此虽浅束帛，每贲于邱园；翘翘错薪，未获于英楚；并何方启塞，以致于兹？伫尔深谋，朕将亲览。①

长安二年，武则天还开创了武举制度。《唐六典》载："武举以七等阅其人。"其内容为："射长垛、骑射、马枪、步射、才貌、言语与举重。"可见武周时期武举要求严格，即使武臣，也要具有一定的文略。武则天通过文举、制举、武举，选拔了大批人才，不仅为其临朝称帝培植了文武大臣，也为其成功地治国施政，作出了政治和组织的保证。

从上述三例的科问对策，无论是文举、制举还是武举，涉及的大多是国家大事、社会要事和当前急事，所谓"澄原正本，正启维新"，"体国经野，拯群生于季俗"。对策期间，可以力抒己见，各展其长。不少史家都以为武则天专权好杀，其实不然。她对付她的政敌确实是残忍的，至于对她的贡士大臣，看来还是比较宽容、比较自由的，尤为值得赞叹的是在"以文治国"方针下，提出以文辞华章取士的政策和措施。"自显庆以来，高宗躬不康，而武太后任事，参决大政。太后颇涉文史，好雕虫工艺。永隆中，始以文章取士。及永淳之后，太后君临天下，二十余年，当时公卿百官无不以文章达。因循日久，寖然成风。"我们在员半千的《陈情表》中，不仅可以看出君臣可各抒己见，自谋自炫，而且还可口出狂言。员半千说：

> 陛下何惜玉阶前方寸土，不使臣披露肝胆，抑扬辞翰？请陛下召天下才子三五千人与臣同试策判笺表论，勒字数，定一人在臣先者，陛下斩臣头，粉臣骨，悬于都市，以谢天下才子！

员半千是个才子，又是狂生，武则天不仅没有杀他，而且还说："久闻卿名，谓是古人，不意用在朝列……即日使入阁供奉。""长安中，五迁正议大夫"②。

---

①《文苑英华》卷482。

②《旧唐书·员半千传》。

不少史家认为武则天称帝得到一大批御用文人，如李峤、崔融、宋之问、薛稷等。他们依附新朝，媚附权倖，能写趋时应制的文章。但武周一代，还出现了许多不甘御用、敢言直谏、很有才华、很有节气的文人，如陈子昂、员半千、张鷟、刘知幾、张说、狄仁杰等。张鷟“凡八举，皆登甲科”，时称“天下无双”，他的文章在武周时驰名中外，史称“新罗、日本使臣，必出金宝购其文”。但他“语多讽刺时弊”，“褊躁不持士行”，仍得武后信用。直言直谏的文人陈子昂可为代表人物，他一生短暂，主要仕于武周一朝，他的文章“雅有相如、子云之风骨”，号称“海内文宗”，影响巨大。他曾冒死献书阙下，“臣闻明主不恶切直之言而以纳忠，烈士不惮死亡之涉以直谏。故有非常之策者，必待非常之时；得非常之时者，必待非常之主。然后危言正色，抗义直辞，赴汤镬而不回，至诛夷而无悔”。他曾写过《招谏科》、《谏刑书》，还有《上蜀川安危事》等，指斥当时吏治败坏，百姓蒙冤，生活穷困，言辞极其激烈。他一生虽没有被宠用，为官亦不过麟台正字、右卫胄曹参军、右拾遗。最后因得罪了权贵大官武攸宜，但武则天仍“以父老解官归侍，诏以官供养”，得以善终。

武则天如此重视、热衷于科举，提出文举、武举、制举、殿试，加以实施，并作为她夺权称帝、建立武周政权的最得力措施，一直贯彻始终。这究竟出于什么原因？又取得怎样的效果？

其一，从政治上看，武则天要想建立武周政权，彻底打击阻碍她夺权称帝的各方力量，推行文举、武举、制举、殿试是最有力、最现实的措施。武则天的政敌很多，来自以男性为主体的社会各个方面，力量又强，充斥着中央到地方的各个部门。细分起来主要有唐王朝宗室势力、贞观时期关陇旧臣集团以及一些政治倾向保守的比较正直的官僚，他们居于各级政府的重要部门。当高宗欲立则天为皇后时，朝内就激起一场反武风波，率先是关陇集团高门、母舅长孙无忌同江南大族遗诏辅臣宰相褚遂良竭力反对：“陛下必欲易皇后，伏请妙择天下令族，何必武氏。”[①]随后贞观旧臣后裔徐敬业在扬州起兵讨武，骆宾王为撰《讨武檄文》，称“伪临朝武氏者，人非温顺，地实寒微……试观今日之域中，竟是谁家之天下”，声势极盛，大有不打倒武则天，决不罢手之势。其后著名宰相裴度和握有重兵的名将程务挺借睦州陈硕贞造反之名，要求武后返政。史载：“皇帝年长

---

①《资治通鉴》卷203。

矣，不豫政，故竖子有辞。有复子明辟，贼不讨自解。”①此后，李唐宗室和副宰相刘景先、郭待举等遥相呼应，形成了声势浩大的反武后政治大合唱。如何争取朝内外各阶层、各派别、各地区的地主阶级力量的支持，并形成强有力的舆论力量予以反击，就成了开始参与朝政的武则天的当务之急。

贞观以来兴起的普通庶族地主阶级力量，他们在政治上要有所作为，《通典·选举三》称：“自高宗麟德以来，承平既久，人康俗阜，求进者众，选人渐多。”他们强烈反对官僚贵族们的门阀传统，要用新的文化形式和内容表达他们的思想和感情，而且他们对官僚贵族子弟的荫袭做官、腐化享乐，也表示了大大的不满。高瞻远瞩、政治敏感的武则天，看到了这样的历史趋势，所以在共同政治追求和利益的驱使下，刻不容缓地与他们结合在一起。武则天重修《氏族志》是个好措施，据《旧唐书·武承嗣传附薛怀义传》载：“皇朝得五品者，皆升士流。于是兵卒以军功至五品者，尽于书限，更名为《姓氏录》。”但这毕竟人数有限，难以形成社会潮流，扩大武后称帝的宣传舆论和社会基础。而谋求和一般地主以及平民百姓结合的最好措施，是科举制度中的制举和殿试。借此可广开科举大门，广收贤才，充实中央和地方的各级官僚机构，并且还有可能和武则天在金殿见面，故有“一拍即合”之效。武则天为他们开的路子越宽越广，他们也就越加拥护支持武则天，以取代李唐宗室、贞观旧臣、关陇集团的力量。所以陆贽在《请许台省长官举荐属吏状》中说：

> 则天太后践祚临朝，欲取人心，尤务拔擢。弘委任之意，开汲引之门，进用不疑，求访无倦。非但人得荐士，亦许自举其材。所荐必行，所举辄试……既而课责既严，进退皆速。不肖者旋黜，才能者骤升，是以当代谓知人之明，累朝赖多士之用。②

甚至不惜大开告密之门：“虽农夫樵人，皆得召见，禀于客馆，所言或称者，则不次除官，无实者不问。”③司马光在《资治通鉴》中也说“武后求才贵广，考课贵精”，“弘举百僚，摧鞫狱讼”，其目的就是“摧奸息暴”。赵翼在《廿二史札记》中说得更明白：“则天用人行政之大端，则独握其纲，至老不可摇撼”，“不可谓非女中英主也”。制举、殿试为普通地主（包括贞观旧臣的反对

---

①《旧唐书·裴炎传》。

②《陆宣公集》卷17。

③《旧唐书·长孙无忌传》等。

派)开了大门,进了入仕之门的士人,就成了武则天打击各方政敌,铺设夺权称帝道路最主要的一支前锋力量。最早归附武则天,反击和消灭反武政敌的李义府、许敬宗、王德俭、袁公瑜、崔义玄、李勣等人,就是武则天夺取皇后,形成二圣格局的决定性的支撑力量。如果说六大臣中不都一定来自科举,那么武则天称帝时期,以明经至宰相的十人中,除狄仁杰、李昭德、韦安石为贵族高门子弟,陆元方、唐休璟、崔玄玮三人是中下级官吏子弟,至于杨再思、格补元、杜景俭等四人,父祖无官,均出身寒士。以进士进入宰相的18人中,除宗楚客、李迥秀是高官贵族子弟,李峤是县令子孙,娄师德、苏味道、周允元、吉顼、张柬之等都是平民出身。毋庸讳言,科举的制举、武举、特举和殿试,已成为普通地主阶级和民间寒士进入高层官僚机构的主要来源。故而普通地主的士人,以及平民百姓,云集科场,竞走科举之途,遂形成一种社会风尚。武则天的高瞻远瞩,英明措施,就为她夺权称帝,建立武周王朝铺出宽广的道路。

其二,从组织上看,武则天执着于科举制举和殿试的措施,是为了广揽人才、物色士人,以建立武氏王朝的各级班底。武则天说:“上之临下,道莫贵于求贤。”又说:“欲理国者,亦必资其众贤也。”①武则天以一个女人的身份,压倒群雄,君临天下,在政治、军事、思想等方面都遇到极大困难,特别是武则天孤身一人进入宫闱,没有任何一个强大政治集团可以依仗,要想战胜强大的政敌绝非易事。采取门阀荫袭制度不行,选用和提拔官僚、贵族子弟也不行,因为他们不仅不会帮助武则天,而且还是她夺权称帝的最坚决、最危险的反对者。因此,武则天不惜推行高压刑政,利用告密、酷吏等手段,酷杀反对者。她一生杀了唐代宗室贵族近千人、大臣上百家,还逼杀反对她的几个儿子。她先逼死长子李弘,废掉次子李贤,将李贤流放巴州后,她又派丘神勣把他杀掉。据说李贤被杀前,曾作《黄台瓜辞》:“种瓜黄台下,瓜熟子离离。一摘使瓜好,再摘会瓜稀。三摘犹尚可,四摘抱梦归。”武则天杀人太多,不能解决问题,杀了各级官吏要补充,且自己深居宫中,纵有“经邦济国”大志,但终不能“独理天下,遍览神州”。因此,只有通过科举的制举、特举、武举和殿试,才能从根本上解决夺权称帝过程中所碰到的一切困难和艰险,实现建立武周政权的目标。

其三,武则天也是爱才、惜才,又能善用人才的政治家,这是史家众口一辞

---

①《全唐文》卷96《明堂灾手诏》。

的赞誉，毋需赘述。不少史家还认为开元盛世的许多著名宰臣，也都是武则天赏识培植出来的，这也毋庸多言。这里我们要特别强调的是武则天广集人才，用贤不疑，虚心纳谏，保护直臣。武则天多次下旨："遣内外文武百官九品以上，各上封事，极言正义，无有所隐。"①希望各级官吏"以成吾直臣之气"。"得人才者得天下"，"士心得，则天下得矣！"我们认为武则天所以能够控制大唐政权半个世纪，成为名副其实的女皇帝，得之于她的知人善任，广收人才。所谓"广收"，就是通过科举制的制举、武举、殿试物色人才；"善任"，就是在施政治国，特别是夺权称帝的生死搏斗中使用人才，锻炼和考验人才。武则天在剧烈残酷的夺权称帝的过程中，取得成功，这是最关键的因素和条件。

我们说武则天一生成功，在于知人善任，广收人才。从广义上说，一是时机，武则天多少清醒而敏感地看到，从贞观之治步向开元盛世的历史转折时期，时代需要孕育出更多人才，特别是治国施政的人才。二是现实，普通庶族地主登上历史舞台，人数多，力量大，参政的愿望也更强烈。这是武则天实现夺权称帝愿望的最好的力量。三是制定政策制度，认真坚定、贯彻执行，这是武则天政治智慧的杰出表现。在当时的历史条件下，也只有通过科举的特举、制举和殿试，才能更多地发现人才，引进人才，公平地选拔人才，武则天还不惜强化舆论，严肃取士政制，保证科举又多又快的落实执行。武则天就是通过改革和创新科举制度，赢得了一大批名臣良将，才开辟出"政弘贞观、治启开元"的武周王朝，她自己也成为我国历史上有才华的女皇帝。

其四，武则天所以热衷于科举制的特举、制举和殿试等措施，是和她的政治思想、文化素质、个性品格以及兴趣爱好也有密切关系。武则天出生在一个木材大商的家庭里，父亲武士彟因助李渊起兵有功，表封应国公。母亲杨氏出身关中军事贵族大家，能诗善画，熟悉经史诗文，武则天从小受到良好的教育和熏陶。赵文润、王双怀先生在《武则天年谱》中说她 6 岁"随父母在利州读书习礼"，7 岁"随母学艺"，9 岁"在江陵继续学习仪礼诗书"，10 岁"在江陵学习史书颇有长进"。无怪乎本传说武后"自少颇涉文史"。武则天 14 岁进宫，虽然人生中有一段最美好的青春年华，虚度于深宫后院，但武则天依然读书、写字、吟诗，而且有机会阅读宫内的史书典籍，使她开始熟悉上流社会，提高自己文化素养。更重要的是她生活在太宗身边，耳濡目染，势所必然地也受到贞观年间"以文治

①《全唐文》卷 96《明堂灾手诏》。

国”的影响。

武则天参与朝政前后，也极重视文治。她召集诸儒著书立说，称帝之后，更重视振兴文化。武周一朝的大手笔崔融在《则天哀旧文》中说武后：

> 洸洸我君，四海气氛，英才远略，鸿业大勋。雷霆英武，昌旺其文，制礼话乐，返朴还淳。四海慕化，九夷禀朔。①

武则天重视经学、史学、文学、天文学，爱好书法、绘画、诗歌。《通志·选举三》说武则天“君临天下二十余年，当时公卿百官，无不以文章达。因循日久，寝以成风”。武则天对经学有相当造诣，因为她重视科举，明经要贴经，经学是科举的重要内容之一。武则天也重视修史，她曾组织文人学士修成多达100卷的《高宗实录》。武周一朝还产生了有如刘知幾、徐坚、吴兢等一大批史学家，《贞观政要》、《史通》都是我国历史上杰出的史学著作。以后有王彦威《唐典》，柳芳《国史》，崔龟《续唐历》。武则天当政时期，涌现了李峤、苏味道、杜审言、沈佺期、杨炯、卢照邻、陈子昂等著名诗人，此外，韦承庆、刘允济、陈子昂、卢藏用、员半千、张鷟等都以文章著称于唐。《旧唐书》称：“高宗、天后，尤重详延。天子赋横汾之诗，臣下继相梁之奏。巍巍济济，辉烁古今。”武则天在科举的制举、特举中特别强调经学、史学，也重视科技数学，后李淳风奉命审定历代数学著作，作为国子监数学馆教科书，此外还有《周髀算经》、《九章算术》、《海岛算经》、《孙子算经》、《五曹算经》、《夏侯阳算经》、《张丘建算经》、《五经》、《缀术》、《辑古算经》、《算经十书》等，科举考试通过者可由吏部录用。武后亲定进士科以诗赋取士，自己又带头赋诗，因此朝廷内外，赋诗成风。

总之，唐代科举重帖经，更重策论、辞章赋诗，这和武则天一生爱好不谋而合。而策论、辞赋更为武则天谋政治国、繁荣文化的有力武器。故能倡导演化，推进文治。她把普通地主阶级的子弟，以及平民百姓，引进中央地方各级学校，读书习文，通过科举制的制举、特举、殿试等多种制度，提高他们参政议政水平，然后提拔他们入仕，参与朝政。这样国内出现了“广开庠序，大敦学校，服膺训典，尊尚师儒……四海之内，靡然成风”的文治局面。根本改变了贞观以来三省六部的班底，逐步形成了武周王朝新的统治格局，使新兴的地主阶级也通过武则天夺权称帝，逐步地占领和活跃于大唐政治舞台。

---

①《资治通鉴》卷206。

唐玄宗杨贵妃的开元盛世及其社会悲剧

公元712年，皇子李隆基筹谋策划，联合中枢机要朝臣，率总监羽林兵、左万骑、右万骑、梓宫宿卫，发动政变，颇经艰险，史称“是时，宰相多太平公主之党”。李隆基英武果断地诛杀了临朝称制、擅权用事的韦后、安乐公主，尤其是太平公主，终于平息了中宗、睿宗二朝内廷黑暗动乱，登上皇帝宝座，这就是唐玄宗，称“大圣大明皇帝”。玄宗即位之初，俨然是中兴之君，励精图治，任用贤相，整顿纲纪，发展经济，节省民力，开源节流；对西北、西南等少数民族，如突厥、吐蕃、回纥、南诏采取和亲笼络与人文交流政策；并派出使臣和日本、新罗、波斯、锡兰、大秦辑睦邦交；国泰民安，四夷自宁，天下大理，而为名称中外的大唐盛世。《唐书·玄宗纪》赞曰：

> 开元之有天下，纠之以典刑，明之以礼乐，爱之以慈俭，律之以轨仪，黜前朝徼倖之臣，杜其奸也；禁后庭珠翠之玩，戒其奢也；禁女乐而出宫嫔，明其教也。

于时“烽燧不惊，华戎同轨。西蕃君长，越绳桥而竞款玉关，北狄酋渠，捐毳幕而争趋雁塞。垂髫之倪，皆知礼让；戴白之老，不识兵戈。贞观之风，一朝复振，康哉之颂，溢于八紘”①。

开元之盛，史家虽有夸饰，但当时社会所呈现繁荣兴盛之景观，尤以唐玄宗和杨贵妃倾国恋情所衬托出的繁华太平、山河共庆的开元盛世，都应是事实。两京奢丽繁荣，华清池内轻歌曼舞，举国封禅泰山，中外各国使节共庆升平中华；还有百姓家给人足、天下物资、府库充溢。作为这一盛世的代表杨贵妃家

①《新唐书》卷5《玄宗皇帝》。

族，达到了历史上权势、财富、奢丽，以至精神文化，如歌舞、戏曲、音乐等享受的最高点：杨国忠擢居相位，身兼四十余职，兄弟子侄，高官驸马百余人，三个姐姐皆封为国朝夫人，“每为请托，中外承迈”，“四方赂遗，其门如市”，“铨选官吏，暗定私第”，“豪贵雄盛，无如杨氏之比也”。《唐书·食货志》称：“天下岁入之物，租钱二百余万缗、粟千九百八十余万斛，庸调绢七百四十万匹，布千三百三十五万端”，东都“米斗十钱”，州县“仓库聚积粟帛，动以万计”①。“东至宋汴，西至岐州，夹路列店肆待客，酒馔丰溢、每店皆有驴赁客乘，倏忽数十里谓之驿驴。南指荆襄，北至太原、范阳，西至蜀川、凉府，皆有店肆以供商旅”②。唐人郑启说：“河清海晏，物殷俗阜，左右库藏，财物山积，四方丰稔，百姓殷富，路不拾遗，行不赍粮。”③诗人杜甫在《忆昔》一诗：

> 忆昔开元全盛日，小邑犹藏万家室。稻米流脂粟米白，公私仓廪俱丰实。九州道路无豺狼，远行不劳吉日出。齐纨鲁缟车班班，男耕女织不相失。

开元确是我国中世封建时代罕见盛世，也是当时统治者地主阶级千载难逢的人间乐园。

玄宗是半明半暗的一代君主，开元盛世也是半明半暗的封建盛世。玄宗执政的前二十年，君臣协力同心，励精图治，缔造了大唐百年难逢盛世，以至成为中世封建社会黄金时代。首先得之太宗、高宗、武后三代的近百年政治不断革新和经济发展，奠定坚实的基业。其次是玄宗之初，推进改革创新，执行华戎同轨、发展生产、积聚财物等重要政策措施；特别是任用贤相，精选官吏，裁汰冗官，改革弊政，因此，官府衙门都呈现出朝气蓬勃、不断进取的精神面貌与图治景象，全面推进了经济、政治、文化发展。玄宗出自皇族，得之宫廷政变，没有如李世民一样经历错综复杂的自下而上的政治斗争、农民起义、社会风暴的洗礼，一旦得之天生丽质，思想、生活习性相契，而又通晓音律善于歌舞的杨贵妃，旋而“怠于政事”，贪求骄奢；再则，奸相李林甫、杨国忠掌权，中枢混乱，吏治败坏，天下户口逃亡，阶级矛盾尖锐，大唐急转而为安史之变。开元盛世成为我国封建历史中盛衰急转，治乱骤替，最为典型样板，自然引发政治家、思想家、史学家

---

①《新唐书》卷51《食货志》。

②《通典》卷7《食货》。

③《权载之文集》卷11《杜公淮南遗爱碑铭长序》。

高度关注,成为饶有兴味的重大历史议题。

第一,开元盛世之初,名相治政,堪为一代风流。作为封建社会黄金时代,其特点是政治比较清明,经济高度发展。玄宗初期力主改革,引进名臣贤相,关注民生,政风廉洁,尤对财政、文化,以及内宫改革,有出色的政绩,堪称明君。一方面进一步发展和提升庶族和中小地主阶层日益增长的政治和经济的利益,中央和地方不断引进人才;另一方面适应正在兴起的以大皇族、大官僚、大地主、大商人,包括新起的庄园大地主、寺院大地主的政治、经济欲望,因此,双管并进,社会极其繁荣昌盛,也促使封建地主大土地所有制经济的畸形快速发展,虽然,土地集中和财富兼并达到了中世社会的顶峰,社会面貌极其繁荣奢华,但贫富日益悬殊。

玄宗初政的特点,所任宰相极多,如姚崇、宋璟、卢怀慎、韩休、张九龄等都是名闻一代的宰辅,史家对他们都有不同寻常的赞誉,姚崇身居相职,颇精章法,为民而不为己,以至无固定居第,史称:"崇第赊僻,因近舍客庐。"卢怀慎居相"清俭而不营产业,服器无金玉文绮之饰。所得禄昜,皆随时分散,家无遗蓄,故妻子贫匮"。韩休为相峭绠正直,"方宜不务进趋,天下翕然宜之",宋璟赞其有"仁者之勇也"。张九龄犯颜直谏,刑赏无私,史称:"九龄有才鉴,以士修素行,不为徼倖,号称详平。"①这些辅臣,各有特色,持政以民为本,廉洁、清明,自持、自强,政策制度改革、创新,大有实效;且宰辅又善于提拔有卓识、才干的士人,新陈代谢,佐佑王化,"天下乃藉以大安",堪称我国封建时代宰辅政治之楷模。

玄宗亦有太宗气度,"美风俗,成教化",初定儒学为"王化之本",提出"重学尊儒,弘我王化,兴贤造士,在乎儒术"。他敞开谏诤,广拓言路,集思广益,群策群力,展示较贞观时期更为清廉、勤政、自强又有不断进取的政风。他说:"朕君临宇内,内修睦亲,子育黎元,外协庶政,以济兆人。近代以来,其行奢靡,迭相仿效,浸成风俗,既竭家产,多至凋弊","朕每欲正身率下,何敢私之下令王公大臣、不得聚敛金银珠玉、织绫锦绣,违者重罚"。由开元元年至五年先后发布中枢、后宫、各部、司、监、署,简政节俭等十多件法令,"永以为法,当传无穷,固守典礼,垂法将来"。司马光评曰:

> 玄宗以风俗侈靡,金银器玩,皆令有司销毁,以供国用,其珠玉锦

①《新唐书》卷126《张九龄传》。

> 绣,悉焚于殿前。明皇之始欲为治,能自刻励节俭如此,可不慎哉。①

继后还大革奸滥,节省财力,停废闲、散诸司、监、署十余所,“十去其九”。终使武后、中宗以来,一个时间的中枢混乱,地方吏治败坏,为之肃然一新。

玄宗之初,提倡儒学,普建孔庙,对迷信佛教,大造佛寺有所抑制;对新贵强族,权争利夺,兼并土地有所打击;对富户虚以出家为僧,逃避租庸赋役等社会严重时弊,进行严厉的惩处。宰相姚崇向玄宗提出十条建议,如广开言路,引进人才,抑制宦官和无能的皇亲国戚掌权、竞夺财富;废除苛捐杂税,官府行法决不袒护亲近;不许广建寺院,严防边将徼功;主张用人唯贤、刑赏得当,决不起用献媚小人等等,都付诸实行。姚崇亲自参加清查隐匿僧民工作,当即“检责天下僧民以伪滥三万余人”,勒令还俗;并禁止百官与僧尼、道士的交往,私占田园、豪宅,一一予以执行。姚崇还和宋璟一起抨击佛道迷信坑害人民,推进农田生产。715 年山东蝗虫大起,“百姓皆烧香礼拜,设祭祈恩,眼看食苗,手不敢近”。汴州刺史倪若水,既不率民治蝗,还佯称:“蝗是天灾,自宜修德”,昏聩的朝官“喧议不决,皆以驱蝗为不便”。姚、宋力罢众议,指出:“蝗虫极盛,驱除可得,若其纵食,所在皆空,救人杀虫,右系国之安危”;指斥昏愦官吏为“庸于执文,不识通变”。姚崇亲自参加灭蝗,结果“蝗灾因此亦渐止息”。姚崇借此还撰文破除佛教迷信:“是为苍生之大弊,损众生之不足,厚豪僧之有余;抄经写像,是破业倾家,施身而无所吝,可谓大惑”;又说:“生前易知,尚觉无应,身后难究,谁见为证”②。丞相双双出面,制定政策措施,指斥佛道迷信、邪教害民,亦可为“历史上宰辅治政之罕见者”,极大地抑制了正在恶性发展的大地主和大寺院主的猖獗和伴随而来的封建迷信,社会风气为之一振。

开元盛世,人才辈出,宰辅为政出色,堪可与我国历史上汉武、贞观时期相比。有清贞廉洁、开拓革新的姚崇、宋璟,张九龄、卢怀慎者;为政干练、理财著称的刘晏、刘秩、崔融、裴耀卿、宇文融、王珙、韦坚者;“佐佑王化,擢引人才”的张说、苏颋、魏知古等;还有勤于吏政,又文韬武略兼备的一代名将郭元振、张嘉贞、李光弼等。至于文史大家如李白、贺知章、王昌龄、杜甫、吴兢、王维、孟浩然等可谓比比皆是。王夫之在《读通鉴论》中赞云:

---

①《资治通鉴》卷 271《玄宗开元元年》等。

②《新唐书》卷 124《姚崇·宋璟传》。

> 唐多才臣，而清贞者不少概见。唯开元之世，以清贞位宰相者三，宋璟清自劲，张九龄清而和，卢怀慎清而慎，劲者自强，慎者自持，和者不流，卓然立于有唐三百年之中，天下乃藉以大安！[①]

开元初期宰辅对于用人制度的改革，堪称“清流尚品，名称海内”。我国历史上最难整治的是冗官冗政，尤以职官制度，无论质量、数量上都有重大的厘正、改革和调整。武后、中宗时期广置官员，不可胜计，尤其滥杂。开元限定内外文武官吏总数为18805人，又精选吏员，废除陋规，不拘一格；科举开放，广泛吸收各阶级、各阶层，尤以下层庶族人士得以各展其长。入仕透明，如姚崇、张说、张九龄、牛仙客、李泌等皆出自州、县司户、参军等小吏，而后入相；不分出身、民族、资历、地域，以至商贾、杂户、奴婢等有真才实学者，皆可参与，并使少数民族和外国人也来朝廷任职。日本人阿倍仲麻吕和藤原清，新罗人崔志远等“由慕中国之风，为之不去”，参与科举，或任职于朝廷，有的科举及第后，再为“岁贡进士”，成为左补阙、秘书监、侍御史，如崔志远为“侍读兼翰林学士，在两京名声极佳”。716年，唐玄宗亲自“召新授县官于殿庭策试”，对于“考入下第者”，回归乡学田里；吏部选官不当者，“加以贬斥而罢”。[②] 皇帝聚集各地县令进行庭策，并予以当即处置，有力地抑止凭靠裙带进入各级政府的冗员滥吏，这无疑是历史上一次出色的官场改革。为宰相者如宋璟等迭相仿效，不徇私情，表叔宋元超自呈与璟是亲属，企求得官，宋璟关照吏部“绝不予官职”。张九龄对试拔萃选应举及官者，非常严格，革除了十多通过裙带关系入仕的举士，他说“官爵者，天下之公器，清流高品，应得望为先”，只有“公审筹之，方无贻后患也”[③]。史家王夫之誉为：

> 伟矣！清节不染于浊流，高蹈而不伤于钳网，薰蒸海内，物望之归。为杨震、包拯、鲁宗道、海瑞也！

第二，经济方面，开元也有一些出色的改革，取得生产发展、文化繁荣，为天下升平的盛世打下物质基础。经济政策和措施很有特色的是节俭戒奢，从皇家和中枢做起，《本纪》载，玄宗登上皇位的前五年，开元“元年正月，皇后亲蚕，后宫思慕之”，此后下令“减膳彻乐”、“停诸陵供奉鹰犬”、“焚锦绣珠玉于前殿”、

---

①王夫之：《读通鉴论》、《唐纪》。

②王夫之：《读通鉴论》、《唐纪》。

③《新唐书》卷126《张九龄传》。

“禁女乐、废织锦坊”、“素服、禁丝缕器玩”等不下十余次，这是我国皇帝严禁皇家奢侈浪费并不多见的政令和措施。

玄宗最重农业、农田、水利。水利是农业的命脉，兴修水利是发展农业的最根本措施。开元年间，玄宗亲自规划督办全国各地许多大型的水利工程十余项，从开元二年至开元二十五年，共建水利工程达四十多处；唐玄宗执政四十五年中，光中原共建五十六处；全国二百八十多处，相当于唐朝近三百年总数的20%以上。① 对于农业生产、漕运都产生相当积极作用。如华县罗文渠、大荔通灵陂、蓟州山河孤山陂、蔡州玉梁渠、文水甘泉渠、鄞县小江湖渠都是当时著名工程。如华县罗文渠，“排汇山洪，以利漕运”，“又引山谷水，灌溉农田”。鄞县小江湖，灌田八百顷，对于整个明州农业开发起了决定性的作用。姜师度在陕甘任职期间，组织农民开发河西、朝邑两县的道灵陂，并引黄河水灌溉农田二十万亩，唐玄宗特封“金紫光禄大夫”勋衔，赐帛三千匹。玄宗为照顾山区、边塞贫苦农民，对于荒废田地又私自征收赋役的官吏予以严惩；并酌情分配缺地农户，推进山区和边塞垦辟，使之安居乐业。严惩官吏贪污聚敛土地和财货，较著者如刺史裴景先贪得五千缗绢，玄宗把他处死。玄宗御弟薛王李业的舅父王仙童，“强夺民田，侵暴百姓”也依法惩办，史称“于时贵戚束手”。

颇具特色而又有一定成效的是开元期间组织兵、民扩充屯田。屯田分内地和边区两部分，其主要是解决军粮，安顿农户，发展农业生产，使边境安宁。屯田除士兵外，还有流散农民，也有是内地贫困百姓，招抚政策比较优待，效果极好。《资治通鉴》记开元五年宋礼在营州屯田八十多处，即称“数年之间，仓廪充实，市里浸繁”。全国屯田总数 1140 屯，每屯面积 50 顷，共开垦屯田 57000 余顷，相当可观，为唐近三百年的 20%以上。天宝十三年进士元次山，是盛世目睹者，他说“开元天宝之中，耕者益力，四海之内，高山绝壑，耒耜皆满，人家粮储，皆及数岁”②，充分反映劳动人民，不畏艰苦，深入高山绝壑，开垦荒地，勤劳耕作，使粮食增产，人民生活得到相当程度的改善，这是开元盛世难得的亮点。

玄宗取得开元盛世还有一个毁誉参半的重要措施，是集中地进行财税政策、制度等改革，增加财政收入，实行括户括田政策。721 年，玄宗命令宇文融进行括田括户。宇文融奏请“天下户口逃亡，免役多伪滥。宜置劝农判官十人，

①乌廷玉：《隋唐史》，北京人民出版社 1984 年版，第 117 页。

②《通典》卷 7《户口》。

并摄御史，分往天下各地”，结果诸道查获得“客户凡八十余万，田亦称是”，“岁终征得客户钱数百万缗”①，大大增加财政收入。但是，括户括田政策漏洞殊多。一是地方州县府令、地主豪族和佃农判官相互勾结，破坏捡括，庇荫瞒骗，土地户口进入皇庄、田庄和权贵富豪、寺院的庄田。二是王公百官、食封贵族凭借权势从中吞并，引发农民逃亡，使土地“私属”合法化。三是主持括田括户的宇文融、王鉷等也贪污枉法，聚敛钱物。中小自耕农不仅没有得到任何好处，反而丧失土地，或因偿付租庸而破产，造成严重社会危机。

玄宗为了增加国家财政收入，还调整了地税和户税。地税是田地的赋税，户税是按户等级征收货币的实物赋税，这是开元期间正式租庸以外另立的税制，在我国财政史上有开启的意义。唐初户地两税很轻，按国家授田多少收取少量谷物，玄宗时规定地税每年每亩加二升，户税大税三年一次，小税每年一次，并征收部分货币，其中大部分用来解决百官俸钱和外官、邮驿官的月料钱，还充作“诸军州的钱粮”，这对解决地方军户钱粮、百官俸禄是一大笔收入。随着开元后期官吏员额大幅增加，地方借机聚敛，富了封建王朝，增加了百姓负担。开元期间也曾发布命令，抑制食封贵族分割国家租调财税，开元四年，玄宗接受宰相韦嗣立的建议，正式下诏规定减少食封官僚贵族，“诸国请自始封至曾孙者，其封户三分沽一”②；后多次颁行严禁王公百官兼并土地等法令。尔后玄宗奢靡怠政，贯彻执行又多伪滥，结果封户多达万户，诸王公主倍增；他们“活壤名藩，多入侯国，邑收家税，半于天府”，“国家租税，大半落入私门，国家支计不足”。随着李林甫、杨国忠当权，中枢腐败，故税制改革充其量只对中央一时奢靡耗费有利，“岁进羡缗百亿万，为天子私藏”；百姓大害，民生凋敝，所谓“上下征利以中主欲，然国则危矣”。

装点开元繁华盛世，还有一项别开生面的漕运江淮物资以实关中的经济财政政策，美名为完善仓储制，此可为开元盛世华丽的窗口之一。《通典》称当时天下四方，北起荒漠，南及闽广、海南；东起江、浙、鲁，西至昆仑，天下物资“云集两京”。《韦坚传》载：

> 帝为登楼，召群臣临观：坚豫取河、洛、汴、宋、鲁、小斛舟三百首贝宁之潭……每舟署某郡所产暴陈其上。广陵则锦、铜器、官端绫绣，

①《旧唐书》卷105《宇文融传》。

②《新唐书》卷127《韦嗣立传》。

会稽则罗、绫、绕纱，南海玳瑁、象齿、珠琲、沉香；豫章则土瓷饮器、茗铛、釜，宣城空青、石绿，始安蕉葛、蚺胆……船皆首尾相衔接，数十里不绝。

又载，当时天下岁入两京之物，“租钱 200 余万，粟 1980 余万石，庸调 740 余万、匹布 1035 余万端”①。唐史学家韩国磐先生在其专著《隋唐史》中，推定全国户 894709，人口 52919309，除加荫漏户口、全国户口应为 6700 余万人。考定天宝八年全国主要粮仓粮储有 12372214 石，按当时人口 961 万户计算，每户每年国库储粮 12 石多，其中含嘉仓 40 多个粮窖，储粮有 1000 多万石。所以唐书《食货志》、《通典》等史籍云“人家粮储，皆及数岁，大仓委积，陈腐不可较量”，开元盛世，国家粮储富足，社会安定繁荣，达到封建中世纪的最高峰。

第三，开元盛世的另一重要亮点是农业、手工业、商业的发展，开拓中外文化交流，发展经济贸易。开元都市经济发展达到封建中世社会，以至世界历史的高峰。当时的长安、洛阳、扬州、益州等都是名副其实的国际性都市。长安、洛阳城市规模宏伟，皇城、内城、外城、街坊、井邑、作坊布局整齐，人口集聚，有近二百万之多。两京中外文化、经贸、人才交流之盛，传为世界历史佳话。当时大唐和东亚、南亚、西亚，以至北非、东非和东罗马等国家，包括漠北的黠戛斯、碎叶及西域葱岭以西的波斯、花剌子模等国，都有遣唐使者之频繁交往，是世界历史上从来没有过的，堪称中外文化交流史上最伟大瑰丽的节目。一方面当时铜铁、陶瓷、丝织、造船、矿冶、造纸、漆器等重要产业，无论是产品数量、质量、生产技艺，都居世界前列，在国外有极高声誉，深得世界各国的君主、官僚，及一般百姓爱戴和赞赏。唐的铜镜、瓷器、纺织品，尤以唐三彩，闻名世界，视为珍品。罗马皇帝、贵族“喜穿中国锦绣”，妇人打扮爱用中国“锦巾”。史称中亚和阿拉伯商人贩运中国缣素，“以为胡绫、绀绫，数与安息诸胡交市于海中”，而成富贾。另一方面，由于交通运输发展，商业都市星罗棋布，促使世界各国的使节、学者交流文化，开展经营贸易，使中国成为世界文明的中心。东部沿海、长江沿岸和中原内陆如长安、洛阳、扬州、成都、建康、广州、登州，楚州、蓬莱、岐州、荆州、润州、杭州、明州、泉州、温州、台州等，既是国内繁华商业城市，又是国际商品集聚交流的市场和文化交流的舞台和基地。长安、洛阳、扬州、成都、广州、杭州等六大国际性城市，聚集了来自日本、新罗、大食、阿拉伯、波斯、林邑、真腊、诃陵、室

①《通典》卷 7《食货志·历代盛衰户口》。

利物逝和狮子国等各地商人，尤以扬州为最繁华国际都会，史称“广陵富甲天下”。世界各国大商人、大富贾集聚扬州，城内街道宽敞，坊巷林立，夜市千灯，人口喧闹，码头设施齐备，商船鳞次栉比。诗人描写当时扬州：“十里长街市井连，夜市千灯照碧云”，“天下三分明月夜，无奈二分在扬州”。[①] 成都是国内第二大都会，“罗锦之丽，营弦歌舞之多，技巧百工之富，扬为足以侔其半”。又如杭州“东南名郡，咽喉吴越，势雄江海，骈墙二十里，开肆三万室”[②]。进广州的外国船最多，设市舶司，其中以狮子国的为最大，《唐国史补》说“南海外国船，狮子国为大，梯上下数丈，皆积百宝”，盛称“蛮胡贾人，舶交海中，外国之货日至，玉珠宝象、玳瑁奇物，溢于中国”。

商品经济发达，经营金融纸币的柜坊、飞钱等商贸机构也开始在成都、洛阳等地出现，成为世界上最早纸币、柜店之一。并由此产生了专门从事商业的牙人、主人、商栈沽卖的邸店。西安大商人窦义，“造店二十余间，当其要害，日收利数千”。唐政府为刺激商业发展，规定“蕃国入朝，东至高丽，南至真腊、西至波斯吐蕃、北至契丹、突厥、靺鞨，其使应给各依科式”[③]。当时都市里专门建置了商业机构和纳税制度，掌营交易的是市令、市丞等，市丞向商人征收贸易税，市舶使向外商征收船钱，相当今日关税。店、肆、邸、坊，即是交易的商店，又兼存货旅店、居所，“蕃夷和华人，错集其间”，官府从中收税；胡商遍及海内，如有死者，“官营共赀，满三月，无妻子，则没入官”[④]。

商人登上历史舞台，有力地推进都市经济的发展，使我国封建社会发生剧烈变动。一方面商业都市经济发展，冲破封建经济的孤立性和闭塞性，给古老的中国农村和城市带来了新的面貌，使地主阶级内部各阶层和社会结构发生巨大而深刻的历史性变化；并且装点了开元盛世的繁华和富丽，使大唐中国成为世界经济、文化交流中心。另一方面由于建立在封建小农经济基础之上的都市经济，当时主角已为大商人、大富豪、大作坊主，但他们贪富而安于逸乐，并大多来自维持原状的官僚、地主，至于大商人，他们虽和商品经济发生着密切联系，并松弛了封建政权支配，但很难出现和发生社会历史剧变，和正在怠于政事、纵情享受的唐玄宗为代表的最高统治集团导引下，走向历史反面，正如盛放长安

---

①《通典》卷 7《食货志·历代盛衰户口》。

②《权载之文集》卷 11《杜公淮南遗爱碑铭长序》。

③《唐会要》卷 86《关市》。

④《唐会要》卷 100《杂录》。

的昙花和洛阳牡丹一样，并没有使封建经济本质发生改变，反而促使大官僚、大皇族、大地主、大商人更加腐化衰朽。“一丛牡丹繁花奢丽，抵得上百户中等人家交纳的租税，但改变不了开元盛世的昙花一现的政治命运。”十分可惜的是，这一时代强音和历史潮流，湮没为安史之乱。总之，开元盛世都市经济发展，犹如昙花一现，成了点缀皇族、官僚、富商们的奢丽豪华生活梦呓罢了！盛世背后潜藏着深刻的政治和经济危机。如杜甫所云：“朱门酒肉臭，路有冻死骨”，“残杯与冷炙，到处潜悲辛”。

第四，开元盛世最为突出特点就是社会经济朝向畸形的两极分化，小农贫困破产，造就和形成了地主阶级上层大皇族、大官僚、大地主、大商人、大庄园主的罕见奢靡豪富，他们集聚财货，势倾天下，政治经济的贪求到“无有限极”，达到历史的极限，这是中世纪封建时代最为繁华的背后，潜藏着的最为严重的社会危机。唐玄宗、杨贵妃的恋情和杨家的“豪富雄威”成了这一盛世的一幅虚幻的社会衰朽残照。开元现象，葬送了整个盛世前程。这就是玄宗贵妃的奢丽恋情和杨氏家族的豪富雄盛社会悲剧的实质。史家邱濬曰：

> 乱不生于乱。而常生于治之时，危不起于危，而常起于安之时，故人君持其久安而于常治，不思所以制之，保之，于是乱生而乱至矣。

唐玄宗就是这样的君主，他在开元盛世的日子里，以为“天下无复可忧”，不以治乱安危为念，侈心萌动，安于逸乐，怠于政事，聚敛资财，肆意挥霍，生活日益侈靡。开元二十年，他把暂寄道观、能歌善舞、天姿丽质、通晓音律、姿色出众的儿媳杨贵妃请入内宫，自此“后宫佳丽三千人，三千宠爱在一身”，犹如一阵秋风秋雨，拉开了开元盛世的“悲剧”序幕。明皇开始过着“春宵苦短日高起，从此君王不早朝”的生活，“省风九洲，泥金五岳，骊山雪夜，上阳春朝，行同辇，止同室，宴专席，寝专房”。其甚者，杨家叔伯昆弟，姐妹娣嫔“皆列清贵，爵为通侯”。以至于宫内，“三夫人、九嫔、二十七世妇、八十一御妻，暨后宫才人，乐府妓女，无顾盼意”①。唐玄宗不再求谏纳谏，志满意骄，喜逢迎，好谄媚，百官失职，朝廷无贤，由权相李林甫、宦官高力士和外戚杨国忠进入中枢，狼狈为奸，操纵内外政事，朝纲失控，把良好的开元政治推向败落的深渊。

王仁裕撰《开元天宝遗事》，对帝妃奢华淫靡，恣行燕乐酷烈之风，颇多录

---

①《开元天宝遗事十种》，上海古籍出版社 1985 年版。

载，如“明皇与贵妃，每至酒酣，使贵妃统宫妓百余人，排两阵中，以霞帔锦被将之为旗帜，攻击相斗，目为风流阵”。又“太真最善于击磬拊搏之音”，“上令采兰田绿玉琢为器，造簏篾流苏之属，皆以金钿珠翠珍怪之物杂饰之。又铸二金狮子，作拏攫腾奋之状，各重二百余斤以为趺”①。当时的华清宫汤池，楼台之宏丽，建筑之奇巧，后宫才人、乐府妓女，其数上千，“除供奉帝妃两汤外，而别更有长汤十六所，嫔御之类浴也”。为之相映衬的贵妃其兄国忠为相，兼四十余使，加司空，独霸朝政。长男暄，先尚郡主，拜银光禄大夫，兼户部侍郎。叔玄珪拜工部尚书，婿崔珣为秘书少监。再赠玄琰为太尉、齐国公，堂弟锜尚太华公主；虢国男裴徽尚代宗延光公主；秦国婿柳澄男柳澄尚长清公主、弟潭尚书宗女和政公主……一门一太尉、一丞相、一贵妃、三尚公主、三尚郡主，又三夫人、尚书、侍郎、少将军、秘书、少监不乏其数。杨家的生活，奢靡淫荡，不亚于玄宗宫苑，共同点缀了旷古未有的大唐盛世；大唐也给杨家无比雄盛和奢靡浪费的生活权势，双管齐下，开元盛世焉有不衰、不败。

最为突出的是唐玄宗对贵妃及杨家生活具体安排，可谓“旷古未有”。为杨贵妃织锦女工有七百多人，雕镂工数百人，为其膳食者二百余人，“妃每从游幸，凡充锦绣官及治琢金玉者，大抵千人”。又任命中官袁世艺专门负责后宫进食使，日食“宫中水陆珍肴数十，一盘之餐，盖中人十家之产”。贵妃喜橘柑，“橘柚所植，南北异名，命江陵进乳柑橘”。贵妃喜荔枝，“南海荔枝胜于川者，每岁驿道而进”，贵妃喜玩珍宝，所“进广南白鹦鹉、龙脑香、翡翠、玛瑙……数以万千计”。为了满足杨贵妃赏玩，营建了各式不同的宫殿楼观数十处，如“玄宗幸华清池，绿蒂含霜，芳流绮殿，金衣锦绣观丽彤庭，环回饰以文石，为银镂而溱船，及白香木船，至于楫橹，皆饰以珠玉。又于汤中罍瑟瑟及丁香为山，以状瀛洲、方丈……”又“上幸华清池，贵妃姐妹竞饰车服为一犊，车饰以金翠间以珠玉，一车之费，不啻数十万贯”。玄宗并邀杨氏兄弟杨钊（国忠）、杨铦、杨锜及三姐妹韩国夫人、虢国夫人、秦国夫人，大摆盛宴，“上请竞购名乘名马，以黄金为衔辔，锦绣为璋珉，共会于国忠宅，炳炳照烛，观者如堵”。唐玄宗对他们赏赐无度，每年给三夫人胭脂费就达 300 万缗之多，后“皆月给十万，为脂粉之费”。杨家房屋建筑如同宫殿，无如之比。“姐妹兄弟皆列士，可怜光彩生门户”，三夫人与国忠等五家于宣阳里，“甲第洞开，僭拟宫掖，车马仆从，照耀京邑。每造一堂，费

①《开元天宝遗事十种》，上海古籍出版社 1985 年版。

逾千万计，见制度宏壮于己者，则毁之重造”。

上行下效，大官僚、大地主、大商人，兼并土地，豪夺财富，欺压小农，达到两汉以来顶峰，史称“有逾于汉成、哀之间”。《太平广记》卷 23《奢侈》目载官僚“张易之兄弟，宅地辉映。并骄贵强夺庄宅，奴婢女臣妾，不可胜数”。又载，豪夺庄宅，造芸辉堂于私第，“芸辉香草名，出于阗国，其香贾白如玉，入土不朽焖，舂之为屑，涂其壁。而更以沉香为栋梁，金银为户牖，内设悬镜屏风，紫绡帐，其屏风本国忠之宝也……来者巧之炒，殆非人工所及”①。李林甫、杨国忠豪夺土地，广占庄宅，遍布京城内外，建置有如宫苑的庄园。“锜、国忠、诸姨五家，第舍联互疑宪宫禁，率一堂费缗千万，见宅第有胜者，即坏复造。”杨家锦服饰物，奢靡玩乐，皆拟于帝王家，“载因暇日，凭栏以观，忽闻歌声清亮若十四五女子唱焉。其曲则《玉树后庭花》也”，《后庭花》可与玄宗贵妃《霓裳羽衣曲》遥相呼应，吟唱出天宝悲剧的安史大乱。

再如江南一带地方官吏，兼并土地，私造豪宅，也大摆宴席，竞显奢靡，即如“李昌者为荆南打猎，也大修庄饰，其妻独孤氏出女队百人，皆着乾红紫绣袜子，锦鞍常焉”。又如：天宝末，崔圆在益州，家有锦绣庄园，“暮春上巳与宾客将校数十百人舟楫游于江，都人竞观如堵。是日风色恬和，波流静谧……忽闻下流十数里，丝竹竞奏，笑语喧然……须臾渐近，楼船百艘，塞江而至，皆以锦绣为帆，金玉饰舟，旄纛盖伞，旗旌戈戟、缤纷照耀。中有朱紫十数人，绮罗妓女凡百许，饮酒奏乐方酣。他舟则列，从官武士五六千人，持兵戒严，泝沿中流，良久而过。”②

盛唐大商人，兼并土地，建豪宅，争相竞侈，也是装饰当时盛世不可忽视的社会景象。他们疯狂地集聚土地、财富。《太平广记》卷 165《王叟》称：“天宝中，相州王叟家鄴城，富有财，唯夫与妻，更无儿女，积粟近至万斛。庄宅尤广，客二百余户。”《太平广记》卷 243《治生》：“唐益州何明远，大富。馆中三驿，每于驿边起居停商，素以袭胡为业，资财百万，家有绫机五百张。”还有不少商人，借兼并土地，勾结中央和地方官吏，设置邸店，商贸产业，如“扶风窦义，年三十，诸姑累朝国戚，其伯检校工部尚书休闲使，宫苑使……遂经度造店二十间富其要害，日收利数千，甚获其要，获钱数十万贯”；又“于东西两市选大商产巨万者，

---

①《太平广记》卷 237《奢侈》。

②《太平广记》卷 273《奢靡》下不再注。

五六人;各置诸道膏腴之地又获数万”。“义年老无子,分其见在财等与诸熟识亲友,至其于产业街西诸大市各千余贯与常住法安”。盛唐时官商合流,公开抢夺小农财富、土地,以至对于外国商船,进入广州、福州、四明、连云港等港口,掠为已有:“唐安南都护崔玄信,命女婿裴惟岳摄受州刺史,贪暴取金银财物百万贯。有首领娶妇,裴即要障东续索一千匹,得八百疋,仍不肯放,提升妇三日乃放还。”又如:“唐李宏,俊仪人;每高鞍壮马巡历邸店,吓庸调租船纲典,动盈数百货,强贷商人巨万”。《太平广记·贪求》记载李邕强夺日本使船,并致其沉没:

> 唐江夏李邕之为海州也,日本国使至海州,凡五百人,载其国信,有十船阶物,数百万。邕见之,舍于馆,厚给所须,禁其出入,夜中尽取所载,而沉其船。

当然开元转而为天宝大乱,经历了三四十年不断的演变。其始,以玄宗和贵妃恋情“恩宠声色浓天下”,不断败坏了政风、官风和社会风气,继而以李林甫、杨国忠为相乱政,最后安禄山发动军事政变。史家评天宝之乱有四说:一是欧阳修称“天宝之乱,败以一女子也”;二是玄宗“怠政”引发奸相专权说,朱元璋称“玄宗内惑声色,怠于政事”、权相窃政,“以养成安史之乱”;三是司马光政治说,宰辅失位,中枢混乱,吏治败坏,“天下焉有不乱”;四是综合说,开元而为天宝之乱,有政治、经济、军事诸多错综复杂的原因造成的。综观天宝剧变,我以为玄宗和贵妃恋情只是引发的主要始因,杨玉环入宫,即造成李林甫、杨国忠为相专权。而玄宗“溺于声色,不理朝政”,造成宰辅失位,中枢和地方吏治败坏是政治内因;而大皇族、大官僚、大商人和寺院大地主大肆豪夺、抢掠小农,兼并土地,促使小农破产流亡,是为经济的基因,内外结合,而腐败的天宝政府,及其所推行的政治、经济、军事政策的严重错误,酿成大皇族、大官僚、大地主专政的腐朽政治,这是天宝之乱最基本而关键的全部因果。

安史大乱其祸端之始,是开元二十年至二十四年,高力士等“因玄宗武惠妃薨,后宫无法意旨者”,进献“智算精颖,随意即悟,通晓音律,又善歌舞”的杨玉环,这不是偶然的“一拍即合”。一是杨贵妃和当时玄宗意气相投,“帝大悦,遂专房宴,仪体与皇后等”①。自此玄宗政风逆转,朝纲混乱,“杜绝言路,掩蔽聪

---

①《新唐书·杨贵妃》等。

明”。继而，起用阿谀奉承、迎合上意的口蜜腹剑的权臣李林甫为相。李林甫为了巩固相位，纠合一批贪赃枉法、聚敛财源的贪官酷吏，搜剥民财，以供玄宗贵妃等玩乐。王公大臣倒行逆施，贪官恶吏自聚土地财物，李林甫掌权，杨国忠杜绝正直有才干的文臣和边将入相，“明召诸谏官谓曰：今明主在上，群臣将顺之不暇，乌用多言”。再诬构冤狱，打击正直朝臣，中枢动荡，结党营私，明争暗斗，地方吏治败坏。《资治通鉴》称“李林甫为闭塞人主视听，自专大权，以（诬）九龄为阿党，并罢政事”，结束了开元“所用之相，姚崇尚通，宋璟尚法，张嘉贞尚吏，张说尚文，李元紘、杜暹尚俭，韩休、张九龄尚直”的治政格局。林甫“城府深密，人莫窥其心机。好以甘言害人，而阴中伤之，不露辞色。凡为上厚者，始则亲结之，及位势稍逼，即以计去之，老奸巨滑，无以逃其术者”。先以“张九龄远贬，周子京杖死”，继而“李适之、杨慎矜、张瑄、卢幼临、柳升等缘坐数百人，并相继诛”，而则“潜构太子瑛、鄂王瑶、光王琚、太子妃驸马薛绣异谋”，结果“瑛、瑶、琚寻赐死于城东驿，绣流于襄州兰田赐死”。史家称：“张九龄为一代贤相，瑛、瑶、琚皆为好学才识，死不以罪，人皆惜之。”

杨国忠为相，变本加厉，是盛世混乱再又急转大乱的关键。杨国忠是小人、贪官，根本不是相才。宰相是我国封建社会政权的最重要角色，也是封建官僚政治机构的最高长官。宰相“一人之下，万民之上”，“上佐天子，下理万民”，“运筹帷幄以内，决胜千里之外”，关系国家的成败安危，史家云“宰辅重于人君”。而今玄宗怠于政事，国忠倾其全家之力，自专大权，结党营私，聚敛财富，贪赃枉法，造成最高统治集团全面腐败，矛盾激化，朝政混乱，社会动荡，引发一批野心家觊觎中央政权。当时中枢宰辅，先后完全操在李林甫、杨国忠以及如王鉷、吉温、罗希爽等聚敛财货的贪官酷吏之手。而身兼三镇军权安禄山凯觎中央，并和杨、李有矛盾，但李林甫等为达到自己擅权，还竭力推荐安禄山，“以胡人不知书，乃奏言文士为将，怯当矢石，不若用寒唆胡人。胡人则勇决习战，寒族则孤立无党”，玄宗竟以为真，“帝悦其言，始用安禄山，至是诸道节度，尽是胡人，特别宠迁”，兵权也因而逐渐落入安禄山、高仙芝、哥舒翰、史思明等胡人之手。

杨国忠继之为相，把天宝政局全面拖向天下大乱的深渊。杨国忠自少“由嗜而博，无行检”，是一个不学无术的小人。前是李林甫为相，朝纲混乱，钩心斗角，众叛亲离，吏治黑暗，中枢矛盾重重，给杨国忠入相制造了机遇；二是贵妃之宠，国忠直线上升，由扶风小尉，升为御史中丞，及至宰相，“凡领四十余使”。三是他为相的要务，就是“不顾天下成败”，“徇玄宗嗜欲”，迎合上意，聚敛财物，权倾天下。诚如史家苏冕所评,“善窥上意所受恶而迈之,以聚敛骤迁,重宇文融括户括田首唱其端,杨慎矜、王继遵其轨”,搜剥天下民财,以供统治者挥霍奢靡。杨家成为“天下第一权豪之家”,“出入宫掖,并承恩泽,凡有请托,府县承迎,峻于制敕,四方赂遗,辐辏其门,惟恐居后,朝夕如市,势倾天下”,以至“军国大事,决于私门”。杨国忠还因“自心于无功”,发动云南阁罗凤之役,结果“自再兴师,倾中国骁卒二十万,跨屦无遗,全军溃决”。唐玄宗长期溺于声色,完全丧失政治警觉,当时尚有见识的官员,以至如太子、亲王,包括与安禄山深有利权矛盾的杨国忠,“皆言禄山必反”,主张派遣何盈、赛昂等“刺求反状”。但享乐腐败,而又自以为是唐玄宗,一是“帝疑以位相娼,不之信”;二是“帝护之,下莫敢言”;最后竟然“禄山虽逆久,以帝遇之厚,故隐忍,俄而禄山授尚书右仆射,帝恐国忠不服,故册封司空”,安史之乱是势所必至的了。

由开元后期李林甫、天宝杨国忠宰辅专权,政局急变,严重的政治、经济、军事等早已潜伏的社会危机,促使统治阶级内部、统治阶级和被统治阶级之间矛盾尖锐,终于爆发了北方的安史大乱、江南的袁晁农民大起义。

总之,由开元到天宝大乱,首先是唐玄宗由明君而为昏君,用相失位,造成中央混乱,引发地方吏治败坏;继而政策逆反、错失,经济上推行大皇族、大官僚、大地主、大寺院的财政经济政策,集聚财富,均田租庸制度破坏,小农、农业经济破产,户口逃亡,社会动乱。再则,天宝年间西南和西北战争接连失利,昏庸享乐的玄宗,反而开始起用胡人为将,军权失控;错综复杂的阶级矛盾、民族矛盾,必然将由天下盛世骤变为天下大乱,一场全国性的安史之乱,已经迫在眉睫了。

总之,以唐明皇、杨贵妃爱情十余年为衬托的皇家无比奢华风景的开元盛世,是建立在大皇族、大官僚、大地主,以及大寺院地主为发展的经济基础之上的。一方面开元后期唐玄宗“以为天下无复可忧,安于逸乐,溺于声色”,李林甫、杨国忠为相,形成了一支专为聚敛,毒遍天下的官僚队伍。另一方面这批聚敛贪吏,疯狂兼并土地、搜刮民财,王铁、宇文融和杨慎矜等还千方百计制定一系列财政经济政策,“尤效聚敛”,“争行进奉”,“岁贡额外钱物百亿万贮于内库,以供宫中宴赐”,进一步恶化已经十分混乱的经济危机,促使政治更加动荡,而酿成天宝安史之乱。清代著名史学家赵翼在《二十二史札记》中评曰,“天宝之乱,追源祸始,未始非色荒之贻害也”,唐明皇迷恋杨贵妃声色凡十余年,是大乱之始端。明太祖朱元璋称："昔玄宗内惑于声色，外蔽于权奸，以养成安史之乱"[①]，宋欧阳修在《新唐书·赞》也说："明皇昏以女色，而又败于一女子。"但这是始因、动因，而真正的主因，是上自皇帝、官僚，下及地方官吏、地主豪强的整个统治阶级，尤以唐玄宗为首的朝政腐败，大官僚、大皇族，疯狂搜刮民脂民膏，由财政、经济政策和措施而搜括来自人民的财货，"赏赐贵宠之家，无有限极"。这些贪欲"无有限极"的人数越来越众，占有土地也越来越多，耗费社会总财富越来越大，已超过人民所创造总数，唐明皇和杨贵妃的恋情及其"无有限极"的奢靡耗费，已经不是古今所谓帝王家的私事，而是败坏了整个国家的经济、政治、军事，使国家处于危亡的深渊。大皇族、大官僚、大地主、大寺院奢靡、豪富，繁华的背后，人民无法再生存下去了，必将酿成一场全国性的社会大动乱。

①《明太祖实录》卷23。

安史之乱和大唐政局一蹶不振之研究

开元盛世二十余年，堪称黄金岁月的封建盛世，二十余年，为历史长河之一瞬，安史之乱，大唐结束了往昔的强大、繁荣、昌盛；自此一蹶不振，全面步入衰退、败亡的历史进程。古今的政治家、思想家、史学家、军事家，就其论题，抒发政见，至今众说纷纭，难有定论。开元急转而为天宝之乱，判若两个时代，其对大唐，以至宋明以后我国封建社会历史的逆变影响之大，这是中世纪封建社会中诡奇错综又发人深省的一段国史，以振兴中华，进步社会而论，可以说再也没有出现名震世界的汉唐盛世，此非玄宗和贵妃恋情，及皇族、大官僚、大地主们荒淫酒色的天宝景象所能概括和包罗的，自当有着更为复杂深刻的政治、思想、经济、军事交错纠结的主观、客观，内因、外因，以及治国理论、政治经济制度逆变所造成的历史影响。但有一点是可以肯定的，安史之乱严重影响大唐兴衰，并对我国封建社会后期历史发展，也有极大的影响。

首先，统治者治国思想不断蜕化。我国著名史论家宋祁、欧阳修、王夫之论及大唐治政曾说："一切治国历史都是思想之历史。"思想的蜕变，这是统治者在治国过程中最可怕，且涉及全局的不治之症，也是我国封建统治者由打天下，治天下而亡天下的历史进程中，由其阶级本性决定的必然规律。贞观君臣拉开励精图治，振兴中华的宏伟历史序幕，自武周晚岁以来，色彩已经暗淡，中枢政治集团的思想蜕变也开始演化成内部矛盾和混乱，这是主导的，且牵动全局的关键，唐玄宗就是在内部乱局中重新登上皇位，励精图治，但最后失败了。唐开国统治者提倡治国以民为本，"以百姓之心为心"，即我国传统儒家讲"天道人心，诚意正心"，所谓内圣外王之道，"天地立心，生民立命"。早在太宗贞观后期，统治者的骄矜奢侈就已出现了，太宗将《帝范》一书交给太子李治时就说："自吾居位以来，锦绣珠玉不绝于前，宫室台榭屡有兴作，犬马鹰隼，无远不至，行游四方，供顿劳烦，此皆吾之深过，勿以为而法也。”魏徵诚有远见，提醒曰：

> 自古帝王初即位者，皆欲励精为政，比迹于尧舜；及其安乐也，则骄奢放逸，莫能终其善者。①

武则天称得上杰出的女皇帝、政治家，《大唐新语》说她：“伏以则天皇后，初以聪明睿哲，内辅时政，后以专制临朝，厥功茂矣。”崔融《大圣皇后哀册文》还说：“临朝称制，英才远略，鸣业大勋，雷霆其文，日月其文……巍呼成功，翕然向风。”②御史安恒：“陛下往日革命之初际，勤于庶政，亲总万机，博采谋猷，旁求俊彦，故四海之内以陛下为纳谏之主。”曾几何时，武则天营建离宫，“宠幸情夫张易之兄弟”；故安恒说：“陛下期年以来，怠于政事，谗邪结党，百姓不亲，五品不逊，故四海之内以陛下为受佞之主。当今邪正莫辨……善居安忘危之失也。”没有经过社会大变革、大洗礼的皇子李隆基，虽然有过短期励精图治，振兴中华，自然也只能走太宗后期、武后晚年的老路，骄奢纵逸，达到历史上聚敛刻剥，顶峰，终致天下大乱。

中国封建统治者的治国思想的蜕变，是不变之理，只是时间长短，程度深浅，太宗、武则天这样的盖世君主，尚且如是。玄宗先明后暗，开元盛世不久，玄宗“以为天下无复可忧”，侈心萌动，安于逸乐，杨贵妃进入内宫，“明皇昏于杨妃凡十年”，一时恋情代替了政事，宴饮代替了“励精图治”，好谀、好色、好奢、好乐，腐败成风气。玄宗好色、好谀，臣下就阿谀，玄宗好乐、好奢，臣下就奢靡。李林甫、杨国忠就是利用人君这种心理，博得玄宗宠爱信用，成为臣下阿谀奢靡的代表。“天下之理乱矣”，“上之所好者，下之所兢也”，结党营私，聚敛刻剥、争相进奉，“其惟为祸乱之张本也”。唐玄宗好奢、好乐，其规模、地域、耗资、动用民力之多有如秦、隋，但玩乐时间之长，所建项目之多，赏赐、馈赠及奢靡之巨，并不亚于秦始皇、隋炀帝的所为。如十次御幸华清寺、封禅泰山、乐舞琼林大宴十余场次，好大喜功，在和平时期动用二三十万骁卒发动阁罗凤、恒尼斯之役，都到了历史上“无有限极”的程度。玄宗“思想蜕变”，导致李林甫、杨国忠权相当权，中枢败坏，社会暗无天日，安史乱起，玄宗幸蜀，队伍到了马嵬驿，不仅兵无粮草，而且连吃饭都成问题，士兵们坚决“请以贵妃怨”，绞杀贵妃全家。这是当时官兵和百姓的共同认识和行动，故《唐书》作者欧阳修说“玄宗开元盛世，败

---

①《贞观政要·政体·教诫太子诸王》。

②《新唐书·崔融传》。

一女子也”。败在玄宗享乐好色，宠爱寿王妃杨玉环，悖于儒家伦理纲常，荒唐地将杨氏三姐均封为国夫人，内外嬖幸倾国，这不仅是生活腐败，而是政治思想的蜕变，而引发败国之根由。正如赵翼在《二十二史札记》所评，“色荒志怠，惟耽乐之从，是以任用(权相)非人而不悟，酿成大祸而不知，以至渔阳鼙鼓，陷入两京，河朔三镇，从此遂失。”①看来，首先是唐玄宗思想蜕变，重用杨国忠、李林甫，政风腐败，导引中央到地方吏治大坏，全局崩决。杨国忠和李林甫把持中枢，结党营私。凡公卿不是出其李门、杨门的，或处死，或被诬而贬为罪徙，或被罢免而遭残杀，导致整个统治集团彻底腐败。名相裴耀卿、张九龄被诬“阿党”而相继免官，前后被杀不下数百人。李、杨与王鉷等大搞经济搜刮，地方藩镇也开始割据地盘，拥兵自重，大肆搜刮，民不聊生，动乱频起。

玄宗严重享乐腐化，是政治的极度蜕变，权相李林甫、杨国忠专权跋扈，导致天宝中央严重斗争：先是武惠妃入宫，引发太子瑛等和玄宗，以及李林甫的矛盾和斗争，太子被枉杀；后又与忠王李亨为首的政治军事势力产生尖锐矛盾，玄宗偏袒李林甫。开元二十四年，玄宗废黜太子瑛而赐死后，李林甫为稳定相位，在忠王(肃宗)和寿王瑁为太子的矛盾中，支持寿王瑁，“数劝上立寿王瑁”②。由于一，忠王为瑁之长；二，忠王“仁爱英悟，得之天然，及长聪明强记，性仁孝，玄宗尤爱之”③；三，其出任安西大都护、朔方节度使、河北道行军元帅，而颇有建树；四，又得朝臣的支持，拥有一定权力，因深得玄宗宠信的宦官高力士再三规劝，最后按照王朝正统，推长而立李亨为太子。李林甫失利后，对抗太子，就暗地拉拢中央派出使节采访使、黜涉使等，又勾结地方节度使，美言和支持地方实力军将安禄山。《安禄山传》说：

> 天宝元年，以平卢为节度，以禄山摄中丞为使。入朝奏事，玄宗益宠之。三载，代裴宽为范阳节度，以采访使传和当堂受其赂，黜陟使席建候，又言其公直无私，李林甫顺旨，并言其美，数公皆信任，玄宗意益坚不摇矣。

最高统治者玄宗蜕变，不断激化最高统治集团的内部斗争，预示着李林甫、杨国忠相权和太子派皇权的明争暗斗。造成李林甫支持地方藩镇大员安禄山

①《二十二史札记·唐纪》。
②《新唐书·李林甫传》。
③《旧唐书》卷10《肃宗纪》。

和太子派李亨争夺皇朝统治权。所以唐书称："卒乱天下，林甫启之也。"①

玄宗政治蜕变，是宦官高力士等开始掌权，混乱朝纲的，高是因杨家贵妃关系而宠信，四方进奏先呈高力士，高力士成了权倾内外而代替玄宗把权的"阿爷"、"阿翁"。高力士威望无比，肃宗太子叫他为"二兄"，诸王、公主呼他为"阿翁"，驸马、贵戚称他为"阿爷"。像李林甫、杨慎矜、高仙芝、安禄山等酷吏叛将，都是通过高力士的关系而取得高位，然后进御唐玄宗。高力士遂开中唐以后宦官干预政治的先声。

玄宗蜕变大权旁落，政策严重失误，吏治败坏。设官越来越多，由贞观16800多人，增至368000多人，抢夺财富，"滥杂而不可胜记"。中央派往地方的使职差遣的官员，唐初有观风俗使、巡察使等，到开元二十二年，初置十道采访处置使，后又设了五坊宛使、租庸使、户口使、转运使、盐铁使……名目不胜枚举，人数更多，主要目标还是抢夺财富。他们打着中央名号，无所不为。特别是各地州刺史、县令，以请射、借荒、置牧等办法贪污枉法、暴敛农户，把官府公田据为己有，把农民的永业田强夺私有。统治阶级竞向农民压榨剥夺，横征暴敛，到处都是"况闻处处鬻男女，割爱慈忍还租庸"的家破人亡景象，天宝后期，盛世政治经济基础的小农均田租庸制、府兵制，以及中构三省六部制被彻底破坏，已到了非乱不可的境地。

唐玄宗统治集团的政治、思想蜕变，天宝年间政策措施一再失误，加速社会危机。一方面由于土地财富的不断兼并、掠夺，农民失地逃亡，小农经济崩溃，唐朝赖以生存、发展、繁荣的均田和租庸制度，无法维持，且财政收入大部分落在大官僚、大皇族和地方大地主大豪强之手。另一方面天宝从中央到地方衙门，官员骤增，官越大田越多，皇族、贵族和新官僚，"王公百官，比置庄田。恣行兼并，莫惧章程"。杨国忠、李林甫园宅遍京畿。如大官僚卢从愿，"占良田百顷"，被玄宗称为"多田翁"。大官僚李憕，"伊川水陆上田，修竹茂树，自城及阙口，别业相望"，与吏部李彭年皆称"地癖"。再如相州富豪客坊数十，"佃户二百多户，家产积粟万斛，庄宅尤广"。再者，天宝年间佛道极盛，寺院道观林立，官僚皇族、地主豪商相互勾结，比置庄田，遍及两京各地，三位一体，愈演愈烈，兼并之弊，已到了"有逾于汉成、哀之间"②的严重程度。由地方藩镇和地方豪强

①《太平广记》卷243《贪求》。

②《通典》卷7。

所构筑而成的庄园经济，已逐渐成为当时地主经济的主要形态，绝大多数农民被迫丧失有限的土地，转而沦为皇族、官僚、贵族地主、豪商、僧侣大地主的佃户、客户、奴婢；或成为四处流散，无家可归的流民，此类农民到天宝年间总数达到了五六百万以上。户籍大乱，均田制和租庸调法就为庄园大地主私有制所代替；而唐王朝的财政收入也陷入无法摆脱的困境，社会秩序全面混乱。在这样严重的危机面前，天宝政权反而采取括户、括田，税外加税，宫市采购，并派官吏四处强征租庸，以至公开抢夺和没收小农的土地和房产，甚至不惜发动边境战事，强征农民为兵等酷政，失去土地而已濒临危亡的农民就相聚山泽，而为“群盗”。玄宗统治集团军费和赏赐用度有增无减，所以《资治通鉴》称：“科敛不知有涯，徭役旬输月送”，盛唐大皇族、大官僚、大地主、大商人、大寺院主的“开元盛世”，全面加深、激化统治阶级内部以及统治阶级和被统治阶级之间的矛盾，必将发生一场历史性的大乱。

再者，正是因为玄宗蜕化，杨国忠、高力士把权，国内外军事形势更不乐观，府兵制的破坏，边事战争失败，引发了地方割据势力的形成。唐初军事力量内重外轻，中央足以控制四方。均田制均田于农民，府兵制征调农民当兵，战事结束，罢兵归田；府兵制将不专兵，权在中央，地方将领难以拥兵跋扈。高宗、武后之后，均田制开始破坏，农民逃亡，建立在均田制基础上府兵制失去了存在的基础。李林甫和杨国忠，挑起边事和内庭混乱，节度使越增越多，占地越来越大；府兵负担愈益苛重，自备粮饷、器械，家人仍不免课税徭役。京师戍卫士兵沦为官吏的僮仆，边境守戍士兵日则苦役，夜系地牢，生命毫无保障，真如诗人杜甫在《兵车行》一诗所描绘的一样：“或从十五北防河，便至四十西营田。去时里正与裹头，归时头白还戍边。”每当出征，能生还实属大幸，史称西北边防戍卒，“戍还者十无二三”。府兵横遭残酷奴役和迫害，纷纷断手断足以避役，已服役的则乘机逃亡，或聚众山林河海为盗。723年，唐玄宗迫不得已采用张说的建议，废府兵，改用壮丁，免其赋役，号称“长从宿卫”，第二年，改“彍骑”。自此，士兵脱离生产，成了专门职业；将帅因而专兵，无复更替，边将则因而长握重兵，武夫悍将依持兵力，骄横跋扈。唐中央，已由内重外轻的优势变为内轻外重的劣势。地方节度使，“大者连州十余，小者犹兼三四”，他们既有土地，又有人民，既自补官吏甲兵，又自可赋税课役，随着开元天宝年间政治腐败，俨然成为行政、军政、财政三权归于一身，足以对抗中央的地方割据势力。如安禄山，身兼平卢、范阳、河东三镇节度使，拥有十八万多军队，比唐王朝拥有的十二万禁军还要多六万多人。内轻外重的军事形势,造成了方镇割据的政治局面;以藩镇割据势力和唐朝争夺政权的"安史之乱",是势所必然的了。

在此危急的情况下,玄宗照样享乐腐化,中央已难有挽救危亡的政策、措施,也无法节省开支,控制军费,抑制地方藩镇的兼并。"上之所好者,下之所竞者也",中央及地方"效尤聚敛",官风、政风恶化了经济政治形势:中央军力空虚,地方尾大不掉;富者田连阡陌,富得惊人,贫者四壁皆空,无立锥之地,农民流亡,盗贼蜂起;吐蕃、南诏等乘机扰动,内外交困。总之,以大地主、大官僚、大皇族奢侈豪华生活为表象的开元盛世,是建筑在兼并土地、逼使小农经济破产的基础上,其经济繁荣昌盛的背后潜藏着严重贫富两极分化,吏治败坏,社会动荡,那么盛世必将是昙花一现。安史之乱,全面彻底地破坏了初唐百年来的政治、经济、军事的基业,大唐自此一蹶不振,并更深远地影响和促使了中国历史步向后期的逆反进程,封建统治者难有大唐开国的政治胸怀,高瞻远瞩,不断创新,及其所制定的治国方针、政策战略,中华再也难有"汉唐盛世"了。

天宝十四年,平卢、范阳、河东三镇节度使安禄山,纠合集积了史思明等,共二十余万军队,以诛杨国忠为名,发动叛乱。这场争夺王朝最高统治权的黑暗战争,惊破李唐皇家贵族们轻歌曼舞般的梦境,也冲溃了唐百余年来升平繁华的人民和谐小康生活。安史之乱,唐中央先后仓促纠合由郭子仪十万军旅,李光弼十万军旅,回纥十三万番兵,相互攻杀;其间浙东袁晁农民起义"积众二十万",而演成了江淮人民大起义,经过首尾十余年的血腥战火,大江南北尸骨成山,一片荒凉。战乱结果使自两周、两汉千余年来形成的我国心脏地区黄河流域生产被破坏,人民血流成河,死骨遍野,蒙受极大的灾难。

罪魁祸首、阴险狡诈的安禄山,真是看中了唐玄宗"时天下太平日久,人忘战,帝春秋高,淫于酒色,嬖艳钳固";又看到大唐中央"李林甫、杨国忠持权,纲纪大乱",发动叛乱,怂恿将士奸淫、烧杀、抢掠。淮河流域和长江流域等江南部分地区起义、民变峰起,形成全国性的政治经济破坏大灾难。安史之乱,唐政权自此一蹶而不振,杨贵妃家族自得其恶果,史载"诸军围驿(马嵬)四合,杀国忠并男暄等"①。继又逼"贵妃缢于驿房佛堂前梨树下,时年仅三十八"。三国夫人等"逃之陈留,县令薛景仙率吏人追之……先杀其男徽,次杀其女;国忠妻裴

①《通典》卷7。

柔，遂并其女刺杀之，已自刎不死，血凝其喉而死”①。而人民也因之付出更加惨烈的代价，当时大江南北的城乡，一片萧条、荒漠凄凉，百姓死亡于道路，“白骨堆成山”。大唐百年创业，溃于一旦；杨国忠、杨贵妃家族以惨剧而结束，唐明皇和贵妃，一变而为荒淫蜕变而败国的历史罪人！

安史之乱的祸首，安禄山是营州柳城人，“杂种胡人”，能说多种民族语言，他的起家，以及其叛乱，得之唐玄宗后期的政治蜕变及天宝整个统治集团的腐败。他先在幽州节度使张守珪手下做一名默默无闻的下级军吏——互市郎。因在对契丹、奚族的战争中立有战功，由守珪推荐，并得到唐统治者的信赖和赏识。他逢迎高力士，结纳杨贵妃，取得唐玄宗的信任，《资治通鉴》天宝十年载："禄山生日，上及贵妃赐衣服、宝器、酒馔甚厚。"宠幸如此，故渐被重用，兼领平卢、范阳、河东三镇节度使。他见唐王朝政治腐败，武备松弛，通过高力士用献媚、贿赂手段，骗取玄宗、贵妃赏识。他肚大痴肥，玄宗问他腹中为何物，他答道："别无东西，只有一颗忠心"，骗得玄宗信任，拜杨贵妃为干娘。同时，利用天宝年间边塞战事，汉族和少数民族的隔阂和矛盾，排斥汉人汉将，私纳契丹、同罗、奚壮士八千为心腹骨干，以其五百人为将军，二千人为中郎将；又引用高尚为谋主，吸纳不得志汉族地主骨干，招兵买马，治械储粮，策划叛乱，企图夺取唐的最高统治权。"渔阳鼙鼓动地来，惊破霓裳羽衣曲。"755 年(天宝十四年)，安禄山据范阳，率所部契丹、同罗、奚、室韦、突厥兵十八万，起兵反唐。唐最高统治集团长期过着骄奢淫逸的生活，庸弱无能，毫无应战的准备，中央禁军都是富家子弟、市井游手好闲之徒，地方将吏贪生怕死，毫无作战能力，唐王朝既无可使之兵，又无可用之将，临时调兵遣将，仓促命令高仙芝、封常清军队东出讨伐，又命哥舒翰严守潼关，武备匆忙，调集之军又都是乌合之众，自然很难抵抗安禄山经过训练的精锐番兵，虎牢一战，唐军大败，安禄山攻陷洛阳潼关，直逼长安；幸而朔方节度使郭子仪引兵东进，河东节度使李光弼、常山太守颜杲卿和颜真卿起兵河北、山东，牵制住安禄山的后方，迫使他无法乘胜攻入长安。756 年，唐玄宗出走四川，行至马嵬驿，羽林禁军杀死杨国忠，杨贵妃也被迫缢死，其余杨氏姐妹和亲属也都被杀。太子李亨拥军北上灵武，即登帝位，是为唐肃宗。安禄山也在洛阳，组织大燕政权，年号圣武。

756 年，安禄山打败李光弼和颜杲卿的唐军之后，进入长安，大索三日。所

①《资治通鉴》玄宗天宝五年、肃宗至德元年，又见《新唐书·贵妃传》、《杨国忠传》。

到之处,火光冲天,烧杀抢劫,“民间之财尽掠之”,“无所不用其极”。于是激起了河北、关中各地人民强烈的反抗,屯结为营,大者数万,小者万余;他们和唐朝官吏张巡、许远等互相配合,抗击叛军,牵制安禄山西进取四川,南下江淮抢掠烧杀,人民备遭浩劫,并引发了浙东和江淮的农民大起义。这样,以肃宗为主的保皇军队郭子仪,以李光弼为代表的唐朝统治中枢的军队,得以重新纠合,积极反攻。757年,安禄山内部发生分裂,安禄山为其子安庆绪所杀,唐将郭子仪以朔方军借来回纥兵十五万人,在各地汉族人民自卫武装的积极配合下,收复洛阳、长安,安庆绪退守邺城(汉南安阳)。759年。安禄山旧部史思明杀死安庆绪,并其部众,又攻陷洛阳,战乱由此重新扩大。761年,史思明又为其子史朝义所杀,内部矛盾加深,部将不服调遣,唐王朝趁机借用回纥兵力,克复洛阳。落后的回纥军队,又大肆纵兵劫掠。唐朝因他们平叛有功,默认他们在洛阳抢掠财物三日,“伤者万计,累旬火焰不止”;朔方等官军也乘机洗劫郑州、临汝等地,富庶繁荣的中原、关东以及江淮大部分地区,经此浩劫,极目萧条,人烟断绝;真如诗人杜甫所描绘的“汉家山东二百州,千村万落生荆杞”,“山雪河水野萧瑟,青是烽烟白是骨”①,北方经济受到严重破坏,江南人民蒙受深重灾难。763年,史朝义战败穷蹙,奔逃奚族时,为部将李怀仙诱杀于范阳城东,首尾十年的安史之乱,至此结束。

安史之乱是地方藩镇与唐王朝争夺人口、土地控制权为特点的战乱,唐中央统治力量大为削弱,而此一蹶不振;在政治上、经济上、军事上为谋求独立的地方节度使造成了有利的条件。战乱平定之后,归降唐朝的安史旧将仍握重兵;平乱有功的将领,也被封为节度使,造成遍及南北的藩镇割据的局面。当时最大的方镇是李宝臣的成德节度使、田承嗣的魏博节度使、李怀仙的成龙节度使,时称河北三镇,并由此酿成六十余年五代十国的割据混战。安史之乱后,黄河流域经济受到极大破坏,江淮流域也受到安史之乱的战祸,自两周、两汉千余年缔造的华夏重心黄河、淮河流域为主体的农业,手工业发达的小农经济,大伤元气,人口南流,我国经济重心逐步南移,唐王朝的财赋军饷,也开始完全仰仗江南,并影响我国南北经济发展和政治畸形的演变,政治重心仍在北方,但经济重心已南移江南。

唐玄宗和杨贵妃的“开元盛世”,这是唐贞观百余年的社会政治经济长足发展的结果,也是封建社会历史发展中的黄金时期;“物极必反”,李隆基和杨贵妃

①杜甫:《兵车行》等。

的穷奢极欲，大肆挥霍，造成大皇族、大官僚、大地主、大商人的畸形的封建盛世不会久长，封建经济基础小农的破产、崩溃，终致唐王朝由极盛转衰，一蹶而不振；而更为悲剧的是，自此中国封建统治阶级竟逆反而丧失了汉唐统治者的宏伟政治胸怀，锐气大减，自然难以再现，并出色地制定振兴中华的方针、政策、战略，故安史之乱后，"难见汉唐盛世"的中华复兴。

唐玄宗开元盛世一变而为安史大乱，有深刻的历史教训，是唐玄宗统治集团的衰朽和败坏。唐宪宗宰相崔群曰："玄宗之政，先理而后乱，切记用人得失"；叶适云："玄宗以开元治而天宝乱，乃是人主所致"；欧阳修认为玄宗"内惑于声色，外蔽于权奸，败以女子也"①。近代史学家岑仲勉也认为玄宗："老年昏聩，溺宠杨妃，信任黠胡，遂启狄人之贪婪，累民生之涂炭。"安史大乱爆发，有很复杂的长期而深刻的社会、政治和历史原因，其主导的因素是最高统治者的政治思想的蜕变，及其政策措施的因果倒置失误，促成小人李林甫、杨国忠等擅权乱政，这是主要的；杨贵妃以及她和玄宗的恋情固然重要，这只是整个统治阶级政治中枢腐败的表象和反映。此两者，唐玄宗历史的主要罪人。其在我国历史上更加具有深刻意义和教训，说明最高统治集团政治思想的蜕变，导致方针政策倒行逆使，开元大皇族、大官僚、大地主历史盛世是建筑在打击、破坏小农经济基础上的畸形盛世，只能是昙花一现，且对中华历史产生严重的后果，大唐走向"藩镇割据，宦官专权，朋党之争，外族入侵"的四乱之中，此后又有五六十年的五代十国的动荡政局。

总之，玄宗最后的二十余年，为历史长河之一瞬，安史之乱，悲剧地结束了大唐往昔的强大、繁荣、昌盛，自此步入衰退、败亡的历史进程。百年历史，为治世、鼎盛，再由鼎盛而为极衰，错综诡奇，发人深省，开启这段中华民族历史中最雄伟壮丽而又具悲剧性的国史，对后代中华历史发展的经验、教训：一方面，大家都意识到开元是中国以至世界历史上最繁荣、最发达、最文明的时期；是最值得研究，探索、深思的历史课题，稍纵即逝，而走向极衰，作为今日振兴中华历史反面借鉴是极其深刻的。另一方面，应该强调，唐初百年辉煌，确为我们今天振兴中华借引的一盏明灯，从正面学习其成功经验，开拓我国文明、繁荣的社会主义的小康盛世。当然，开元急转天宝之乱，判若两个时代，其对大唐，以至宋明以后我国封建社会历史的逆变影响之大，宋明之后，再也没有出现汉唐盛世，也是沉痛的历史事实，更应引起我们高度的重视和警惕。

---

①《新唐书》卷5《赞》。

历史实践证明，安史之乱后，大唐自此一蹶不振，且造成五代十国近六十年割据分裂时期。究其原因，一是从历史上看，安史之乱所造成的破坏更大、更广，影响更长、更深，有过于春秋战国、南北朝混乱，安史之乱后混合形成宦官、藩镇、朋党、外族等四乱并发，继而五代十国，以至宋、辽、金、元的割据纷争，中华民族大伤元气；二是从治国方针政策上看，玄宗和贵妃恋情，及皇族、大官僚、大地主们荒淫酒色的开元盛世，导致大乱，“乐极生悲”、“鼎盛而转极衰”，我国的地主阶级统治者腐败及治政失误造成的，后来者也没有从政治、经济、文化的政策、方针以及治国理论上沉痛吸取教训，如何开拓、创新，历史焉能前进。三是安史之乱后，我国南北形势引起剧变，北方衰退，经济重心南移，南方经济发展，黄河流域相对衰退以及西北、东北、西南边疆开发迟滞，南北政治经济发展不平行，也确实极大影响，并难于全面推进中华民族全局的复兴、强盛。历史运动，应在历史运动中去探索溯源，我以为最本质、最重要的经验教训：一方面我国封建社会的主导阶级地主阶级，在唐朝安史之乱后，开始显露出衰退历程，特别是他们的知识阶层中的政治家、思想家、军事家、文史大家，随着地主阶级衰退，尔后历史在政治、经济、军事上，也难推进历史长足发展的，有如唐太宗、武则天、魏徵、李勣、李白、姚崇、宋璟、杜甫等一大批这样胸怀开阔、放眼世界、开拓进取、缔造新世纪的人物，出现有如唐初开国辉煌景象。特别是封建统治者的儒家治国民主理论、政治学说、经济学说、军事理论的重大开拓。宋明政治学、儒学、道学、心学，特别是理学，开拓不足，滞固有余；治国方针“以民为本”，恢复和发展小农经济政策、制度方面，如何大力创新，开拓历史前进，步履艰难。另一方面，封建中世后期地主阶级统治者，因北方政治重心，南方经济重心，而由此引发南北民族之间的纷争、分裂，以致战争，宋、辽、金、元直至清朝，太平天国、八国联军，中日甲午战争，辛亥革命推翻了帝制，最后又爆发军阀混战，日本侵略的中外战争，先后延续近一千年，历史也难出现有如汉唐振兴中华。创新不足，开拓迟缓，反而使社会阶级之间的矛盾陷入更为复杂深刻的政治、思想、经济、军事和民族等危机交错纠结之中。这些主观、客观，内因、外因，不能或难于从治国理论、政治经济军事文化制度，包括人才政策，改革创新中予以解决，纵有千百次五光十色、轰轰烈烈的政治改革，以至农民起义，却难以引发封建社会内部的历史剧变、质变；反而增多、加固社会停滞基因，使中国封建社会又整整沿袭了一千多年。历史是一面镜子，“以史为鉴”，百年历史，更值得我们高度重视，认真研究，古为今用，推进中华民族历史新纪元。

贞观至开元"以文治国"下的哲学史学文学的繁荣昌盛和海外交流

唐朝自武德、贞观至开元时期，是我国历史上的政治、经济、文化、军事全面发展的鼎盛时期。传统的哲学、史学、文学和科技等发展达到高峰，前继汉晋，后启宋明，有着继往开来，兼容并蓄，开拓创新，发扬光大的伟大作用和历史地位，是中古世界文明大国。大唐以有容乃大、中华一统的文化，从东方的朝鲜、日本，到西部的中亚细亚的波斯、阿剌伯和东罗马，顺着丝绸之路，相互交流，同放异彩，光炽环宇，至今，世界各国还称中国人为唐人，唐人街遍及世界各国。

唐初统治集团高瞻远瞩，胸怀天下，"以文治国"，和睦邦交，对外开放，把国内少数民族，"视之为一"，"天下一家"，推进中华文化大一统。一方面以唐太宗为代表的贞观君臣，以儒学为宗，兼融佛道，作为治国的指导思想，三省六部官员，擢用以文见长的儒学文臣，对开国的武臣大将则下令他们"由武习文"，"读书识文"。另一方面，制定政策措施，贯彻落实，大兴文化教育。文化教育的规模体制大而完备；从中央国子监到地方府州县乡学校林立；科举取士，强调以儒为主，兼及文史、词章，而且选士制度、机制、政策，以及应试内容，不断进行改革创新，故唐太宗讲："天下英雄皆入吾彀矣。"唐代科举出身的士人，逐渐成为统治集团各级政府的决策中坚，成为以文治国，缔造中华文化大一统最关键的力量，赢得了贞观、开元盛世，并为历代封建王朝效仿的表率和范本；开辟出璀璨辉煌、群花竞放的中华文化大一统。

唐初开国就重视儒学，唐高祖李渊"建议太原，虽得之马上，而颇重儒士"，又说："始受命，钼类夷荒，天下略定，即诏有司立周公、孔子庙，于国学四时祠，求其后议加爵士。”[①]以唐太宗为代表的最高统治集团更重视儒学文臣，“文治煨然勃兴”。治国以儒学为宗，道佛兼容，唐太宗讲佛教虽为迷信，但其“教人为善”，于国有用。中央高层官员，尤重提拔政治卓识不凡的文臣；三省六部讲用儒学，亦听“兼识道、佛”，开国初年的名将如李靖、李勣、侯君集等，“读经习史”，并“悉引内学士，番宿更休，听朝之闻，则与讨古今，道前朝之所成败”[②]，十八学士，即为商讨国家大政方针的宰相政事堂基本班底。学校教育和科举取士以经学为主，兼及老庄，精文史、词章，为治国培养人才。中央国子监取代太常寺统辖管理教育，并督察府、州、县、乡拨出财政，普建学馆校舍，并定期检查，成为培养各级人才的摇篮。国子监下有国子学、太学、四门学、律学、书学、算学，统称六学，为适应国家建设、繁荣文化的需要后增至八学，府州县仿照中央；且更难能可贵地开放和兴办基层乡学、私学。唐初生员亦多，规模颇大；改革制度、机制，力求教授、教员和课本，一应齐全。中央国学、太学、四门生员要求比较严格，唐初有二百七十二人；京都附近州府学八十八人，通常以八、九品及庶民子弟为入学对象；县学人数较多，地方因政府出资鼓励百姓子弟入学，并允许经办私学，自由读书接受教育，大力支持返乡的学者儒士民办私学，读经讲史，学习文章，庶民，以至贫寒弟子，进入私学，有的竟“授业者数百，至千人”。政府可从各级公私学校选拔人才，并明文规定通经学而又擅长文词、史学的，可以铨送到中央，“诸州县学生年二十五以下，庶人并年二十一以下(者)，通一经以上；及未通经，精神敏悟而有文词史学者，每年铨量举送所司简试，听入四门学充俊士”。又称：

> 三学益生员，并置书、算二学，皆为博士，大抵诸生员至三千二百。能通一经者，听入贡限。四方秀艾，挟策负素，云集京师。[③]

于是“新罗、高昌、吐蕃、百济、高丽等并遣子弟入学，教笥踵堂者，凡八千余人”，[④]规模之大，生员之众，学校兴旺发达，堪为我国教育史上“盛大节目”。值得关注的是从初唐起，不由官府，而由私人举办的地方州、县、乡私学，样式各异，分门别类，讲学比较自由。州县学有童蒙教育，也有成人教育，尤为著名的

---

①《新唐书》卷198《儒学上》。

②《新唐书》卷2《太宗皇帝》。

③《新唐书》卷44《选举志上》，又引《唐摭言》卷1。

④《新唐书》卷44《选举志上》，又引《唐摭言》卷1。

是由称名于世的学者兴办的私人学校议馆，还有在外为官而返乡的大儒兴办的地区庠序，聚徒尤众，而声名显赫。其中不少经学、文史特优者，被推荐参加科举考试，进入仕途为官。如唐初著名学者王恭，“博涉六经”，尤擅三礼，他在家乡河南滑州，办学授徒。《唐书·王恭传》：“弟子自远方至数百人。”《新唐书》卷198《马嘉运传》：

> 少为沙门，还治儒学，颇有卓识，文史儒学见长，太宗欲引为幕僚，贞观初……东阁祭酒，隐白鹿山，诸方来授业者千人……进入仕途者甚多。

郑虔为广文博士，著名文史家，唐玄宗誉为“诗书画三绝”，他后被贬到台州为司户，在府城临海“聚徒讲学”，普及民间，子弟数百；文化风俗，尤以教育“为之一变”，后台州文教发达，被誉为“小邹鲁”。

初唐重视经学，唐太宗竭力聘任名称海内的国学大师、文史大家，都赴国子监讲授，州、县遵循，学士儒臣聘为教授。不少儒士还在长安、洛阳两京交通要道自行办学，就近参加两京（长安、洛阳）科举，吸引大儒到地方讲学，其风之盛为“古今教育所罕见”。如陈子昂、郑虔、尹知章、李邕，包括后来的大家韩愈，柳宗元等，都在地方州县的学馆校舍讲学授徒。韩愈提出“文起八代而衰”，所作《讲学解》、《师说》、《原道》、《原性》等著作，传诵当世，与其在地方州县讲学有密切关系。史称“后进士人，馆之者十六七”，经他教导、指引，而后成名者，皆自称“韩门子弟”。与韩愈齐名的柳宗元，革新文坛，以提倡古文而驰名当世，由其倡导的古文运动，不仅是我国文风一大历史性改革，在政治史、文化史都有重大历史意义，无愧为思想家、文学家，还是著名教育改革家。柳宗元参与王叔文的永贞改革，失败后被贬为柳州司马，他在柳州立馆授徒，边远少数民族子弟也进入他的门下，其传称：“江岭间为进士者，不远数千里，皆随宗元私法。凡经其门，必为名士。”①他们提倡学习研究经学、史学、文学，也兼及算学、律学、自然科学。大力兴办学校，辅之科举取士政策，使民间子弟由此进入仕途为官，不仅改变汉魏六朝以来社会风气、政风、文风，并培养了大量经国人才，促使中华文化的大发展、大繁荣。

大唐重视经学、史学、文学，始自太宗贞观，孔颖达、颜师古、魏徵、王恭、王

---

①《新唐书》卷168《柳宗元传》。

琰、虞世南等都是名闻海内的著名的哲学家、史学家，其所编撰经学有《五经正义》、《尚书正义》、《毛诗正义》、《左传正义》等十余部，都是我国经学史上前承汉晋后启宋明的划时代的儒家经典著作。到了武则天、玄宗年间，如沈百仪、王元威、尹知章、柳冲、徐坚、张齐贤、吴竞、魏元宗、柳芳、马怀素、褚无量、狄仁杰、啖助等，都是在经学方面大有开拓的优秀学者。他们对《孝经》、《论语》、《老子》、《庄子》、《礼记》、《易经》、《尔雅》诸书作了全面整理和注释。唐初重视史学，治国提倡“以史为鉴”，“以史为镜”，先后完成了《晋书》、《梁书》、《陈书》、《周书》、《隋书》及《北史》、《南史》八朝历史；其中裴骃作《史记集解》，颜师古作《汉书注》，唐高宗章怀太子李贤还作了《后汉书注》。著名史家刘知幾的《史通》、杜佑的《通典》，吴竞的《贞观政要》都是我国史学史上的名著。李吉甫的《元和郡县图志》、裴矩的《西域图记》，都是承前启后，影响深远，开启一代的历史地理的名著，为历代皇朝所见之冠。

唐初政治大一统，有力地推进了文化大一统，也促使中华一统儒学。著名的思想家、哲学家、史学家都带有承前启后，开拓创新的中华一统时代色彩。唐初著名儒学大师首推孔颖达、颜师古等，他们是学识渊博，还是中华文化大一统的开创性代表人物。孔颖达，冀州衡水人，曾为隋炀帝的秘书博士，后参加李渊灭隋，是太宗政治谋臣的文学馆十八学士之一，开国拜国子监祭酒，侍讲太子东宫。他少有大志，八岁就学，“诵记日千余言，而不忘”，有如神童，并擅长“三礼义宗”。稍长专擅“明服氏春秋传，郑氏尚书、诗、礼记，王氏易”，以博览中华群书，著有创见，而驰名京邑，学者称其经史儒学之宗，对贞观形成中华文化大一统“有着不朽之功”。早在隋炀帝末年，“召天下儒官集东都（洛阳），召国子秘书学士与论议”，当时来会者皆文武百官、明经高第、文人名士，论议结果“颖达为冠，又年最少”，“请质所疑，遂大畏服”，名扬天下。炀帝钦定论议，而名儒百官、教授宿儒皆“耻出其下”，竟“阴遣客刺之”，孔颖达“幸匿杨玄盛家得免”①。后随高祖李渊起兵，为国子博士，参与贞观政事堂论政，受命编撰经史，鸿篇巨制《五经正义》、《孝经章句》、《五经义训》等都出自孔颖达之手，为唐初中华文化大一统的经典著作。

孔颖达是正统儒家，古今史家对其评价极高，称其“前继汉晋，后启宋明的一代政治家、思想家、教育家”，然“惜其尊卑等级和复古礼制思想比较浓厚”。孔颖达政治哲学讲天道人心，天人合一，君权民授，民为国本；民主谏诤为其论

①《新唐书》卷198《孔颖达传》。

政的中心之一：他说“凡灾异之本，尽生国家之失”，主张天下有道，“得其心，斯得其民矣”；他强调仁政，“刑宽政简，顺之则安，逆之则反”。我们从《五经正义》等书中，可以看到孔颖达强烈的民本理念和议政的谏议谏诤，他认为古今帝王争攘竞逐，胜者虽得之皆为富贵四海；败者则因“未尝有志于民”，“且不听忠言”，所以最终而沦亡。颖达在太宗即位之初，从编撰哲学、史学、经学中提倡民主谏议，常寄辞，“数以忠言进”。有一次太宗问政孔颖达：“孔子称以能问于不能，以多问于寡；有若无、实若虚，何谓也?”他提出著名为君治政的三大要道：一是“圣人教人谦耳，己虽能，乃就不能之人以咨其所未能；己虽多，仍就寡少之人更资其多”。二是“内有道，外其无；中虽实，容其虚”。故易称“蒙以养正，明夷以莅众”。三是“若据其尊极之位，衡聪耀明，持才以肆，则上下不通，君臣道乖，自古(帝王)灭亡，莫不由此”①。治国首要谦虚谨慎，求谏纳谏，改邪归正，才能“天下致治”。他在“蒙以养正”中，特别强调君臣、君民、臣民三者的相容，如皇帝“教人谦耳”，方能真正做到“虚实内外”，君、臣、民和谐一体，所谓内圣而能外王，关键是君臣民三者之中君主“要谦”。他有如魏徵，敢于谏诤，善于谏诤，“尤显理性”。他对太宗谏诤甚多，后受命东宫承乾侍讲，仍“诤谏不已”，史称“皇太子令颖达撰孝经章句，(常)因文以尽箴讽，帝知数争于太子失”。又“太子稍不法，颖达争不已，乳夫人曰：太子既长，不宜数面折之”，颖达不以为然对曰：“蒙国厚恩，虽死不恨。”当然颖达的君德三要，及“忠臣报国不畏死”的无畏精神，一是他生在唐初以文治国的历史背景，二是唐太宗为明君，才有他的名臣，三是他在唐太宗为代表的贞观君臣中，从经学开启大唐中华文化大一统中提炼出儒学民主理念，故其一生确也得到太宗赏识，“以论撰劳，数以忠言进，割切愈至”，“帝称善，多从其说”。后致仕卒，陪葬太宗昭陵。

甚为难得的是孔颖达作为经学家、史学家，颇有辩证唯物的社会观、自然观。他在《易纬·乾凿度》一文中说：“易一名而含三义。所谓易简也，交易也，不易也，天地变化，五行相迭，四时更替，乃至人世之进退荣辱，成败利钝”，都是自然、社会矛盾的具体表现。还对矛盾统一提出三义：矛盾、变化、又统一不易也。其提出圣人三易三要，首要“按法天则而作”，即要顺应天地变化的天理。二是要以天理垂教人世，并指出进退荣辱，成败利钝，要“人伦和王道相合之理”。三是统治者的王道，要“继天地，理人伦”，即按天地和人伦变化的矛盾统

①《新唐书》卷198《孔颖达传》。

一，推行仁政。只有这样“前言德行，以垂法于将来”。所以，太宗称赞孔颖达和颜师古、魏徵等“口若悬河，如江飙陡起，精义灿然，犹彩霞飞天”，又称他们“博综古今，义理该洽”，所谓“考前儒之异说，实为不朽”。

彰显初唐哲学光彩的还有三位颇具朴素唯物主义和无神论观念的著名学者吕才、卢藏用和李华。吕才(600—665)、李华(700—766)、卢藏用(661—721)，他们是贞观至武后时期的著名学者，一生著作甚丰。他们的理论主体是无神论，大力抨击世俗邪道，风水迷信，封建卜巫。他们把阴阳、男女、昼夜等归于天地、乾坤、刚柔等自然现象，并蕴含于自身的内在矛盾中，所谓“昼夜之道”，“男女之化”，以及吉凶丧葬，成败利钝，贫穷富贵，而于“三光四气而形为上下”。这些变化，以至天覆地载，与人间的一时荣辱进退，成败得失，丧葬吉凶，没有本质的联系。吕才在《叙葬书》中所说：“官爵弘之在人，非神安葬所致”，风水先生的“安葬吉凶，不可信用”[①]。在天地人关系上，三人皆强调人而否定神。他们对“民，神之主，因之将兴，听于人，将亡，听于神”，作了根本修正，并发挥了荀子“人定胜天”的思想，提出统治者要以文治之，辅以政策、措施，“道德教化以贯之”，那么，“天地人间之理尽矣”。[②] 卢藏用的《析滞论》就说：“得丧兴亡，并关人事；吉凶悔吝，无涉天时”，明确指出得丧兴亡，吉凶悔吝，不靠鬼神不靠天，在于人事、人为：“人事苟修，何德而不济”，“使贤任能，则不时日而事利，明法审令，则不巫卜而事吉；贵劳赏功，则不祷祠而得福”。论证天道必从“人事”，统治者治理国家，安定社会，发展经济，要靠方针政策，明法审令，使贤任能，“道德教化以贯之”，“则天地间万物和合也”。

武后和玄宗期间对我国经学作出重大开拓的人物是啖助和陆淳。啖助(724—770)，唐赵州人，他对经学《春秋》研究有一定贡献。其传称：“善《春秋》，考三家之长，并与《集传》，十年乃成”，史家称其为研究《春秋》的集大成者。他的开拓有三方面，一是治学治经，不拘泥于“家法”，“师法”，这对于魏晋以来门阀家族的专断、垄断经学局面是一次有力的反击，改变了世家望族因循守旧，拘泥家法的治经学风。二是治学治经，主张以古论今，古为今用，“不拘空名，不尚狷介，从宜救乱，因时黜陟”，开启治史，治经“经世致用”，“从宜救乱”。其三，对当时学术界起了极大冲击作用，也助长了当时正在兴起的政治改革之风。宋欧

①《旧唐书》卷79《吕才传》，又引《全唐文》卷317《卜论》。

②《旧唐书》卷79《吕才传》，又引《全唐文》卷317《卜论》。

阳修、朱熹等儒学大家对其有极高评价：“推言治道，得圣人之意思”，并对两宋兴起的“浙东学派”，有着重要的启迪和积极影响。

他的高第门人陆淳，因避宪宗讳，改名为质，《新唐书·陆淳》载：陆淳“字伯冲，吴县人。师事赵匡，匡师事啖助，受《春秋之学》，著有《春秋集解纂例》十卷，《春秋集传辨疑》十卷，《春秋征旨》三卷”。陆质比老师啖助更为激进，主张并参加政治改革。他竭力反对宦官专权跋扈，皇家宫室奢靡和地方藩镇的猖獗。他是中唐著名政治改革“永贞革新”的重要人物。《王叔文传》说：“文阴结天下各士，而士之欲速进者，率旨附之。若韦执谊、陆质、吕温、韩晔、韩泰、陈谏、柳宗元、刘禹锡等为死友。”陆质名列其二。他还是“宪宗太子侍读，左司郎中”，对宪宗革新鼎故，也有相当大的影响。① 永贞革新失败，他被贬为台州刺史。他一生不仅致力于治经、治史，且在文学方面有重大贡献。一是他得以儒学要旨，“绝出诸家，有攘异端，又有正途之功”，“舍传求经，精孔门之奥旨，蕴经国之宏才，实宋人之先路”。经学大师朱熹十分推崇陆质：“推言治道，凛凛然可畏，终得圣人个意思。”他对我国的经学析理精要，注解释疑，且大行于世；对当代经典的注传释疑颇具创设，文辞通畅，影响极大。唐宋八大家中欧阳修对他有极高评价，称他“能文圣人书，通于后世门益为文通先生。所著经书，甚多而行于世”。二是主张政治改革，重视文化教育，尤对中日、中韩文化交流作出卓著贡献。他被贬至台州为刺史期间，发展经济，清明吏治，重视提拔儒士文才。他把佛学天台宗引进日本国、新罗国，拉开日本高僧远渡东海序幕，如日本天台佛学创始人最澄来天台山学道求法时，陆质以台州刺史的名义以大礼隆重迎接，并请天台宗第十祖道邃至台州临海龙兴寺开讲《摩诃止观》，又命僧众抄写天台宗教典128部384卷，自己“开宗指审”。最澄回国，陆质赋诗饯行：“海东国主尊台教，遣僧来听妙法华。归来商风满衣襟，讲堂日出映朝霞。”②

唐代中期在哲学史上占有重要地位的思想家是韩愈、柳宗元和刘禹锡。韩愈(768—824)，字退之，河南河阳(今河南孟县南)人，是唐代著名的文学家、思想家、哲学家，他的重要论文有《原道》、《原性》、《原毁》、《谏迎佛骨表》等，都是文化史上带有时代性的政论名作。韩愈是古文运动的领袖，更重要的是借助古文运动力图使濒临衰落的儒家学说，得以扶正重起，为大中华一统环宇文化，作

---

①《旧唐书》卷79《吕才传》，又引《全唐文》卷317《卜论》。

②拙著《台州文化发展史·哲学人文发展》，第89页。

出重要贡献。他以儒学抨击当时声势极盛的佛、道两教，所以范文澜在《通史简编》称誉韩愈为：

> 凌云健笔意(气)纵横的伟大思想家、文学家、哲学家。大笔探索，有如长江大河，浩浩瀚瀚，笔力之雄健和才思富赡极致，而李白杜甫之精华，被韩诗(文)吸收并神而化之。

他的哲学思想，强调天人合一的天命权威。他认为天有意志，能赏罚，“贵与贱，祸与福存乎天”。要敬畏天命，顺其自然，人只能随从应顺，按天意来治理人间，而不可强用人力去改变天命。所以在儒学的复兴中，提出要遵从和发挥“天道人心，行而宜之”，这就是韩愈提出的著名道统论。他把尧、舜、禹、汤、文、武、周公、孔丘、孟轲说成是天命圣人，并宣称圣人之间有一个道统，因为这个道统到孟轲中断，现在要由韩愈来继承，发扬光大，但他十分谦逊地说:“使其道由愈而粗传。”韩愈所传之道，是以仁义为其中心内容，所谓“博爱之为仁，行而宜之之为义”的道①。其目的就是要人们严格地按照封建社会的儒家道德和仁政标准行事。

韩愈还继承了董仲舒的性三品说，把人性分为上、中、下三品。在韩愈看来，封建帝王而得之天命来统治万民的，应当天生是发号施令而为统治人民的上品之人，但必要得天道而行“仁政”。韩愈的儒家仁政理论，为了论证帝王统治的合理性，高于汉儒董仲舒，称帝王须顺天命，并要以儒家“博爱仁政”来予以制约、治理，发扬:“行之乎仁义之途，游之史诗、书之源，无迷其途，无绝其原，终吾身而已矣”;并强调儒家的仁政，上和尧舜、禹汤、孔子、周公之道合而为一，并因语调道，因道造文，而下顺于当今，进行改革、创新、发展，才能推动社会进步。韩愈的思想，后经宋代周敦颐、二程(程颢、程颐)、朱熹等人的继承和发展，成为中国封建社会后期占统治地位的官方哲学，韩愈的儒学思想确实起了前继魏晋，后启宋明的历史作用。

柳宗元(773—819)，字子厚，河东(山西永济)人，是唐代著名的文学家、思想家和哲学家。《天对》、《天说》、《答刘禹锡天论书》、《封建论》等文章是柳宗元的哲学、文学、史学代表作。

柳宗元是韩愈古文运动最有力支持者、宣传者，他还参加永贞革新，是一个

---

①韩愈:《原道》。

伟大的政治改革家。史称：

> 宗元精敏绝伦，唯以忠正信义为志，兴尧舜，孔子之道，利安元为务……为文卓伟精致，为一时辈行所推仰。王叔文、李执谊二人奇其才，及得政，引为内禁近，常为计事，欲大进用。

永贞革新时提出的改革弊政，谋夺宦官军权，反对藩镇割据，开拓财源等不少激进主张，出于宗元之意，所以其传称：“宗元于众党人中，罪状最甚，贬为永州司马。”他被贬柳州之后，“立仁义，裨教化，利安元元为务”，发展生产，改革风俗，推行教化，刑宽政简，他说：“刑轻以清，我完靡伤。贻我子孙，当代而康。”当时“柳州人以男女质钱，过期不赎，子本均，则没于奴婢。宗元设方计，悉赎宽之。尤贫者令书庸，还其质。已没者，出己钱助赎。”时称“宗元，其才实高，名盖一时……既没，柳人怀之，托言降于州之(大)堂”①。

柳宗元哲学思想继承了王充的元气自然论，有朴素唯物主义传统，他以当时天文、地理等科学知识的成就，探索物种起源、因果，对朴素唯物主义思想有所发展。他认为宇宙是由混浊的、运动着的元气构成的，没有起点，也没有极限，是自己运动、变化而生灭的。天地、元气、阴阳都是客观存在着的自然现象，它们和“果蓏”、“痈痔”、“草木”一样，都是物，都有自身生长变化的规律。人们求天、怨天都是不必要的。他说：

> 大电、大虹、玄鸟、巨迹、白狼、流火之鸟以为符，斯皆诡谲阔诞……皆袄瑶嚚昏好怪之徒，莫知本于厥贞，其可羞也。

因此他提出天人变化相应，而又各不相预的观点，要人们不要相信迷信怪异之学。由此他觉察到要推动历史发展，是客观趋势与参加历史活动的个别人物的主观愿望之间的矛盾，关键是“国之为公”，而不可人之“其情私也”。指出“秦之所以革之者，其为制，公之大者也，其情私也”。这是柳宗元的历史观中独到之处，比之于过去的一些哲学家、史学家的历史观，有巨大的进步。他从社会发展的必然之“势”出发，对历代有关帝王受命于天，及符瑞等神学史观、君权神授思想，给予系统而生动的批判：

> 是故受命于天，于其人；休符不于祥，于其仁，唯人之仁，匪祥于天，匪神于天，兹为祥贞哉。

---

①《新唐书·柳宗元传》，又引《封建论》等。

人之祸福，社会的治乱，取决于人，而不取决于神，这些观点在我国哲学史、史学史上，都有重要的进步意义。

有些论者，认为柳宗元的唯物主义观点是不彻底的，他遭到贬谪之后，忧郁消沉，企图从佛教中找寻精神安慰，这就使他的思想掺杂着不少唯心主义的成分，这是时代限制。我以为柳宗元一生，纵有一些不足，以及错失，从唐代政治史、文化史、哲学史论之，仍不惜为一代伟人。

刘禹锡(772—842)，字梦得，《刘宾客集》、《天论》是他最重要的文学、哲学著作。他继承了先秦老子、荀子的朴素唯物主义传统，进一步补充了柳宗元《天说》思想，对唯心主义和有神论展开了激烈的论争，特别是对儒学的礼法制度、治国的仁政理论和学校教育，见解精辟，社会影响较大，所以王叔文说他“有宰相之器”。

刘禹锡对天人之间关系，以唯物主义的解释。他说：“天，有形之大者也；人，动物之尤者也。”天是有形物体中最大者，人是动物中最突出的，天和人都是“物”，同属有形的事物。由此，提出“天与人交相胜，还相用”的著名学说。他认为自然界(天)和人类社会各有自己独特的职能和变化的规律，他们之间有着既互相区别又互相作用的关系。他说：“天之所能者，生万物也；人之所能者，治万物也。”①人类的职能是“治万物”，对万物加以利用、改造。当然，人和天是有区别的，这种区别在于是否有是、有非？他认为，自然界的职能是弱肉强食的生存竞争，没有是非可言，至于人类社会，有维持社会秩序的礼法制度，及其所规定的，是有“是非”行为的准则。既然人和天是有区别的，所以“天人不相预”；同时，天与人是相互作用的，所以天与人能“交相胜，还相用”。他认为天“生万物”，为人类“治万物”提供了物质基础；人类应当“用天之利，立人之纪”，利用和改造自然，以满足人类的物质需要。刘禹锡的天人万物的哲学释疑，在中世纪封建社会，堪称不可多得，有胜于韩愈、柳宗元的哲学思辨和人文析理，在我国哲学史上留下光辉的一页。

刘禹锡的政治思想，也相当激进，富有特色。他参加王叔文的贞元革新，“禹锡以名重一时，与之交，叔文每称有宰相之器”。贞元革新的一些大政措施，不少也出禹锡，故有“二王(王伾、王叔文)、刘(禹锡)、柳(宗元)之誉”。革新失败贬途州、斥朗州，一生甚为坎坷。禹锡重视儒学，力主仁政，重学校教育，繁荣

① 刘禹锡：《天论》。

文化。被贬后，尝叹天下学校废，乃奏记宰相：

凡学官，春秋释奠于先师……贞观时，学舍千二百区，生徒三千者，外夷逢子弟入附者国五，是乃古今养材兴国之道。

刘禹锡对封建道德和礼法制度，也有他自己的独特见解和内涵，他认为道德礼制皆以孔子、周公为宗，“但其礼不应古”，要改革，要前进；“祭礼作乐”，与其“繁而烦而于荐飨，孰若行其教。今教颓靡，而以非礼媚之，儒者之所宜疾”。因此，力主儒学革新，建设学官，辟雍学校，都要调整、更新、发展：

请下礼官博士议：春秋祭如开元时，籍贯资半界所隶州，使增学校，举半归太学，营学室，增掌故，州县进士皆立程督，则贞观之风，灿然可复。①

其理论，学者虽认为仍没有超出封建秩序的礼制、政制界限，但对当时政界、学界，以及社会风气改革，有相当积极意义。他在被贬谪以后，转向佛教求归宿，这些都表现了一代人文大家他的时代和阶级局限性。

唐初宗教，各种宗派思想都很活跃，特别是佛教，也是盛极一时，发展到一个高峰。特别天台宗和禅宗，都是具有中国特色，并有理论体系和修持方式的宗教。唐代思想开放，学术民主，佛教和反佛教的斗争，尤以儒、佛之间又和合、又斗争对我国的哲学、文学和艺术的发展，产生了重大的影响。

佛教从西汉末年由印度传入中国后，由于历代统治者的提倡，传播日广，至唐朝时发展到了顶峰。中国佛教出现了宗派，每个宗派不仅有自己的教义、理论和修持方式，而且有自己的主要经典，和经济基础的寺院和田庄，拥有大量的僧祇户。初唐即有完整形成宗派教义，盛唐发展更快，教宗各有大型经典著作，其中最主要宗派有天台宗、法相宗、华严宗、禅宗、净土宗等。当时中外佛学交流相当兴旺，遣唐使、入唐使，促进中外文化大交流、大发展，这是中华文化大一统一大亮点的重要展示。

天台宗是中国佛教史上最早建立的中国化宗派，影响波及东亚日本、韩国诸国，有世界性色彩的学派宗教。它所崇奉的经典是《法华经》。智者(531—597)是天台宗的创始者。隋杨广尊他为大师，他倚仗皇家政治势力，造寺三十六所。智者曾说他自己所建的栖霞、灵岩、天台、玉泉四寺，乃天下四绝。天台

①《新唐书·刘禹锡传》

宗主张“止”(坐禅)、“观”(即“慧”,是宗教理论)并重的修养方法。宣传这样做就能够悟出一切“皆有心生”的真谛,而心生之外的客观世界却是“虚假不实”的道理。[①] 通过既修“定”,又修“慧”的修养方法,就可以入涅槃天堂,解脱人生之苦,一切苦。天台僧众甚多,自隋炀帝开始就把天台县收入多半给予国清寺,且寺院山地山田有 4000 多亩,是当时国内最大、最著名,而且和封建朝廷相当密切的地域寺院。最著当推智者和东渡日本的名僧鉴真和尚,都是影响波及中外的天台宗的一代宗师。

法相宗是唐朝玄奘所创。他昌明佛学,不畏生死,远涉印度,考察探究佛学,深得印度国王和佛界、学界赞誉,有世界性影响。回国后,太宗隆重礼待迎接,成为贞观年间一大文化盛事。他翻译著作甚多,影响尤大。他认为宇宙间的一切,都是人生意识所幻化,“唯识无境”。法相宗教义颇为深奥,经典也很多,有不少都是玄奘及其弟子引自印度而著成的。虽因烦琐,不易为一般人接受,但仍旧在唐初中上层兴盛了三四十年,特别是唐太宗的提携和赞赏,尤以《大唐西域记》堪称当时中西文化交流的一绝。后来武则天借佛教称帝,也还盛极一时。佛教寺院林立,遍及城乡,佛教在当时有相当实力,社会影响也很巨大。玄宗主奉儒道,佛教开始冷落,特别唐中后期,屡兴反佛,佛教衰退,不少高僧大师流移出走,也便消沉下去。

华严宗以崇奉龙树《华严经》而得名。武则天时,以法藏为代表的华严宗得到宠信,在两京洛阳、长安等地声势煊赫。他们认为:“尘是心缘,心为尘因。因缘和合,幻想方生。”[②]宣传客观世界是依赖于主观世界而存在的唯心主义世界观。自从唐武宗灭佛以后,华严宗便一蹶不振了。

禅宗相传是由南印度僧侣达摩在北魏创立的。武则天时,禅宗分为南北两宗,北宗以神秀为代表,宣传“身是菩提树,心如明镜台。时时勤拂拭,莫使有尘埃”,主张通过长期苦修,扫除尘念,渐悟成佛。南宗以慧能为代表,宣传“菩提本无树,明镜亦无台。佛性常清净,何处有尘埃”和“心是菩提树,身为明镜台。明镜本清净,何处染尘埃”。慧能认为“菩提只向心觅,何劳向外求玄”。佛在内心,不在心外,只要净心,自悟,就可以顿悟成佛,可上西天。禅宗有不少僧侣出自知识阶层士大夫,主张读经识理,但不必背诵大批的经卷,也无须繁琐的宗教

①拙著《台州文化发展史·哲学人文发展》,第 89 页。

②《旧唐书》卷 79《吕才传》,又引《全唐文》卷 317《卜论》。

仪式。这种简单速成的禅宗修持佛法，对于唐后期陷于水深火热境地而看不到出路的劳动人民，有着极大的吸引力和诱骗性；而对于当时的地主官僚士大夫，则既可以使空虚的灵魂得到寄托，又能借此缓和矛盾，减少战乱，消弭人民的斗志，自然非常欢迎。因此，南宗终于胜过了北宗，广泛流传。到唐后期，它几乎取代了佛教的所有宗派，垄断了佛坛。

唐一代来自印度佛教为了在中国传播，逐步走向中国化，这是我国佛学史上历史性的转折和变化，天台宗是最典型的表率和示范。一方面改造天竺式的教义、戒律，止观并在，皆有“心生”，都可以“成佛”。有如南禅宗怀海采录大、小乘戒律，别创禅律，号称“百千清规”，推倒印度传来繁琐无比的大小乘律；另一方面吸收儒家、道家学说，掩盖原有理论的浅显不足，形成以佛为主、兼容儒道的中国化佛学体系，宣扬儒家“教道”，“至德至道，百行之首”。佛教本来有说，人与动物在轮回中互更为父子。有不少和尚却不顾原来教义，提倡孝道，宣扬释迦牟尼是孝子，一切众生应该有报生养之恩，竟与儒家一样。由此可见，佛教中国化的过程，就是向儒学靠拢的过程，当然儒学也吸取了佛学的一些佛性博爱和静心养性的理论和修持精华。

经过统治阶级的提倡，唐朝“天下僧尼，不可胜数”，佛教大发展，“寺院招提，莫知纪极”①。然寺院经济和僧侣地主势力的发展，影响封建国家的财政收入和世俗地主的经济利益，就不可避免地产生了斗争。唐初著名反佛斗争的代表人物是傅奕。他认为佛教僧徒“不忠不孝，削发而揖君亲，游手游食，易服以逃租赋”，“于百姓无补”，“于国家有害”。主张“除去佛教，令僧尼匹配，生男育女，以便益国足兵”。中唐后佛教又大兴，寺院庄园遍布各地。当时反佛主将是韩愈，他从三个方面对佛教进行系统而尖锐的抨击：一是指责佛道耗费大量财富，加重百姓负担，使民“穷且盗也”。二是指责“佛本夷狄之人”②，让佛教凌驾于儒学之上，中华文化有被同化为夷狄的政治危险。三是指责佛教既无天下国家，又弃封建伦常，使得“子焉而不父其父，臣焉而不君其君，民焉而不事其事”。主张止塞佛道，勒令还俗，烧掉佛经，将庙观改作民房。819 年（唐宪宗十四年），韩愈上《谏迎佛骨表》，反对皇帝带头迎奉佛骨，主张把佛门圣物的佛骨投诸水火，以绝后患。虽然因此有负君命，遭到贬斥，但反佛斗志之旺盛，可歌

①《唐大诏令集》卷 113《析寺制》。

②韩愈：《谏迎佛骨表》等。

可泣。

唐武宗时，寺院经济和僧侣地主势力更加恶性膨胀，严重危及唐王朝的财政收入。武宗被迫下令灭佛，曾毁寺四千六百所，招提、兰若四万余所，还俗僧尼二十六万人，放为两税户的寺院奴婢十五万人。佛教作为统治阶级的精神支柱之一，还是要借助于它来统治人民，教化人民，以至麻痹人民，且其佛学经典和思想在人民百姓中也有一定信仰，也是时代精神的虚幻反映，灭佛是不可能彻底根除。因此武宗以后，佛教仍然盛行。

关于道教，唐初统治者在以文治国思想指导下，就提出“以儒治世，以道治身，以佛治心”的三教并用政策。佛教如此，道教也是如此，唐初帝王姓李，自认老子后裔，率尊为国教。唐皇室与老子同姓，道教尊老子为祖师，李渊称帝，以道教教主李聃的后代自居。太宗贞观年间，以定“道为国教”，道观、道教经典，以至《道德经》都入国子学，有较大发展。666 年高宗尊老子为“太上玄元皇帝”，把道教置于佛教之上。武则天则重儒崇佛，曾一度贬低道教，但至唐玄宗时，道教势力大盛，置玄学博士，学老、庄，以应科举为“道举”。全国有道观一千九百余所，道士一万五千余人，把唐以前一切道书，编成《一切道经音义》140 卷；钦定成道藏，《三洞琼纲》达 3944 卷。

唐初道教形成丹鼎和符箓二派。丹鼎派已出现了杏坛炼丹的著作，有陈少微《九还金丹妙诀》，清虚子《铅贡申庚至宝集成》，施启吾《西山群仙会真记》。玄宗时道教发展达到高潮，四处搜求道经，编纂《道藏》，女儿万安、新昌公主入道，杨贵妃一度为女道士，号太真。当时洞神三皇，正一、高玄、灵宝，上清诸派都有较大发展。诸如潘师正、王轨、吴筠、李含光、陈少微、张果等都是我国道教史上的著名人物，因此唐朝不少杰出文史大家，如王勃、贺知章、李白、元稹、白居易，都“常学仙经，博涉道纪”，“遍访名山，求仙学道”。最著名又有相当学术地位当推司马承祯(646—735)，他不仅在学界，宗教界，民间很有信誉，且声称帝京，武则天和睿宗、中宗、玄宗都曾多次下诏，邀其进京讲经说法。他提出“修身主静去欲，泰定得道，羽化成仙”之说，历经敬信，断缘，收心，简事，真观的艰辛苦炼，达到人生的理想境界：“形如槁木，心若死灰，天感无求，寂泊之至，于心无定而无所不定”，故能“身与道同，则无时而不存；心与道同，则无法而不通；耳与道同，则无声而不闻；眼与道同，则无色而不见”，成为中世道学奉行的真谛理论和典式，对道学流播与发展，产生极大的作用和影响。他在道学理论上的探索，诸如身道与心道，理论与实践，修心主静、去欲泰定等都有开创性的意义。

终唐之世，三教都有很大发展。唐初统治中枢，还"任其流播"，勿予限制。但自武宗之后，皇帝贬佛，学界、政界反佛；有些则崇道、压儒；所以佛、道和儒学斗争一直很激烈。

值得一提的是西方的祆教、景教、摩尼教、伊斯兰教也在唐时相继传入，国人信者不多，大都为来华的中亚、北非和西域人所信奉。增添了唐朝异国的文化氛围，繁荣中外文化、学术，推进友好往来。

祆教又称火祆教或拜火教，为波斯人琐罗亚斯德所创，流行于波斯中西亚及诸国。其教义是宇宙间有光明的善神和黑暗的恶神互相斗争，以火代表善神而加以崇拜，因此主拜日月星辰及上天。早在十六国时，传入中国。唐时始广为传播，并置萨宝府管理寺院及祆教徒等。景教，是基督教的别支，为叙利亚人聂斯脱利斯所创，流行于波斯。635年(唐贞观九年)，景教士阿罗本自波斯来长安，638年，唐太宗令在长安置波斯寺一所。高宗时又令诸州置寺，后改名大秦寺。摩尼教为波斯人摩尼所创，一称明教，流行于中亚及北非与地中海沿岸。694年(武则天延载元年)，波斯人拂多诞把摩尼教的《二宗经》传入中国，开始在长安、洛阳两京置寺设坛，比较活跃。伊斯兰教在我国也称清真教、回教，为阿拉伯人穆罕默德所创，崇奉《可兰经》。唐时广州等地有许多信奉伊斯兰教的阿拉伯人居留内地，相传穆罕默德的舅父伊本·阿比瓦加的墓就在广州。初唐以文治国，推行睦邻邦交，世界各国文化、宗教，自由传入中国。尤以西亚、中亚是东西丝绸之路至阿拉伯、欧洲的重要枢纽。借助官方入唐使，商人、僧侣、学者，尤以其间学问僧起了极大推动作用，有的则入唐为官，定居中国。公元七世纪伊斯兰教的创始人穆罕默德统一了阿拉伯半岛，建立中亚到南亚、北非的大帝国，他以《古兰经》鼓励臣民："为了追求知识，虽远在大唐(中国)，也应该去。"

唐代是我国文学史的黄金时期，古典诗歌、散文、传奇小说，百花盛开，争奇斗艳，达到文学史的顶峰。尤以唐诗流传到今天的，就有二千三百多个诗人创作的近五万首诗歌，反映了唐代历史发展的面貌和社会生活的各个方面，成为文学史上绚烂辉煌篇章。

唐代是诗的国度，诗的社会，诗的时代，为中华民族留下一份不可多得的珍贵遗产。唐诗的发展，大致可分为初唐、盛唐、晚唐三个时期。初唐时期的诗，沿袭南朝，还存在不少"竞一韵之奇，争一家之巧"，追求辞藻形式的作品。以陈子昂等为代表的革新诗人，崇尚抒情写实，反对齐梁绮丽文风。盛唐时期，古、近体诗达到了高峰，风格鲜明，豪放艳丽，装点了繁华开元盛世。晚唐时期的诗，脱离了五言、七言的旧形式，根据合乐需要，开辟出诗的新体——长短句（词）的广阔境界，开启宋词格式。

唐代诗人甚众，内容丰富，风格多样，派别分立，各具特色，可谓“群芳竞妍，灿烂辉煌”。初唐有四杰王勃、杨炯、卢照邻、骆宾王，其后有一改齐梁诗风的陈子昂，还有悲壮激昂、奇丽豪放的高适、岑参、王昌龄等边塞诗人，和“诗中有画，画中有诗”、纯真明洁之中又有润泽丽彩的山水诗人孟浩然、王维等。唐诗，反映现实，寄托情思，描写祖国自然河山，有如奔流长江黄河，亦有洁如明镜的山间溪水，充满清新刚健的生命热力，表现了无比豪放的气概，潜藏并展示了清明而繁华，幽秀而丰彩，高远而豪迈思想境界。诚然，唐代最著名的大诗人是李白、杜甫和白居易。

李白（701—762），字太白，时称“诗仙”，流芳千古。有说他生于西域新疆、中亚碎叶城（今吉尔吉斯斯坦托克马克），有说生于四川绵阳，或幼年随父迁居四川彰明县（一说为江油）。他一生大部分时间生活在唐代最繁华强盛的开元时期。他有政治理想，而一生历尽坎坷，雄心不减，热爱人民，他虽没有成为伟大的政治家，却堪为千古流芳的诗仙。他热爱祖国山河，游踪遍及南北各地。他继承了屈原的积极浪漫主义精神，吸取了魏晋以来优秀诗人的艺术技巧，学习民歌语言而采撷其精华，大胆革新创造有如进入神境，体现出大唐的时代精神和无比雄伟气势，成为深受我国人民喜爱的一位浪漫主义伟大诗人。

李白以豪迈奔放的热情，宏伟磅礴的气势，丰富的想象，夸张的手法和生动奇丽的语言，来描绘祖国的山河景色。他写长江浩瀚无际，“孤帆远影碧空尽，惟见长江天际流”。他写黄河奔腾咆哮，一泻千里，“君不见黄河之水天上来，奔流到海不复回”。他写庐山瀑布飞泻喷涌，“飞流直下三千尺，疑是银河落九天”。人们读了李白的诗，自然地激起热爱祖国山河、以诗明志的浓烈情感。据说贺知章看了李白的诗文（主要是《蜀道难》），非常赞赏，说他是个下凡的仙人，从此“谪仙”的称名就留传至今。李白轻财好施，广事交友，他和杜甫结为挚友；写出反映天宝年间社会的矛盾和人民的痛苦；还写过一些反映工农生活的出色作品，如“炉火照天地，红星乱紫烟。赧郎明月夜，就是歌曲动寒川”，就是歌颂冶炼工人月夜劳动的珍贵诗篇。他的诗对后世影响极深，远传到日本、朝鲜以至中亚、北非等邻邦。

李白政治上有强烈的追求和理想，他虽身居开元天宝的转折时期，一方面他看到统治者的奢华糜烂；另一方面也多少接触开元盛世背后潜藏着民间的辛酸和苦难。李白诗作中歌颂山河大川壮观是我国诗歌中的最优秀部分;但因政治失意,感慨之余,也流露出一些消极的成分,他追求功名的欲望是很强烈的,同时又深受道家思想影响。当他政治抱负不能实现时,就以学道求仙来排遣郁闷,在诗中流露出人生若梦,及时行乐的消极情绪。

杜甫(712—770),时称“诗圣”。韩愈说“李杜文章在,光芒万丈长”,杜甫是我国文学史最伟大的现实主义诗人。字子美,河南巩县人,幼时深受家传儒学熏陶,少习经、史,学有渊源。他自称少年时“读书破万卷,下笔如有神”;写作态度谨严,炼字炼句,刻意求工,“语不惊人死不休”。造诣很高,是我国古代杰出的“诗圣”。

杜甫生活在唐朝由盛转衰的时代,他在长安住过十年,二十四岁赴洛阳应试,未第,开始浪迹中原,南游吴越。杜甫颇有政治卓识,他已敏锐意识到开元背后,朝政黑暗,吏治败坏,观察深刻,写了许多反映社会矛盾和现实苦难生活的诗歌。安史之乱前夕,他从长安回家探亲,刚进家门,知道小儿子饿死,他想到穷苦人民的生活辛酸和艰难;他回家路过骊山,唐玄宗正同贵族、官僚饮酒作乐,愤怒地写下了千古传诵的名句:“朱门酒肉臭,路有冻死骨。”安史之乱期间,杜甫过着颠沛流离的生活,“国破山河在,城春草木深”,[①]促成诗人在这一时期写出了大量不朽的诗篇,集中反映他当时悲凉痛惜的感情,国家灾难,人民痛苦的景况,其中包括揭露封建统治阶级残酷压迫人民的名著《三吏》:《新安吏》、《石壕吏》、《潼关吏》;《三别》:《新婚别》、《垂老别》、《无家别》等。

杜甫的诗以沉浑雄厚的风格,深刻真挚的感情,锤炼凝重的语言,反映出一个复杂、动荡的历史时代,后人称之为“诗史”。其如《后车行》、《自京赴奉先县咏怀》、《春望》等,既有“忆昔开元全盛日,小邑犹藏万家室”的繁华强盛的盛世景象;也有“朱门酒肉臭,路有冻死骨”乱世前夕的阶级压迫剥削下的民间悲剧。

杜甫有强烈的政治抱负,希望和企求建立儒家的清明和谐,看到的则是政治腐败,社会动荡的封建治世。杜甫的诗被誉为“史诗”,由于他对朝廷、对皇帝竭尽忠诚“致君尧舜上,再使风俗淳”;他关心千万人民的生活,希望社会平安、康乐,但所见的又是天宝统治者穷奢极欲和人民的痛苦灾难,这就不能不使他的诗歌表现出高度强烈的时代性、思想性、人民性,也明显展示他对开元天宝的盛世背后的无情揭露和极度悲愤;这其中也多少流露出阶级局限性的消极和悲

---

①杜甫:《自京赴奉先县咏五百字》、《春望》等。

凉，也真实反映了一代知识阶层对社会无望的控诉与批判。

白居易(772—846)，字乐天，下邽(今陕西渭南)人。他在宪宗初年即担任谏官，关心人民，议论国家大事，颇有卓见，因不便明言直说，就用诗歌表达自己的意见，希望皇帝纳谏而改辙。这一类诗有题新乐府，通称为“讽喻诗”。白居易是新乐府诗歌运动的代表，他的讽喻诗是他全部诗歌中的精华，具有高度的人民性、思想性和强烈的战斗精神。他是一位伟大的现实主义诗人。

白居易生活在唐朝走向衰落的时期。阶级矛盾、民族纠纷更加尖锐。他用诗歌批判黑暗政治的腐败，揭露和讽刺统治阶级的罪恶，表达人民的疾苦。在《轻肥》一诗中，描写达官贵人赴宴以后“食饱心自若，酒酣气益振”，而民间正是“是岁江南旱，衢州人食人!”在《红线毯》一诗中，他揭露宣城太守强迫人民用大量蚕丝织造大红地毯，作为给皇帝的贡品，诗人痛斥说:“宣城太守知不知？一丈毯，千两丝。地不知寒人要暖，少夺人衣作地衣。”他的《杜陵叟》诗，集中地刻画了统治阶级的残忍与虚伪，严厉地斥责他们为吃人豺狼:“剥我身上帛，夺我口中粟，虐人害物即豺狼，何必钩爪锯齿食人肉?”骂得何等痛快、淋漓，高度集中地揭露统治者的残忍压迫剥夺，深刻地描绘人民痛苦悲惨生活。他爱惜人民，又想解救人民，其真挚感情，用“根情苗言、华声、实义”形象系统、鲜明表述出来，在我国文学史上堪称“千古诗坛之冠”。《秦中吟》十首和《新乐府》五十首是他这类诗的代表作。

白居易的诗深入浅出，明白、通俗、易懂。据说他写了诗，常常先念给老婆婆听，然后不断修改，直到老婆婆完全听懂为止，惠洪《冷斋夜话》云:“白乐天每作诗，令老妪解之。问曰：解否？妪曰解，则求之，不解则易之。”所以他的诗不仅传颂上层，且民间流传很广。北宋张耒曾在洛阳一士人家中看到白居易诗的草稿数张，涂涂改改，原作的文句几乎全部改换。由此可见，白居易的诗确是呕心沥血，锤炼而成的。

白居易的诗也有一些不足和局限。他“惟歌生民病”，不过是为了“愿得天子知”[①]，向皇帝劝谏。他谴责贪官污吏，但少有触及皇帝，企盼皇帝也能爱民、惜民。他晚年政治仍不得意，意志消沉，趋向佛道，追求闲适，这时所写的诗歌，亦颇有减色。

这里还要重提一笔的是中唐的古文运动。周、秦、两汉通行的散文文体，唐时称为古文。古文运动是指提倡散文，反对六朝骈文形式主义文风，这不仅是

---

①白居易:《寄唐生诗》等。

文学史上的改革，也是当时社会产生重要影响的政治改革运动。

韩愈、柳宗元是古文运动的核心人物。韩愈根据现实斗争的需要，提倡古文，其目的在于用散文作武器，反对佛学，复兴儒学；反对守旧，革新政治。他主张"文以载道"，力图在古代散文的基础上，创造一种更便于表达思想的新散文体。他提倡继承和吸收六经、庄骚，及司马迁、司马相如的古文成果，主张"为文宜师古圣贤人"。反对只学古文的形式，不学精神，认为学习前人，主应"师其意，不师其辞"。他强调写文章要有开创性、创造性，反对因袭模仿。要求做到"唯陈言之务去"，"必出于己，不袭蹈前人一言一句"。他重视用字造句的正确流畅，要求做到"文从字顺各识职"①。总之，"文以载道"，改变中唐后期的政治局面及文风。

韩愈对自己的理论是身体力行的，他先后写了三百多篇具有高度艺术技巧的散文。他的散文气势磅礴，感情充沛，语言生动，比喻确切，对后世产生深远影响。

柳宗元写了四百多篇散文，有很高的成就。他比韩愈更激烈，把古文运动推向思想、政治领域，他是贞元改革的代表人物之一。他不仅写出《封建论》、《天说》一类政治性论文和宣传无神论的名著，还写了《捕蛇者说》、《童区寄传》、《种树郭橐驼传》一类深刻揭露当时社会黑暗面的作品。此外，还写了《永州八记》等描写自然景物的游记，希望人间社会清明。这些作品语言简洁，文笔生动，思想性强，感染力深，有很高的造诣。

这里尤要一提的是世界各国官吏、学者、高僧、留学生来唐，学习唐诗、唐文，日本、新罗、高丽等还来华抢购大唐诗文，一时"洛阳纸贵"，他们也写出有关《行纪》、《纪传》、《游记》、《文集》有七八十种之多。如日本文史家的淡海三船《唐大和尚东征记》(有说台州开元寺高僧思托合写)、日本高僧圆仁《入唐求法巡行记》、新罗崔志远《桂苑笔耕集》、阿剌伯人苏曼烈《游记》、考尔大贝《道程及郡国志》，还有罗斯德《阿尔阿拉克那非撒》等书，记述唐人的文化、名胜山河，丰富多彩的人民生活、美丽神往的繁华城市。

关于史学，初唐史学在我国史学发展史上有相当学术地位，有重要的历史影响，起着承前启后的作用。初唐史学的主要特色和突破，一是太宗中枢政府高度重视，积极培养、物色杰出史学人才，全面编修历代史书；二是承前启后，开创出史学理论、史学典章、经济食货等新形式的大型专著；其三是内容丰富，体制完整，并关注各族、各国的文化历史，且论述析题，有高度、有深度，形成中华

①韩愈:《答李翊书》、《南阳樊绍述墓志铭》等。

一统大文化的史学局面。唐太宗开始设立史官，指定专人编修前代和本朝国史，并令宰相监修；从此官修正史和宰相监修成为定制，历代沿袭下来。唐代编成的正史特别多，二十四史中，唐朝编修的有八部，即《晋书》、《梁书》、《陈书》、《北齐书》、《周书》、《唐书》，以及由李延寿私人编修而获得政府批准成为正史的《南史》、《北史》。鉴于梁、陈、北齐、周、隋五史没有《志》，后来又编修了《五代史志》，这就是现在《隋书》中的志。

刘知幾的《史通》是我国第一部系统的杰出的史学批评和史学理论著作。作者刘知幾(661—721)，字子玄，彭城人。他自七岁至十八岁前，已遍读群书，且精研经史子集；四十二岁后，在史馆工作，积累了丰富的历史知识和修史经验；五十岁时写成《史通》一书，共二十卷。刘知幾在《史通》中对史书的编纂体例、史料选择、语言运用、人物评价以及史事叙述评析各方面，都进行了批判、分析，提出了自己的独特见解，表现了不受传统观点束缚和敢于创新的精神，在史学发展史上具有总结和开创的重要地位。

杜佑的《通典》是我国第一部专门论述典章制度的通史。杜佑(735—812)，京兆万年(今陕西长安)人。他在刘秩《政典》的基础上进行扩充和改编，用了三十年时间，于801年成《通典》一书，共二百卷，分“食货”、“选举”、“职官”、“礼”、“乐”、“兵”、“刑”、“州郡”、“边防”九门。记载了从上古直至唐代宗年间各种典章制度的沿革。此书不仅具有极重要的史料价值，而且为后来的典章制度分类专书开创了先例。杜佑的《通典》，把食货放在首位，他认为“教化之本，在乎足衣食”，这是一个重要的独创性的见解。此外，他反对“非今是古”，主张“随时立制，遇事变通”。这些见解，也都是非常可贵的。

关于地志和地图，李吉甫(758—814)著《元和郡县图志》四十卷，记载了各州的户口、物产、州县的沿革、山川形势、古迹史事等，内容丰富，记述准确，考证详实，评析简明扼要，且图志合一，图在志前，是我国现存最古又有开创意义的历史地理专著，史料价值很高。可惜地图已亡佚，但其文大部分还在，所以后人又称此书为《元和郡县志》。还有裴矩，字弘大，著《西域图记》三卷，绘制了西域四十四国的山川形势地图和帝王庶人仪形服饰的图像，是研究西域历史的重要资料。尤值得一提的是大唐海洋、海交的开发和交流促进中外文化的交流，产生了不少涉及记述中西文化交流的历史地理著作：如贾耽记述《广州通海责道》，介绍广州和世界各国通行的情况。还有《南海寄居内法传》、《大唐西域求法结》(玄奘的《大唐西域记》)等，可以说都是世界名著。

郑虔的学术成就及其对台州文教贡献

郑虔(685—764),字若齐,原籍河南荥阳人,时称“广文博士”,学识才华出众,经历坎坷,是盛唐著名的有多方面学术成就的文人,曾为唐宋史家关注和称誉。他生活在唐朝开元天宝由盛转衰的历史转折时期,他的人生、学问也增添了浓烈的时代悲剧的色彩。郑虔作为盛唐的杰出人才,在他被贬谪到台州之后,几已为人忘却,我国政治思想史、文化史,以及文学史冷薄了一千余年,新中国建立以来,在中国唐史学会、唐代文学史学会和台州、荥阳等地文史学者的积极的推动下,郑虔生平、思想和学术业绩,引起广泛关注,郑虔和郑虔学术研究,也掀起阵阵热潮,成为唐史研究的重要历史人物之一。

郑虔出身荥阳望族郑氏的官宦世家,有很好的家学渊源和传统儒家教养,《唐书·宰相世系表》称荥阳郑氏二房,“一曰北祖,一曰南祖,宰相九人”,又说:“累数世而屡显,终唐之世而不绝。”郑虔少有大志、才气横溢、卓识不凡、学冠众儒;但他一生仕途坎坷不平,青年时为朝廷委为协律郎,因“集掇当世事,著书80余篇”,被人告法私撰国史,结果“坐谪十年”。幸还京师长安后,“玄宗爱其才,欲置左右,以不事事,更为广文馆,以为博士”,自此几与仕宦无缘,进不了中枢朝堂。晚年蒙“伪授安禄山水部郎中事”①,贬为台州司户参军,最后也死于台州临海,葬在县东三十里的白石岙金鸡岭。郑虔一生很不得志,唐宋史家典籍虽有载录,而渐为后人遗忘。但台州人民一提他,就会肃然起敬,饱含感激敬仰之情。台州有他的坟,有他的庙,有广文街、广文井,还留有他的文章、学子和他一脉相承的子孙。他晚年在台州的时间不长,但台州人十分怀念他,在临海城关八仙岩畔建有郑公庙,今尚存清光绪年间重修的广文祠;城东白石岙有他

①《新唐书·郑虔传》,下不再引。

的坟墓，现在也整葺一新。他一生的命运和开元天宝的政治剧变息息相关，而他的学术才华却和台州连在一起，他的光辉业绩和台州的社会进步密不可分。有如台州母亲河灵江长流不息，令台州人民世代受益，永难忘却。

郑虔是很有才华并卓有成就的人物，宋朝欧阳修撰《新唐书》为郑虔立传。唐张彦远《历代名画记》、韦续《墨薮》、张怀瓘《书断》，其后李昉《太平广记》、辛文房《唐才子传》、张丑《清河书画舫》，以及《唐朝名画录》等著名文集、典录等，对他的事迹和成就，都有介绍和引述。历代帝王名宦对他的书画，颇多留情和赞誉。惜因政治流放来台后消声匿迹等各种原因，研究很少，特别对他的自成流派的地理、博物和诗书画的探讨，更是简略到寥若晨星，没有系统著述予以析评。至于玄宗皇帝誉其为"诗书画三绝"，虽名震一代，亦因书画文章大多散佚，所见无几，渐为世人忘却。我们只能在有关传记、轶闻和杜甫文章诗作，历代书画著述中，作为配角，而略知一二。郑虔胸怀壮志，才识兼备，但一踏进社会，就遭"坐谪十年"的打击，后来唐皇玄宗"欲置左右"，又乏机遇，再被冷落；因诬陷伪授安史水部郎中一职，而被贬谪到穷乡僻壤的台州为司户参军，他的理想抱负得以完美升华，他的学术声名得以重振，他的人生价值也得以真正的实现。在近二三十年，河南洛阳、荥阳和台州掀起郑虔研究的热潮，尤以郭沫若、傅璇琮先生在论及杜甫、李白，说郑虔是"文名独盛"的大家，才有了比较深入的发掘和探索，郑虔成了"与台山同不朽"的人民诗人、文学家、教育家、书画家、博物家。从而弥补了我国唐史、唐诗、书画史的缺憾，大大丰富了台州文化史，也推动和促进了台州的精神文明的建设。

郑虔生活在开元天宝年间，少有锐志，抨击时弊，特别是他过人的卓识和强烈的时代危机感，敏锐感触到盛唐年间错综复杂的混浊官场和民生灾难，郑虔注定是很难适应，并摆脱不了蒙冤贬谪的厄运。郑虔积极上进，以展"平生之志"，盛唐时期的科举制度把他吸收到官僚集团中来，诚如《册府元龟》"求贤"中所云，"股肱之佑元首，譬如舟航之济百川"，"王者无外，谁为方外之臣，野无遗贤，谁为在野之客"。开元盛世，政治、经济畸形发展，虚幻地呈现出封建社会的极度繁荣，为当时入仕知识阶层铺设了一条宽广而荆棘的前程。各种政治矛盾和危机，又迫使知识阶层不可避免地要强烈地反映当时的社会现实，揭露社会时弊，鞭挞腐朽政治。郑虔不愿作御用文人，充当政治体系中的一个歌功颂德的角色；他又看不破尘世，不愿侧身走到深山老林成为隐士，过着孤芳自赏的田园生活。清台州同知、候补内阁中书刘廷玑在《赠唐台州司户参军郑虔祠集序》

中就说:“士之立声名、垂后世者,必有所表见于朝廷之上,然后天下传之,国史书之,见见闻闻,罔有异辞”,所谓“荷衣垂钓且安命,金马招贤会有时”。[①] 年青有作为、有理想的郑虔,既不愿为俯首听命的统治者奴仆,又不甘于孤芳自赏的隐士生活,竭力追求“身仕朝廷,食得君禄”,走着“施其教于天下,得其名于青史”的儒家知识分子的道路。尽管郑虔一生百折不挠,矢志不渝,奋力挣扎,勇往直前,坚守自己的信念和追求,最后仍不免卷入混浊的政治漩涡,落得“卒免死,贬台州司户参军,维止不迁”的悲剧下场。

综观郑虔一生,一波三折。年青踏进仕途,即以“私撰国史”[②],坐谪十年;回到长安,又被冷落,为广文博士;而后又涉安史之乱伪授水部郎官,以戴罪之身,流放僻处海滨的台州,断了政治前程。当时有不少正直的官吏、士人为他鸣冤叫屈,下层民众对他寄予同情,但封建朝廷是不会宽容一个罪臣,一个叛逆,一个流放到穷乡僻壤的落拓文人,当然亦难名留青史。因此有关他的著述、诗文、图画等渐渐散失,至今留存甚少。然学术才华,声名犹存,见之于有关典籍文献的著述有《天宝军防录》、《荟蕞》、《胡本草》;诗文不多,仅存《闺情》,还有王晚霞同志1993年发现和待考的《亭旁丹丘寺思凤楼记诗》等;图画有《沧洲图》、《陶潜像》、《峻岭溪桥图》、《杖引图》、《秋峦横霭图》、《竹屏六逸卷》、《山庄图》和《台州西城蚕岩图》等。郑虔的研究,特别是有关他的政治、学术、思想研究,确实困难,但很有意义,前景可观。

关于郑虔研究,西安及河南、台州涌现出不少文史研究学者,台州王晚霞同志无愧为用力最勤、又作出重要贡献的学者。她为筹建广文祠宇四处奔波;收录名家书画、金石碑刻;组织联络文史工作者,编辑文集,出版著述;真是不遗余力,令人钦佩。她所编撰的《郑虔本传》、《郑虔年谱》、《郑虔生卒年考》、《郑虔书画》,还有《郑虔研究》等多本论集,钩稽整理,资料丰富,排比考析,论证可信,具有较高的学术价值。冷薄了一千余年的郑虔研究,顿时活跃起来。诚如中华书局总编辑傅璇琮先生所说:“《郑虔研究》是近年来唐代文学作家资料编得较好的一种,它完全可以称得上一部学术专著。”又说:“它的编印问世,必将进一步推动郑虔研究,也必将受到海内外唐诗爱好者的重视。”国内著名文史论集、书画文卷、著录辞典,如《唐代文学研究》、《天台山文化研究》、《唐代文学家辞典》

---

①《全唐诗》卷236《郑虔诗》。

②《新唐书·郑虔传》,下不再引。

等都收录了有关文章和篇目。

郑虔研究，推动了台州学术研究，自由争论，相互切磋、取长补短，引发了对传统历史文化全面研究的热潮，如徐三见、丁锡贤、丁伋等都很用心、用力，王晚霞同志调查研究，搜集碑文资料，所潜心探索和研究的《郑虔三门亭旁丹丘寺佚诗》，反复论争，审慎评析，大部分学者认为佚诗的探讨是有成效的，析理是有根据的，结论也是比较客观、中肯的，进一步了解郑虔晚年在台州的思想、学术、生活，也为台州文化史、教育史，增添了一朵奇葩。可以展望，郑虔研究还会开拓出更加宽阔的空间，编撰出更多的《郑虔研究》论稿，为研究郑虔、繁荣台州文化，为唐代文学研究、诗书画研究，为推进精神文明建设谱写新的篇章。

对此，我想为深入郑虔研究，就其著述及其政治、思想、学术研究，略呈己见，提出一些看法，以推进唐代文化、台州历史文化的开拓。

其一，联系历史背景，加强郑虔思想研究，来探索郑虔的学术人生的价值。郑虔的思想、学术究竟怎么样？他在思想史和学术史上究竟有多大地位？颇有争议，评价也显得不一而论。郑虔少有壮志，很有卓识，思想敏锐，才华、品格都很突出，诗文、书画很有特色，“不惜为多才多艺名家”。郭沫若先生在《李白与杜甫》一书中，评价很高，把他比作武后、玄宗时的名相张九龄，并称他的军事识见有如平定安史之乱的名将李光弼。欧阳修对他评价也不低，他所撰《新唐书》把郑虔放在《李白传》、《王维传》之后，《萧颖士传》、《苏源明传》之前。写《李白传》有 2400 余字，《王维传》1700 余字，而《郑虔传》有 2000 余字，足见欧阳修重视郑虔的学识、地位，给予高度关注。其文云：

> 郑虔学长于地理，山川险易，方隅物产，兵戎众寡无不详审。尝为《天宝军防录》，言典事赅。诸儒服其善著书，时号郑广文。

盛唐风流皇帝玄宗称郑虔为“诗书画三绝”；还说宰相苏颋在郑虔“坐谪”回京，建议玄宗，即“欲置左右”，后“上增国学，置广文馆，以居贤者，令后世言广文博士自君始”。广文馆本是盛唐“总领文词”，培养进士的学术机构；总领者虽官历不显，“但文名独盛”。我们“从玄宗欲置左右”到“广文馆博士”，虽为冷落，官职较低，但也足见郑虔的才华卓识，以及他在玄宗皇帝眼中，还是有一定的地位。再者，唐初推行文治，重视科举，引进高层的治国平天下的人才，《通典·职官志》云：“天宝九年，于国子监置广文馆，领学生为进士业品秩与太学同。”郑虔此一任职，虽有点“冷落”，但也可见玄宗对郑虔杰出学识之默认和官位的“荣任”，而无重用，是对郑虔的政治思想的异疑与不满。郑虔竟如何：“沽酒不复疑”，“我濡墨沼学《黄庭》”，“不屑置之”，这其中的辛酸遭遇，要数他的好友杜甫最为了解，替他不平，说他“才过屈宋，道出羲皇”。说明郑虔学识渊博，是当时很有影响、很有识见、很有作为的学术大家。

郑虔思想突出特点，政治敏锐，卓识不凡，敢于集缀当世事，抨击时弊，显见他已多少意识到开元盛世的背后潜藏着深刻的政治危机。开元盛世，是我国封建社会的黄金时期，封建经济发展到了顶峰。史家称：“河清海晏，物殷俗阜，左右库藏，财物山积，康哉之颂，溢于八绂。”①杜甫在《忆昔》一诗中也说：“忆昔开元全盛日，小邑犹藏万家室。稻米流脂粟米白，公私仓廪俱丰实。”但是随着经济发展，统治阶级奢靡腐败，大皇族、大地主、大官僚三位一体竞向小农兼并土地，肆意盘剥，诚如当时大经济学家杜佑在《通典》中所说：“土地兼并之弊，有逾于汉成、哀之间”，版籍混乱，小农逃亡过半，社会已开始进入动荡不定的乱世。唐玄宗自以为“天下无为所忧”，志满意骄、安于逸乐，宠爱姿色出众、能歌善舞的杨贵妃，开始过着“春宵苦短日高起，从此君王不早朝”的淫于酒色的腐朽生活。中枢大权落在李林甫和杨国忠之手，朝廷无贤，卖官鬻爵，比置庄田，吏治败坏。失去土地的农民，或聚集于山林之中，或流亡于滨海之上，一场大乱迫在眉睫。当时形势，不是所有的政治思想家都能觉察和认识到的。郑虔一登上政治舞台，就能针对时弊，“集掇当世事”，结果虽以“私撰国史”之罪，坐谪十年；但说明他眼光敏锐，洞悉社会，已强烈地意识到盛世背后的严重危机，是一个很有政治卓识的年青学者、思想家。所以回京之后，不安于“长安苦寒谁独悲”的清贫生活，高呼“儒术于我何有哉，孔丘盗跖俱尘埃”。做不成参政谏臣，如魏徵、张说、狄仁杰、陈子昂等，成不了嫉恶现实、反抗现实的名士阮籍、嵇康、骆宾王，远离现实而借隐的贺知章、吴筠、司马承祯等；只有自叹“从来御魅魑，多为才名误”②而被贬责、流放。郑虔最可贵的在开元天宝年间，看到盛世现实背后的腐败，虽屡遭排斥打击，仕途艰险，仍不屈不挠，不肯与统治者同流合污；更重要的是年青郑虔已意识到自己的社会责任，“私撰国史”，揭露现实，走向社会深层，从国家、人民命运的高度，考虑人生、剖析世事。他在学术研究道路上，以政治锐利眼光的，写了不少社会性的学术论文；他的诗文、著述、书画，充满“民本”思

①《新唐书·郑虔传》。

②杜甫：《有怀台州郑十八司户》，下有关引录不再注。

想理念，触及当时统治者的利益，故而最后免不了被贬谪到台州的厄运，他的政治卓识和才华，也有幸奉献给了台州人民，他的人生价值才得以真正实现。

其二，郑虔不但政治敏锐，而且还在诗文、音律、书画、军事、地理、史学、医学、博物等诸多学科，素养卓然，都有开拓，是颇有成就的诗人、画家、书法家、教育家，并在军事、地理、博物、医学等方面也有重大的建树。

欧阳修在《郑虔传》中对他的学识评价极高："学长地理，山川险易，方隅物产，兵戍众寡无不详审"，又说："诸儒服其善著书。"宰相苏颋和郑虔"申以忘年之交"，说他学识渊博，"又善书画"。我们从有关资料、典籍所见，郑虔一生著作甚丰，涉及各个领域，共撰 120 余篇。诗书画之外，尚遗有《荟蕞》、《胡本草》、《天宝军防录》等著述。《天宝军防录》、《胡本草》、《荟蕞》三本书，性质迥然相异，《天宝军防录》是兵书、《胡本草》是药书、《荟蕞》是百科杂录。其中《荟蕞》是一部记载各类珍稀动植物或社会异闻，以及自然界奇异怪物的杂录类书，如段公路《北户录》卷一至卷三共记载各类稀有动植物 52 种，博引资料丛书 20 余本，由《荟蕞》摘引的就有 12 目：即"蛤蚧"、"鸡毛笔"、"红盐"、"食目"、"水韭"、"蕹菜"、"山胡桃"、"白杨梅"、"偏核桃"、"红梅"、"香皮纸"、"山花燕支"。这些物产、特产，涉及国内外，北及蒙古，西至中亚、西亚，南界印度。通过这些记载，我们不但认识到郑虔的学识渊博、视野宽阔，也可以了解到少数民族以及南亚、中亚、西亚这些独特的物产，证知盛唐时期我国的疆域辽阔与邦交之盛况，足见郑虔知识广博。所以郭沫若先生说他是多才多艺的老博士，"能诗、能画、会写字、会弹琴；而且又是星历家、医药学家、兵法家"；还称杜甫在郑虔死时有诗哀悼，"认为自此天下没有文章了"。郭沫若先生如此称赞落拓文人郑虔的才华，以及郑、杜之间的友谊，在他一生著述中并不多见。

郑虔才华横溢，尤善诗，唐玄宗夸其"诗书画三绝"，诗圣杜甫称他为"才过屈宋"，"才名四十年，高歌有鬼神"。郑虔留下的诗作不多，但唐朝即有不少著名诗人对郑虔有颇高赞誉和出色而独特论评。著名诗人李商隐有"宋玉生平恨有余，远循之楚吊三闾。可怜留着临江宅，异代应教庚信居"；杜牧有"广文遗韵留樵散，鸡犬图书共一船。自说江湖不归事，阻风中酒过年年"。明代著名思想家方孝孺还说郑虔："为吾台斯文之祖，凡属台人莫不深感其赐。"最了解郑虔当推密友杜甫，杜甫一生有不少诗文论及郑虔才华。他说"先生有道出羲皇，先生有才过屈宋"，"才名四十年，凡心一寸灰，重对素箫发，俱过阮定来"。后人顾宸于杜甫和郑虔患难相知，论及诗文才气时，把杜甫、李白、郑虔同列，其文称：

> 少陵之诗，千秋独步。供奉（李白）之从永璘，司户（郑虔）之污禄山之伪命，皆文人败名之事……不知作几许雨云反复矣。少陵当二公贬谪时，深悲极痛，至欲风生死，其交谊真可泣鬼神。

所以，当时唐代文坛皆云："郑虔与李（白）、杜（甫）为密友，人称郑广文。"可惜，郑虔的诗都已散佚，《全唐诗》还留存《闺情》一首："银钥开香阁，金台照夜灯。长征君自惯，独卧妾何曾。"最近在台州发现《丹邱寺思凤楼记》一首：

> 孰知晋代衣冠族，同是青编记姓名。君向丹邱寻彩凤，我濡墨沼学《黄庭》。一时感慨千年事，两地忧伤共此情。岂物凤山风景别，丈夫何必泣新亭。

诗风颇为相近，情境亦与当时郑虔流放台州吻合，郑虔其他的诗都已散失，很难作出全面评价；但从盛唐玄宗皇帝称他"诗书画三绝"；杜甫、李白留下这么多的有关赞誉诗文，郑虔当时声名，也不一定皆在李杜之下。所以陆深《玉堂漫笔》云：

> 开元间冬雪后，张说、张九龄、李白、李华、王维、郑虔、孟浩然出共田关，游龙门寺，郑虔图之……有槎溪张东各诗：二李清狂狎二张，吟鞭遥指孟襄阳，郑虔笔疾青风满，摩诘图中诗兴长。

评说："郑虔笔疾青风满"，显见郑虔诗的水平和品格也是不同一般的了。清乾隆帝看到《峻岭溪桥图》，其诗云："万壑千溪不可穷，远神毕具尺图中。独嫌未见诗见字，署尾无能三绝同。"也说郑虔之诗画，神韵气格甚高；寓意、意境十分深远；遣辞典雅高洁，语言含蓄蕴藉，所以，也惊叹"无能三绝同"。如以《思凤楼记》和《闺情》相比，一为天宝乱世所作，一为开元盛世之作，意境、寓意不同，神韵、气格也不一样；一为"凄凉旷废余"的诗味，一为"金台照夜灯"的香阁，把两个时代迥然不同的情景，深刻而形象地表露出来；最后用"独卧妾何曾"，"丈夫何必泣新亭"的心境和情态，表示自己卓识、才气、爱憎取舍，看出郑虔的功底、为人品格和诗品境界，在唐一代的诗人中，应有他相当的地位。

郑虔书画堪称声名一代。《新唐书》本传说郑虔工书画，年轻时学钟繇父子、王羲之书法，又有"长安慈恩寺柿叶学书"故事，予以佐证。唐《墨薮》列有唐代善于真行书者共 22 人，郑虔为其中之一，评其有"如风送云收，霞催月上之誉"。杜甫赞其"文传天下口，体变钟兼两"。郑虔书法出自魏晋王羲之，自具风格，神韵洒脱，风采飘逸，在唐时也为一派代表。郑虔书画成就多方面的，品位也相当高的。概括而言有三：其一，我国诗书画家，能得到几代风流皇帝又善书画的如唐玄宗、宋徽宗、乾隆帝的称誉叫绝，视为珍宝者，实为不多。其二，郑虔的画录于我国画坛主要典籍：《唐宋艺画撮录》、《唐宋元集绘》、《宣和画谱》、《历代名画记》、《唐朝名画录》等，在古今，以至国外日本、韩国等，高价收藏，且都有极高评价。他们认为汉、晋以来，画人物"号为名手者，才得三十三人，其卓然可传者，则吴之曹弗兴，晋之卫协，隋之郑法士，唐之郑虔、周昉"①。《宋宣和画谱》说其《陶潜像》："风气高逸，前所未见。"元代著名书画家赵孟頫赞其："思致幽深，景物奇雅，阅后令人萧然意无。"唐朱景玄还在《唐朝名画录》中把郑虔的画列为上品，称"能画鱼水山石，时称奇妙，人所降叹"。所以著名的《封氏闻见记》称：

郑虔亦工山水，名亚于(王)泯，劝善坊吏部尚书王方庆宅院有虔山水之迹，为时所重。②

其三，郑虔书画创作数量极多，民间影响很大，其画皆列于京都名刹大寺，和第一流的书画家王维、吴道子、毕宏等并驾齐名。据载当时长安慈恩寺、西明寺、圣善寺等名刹大院，都有"郑虔、毕宏、王维、吴道子等白画、书画"。郑虔虽留下不多的画如《沧洲图》、《人物图》、《杖引图》、《著色山水图》、《峻岭溪桥图》、《山庄图》、《夕照图》等，至今仍也驰名海内外。宋时郑刚中在《北山文集》中评曰："虔高才在诸儒间，如赤霄孔翠"，"窥造化而见其天性，虽片纸点墨，自然又喜"。清初吴其贞则赞曰："虔画法圆健，绝无尘俗气，神品上画也。"所以日本、韩国等东亚各国，寻觅其书画作为珍藏。在我国书画家中，能有郑虔如此才华，又渊博学识者，得到中外如此多名家赞誉，也并不多见。

尤值得一提的是郑虔的为人品格和学风。郑虔为人正直，虽不善仕途交际，但清高自洁，故一生清贫。杜甫曾赞郑虔"德尊一代常坎坷，名垂万古知何用"，为官时贫困潦倒。他对于朋友情谊，真如杜甫所说"得钱即相觅，沽酒不复疑"；他对于国家大事，和杜甫一模一样，也持"致君尧舜上，再使风俗淳"的浓烈情操，有"才名四十年，坐客寒无毡"的美誉。至于他研究学问，探究自然奥秘，能结合实际，经世致用，且涉及社会科学，自然科学等各个领域，尤以药物、植

①《宣和画谱》卷5《人物叙论》。

②吴其贞：《书画记》，并附郑虔《山庄图》一幅，有《绍兴御赏》印。

物、矿物、名果等方面，很有研究，并有卓识，见注史册。他撰写文章，不仅有爱国爱民的真情实感，解决社会问题的强烈愿望，还敢面对现实，为追求真理决不畏惧。这些特点，在他年轻时已有突出的表现，特别在“坐谪十年”期间和晚年流放到台州之后，表现尤为出色。他抛开家事、国事、个人蒙冤的痛苦；生活、习俗，以及语言不通的忧虑；包括一生仕途断送所给予他思想灵魂的致命冲击，然为国家民族的命运，学术思想的潮流，以及台州人民事业，“毅然以兴文教，易风俗为己任”，“鞠躬尽瘁，死而后已”，令人惊叹之余，不禁为其高尚品格所倾倒！宋时礼部侍郎陈公辅称郑虔：

维公才过屈宋，道出羲皇，德尊唐代，化被台邦，教以正学，启以民彝，家家礼乐，人人诗书。

明代方孝孺以“精魂化作三更火，正气翻滚半壁烟，只恐鹤去无立处，长空依明月婵娟”，称赞他的为人高洁正直，品格有如“明月婵娟”。

其三，研究郑虔的思想、学术，应和台州的传统历史文化，台州式硬气精神结合起来。台州文化是我国自具特色的地域文化，一面濒海，三面名山：天台山、雁荡山与括苍山，天台山是唐代浙东丝绸之路主要起点之一，当时国内有不少官宦名贤、文人学士、高僧道家，因仰慕天台山、雁荡、括苍的山水风光，云集台州，已成一时风尚，台州成了儒道佛三家交流融合的胜地。郑虔来自两京长安、洛阳，其学识兼及中西，年青时曾坐谪西南、西部地区，他被贬谪到台州之后，还留下来为台州文化教育，献出最后的宝贵生命，足见郑虔和台州有着一种深厚的情缘，并且也确实为台州社会进步作出了巨大贡献。因此，一，郑虔流放台州后，我们自可对其学术思想的研究与天台山文化、唐诗之路的开发挂起钩来，成为推动浙东唐代中西丝绸之路历史文化交流研究的网络基地。二，要深入研究郑虔的精神思想，郑虔是唐代著名的诗人、画家和书法家，才过屈宋，郑虔饱尝坎坷，在他日趋成熟的晚年，有幸来到台州，把我国汉唐的华夏文化带进台州，丝绸之路文明带进台州，他是台州文化最重要最杰出的传播家、宣传家、奠基者。诚如杜甫所云：“诸公衮衮登台省，广文先生官独冷。甲第纷纷厌粱肉，广文先生饭不足。先生有道出羲皇，先生有才过屈宋。德尊一代常坎坷，名垂万古知何用。”①三，特别要强调的是郑虔一生鄙薄仕途，淡泊名利，这和台州

①杜甫：《醉时歌·赠广文馆博士郑虔》。

式硬气精神不谋而合，丰富了台州硬气、灵气、志气的精神内容。特别是他倾心于民间文化教育，“在郡城设学馆，选民间子弟，亲自任教”，为台州的启蒙教化，竭尽心力，为台州文教开拓，发展起了不朽的作用。郑虔对台州的影响，有深度和广度，台州自此以后，文化教育大振，文人学士、名贤官宦，“代不乏人”；郑虔的学说、人品，尤以他的教育思想、书文诗画传授，应作为我区最宝贵的精神财富，予以研究总结，发扬光大。

郑虔的精神品格崇高伟大的集中表现，是他在暮年晚景，被贬而来到地僻东南海滨的台州，人事生疏，生活艰难，政治仕途已濒入绝境，国事、家事到了绝望的境地，但他毅然留下来了，还对台州感情很深，并为台州的学术、文化、教育，培养一代人才，作出重大贡献。这种高尚的情怀和风采，给予台州人民和社会的影响和作用，未可估量。台州人民所以如此崇敬郑虔，不仅是因郑虔学识渊博，才华出众，更重要还应是他倾心于台州的教化事业所付出的一生代价和崇高的精神品格。

郑虔来台州后的思想剧变和精神的升华，最后实现了人生真正的社会价值，其原因是多方面的：首先，开元天宝年间的历史剧变，特别当安史之乱导致大唐王朝由极盛走向衰亡，带给他一生仕途的最后绝望和破灭之后，开始自觉地走向民间，把自己的学识、才华由“献为帝王家”转而直接奉献给台州平民百姓；由此产生的巨大的精神力量，使他真正为人民事业，最大限度地献出学识、才华。其次，台州人民对他的浓烈的感情，和他心心相印，台州远离两京，景色幽秀神奇，人杰地灵，但民风闭塞，文化比较落后，郑虔既无流露出异乡异客的心志颓丧；也没有对自己一生追求表现出的不幸而悔咎，蒙上老庄消极出世思想阴影；而是振作精神，充满信心，为开拓台州文化，献出了他一生最后的宝贵岁月，真是“名重奕禩，功在台人，后人绘貌，杜陵写神”。诚如方孝孺在《郑虔图像赞》所云：

> 化狉獉而淑诗书，非特光而启后昆，为吾台斯文之祖，凡属台人莫不深感其赐。

台州人称他“式陈明荐，千秋万代，敬恭明神”，确为“良有因焉”！①

郑虔晚年被贬而来到台州，这是冤案。史载安史之乱起，他即“潜以密章达

---

①《郑虔研究・诗作、祝文、像赞、谱序选》，浙江古籍出版社 1990 年版，下不再引。

灵武”的肃宗，表示效忠唐王朝，这说明郑虔忠于李唐，其志不移。后来，朝廷不能赦免，“虔等方悸死”，经亲朋说情，仅于免死，也是说明唐朝统治者也还没有充分证据，诬害郑虔叛逆，而定为死罪。其次，我们从有关专家的传记、学者的研究，郑虔既未出任安史水部郎中，亦未到任视事，且当时已潜离长安，流亡他地，谈不上“伪授”，说不上“投降安史”，这正如顾宸所说，因封建社会时期官场政治黑暗，得罪了王朝宗室，“皆文人败名之事而已”！再者，他山海跋涉流放，毅然决然来到台州，“为农山涧泉，引病海云边”；并坚强留下台州，为台州人民事业，贡献了最后宝贵生命，此亦足以说明郑虔忠于国家，忠于人民。因此，说郑虔“伪授”，“投降”，纯属政治“诬害”。正是无端迫害，使他进一步的看清了统治者的面目和社会的混浊旋涡。他在幽愤、激励、抗争之余，终把自己的睿智献给台州的千秋文教事业。

郑虔被贬为台州司户参军，是管理户籍的小官，当时政治环境、生活十分艰难，能走出如此的道路和作出重大贡献业绩，更其难能可贵，此亦足以展示出郑虔一生为国为民的崇高精神。当时的台州还是比较落后荒凉的，是流放朝官之地，如骆宾王、来济、啖助、寒山，都曾因各种原因，流落台州。《旧唐书·地理志》记载，台州管辖六县，在长安东南 4377 里，荒僻海滨、民风闭塞，“有 83868 户，人口 489115 人”。郑虔被谪，虽自叹：“著作无功千里窜，形骸违俗一州嫌”，坚毅地认为“孔子泽加天下，阳春照不及阴崖”，当应担负起教化的重任。开设学馆，培养人才，选民间子弟，亲自任教，孜孜不倦地将自身的学识文化和不凡技艺，毫不保留传授给学生。台州的诗书文章、戏曲、艺术、文教事业，以及社会风化，焕然一新，自此“代出新人”，后唐及两宋时期，进士者竟千余人，台州誉为“小邹鲁”，郑虔功不可没。民国《临海县志》称“大而婚姻丧葬之礼，小而升降揖让之仪，无不称备”。临海八叠一带有一地名称“留贤”，宝应元年（762），唐肃宗颁行“降官流人，一切放还”政策，有些挚友或同僚盼望和规劝郑虔回长安，据传台州弟子送他到八叠岭，他与弟子林元籍等人论对赋诗。郑虔曰：“石压笋斜出”，林回答说：“谷阴花后开。”郑虔很高兴，深感自己教化有效，继续留台州任教至终。后人把这地方叫“留贤”，①纪念郑虔对台州的启蒙教化之功，台州人民对他高度崇敬，郑虔已是把他的才华、学识融于台州人民的事业之中。郑虔诗书画等，也给台州文化带来一定的催化和提升作用，在我区发现的有关碑帖

①喻长霖主纂：《台州府志·弁言》，1931 年版。

诗文和传闻佚事中，仍不难可以看出郑虔对于台州所作出的重要贡献，《台州府志》记载：

> 自公以广文谪此邦，毅然以兴文教，易风俗为己任，由是家敦礼让，户尽诗书，理学名臣，代不乏人。

这里还要强调一笔的是郑虔来台州，为台州保留了一份宝贵文化遗产，促进了台州与中外文化的交流，也有力地提高台州教育文化的水平。

郑虔学术思想和学术成就对台州历史文化有深远影响和作用。郑虔来自中州两京，天赋少年，勤奋自励，学有专长，儒学至深，最后他毫无保留地献给了台州人民的事业，对台州历史文化、地方教育必将产生历史性的作用和影响。郑虔称得上一代人物，诚如郭沫若所言："不仅是学识渊博的学问家，而且是政治敏锐，热爱祖国，热爱人民，带有平民色彩的爱国主义者。"他学贯中西，所著《荟蕞》、《胡本草》、《天宝军防录》等书，其所录历史地理、稀有动植物、异闻杂录、名人轶事，涉及国外的中亚细亚、印度、南亚半岛各国。我国唐史、唐诗学会诸多学者曾说，天台山是唐诗之路的起点，由天台山经会稽、苏州，越长江，沿运河的扬州，可直抵洛阳、长安、敦煌，而去中亚。当时浙东台州是丝绸之路东出的起点；天台山是天台宗佛学发祥地，是中西交流一大文化基点，郑虔来台州，带来了两京和中外的文化知识、科技学术；在其书中，有维吾尔、南诏、吐蕃、河西、川滇黔和中亚、南亚一带的特产、名产，从中我们不但可以了解这些特有的产品、品种，而且也可以证知唐中期的中外邦交和中西经济文化交流的盛况。中西丝绸之路的文化交流，大大丰富和提高了台州历史文化品位，也间接说明天台山已成为中西丝绸文化交流的浙东最活跃的胜地。因此，我们研究郑虔学术、文化、教育、诗书画，既有学术性的，也有思想、政治性；特别是当时正在浙东兴起的"中西丝绸之路"文化热潮，郑虔和李白、寒山等自可充当中西唐诗之路、丝绸之路的一代人物，开辟出台州文化新篇章。唐时，天台山得之国清寺天台宗的因缘，东亚、东南亚、南亚的学者，学问僧、官员纷纷来天台传道学佛，他们推动了中西文化交流，也为开拓中西的丝绸之路，作出重要的贡献，这里自然有一份郑虔的功绩，可见，研究郑虔，具有重大的开拓意义。据学者不完全统计，终唐一代，有312位诗人到达天台山，留下1300余篇诗文，诸如李白、孟浩然、杜牧、顾况、孟郊、皎然、寒山、陆龟蒙等一大批著名诗人都到过天台山，然后通过中西丝绸之路，把天台山文化传播到世界各地，郑虔是作用最为突出，业绩也是最显著的一位杰出学者、人民诗人。郑虔学贯中西，被谪于西北、西南边，对中亚、西亚文物、特产、科技，十分关注，深入研究，自然成为开拓和研究中西丝绸之路的一个重要部分，是继承和弘扬台州文化的一大亮点。

郑虔名留台州，影响至深，引发台州地方官员，名人学士，返乡名贤高度关心、关注，并敬仰、怀念、凭吊，建郑虔祠、郑虔墓，表达了台州人民对郑虔在台期间所作功业的高度赞誉和评价。据《郑氏宗谱》、《郑祠集跋》、《翰墨弁言》等现存资料和碑帖，最重要的有北宋末年的礼部侍郎陈公辅；南宋御史兵部郎中李庚；稍后太府卿王卿月，少卿楼观；明洪武年间侍讲学士方孝孺、成化年间南京祭酒谢铎、国子学录任稜、河南左参政秦文、礼部尚书秦鸣雷；以及清朝历届知府、名贤、硕儒，如冯甦、洪颐煊、刘廷玑、张联元、刘璈、彭维新，代代相传，都留下诸多崇敬赞扬的诗文笔墨、碑文记述，及民间传闻佚事、地方戏文，郑虔成了台州人民“文教之祖”，扬名古今。

最近二三十年来对郑虔的研究不断拓展，一是书画开始流播到世界各地，促进了台州与外地的文化交流。二是召开郑虔研究学术会议有八九次，1990年以来，唐代文学研究会第五届年会暨国际学术讨论会的国内外专家学者一行27人到临海，首开国内郑虔研究之风。三是国内郑氏家族还协同国外和香港、台湾不少郑氏文士，拓宽了郑虔诗文、书画的考订和研究。我国香港中文大学、台湾东吴大学，日本关西大学、神户大学，韩国唐代文学会，美国密执安大学、史密斯大学等著名大学的学者、专家也来到郑广文纪念馆考察、参观、研究，撰写论文，加强了台州文化与国际文化的交流，大大提高了台州的知名度，对推进东南沿海的改革开放和文化交流，产生了很大影响。

要附提一笔，国内学界掀起郑虔和杜甫、李白之间友情的学术的研究中西文化交流的热潮，我们可借“郑杜李研究热”，提升台州历史文化研究水平，把台州文化融入东西丝绸之路研究圈。杜甫有“日籴太仓五升米，时赴郑老同襟期”，“忘形到尔汝，痛饮真吾师”等诗句；后来，郑虔被贬台州，杜甫又写了《哭台州郑司户》、《故著作郎贬台州司户荥阳郑公虔》、《题郑十八著作文故居》等感人至深的诸多诗文。中外学者，特别是郭沫若、傅璇琮、郁贤皓、霍松林等著名学者十分关注郑虔学术研究，撰写论著，提高了台州文化在我国文化史，以及中西文化交流史上的影响。总之，郑虔来台，时间不长，但意义重大，影响深远，诚如宋代临海人陈公辅郑虔《祝文》称：“德尊唐代，仕被台邦。人始知学，去陋归儒”，明代楼观《楼观祠斋壁志》、方孝孺《郑氏宗谱序》、清代临海人冯甦《采风楼祀位诗之三——唐台州司户郑虔》、台州知府张联元《重修广文祠序》、天台许君征《广文祠记》等等，都异口同声称赞他为“吾台斯文之祖”，“不朽不死之神，台人祀之；不朽之言，台人诵而传之”，为“大兴衡育英才之前驱，肇兴文教学校之先宗”，是乃“台邦万世之阳春也”①。郑虔成为浙东一代名人，中西丝绸之路的一代名人。郑虔去世距今有1248年历史了，他的卓识才华、历史业绩，要充分予以研究肯定，要发扬光大。诚如《台州府志》云：

> 吾台设郡以来，官吏纷若茧丝，而郑虔独以司户著称，……是则贤吏虽多，而以官命地，与台山同不朽者，独郑司户一人。信乎！官不在大，足以无愧后世之高车驷马而碌碌之间者矣！②

台州，山明水秀、山海雄奇，有着五六千年悠久的历史和文化，古代东海王国、章安、临海名郡，在东南沿海的发展史上有过一段辉煌的历程。二三千年来，在这块土地上孕育和培植出一批批名垂史册、声震海内的英雄豪杰、学士名家，诚如《台州府志》作者喻长霖氏所说“台州地僻东南弹丸之地，然常异才突起，群贤多能立光明俊伟事业以惊动人世，他郡莫之若先”。郑虔和屈晃、任旭、项斯、寒山、智𫖮、杜范、戴复古、陶宗仪、黄绾、柯九思、方孝孺、王士沐、王士性、谢铎、齐周华、齐召南等，他们的精神、思想以及光辉业绩，流洒在台州幽秀神奇的土地上，深深扎根于台州人民的心中，激励着我区人民艰苦奋战、开拓进取，建设自己美好家园。这是我们台州人民的光荣，也是鼓舞我们台州人民前进的精神力量。这正如鲁迅先生所说：“惟有民魂是值得宝贵的，惟有它发扬起来，中国才有真进步。”郑虔来台州，与台州人民进步事业相始终、共命运，此是“台州民魂”集中而突出的展示；继承和发扬“台州民魂”，丰富了台州历史文化内容，也将大大促进台州文化强市的建设。

---

①《郑虔研究·诗作、祝文、像赞、谱序选》。

②《台州府志·人物传·郑虔》。

唐中叶江南袁晁起义及农民皇帝的残梦

盛唐天宝年间，杨国忠擅权，中枢腐败黑暗，地方官吏“横征暴敛，民不堪命”，“盗贼蜂起”。唐代宗宝应元年(762)八月，北方安史之乱尚未平息，浙东台州首先爆发了声势浩大的袁晁农民起义。《全唐文》“陈谏、刘晏论”称：“袁晁、陈庄、方清等乱江淮，十余年乃定。”《唐书》称：“袁晁起乱台州，连接郡县，攻陷江东十州，积众二十余万。”①不到三月，“覆浙左，陷上饶，潜皖寇徒，戕害长吏。潜逼钟陵，宜春盗帅，家兵遍山，吏不敢问”②。形成了席卷浙、苏、赣、皖四省的江南人民反唐大起义。其后，袁晁又在临海建立了“宝胜”农民政权，并设置中枢机构，“其伪公卿数十人、州县大具桎梏”，并打出“宝胜”旗号，声言推翻大唐宝应政权，演出一场颇为壮烈的农民要做皇帝的残梦，成为唐中叶全国最大的一次农民起义。这次起义声势迅猛，波及范围又广；且切断唐两京和淮南、江东富庶地区的漕运，阻绝了江南的财税，严重威胁李唐王朝的统治。唐中央迫于袁晁“侵我东鄙，江介大恐”，又虑“楚越之区，濒临巨海，江湖浩漫，倘一朝安史勍寇，江海余孽，因而啸聚，则长江以南，亦从此大溃”③，于是急忙征调平叛安史之乱的主力、天下兵马副元帅李光弼等率师南下，阻截镇压义军。并敕江南地方武装，全力围剿。第二年正月，唐军在苏南江阴和皖东铜陵一线阻击成功，继而又分兵大败义军于姑苏、上饶、衢州，然后又在“剡县、天台，连日十余战，生擒袁晁”④。同年十一月押袁晁送京诛杀，起义失败。

袁晁农民起义从762年八月发动，至第二年十一月袁晁被杀，先后仅一年

---

①《旧唐书》卷152《王栖曜传》。

②《文苑英华》卷775李华《平原公遗德碑》。

③《文苑英华》卷688《与崔中园书》。

④《册府元龟》卷359《立功》。

又三月，时间甚短；但打出反唐“宝胜”旗号，声势之大，波及范围之广，战事之频繁激烈，远非开元年间浙南吴灵光，广德年间余姚龚厉、永康朱谭，以及大中年间剡县裘甫领导农民起义等相匹及。就是较之浙江历史上最著名的孙恩、方腊、方国珍、叶宗留等农民大起义也毫不减色。这次很有特色的由台州农民发起的大起义，由于发生在远离唐两京的海东“偏僻东鄙”，又为发生在北方安史大乱所掩盖。平乱主帅李光弼因为袁晁打出叛逆称帝“宝胜”反唐旗号，倾力征剿不到十月主力即被镇压。起义也没有如王式镇压裘甫起义留下私家撰写的《平剡录》。且封建史家对于农民起义一贯视为盗寇，多方隐讳刊削，故史载疏略缺漏，迄今详情不明。历来治中唐史家，也只重视北方安史之乱，而对这次颇具特色的南方袁晁起义很少关注评述，以致新中国成立以来，论文著述，间或涉及，也仅寥寥几笔，而无专文论评。这不仅是浙江、台州农战史上的空白，也是我国政治史、农战史上的空白。

一、关于袁晁其人及起义发动地点

席卷浙江、江西、安徽、江苏四省的台州农民大起义是袁晁领导的，有关他的生平身世，以及他领导的这次起义的详细情况，史籍少有具体记载。即如袁晁的籍贯，也说法不一。《新唐书·代宗纪》称：“宝应元年八月，台州人袁晁反”；又参加平叛的独孤及的《洪州刺史张公遗爱颂》云：“袁晁临海贼”①；而《乾道四明图经》则云：“袁晁天台狂顽”；那么袁晁究竟是台州人、临海人，还是天台人？我认为袁晁应是临海人。其一，唐自武德五年分章安改置台州，至开元及宝应年间，台州属县为五：即临海、天台、黄岩、章安、宁海。临海是台州治所，临海人袁晁当然可以说是台州人。其二，台州是一州总称，盖因天台山得名，历来编撰史书者，常题台州各县籍贯者为天台人，有的还自称天台人。《辍耕录》作者元人陶宗仪，祖籍黄岩路桥，自称“天台陶宗仪”；史学大师胡三省，宁海人，自署：“后学天台胡三省”；明朝临海人杨大中，洪武年间应聘文渊阁著作郎，也题称：“天台杨大中”。诸如此类，都可说明封建史家把临海籍的袁晁，自然可诋为“天台狂顽”。其三，我们从参与镇压这次起义的李光弼、袁傪、王栖曜、张镐等列传，以及唐人笔记传奇和地方史志所见，多数称袁晁为“临海贼帅”、“临海狂顽”；还有诋为“海寇”、“海盗”。唐时临海东濒大海；天台四面环山，这正说明袁晁是临海人，不是天台人。其四，我们从唐朝有关碑文涉及袁晁籍贯的，如贞

①《文苑英华》卷755独孤及《洪州刺史张公遗爱颂》。

元年间和袁晁先后的台州刺史陈皆，还有曾直接参与战事的洪州刺史张镐，都认为袁晁是临海人。陈皆的《墓志铭》曰："公姓陈氏，颍州人，讳皆，字士素。其在临海也，明人为乱，公以台有连山负海之固，尝为袁晁、龚厉所据。"①张镐的《遗爱碑》说得更确切了，"临海贼袁晁狃于会稽之役，侵我东鄙……"，又云："间岁临海狂顽袁晁，覆浙左。"②这和后为两浙观察使韩滉，说袁晁是"台州府治的乡县豪黠"，完全一致。《新唐书·韩滉传》称："滉，迁浙江东西观察使，时里胥有罪，辄杀无贷，人怪之。滉曰：'袁晁本一台州鞭吏，此辈皆乡县豪黠……"至于袁晁年青时有关经历，史传、志书只说他是台州衙门乃一般"鞭吏"，出生在临海乡间的农民，或中小地主家庭，在地方似有一定势力和影响。因为他同情民间疾苦，故在民众中有一些声望，这是他发动起义的重要政治和社会基础。他的具体工作是催缴地方租庸和参与征剿地方民乱，所以韩滉说他："擒贼有负，聚其类以反。""聚其类"应是与他思想地位比较相近的人。他之所以造反，是因为在征剿地方民乱时，没有完成任务，所以被迫聚众起义。关于袁晁走上参加并领导台州人民起义的叛逆道路，原因是多方面的。从主观方面来看，袁晁有叛逆思想，又受到鞭背刑罚，加深了他对封建黑暗反动统治的认识和怨恨。客观方面来看，动乱、灾荒、地方豪强的兼并掠夺和地方官府的逼缴租税，台州、明州、温州一带不断发生民变、暴动，从有关史料所载，袁晁和浙西、浙南民变，都有一些联系。如天宝年间浙南吴灵光起义："煽聚凶党于四明间，台、明、温三州海边并被其害③"；袁晁起义前夕，台州各地也是"群盗蜂起"，真如天台《故智者大师修禅道场碑铭并序》所言："自上元宝应之际，此邦骚扰，逃亡无数。"而台州刺史史叙，却是一个贪婪残忍，又昏庸无能的酷吏，"税外横取，人不堪命，皆去为盗贼"；无疑也是促发他的叛逆思想，"聚其类"，发动起义的最好时机。两浙政局动荡，统治者采取高压政策，"里胥有罪，辄杀无贷"。对于"擒贼有负"的袁晁来说，唯有造反，才是出路。

关于袁晁发动起义的地点，史载殊异。《唐书·李光弼传》云"贼帅袁晁反于台州"，这是泛指。当时人杨光在《赤城楼隐难记》中则说"袁晁作叛，起于天台，攻陷当州，逃亡无数"④，这是确指。但《乾道四明图经》却说"海寇袁晁作乱

①《文苑英华》卷755独孤及《洪州刺史张公遗爱颂》。

②《千唐志斋藏石》崔中凡《陈公墓志铭》。

③《册府元龟》卷358《立功》又引元开《唐大和上东征传》。

④《全唐文》卷817杨光《赤城楼隐难记》。

于翁山”，著名隋唐史史学家韩国磐先生也持此说：“袁晁开始举义旗于海上的浙东翁山县，即今舟山群岛。”那么袁晁究竟在哪里发动起义呢？临海、天台和舟山三处，我以为应是天台。其一，从地理位置上看，天台地处临海北边，县城四面，崇山峻岭，群峰盘亘，境内“溪流直泻，势如奔马，雨则下流悉潦，晴则上游虞旱”，地瘠民贫，交通阻塞，而民风勤俭耐苦，刚健强悍，反抗性强。天台又处浙东中枢地带，东越天台、四明两山可抵明州军事重镇镇海；北过会墅天姥两岭，可抵越州、剡县和东南名郡杭州；西边翻越括苍山，北去婺州、衢州；南下处州温州，其南就是台州府治临海。出则可尽取浙江，退则可凭借四面环山，割据自保，这是发动农民起义的最佳地点。翁山在东海上，由临海或天台去翁山则五六百里，得经明州然后出海，或由宁海、三门出台州湾，北溯翁山；且沿途山海阻隔，甚是不便。袁晁“擒贼有负”，受了鞭背之刑，临海又是府治，政治控制甚严，遣官而又驻有军队，诚如《唐书·韩滉传》所云：“遣官分察境内，罪涉疑似必诛，下皆愁怖”；天台和临海丛山相隔，邻界相连。在这样的情况下，袁晁要发动起义，决不弃地利就近的天台，跑到远离临海，又要越岭过海的翁山。何况史载袁晁发难，首先八月攻下台州，然后“十月陷温、明二州”①。若是首义翁山；应是先陷明州，然后或由天台或由宁海再陷台州。其二，再从袁晁本人及当时台州政治、军事形势来看，袁晁是临海人，又为台州胥吏，对天台较翁山熟习，且当时天台之东有余姚龚厉起义，其北剡县和浙西又“近岁灾沴繁兴，群盗啸聚，杀戮无辜”。天台境内寺院林立，土豪劣绅土地兼并较其他各县剧烈，所以《唐越州称心寺大义传》称袁晁起义：“往来剡邑，至于丹丘”，②剡邑，即今嵊县、新昌；丹丘即天台，也即说袁晁在天台发动起义前后，经常在天台和剡县一带活动。若是首义翁山，只好说“往来于翁山、明州、剡县之间”了！其三，《乾道四明图经》载：“唐代宗大历六年三月，海寇作乱于翁山，鄮久不能复，乃移治鄞。”此一记载一是时间错了，袁晁起义发生在代宗宝应元年八月，而《乾道四明图经》载代宗大历六年三月，时间要迟十年。二是先后错了，“作乱翁山”，是说袁晁起义台州后，义军其中一支曾经从台州趋海道乱翁山，而绝不可能为“首乱翁山”。《四明志》卷20《昌国县志沿革》云：“昌国县，在唐为翁山县，开元二十六年置明州，析鄮县置翁山，大历六年废于袁晁之乱。”这里明白无误讲的是翁山置县被

①《新唐书》卷6《代宗纪》。

②《宋高僧传》卷15《唐越州称心寺大义传》。

废时间，非指袁晁发动起义时间，更非“首乱”了。时间错了，记事也张冠李戴。对于《乾道四明图经》的错误，以往已有不少学者提出质疑。乾隆五十三年(1778)《鄞县志》总纂钱大昕就说：“案《乾道四明图经》云大历六年三月，海寇作乱翁山，今考《资治通鉴》，宝应元年十月袁晁陷明州，广德元年李光弼擒袁晁，浙东皆平，又四年始改为大历，大历六年距就擒已逾十载矣。《乾道四明图经》所言，殆非其实矣。诸志皆踵《乾道四明图经》之讹，兹授正史校正之。”道光二十六年(1846)举人朱绪曾在《昌国典咏》卷一指出《乾道四明图经》云袁晁起义的时间明显错了。然钱、李两位的见解，惜未引起史界和方志学界的注意，以至照搬《乾道四明图经》之误，以讹传讹，至于今日。

可见，袁晁发动起义的地点，不在明州之翁山；而在台州之天台，揭竿首乱也应在天台。

二、袁晁起义特点之评析

浙东台州是我国农民起义多发地区，袁晁农民起义是在特定的历史时间和条件下爆发并发展起来的，从国内、省内农民战史观察和研究，确有许多特点，值得我们高度关注的：

第一，从袁晁起义发生发展进程来看，声势迅猛，波及范围极广，政治目标明确，迅速建立政权；但也是形势急变，很快失败的起义，与东晋孙恩和元末方国珍等起义相较，在浙江农战史上是非常突出的，並值得理论、政治、思想探索的课题。袁晁自762年(宝应元年)八月在天台发动起义，不到三月，“积众二十余万”。兵锋所及，北到安徽宣歙和江苏常州、江阴；南至浙江温州、括州；西及江西宜春、上饶；东濒大海。短短的三月里，能波及江东十余州，在中国农战史上也不多见。而声势迅猛，以至唐中叶之诸多名将，如李光弼也“以避其锋，在道舁疾而行”。《旧唐书·李光弼传》称：“光弼将赴临淮，在道舁疾而行。监军使以袁晁方扰江淮，光弼兵少，请保润州以避其锋。”李光弼自己也说：“朝廷寄安危于我，今贼虽强，未测吾众寡，若出其不意，当自退矣！。”可见当时义军的声势，连李光弼也难以招架，无正面还手出击之力。故义军进入浙、赣、皖三省交界的宣、歙一带，直逼钟陵、宜春和洪州，以至“戕杀长吏，吏不敢问”。但这次起义在第二年，即763年(广德元年)四月，“袁傪、秦栖曜生擒袁晁，李光弼讨平之”，同年十一月“送京诛杀”，实际起义不到一年时间，但颇得民心，影响很大，迫使唐政权镇压起义其间，及尔后还采用“安抚民心”政策和措施，所以《新唐书代宗记》和《册府元龟》云：“浙东平，收复郡邑十六，给复温、台、明三州一年。”

这次起义发动之速，发展之快，波及如此之广，当然原因是多方面的。其一，最重要的是深刻而严重社会经济原因，唐开元天宝年间所潜藏的严重复杂的政治经济危机。袁晁生当唐王朝由开元盛世走向天下大乱的天宝年间。唐玄宗即位之初，励精图治，任用贤相，进行改革，开辟出我国历史上鼎盛的开元盛世。但他“在位日久，浙肆奢欲，纵情声色，怠于政事”。[①] 中枢大权落入昏庸无能的宰相李林甫、杨国忠手中。他们结党营私、飞扬跋扈、横征暴敛；而又穷兵黩武，四处用兵，搞得朝政一片混乱；地方官吏上行下效，贿赂公行，吏治败坏。他们竞相纠合，大肆剽掠，霸占土地，致使土地兼并之弊，愈益加剧，真如唐玄宗自己所说的“王公百官及富豪之家，咨行吞并，比置庄田，莫惧章程”[②]，土地兼并之弊，“有逾于汉成、哀之间”[③]。皇戚、宦官、大官僚、大地主竞向劳动农民兼并土地，达到中世纪封建社会的高峰。史载两京一带“甲第名园上腴之田，为中人所有者半京畿矣”[④]，诚如元次山所云“今天下百姓，咸转流亡，受赋役者多寡弱贫独”。杨国忠身兼四十余职，“结党千余，军国事务，决于私家”，“甲第洞天，潜掖宫庭”[⑤]；复加玄宗加倍恩赏杨家，土地遍及京师内外，其家聚敛缣绢一项即有三千万匹，相当于玄宗天宝一年多的全国所得庸调总数；另一方面，一批佞臣酷吏，满足玄宗奢靡腐朽的生活，装点天宝的“盛世”，拼命加重租庸常税收入，酷吏王铁一人年进租米达九千六百万担。诸如户口色役使、江淮盐铁使、处置使、转运使、租庸使、五坊宫苑使，大批使节，出使江南、江东，巧立名目、税外加税，并搜集四方奇货珍宝，由运河杭州辗转运到两京，“积百宝大盈库，以供天子牒私”[⑥]；宝应元年租庸使元载急赴江淮“择豪吏为县令而督之，不问负之有无，赀之高下，察民有粟帛者发徒围之，籍其所有而中分之，甚者取八九，有不服者，严刑以服之”。开元社会经济发展达到封建社会的高峰，但它毕竟是一小撮大皇族大官僚大地主的盛世，侈丽豪富的背后，意味着广大小农的破产流亡，潜藏着非常严重的社会危机，其结果必然导致整个社会的剧烈两极分化，促使统治阶级内部，以及统治阶级与被统治阶级之间矛盾的更加激化，真如伟大诗人杜甫所描绘“朱门酒肉臭，路有冻死骨”，唐王朝开始由极盛的开元，急转步向

①《新唐书·玄宗纪》。
②《册府元龟》卷495《田制》。
③《册府元龟》卷495《田制》。
④《册府元龟》卷495《田制》。
⑤《旧唐书·杨国忠传》。
⑥《新唐书·王铁传》。

动乱的天宝年代。

其次是急变政治、军事因素，755 年十月，北方发生的安史之乱，客观上也加速农民起义的爆发。其一，安史之乱起，北方遭到空前浩劫，“人烟断绝、井邑榛棘”。唐王朝为了平叛安史，不得不把财政、军输压在江南人民头上。关于这一点，随唐玄宗逃到四川，管理财政的第五琦就十分清楚地指出，“方今之急在兵，兵之强弱在赋，赋之所出，江淮居多”[①]，唐玄宗多次所下诏令中，一再强调：“重征百姓，江淮之间，此事尤甚。”[②]因此举凡一切军政苛税，首先落在江南人民头上。李吉甫在《元和郡县志》中说朝廷赋税“每岁倚办止于浙江东西和宣歙、淮南、江西、鄂岳、福建、湖南八道”，两浙则居于首位。当时浙东一带的地方官吏，采取残酷的“决海取鱼”，搜括租庸。真如当时隐居于天台寒石山下的诗僧寒山子在其诗中描绘：

> 新谷尚未熟，旧谷竟已无，朝朝为衣食，岁岁愁租庸。大有饥寒客，时哭路边隅。累日空思饭，经冬不识襦。

寒山自己也是“瓮里长无饭，瓦中屡生尘”。[③] 迫使江东、江淮民变丛生，流民暴动；而唐朝军力“重在关中”，东南兵力，“虚而难济”，整个江南，一旦点点星火，就会酿成燎原之势。

其三，中唐寺院经济相当发达，唐玄宗迷信佛道，全国寺院道观达 7045 所。大批流亡农民，或上山入海为盗，或进入寺院为僧奴，台州是佛道两教的重要发源地，各县寺院道观林立，光天台国清寺，开元天宝年间，“造寺 36 所，大藏 15 处，旃檀、金铜画像八十万躯，亲度寺僧 14000 人”[④]，寺院占田百余顷。不少无力缴纳租庸的贫苦农民，皈依佛门，成为寺院地主的僧祇户，忍受沉重剥削，倍增豪族地主的土地兼并。这样，官府的租庸杂税完全落在还未逃匿的农民身上，而这些流亡农民，也就成为农民起义军的源源不断的兵力补充和政治力量，这就加速了大动乱的到来。

其四，北方安史乱起，江南又连续发生特大灾荒，759 年“江南久旱不雨”，760 年“江淮大饥，人自相食”。761 年至 762 年间，浙东台州四邻，“杭越之间，

---

①《资治通鉴》卷 218《肃宗皇帝下》。

②《全唐文》卷 34《重禁租庸敕》。

③徐光大：《寒山子诗集辑校》，陕西人民出版社 1991 年版。

④范文澜：《中国通史简编》三编第二册引《天台宗》。

疾疫颇盛”,“温州旱饥,岁多凶馑,民交走而死无吊”,又“三吴饥,人相食,厉鬼出行”。而台州更是“群盗蜂起,逃亡无数”。[①]《两浙全石志·台州隋智者大师修禅道场碑铭》就说:“自上元,宝应之际,此邦寇扰,缁锡骇散,而庄严佛土,迴向之徒,有所依归,系斯人是赖。”[②]一场人民大起义,竟是一触即发的了。然而,就在这样严重的自然灾害的情况下,唐政府不仅不积极赈济恤民,反令租庸使元载下江淮,陶锐趋江汉,追征安史之乱间七年租庸,他不问“资之高下,贫之有无,乃按籍举八年之租调”,甚至“藉其所有什取八九”,逼得淮南、江东人民只好铤而走险。史载“吴郡、晋陵之东海陵诸界,已有草寇屯聚,保于州岛,剽掠村浦,为害日滋”。浙东形势大乱,天宝年间鉴真大师东渡日本经天台国清,《东征传》载:“海贼大动繁多,台、温、明海边并被其害,海路阻塞,公私断行。”当时台州官府认为:准备东渡的鉴真、如海等大和尚与“海贼相连”,并押送至台州开元寺,“于狱推间,又差官人于诸寺收捉贼徒”。再者,“余姚龚厉父子劫明州之人,略余姚之地,负隘海口,边邑黎庶,为之骚然”[③]。761年九月,《肃宗纪》载:“江淮大饥,人相食,民不堪命,皆去为盗贼。”

还有一个原因,安史之乱起,“北方多难,衣冠南避”,当时北方南下士庶,大多由两路南下,一路趋荆益;较多一路则由维扬,“下京口奔吴入海,南披浙河”[④]。士庶大批南下,固然对江南的开发起了积极作用,但由于安史乱起,税制破坏,他们侨居江东之后,自可凭借原有身份,勾结官府,假托各种名目,享有免除课役的特权。这样,一方面加剧江东土地兼并;另一方面庸调赋役的双重负担压在当地已经无力缴纳的农民身上。而且唐政府又恐安史勍寇南侵,群盗蜂起,竭力加强对淮南、江东富庶地区的募兵以加强地方政治控制。于是这一带人民,“或因官吏侵渔,或因赋敛不一,或因征发过多,或因盗贼驱逼”,落得“靡室靡家,无衣无褐”,其出路或是流亡道路,或是蚁聚而成“盗贼”。一旦袁晁振臂一呼,犹如油火点燃一堆干柴,旋即形成江南人民大起义。

第二,袁晁起义一开始就成功地采取政治军事全面出击的战略,并建立农民自己政权,很快实现草野农民皇帝的残梦,在多发的浙东农民起义史上的一大特色,是极其突出的。台州农民起义,一般都因该地的政治、经济,以及地理

①《资治通鉴》卷222《唐肃宗纪》。

②《文苑英华》卷688《与崔中园书》。

③《文苑英华》卷566独孤及《为江东节度使破余姚草贼龚厉捷出表》。

④《唐五代农民战争史料汇编·唐代宗时代》,中华书局1979年版。

条件相当闭塞险阻等特点，采用"保境安民，割据自保、据地称王"的政治军事战略。东晋孙恩起义、中唐后裘甫，以及元末方国珍起义等都是如此。袁晁取得台州，"刺史史叙弃城逃走"，旋即率部三路全面出击，并迅速成立宝胜农民政权，宣称代替大唐宝应政权，颁行打击豪绅贪官，分配地主土地，建置中央公卿官吏机构一系列政策措置，命令军事将帅，四面出击。一路由"渠魁"率领，由天台出明州，越海舟山北上，进吴淞，直逼广陵、建业。一路由袁瑛率领南下取永嘉，当时在温州的金河公主说"温州将乱，宜速去之"[①]，她很快逃向括州。三路由袁晁率领北上取剡县、越州。然后分二支：一支西出婺州、衢州，取江西洪州；一支继续北上取杭州、苏州，直插苏皖。由于一是江淮和两浙是唐王朝财赋来源的首要地区，"疲于赋敛者甚众"。二是北方安史余部进入江淮，唐军南北受制，防御薄弱。三是这些地区水旱并作，天下大乱，因此流亡农民，啸聚山林江海群盗，以及有罪胥吏、乡县豪黠，一并加入江南大起义队伍。

袁晁起义所以采取全面出击政治，军事战略，原因很多，最主要的天宝政治形势是"疲于赋敛"的贫困农民太多，群乱四伏，而"家兵遍山，吏不敢问"，必然促使袁晁义军利用这一时机，四面出击，以壮大和发展义军，并促使迅速建立、巩固自己的政权。其次，台州正好处于两浙的中间，当时东部的四明，西部的婺州、括州，南部的温州，北部的嵊州，也是"民乱四起"；故袁晁振臂一呼，四方响应，"袁晁起乱台州，连接郡县"，很快就"积众二十余万"。[②] 唐朝天宝年间，地方吏治十分败坏；酷吏贪官，豪强劣绅严酷地剥削、压迫农民；特别是强征暴敛，强取恶夺，激起了农民的强烈仇恨和反抗，只要义军出击，就会取得各地人民的支持响应，形成江南人民大起义。由此可以看出，袁晁农民起义集团，政治颇有卓识，在战略上也是成功的。第三，袁晁义军在起义过程中采取了一些别具特色的政治政策，也是这次起义的重要特点。袁晁取得台州之后，很快称帝建立政权，一面任命政治军事各级"公卿大臣"，进行管理；一面开仓赈济贫苦农民，没收豪强大族的土地财产；同时又严厉镇压贪官污吏。《宋高僧传》之《明州慈溪香山寺惟实传》就说："时属海寇袁晁，蜂蚁屯聚、分以剽劫，杀戮无辜"；又说："间岁临海狂顽，覆浙左、陷上饶，戕害长吏。"[③]由于积极发动人民参加反封建斗争，从而极大鼓舞了人民斗志。宝应元年户部侍郎兼江淮租庸使的元载称：

①《太平广记》卷280《豆卢荣》。

②《旧唐书》卷152《王栖曜传》。

③《文苑英华》卷775李华《平原公遗德碑》。

"袁晁陷山越,康元烧夷陵,犬戎本酒泉,匈奴舒左臂。"当时还留在温州的金河公主也说:"浙东八州,袁晁所陷,毋不早去,必罹艰辛。"[①]这些都充分说明袁晁义军在各地广泛发动群众,打击重点敌人,扩大影响,推动形势发展。

当然,这次起义发动,发展之快,主要特色是迅速建立农民自己政权。宝应元年十二月在临海城内建立了政权:"建元宝胜,建丑为正月……伪公卿数十人。"虽然,有关这一政权的建立的情况,以及颁行的政策、措施,因无具体史料而详情不明。但首先"建元宝胜",就是要压倒代宗"宝应",显示当时义军推翻李唐王朝的决心和勇气。其次,"并委公卿数十人",说明宝应政权建立了自己政治、经济、军事机构,直到唐将袁傪在关岑山俘获袁晁,"伪公卿、贼帅数十人",可见初建政权有相当规模。"公卿",应是袁晁农民政权的文职人员;"贼帅"、"渠帅"、"渠魁"等,应是义军分赴各路的军事首领,袁晁弟袁瑛最后被唐李光弼围困于紫溪洞,尚有"骑兵五百余,"说明农民政权也有骑兵建制。时称袁晁为"贼之总帅",那么袁晁应是这次起义的行政军政的最高统帅,农民的宝胜皇帝。

值得一提的是袁晁推行了一些颇得民心而带有农民反抗自身色彩的政策和措施,比如对加入义军的群众,采用"牛酒啸结"的仪式,然后在军队中提拔各级吏员。牛酒者,本是我国古代先王用来祭祀祖先、犒劳得胜归来的军队所用的一种祭酒方式,汉朝在东南越族地区非常盛行。《汉书·臧宫传》载"越人以汉兵大至,其渠帅乃奉牛酒以劳军"[②]。到了汉景帝时期,"天子即位,其赦天下,赐民爵一级,女子百户牛酒"[③]。"牛酒啸结",就是袁晁义军借用汉初越族人民拥护刘邦汉军,忠诚汉室的"牛酒"仪式,以鼓励加入义军的群众,拥戴袁晁,为推翻李唐反动统治而献身。"牛酒啸结"政治影响很大,在韩滉来浙江出任浙东西观察使时,就下令各州县"乃禁屠牛以绝其谋。婺州属县有犯令者,诛及邻伍,坐死者数百人。又遣官分察境内,罪涉疑似必诛,一判辄数十人,下皆愁怖"[④]。韩滉所以对"牛酒啸结"采取如此严厉的残杀政策,一方面固然迫于参加义军的群众越来越多,更重要的是在于浙东越族民间流行的这种仪式,有力地推进了两浙人民更激烈反抗,所以"一判辄数十人",显见这是当时义军非

①《唐五代农民战争史料汇编·唐代宗时代》,中华书局 1979 年版。

②《唐国史补》卷上。

③《史记·孝景帝》。

④《新唐书》卷 126《韩滉传》。

常有效地发动与组织群众、教育群众、壮大义军的政治政策、策略和战略。

我国历史上农民起义，常常是借用宗教或宗教仪式来发动和组织起义，陈胜、吴广有“篝火狐鸣”；张鲁有“置义米肉，量腹取足”；方腊有“不事佛祖，吃菜事魔”。其他如张角太平道、孙恩的五斗米道、元末明初的韩山童的弥勒佛教及至太平天国的“拜上帝会”等，其宗教色彩都是相当浓烈的，成为中国农民起义共有的特色，即如袁晁起义之前的建德陈硕真，之后的剡县裘甫，都带以宗教色彩发难的。如《新唐书·崔义玄传》称：

> 睦州女子陈硕真举兵反始，硕真自言仙去，与乡邻辞决……于是姻家章叔胤妄言硕真自天还，化为男子，能役使鬼佛，转相荧惑，用是能幻众，自称文佳皇帝。

袁晁起义，排除了一以贯之宗教色彩，采用民间“牛酒啸结”，以民间喜庆军队凯旋回来的乐见仪式，来提高军队士气和加强义军团结，确是一大进步，且台州地区隋唐时期佛道异常盛行，更其难能可贵了！

袁晁在台州发难，短短三月之内，就波及浙、苏、赣、皖四省，积众二十余万；如果我们把依附袁晁的宣、歙、苏、常的方清、陈庄等农民起义加在一起，袁晁起义波及范围，应包括舒、歙、洪、常、黟等州县，总数已达十五州，其积众已不下三四十余万了。

袁晁起义发展极快，在我国农战史上可谓“急起”的典型，也是袁晁急着想做皇帝，也做了一年多皇帝的原因。但袁晁起义失败也很快，到第二年的四月，即广德元年四月，“李光弼奏擒袁晁，浙东皆平”，也可说是失败很快的“典型”农民皇帝。

为了更好评析这次起义的特点，我们不妨对起义后期作一简要介绍，可以看到一些重要的失误和问题。袁晁取得江东十州，并波及淮南、黟、歙、宣、饶诸州，这时常州张度与义军结合，“便乌散坡谷，莫能翦除”；同时皖省东部的方清、陈庄、许钦等，也和义军呼应，据《册府元龟》卷 852 载：“方清、陈庄，积数万依黟、歙、饶和德清、湖州、武康间，阻山自防，东南厌苦”，实际也没有密切配合。迫于农民军浩大声势，唐王朝开始调动军旅，并急令江南诸道地方军队，配合围剿。763 年代宗即位，北方安史之乱基本平定，李光弼军顺利进入苏皖南部。同年正月，代宗擢抚州刺史张镐为洪州兼浙西处置使，进取信州。浙南曹王李皋“发仓廪苟活于民”，乘势夺回温州。继而，吴兴义军首领朱泚 、沈皓，因受唐军湖州刺史独孤问,及其将军辛敬顺的阻击围剿,“泚 、浩杀洞中贼党以降之”①。同年二月,唐代宗下诏:“天下草寇悔过自陈,头首能劝本部来归,一切并赦其罪,各归生业,并加官赏。”以分化瓦解义军。这时,李光弼率袁傪和田神功由皖、苏两线进入两浙,并顺势击溃宣、歙一带的方清、陈庄义军,“傪等役不再举,巢窟皆倾”。紧接张镐在上饶和“常山之口”,拦截由皖苏和沿海一带退回浙江的义军,“斩海寇搪突者三千余人,自是奸党散落,不敢南向”。其后,李光弼军张建封、张日新,又在苏常一带,诱降义军,“以利害祸福喻之,贼党数千人诣日新请降,遂悉放归田里”。到此,李光弼军已将袁晁义军压缩至婺、衢、越州一带。二月,李光弼军和袁晁主力在衢州发生激战,《李光弼传》载:“光弼遣麾下破贼众于衢州,……又三日婺州一战又败之。”②形势急转直下,袁晁被迫退回剡县,保全台、温、明三州,以图东山再起。

763年四月李光弼率东路主力袁傪、王栖曜等攻下越州,连下剡县。西路张伯义,柏良器攻下睦州,连下括州。唐曹王李皋由温州北上,在黄岩、永嘉“大战十一,小战二十六,多所至平,向风降附”。当时台州外围的浙北、浙南战斗相当激烈,我们从《袁中郎破贼后行军过剡中山水谨上太尉》一诗即可见之:“剡路除荆棘,王师罢鼓鼙。农归沧海畔,围解赤城西。”③《新唐书·柏良器传》载:“柏良器、以战功隶李光弼军,迁左武卫中郎将,以部兵隶浙西,豫平袁晁,其后,潘狰狞……又击破之,更战阵六十二(次)”,又《张镐传》载:“袁晁寇东境,江介震扰,镐遣兵屯上饶,斩首二千级。”最后,袁晁在退回天台“县北五十里关岑山”一带,为李光弼部将袁傪擒获,“生擒袁晁及其伪公卿数十人”。袁晁弟袁瑛也在永嘉、黄岩退回临海,欲图突围宁海出海,不幸也为李光弼军包围在宁海和天台两界的紫溪洞,“晁弟瑛率五百骑遁入洞中,光弼驻兵围之,绝之粮道,其党徒竟饿死”。

这年十月,袁晁解送唐京长安被杀。《嘉定赤城志·纪遗门》记天台县北五十里的关岑山云,“垒石为之,侧有李相公(光弼)庙,盖唐广德元年王师讨袁晁处,今遗迹尚存”,看来,袁晁最后两支义军被李光弼消灭于天台和宁海两界之崇山峻岭处。

袁晁起义的最大特点是急起急落。急起,首先是因为这次起义发生在天宝

---

①《嘉泰吴兴志》卷15《县令题名》。

②《旧唐书》卷152《王栖曜传》。

③《旧唐书》卷152《王栖曜传》。

末年这样的历史时代。唐王朝政治腐败，大皇族、大官僚、大地主大肆兼并土地，逼小农于绝路，贫富两极分化达到了中世纪封建时代的高峰，“富者占田数万亩，贫者无容足之居”。继而，安史之乱爆发，北方人民陷入空前的浩劫，唐王朝又把财政和平叛军需全部压在江南，而江南则主要在江东的两浙人民身上。再则横征暴敛，又遭天灾袭击的两浙人民，真是“死期交急”，终于形成以“疲于赋敛者”为主体的农民大起义。其二，唐王朝于江南军防松弛，江东三十多州郡，只有二万常备军队，且“兵士未尝训练，将卒不相统摄”，毫无战斗力。安史乱起，唐中央又无力抽调较多兵力南下，即便在李光弼军南下泗州时，也因安史余部在山东、河南向邓、宋两州败退以图死火复燃，不得不分兵田神功部径趋徐州，以切断乱军南窜江淮。这真如《萧颖土与崔中园书》所云：“两京未复，中原或扰；淮南、江东一带妖气方炽，无不盗贼为患。”①其三，两浙一带，武后以来，一直是民变，起义多发地区。高宗、武后至开元年间江东已发生了十余次农民起义，其中有四次发生在两浙的，著名的有睦州陈硕真、永嘉吴灵光、浙东栗镖、余姚龚厉父子起义。且由于远离两京，“重山积阻，江湖浩漫”，“孤悬而有难拔之势”，唐王朝即使派兵前去镇压，也无力彻底平叛，因此民变起义一直连绵不断。再加上浙东、浙西“洞寇骚乱”、“海盗蜂起”；浙北永康、吴兴“民变屡起”；因此，为租庸所迫的“疲于赋敛者”，比比皆是；故袁晁在浙中天台振臂一呼，东南西北的广大群众，必然四面响应。点点星火，就会形成江南的燎原烽火，袁晁就成江南大起义的“盟主”。

袁晁农民起义以急起，而为盟主，很快占领江东十州，还在于袁晁颇有政治抱负，政治、军事经验，又十分同情人民疾苦，並得到他们拥护的领袖。起义开始即打出“宝胜”的政治旗号，号令人民推翻唐王朝的腐朽统治，建立政权，从而很快就赢得广大“疲于赋敛者”和一部分“乡县豪黠”、“有罪胥吏”的拥护，其后“啸聚山林江海”的寇盗也群起响应。出击期间，袁晁又采取有效的政治政策和军事战略，如不毁寺庙，不伤僧道，吸引信奉佛道的本地贫民和义军站在一边；攻下台州之后，即采取“牛酒啸结”，打击豪强地主，处死贪暴胥吏，开仓赈济，发动群众，壮大义军，乘势四出攻城略地，积极争取两浙以及浙赣皖三省交界的农民暴动的支持和配合，终使江东十五州的农民起义联成一片。这样，既切断了唐两京和江南的漕运，也沉重地打击了当地封建势力，且有利于阻击唐军李光

①《文苑英华》卷 755《唐洪州刺史张公遗爱颂》。

弼的迅速南下，促使袁晁以台州为根据地的农民政权的巩固和发展。

然而，袁晁起义本可成为有规模、有声色的大起义，何以不到十个月就为唐军镇压下去了呢？首先经济给养不济，后期更其严重。恩格斯曾说："暴力的胜利是以暴力所有的物质资料的经济力量为基础的。"台州三面群山峻岭，一面濒海，交通阻塞，经济落后，难以支持遍及江东规模较大的长期战争。且袁晁起义后，固然针对唐王朝横征暴敛，对"疲于赋敛者"给予土地，但战事剧烈，又难于采取恢复生产和安定生活的政策措施；而对于加入义军的贫苦农民也未及时予以军政训练。四面出征，靠台州一州之地的经济、物资、军事实力，本来就难以支撑波及四省的义军大起义。一旦唐军南下征剿，军援给养难以自济，只好"分以剽掠"，士气也易溃散，最后为李光弼军消灭的袁瑛一支义军，就是被唐军活活饿死在山洞里。其次，从义军领导班底来看，能成一统政权的人才几乎没有。袁晁出身乡县中小地主，做过地方小吏，纵有一定的政治卓识和军事谋略，诚不可与李光弼及其部将相提并论。李是久战沙场，又是"器识弘远，志怀沉毅，蕴孙吴之略，有文武之才"的唐中兴名将，且又有平定安史之乱的政治和军事的经验。部下袁傪、张伯仪、王栖曜、李自良，还有张镐、李皋都是英勇善战，"又多谋略"①的战将。王栖曜，"遇游骑四合，百步内立表，发必破的"②。张镐更是"居身清廉，谦恭下士，涉猎经史"③的文武兼备的人才，后来位至宰相。而义军方面，我们从起义始末所见，似未有什么出类拔萃的文武英才，并未针对当时形势的迅猛发展，制定适合时宜的政治方针和军事战略。再从军事方面看，袁晁取得台州以后，统军四出，这样一支从未经过政治教育，又未经军事训练的"疲于赋敛"的贫苦农民，充其量也只是一群"乌合之众"，又怎能抵挡训练有素，又是经过北方安史平叛七年实战的正规劲旅。在这一点上，袁晁起义不如经过强力宗教宣传和组织教育的黄巾、孙恩、方腊和近代的太平天国起义。缺乏事先的严密组织和准备工作，缺乏足智多谋的领导核心和骨干的领导，容易形成互不统属，四散乱哄，易为敌人各个击破。没有实战训练；没有和苏南、赣、皖一带农民义军组织有效政治联合和军事配合；没有集中优势兵力，选择有利时机，主动和唐军展开有效的决战，终致为李光弼采取"剿抚兼施，避强击弱"，"四面围剿，层层突破"所击败。在唐军消灭了常州张度，又击散宣、歙方清，并使之一部分

①《唐志斋藏石樊泽·嗣曹王墓志铭》。

②《嘉定赤城志》卷22《山水门、宁海县》。

③《旧唐书》袁傪、张伯仪、王栖曜等传。

叛变降唐，然后紧缩并包围袁晁于衢州、越州一线；到此时，袁晁再企图决战，早已失去良机，失败的自然是袁晁起义军。总之由于统治阶级的横征暴敛，而引起破产流亡、生路断绝的农民响应的袁晁起义，他们缺乏坚强领导集团、正确方针战略，仅仅为了重获小农经济地位而斗争，即使发展迅速，也推翻不了旧的封建王朝，也建立不起小农的新政权，袁晁皇帝，这只是昙花一现残梦而已。

袁晁起义虽然很快地被镇压下去了，但它席卷富庶之区的江东浙、皖、苏、赣四省，沉重地打击了唐王朝封建统治，加速了唐一代由极盛转向衰亡。由于这次起义是广大人民群众反抗唐王朝强征租庸而引起的，所以获得了广大人民的支持和响应，引发了税制的改革，从而打击了北魏以来沿用三百多年的租庸赋税制度，为唐中后期两税法新税制出现，准备了客观的社会条件。而这次起义急起急落的经验教训，也为唐后期农民起义提供了积极的经验和教训。袁晁农民起义，是浙赣苏皖四省的人民反唐战争，毫无疑问是唐中叶重要政治历史事件，因此研究盛唐政治转折和经济重心南移，只关注北方安史动乱，而忽视江南袁晁农民起义的研究，是失之偏颇，也因此忽略为什么唐末五代成为我国历史南方崛起，北方相对衰落的关键时期。

儒道佛合抱的一代人民诗人寒山

初唐年间出现了颇有反潮流色彩的诗人寒山，寒山诗，及其悲喜剧般传奇一生，是天台山文化的典型代表，也是唐风文化的反映和展示，不断引发史家高度关注，以至于今日，生活于贞观、开元、贞元年论说还争论不休。虽然历史曾冷落寒山，置于文人高雅庙堂之外，但仍不时地引发我国诸多政治家、思想家、哲学家、文学家和史学家高度的关注和深刻的评论，毁誉交加，扑朔迷离；但他所展示的智慧情态中，蕴含着的“禅机哲理”[①]，以及强烈警世社会的灵气、英气、神气、硬气，“开千古一家之风流”。寒山其人、其事有无不确，难以尽信其真；然其纯真的逸群思想和情操，产生的巨大社会影响，流播四方，不胫而走，在人民群众中拥有广泛市场，成为流芳百世，抱打不平的诙谐英雄，以至唐之后的张继、韦应物、王安石、黄庭坚、朱熹、岳飞、文天祥、陆游、唐寅、王应麟、王士禛、康有为、胡适、郑振铎等一代名流，也叹为观止，还把他当做英才、奇才偶像论评和看待，在我国白话文学史、通俗文化史上占有一定的地位。

近代以来，寒山、寒山诗及其悲喜剧般传奇一生，跨出山门、省门、国门，声震海外，称名天下。日本学者赞誉寒山为伟大诗人，佛学界称其为“宗教人物的圣尊”；还说寒山诗如同白居易、李白、杜甫“存着久远而普遍的幸运和影响”[②]。著名的佛学家、书法家田上米舫，在东京西北青梅市郊，“仿造苏州寒山寺的古朴风雅的枫桥、钟亭、墙垣、诗碑建成了日本式的寒山寺，日本人民对寒山尊崇无比”[③]。寒山诗，广为流布，家喻户晓。美国、法国、英国等西方国家，赞诵有加，特别是美国学者瓦特逊(Burton Watson)出版《寒山——唐代诗人寒山诗一

①余嘉锡：《四库提要辨正》引《艺风堂文续集》卷六《寒山诗集·跋》。

②史乃德：《寒山诗译本序》，《长春》杂志 1958 年第 2 期。

③王敏欢：《两座寒山寺》，《人民日报》海外版 1996 年 10 月 12 日。

百篇》之后,使寒山、寒山诗、寒山传奇风靡全国,如同"中国人有谁不知道李白、杜甫、王维、白居易、《红楼梦》一样"①。克洛克(Keyouac)出版了《达摩游汉》,试图描绘中国疯僧和美国游汉混合的寒山,使寒山真正成为"美国文化的一个伟大的新的英雄"②。寒山形象及其诗篇进入美国,尤其引发了广大青年的精神和思辨的共鸣,诚如学者王庆云所云:

> 寒山本然人性的原始主义精神和独居荒林寒岩的生活方式,恰巧与美国现代生产、商业和机器化、电子化文明压力下青年一代,对于自然和人性的呼唤融为一体,寒山诗仍以在美国文化中扎下了根,甚至成为美国几乎一代人的追求。③

古往今来,在中美文化交流的历程中,我国文化史上的"小"人物寒山,在美国青年中拥有如此大量的信徒、追随者,实属旷世罕见。毫不夸张地说,在这三四十年逐渐形成了的众多读者群体的李白、杜甫、白居易等著名人物,其信仰度也难有企及之势。西方各国的传播和研究,进一步带动和影响了日本、韩国等国家,以及中国香港、台湾等地区。特别是台湾研究寒山之风方兴未艾,波及文士、学者、僧道和一般百姓,别开一番天地,研究寒山潮形成为国际性的文化现象。

在古今中外的文化发展史中,寒山、寒山诗潮,拥有如此广度和深度的历史巨响确实是值得我们高度审视和研究,其深藏的社会背景、文化内涵,通俗、质朴、生动、清丽的民歌特色,尤其是寒山、寒山诗及寒山传奇本身蕴含的超广度、超深度的人性化精神、思想、情操的艺术魅力,应为中华民族不可多得的精神财富,有待于我们进一步研究和弘扬,在我国文化史上散发出应有光芒。诚如寒山在《登陟寒山道》所云:"登陟寒山道,寒山路不穷……谁能超世累,共坐白云中。"④

一、寒山原始主义色彩的人性思想和情操

在唐一代丰富多彩的文化舞台中,有一些亦佛、亦道、亦儒的人物,寒山、智者、拾得、丰干,以至大诗人李白、王维等高僧、道长、学家,以寒山最为著称,而

---

①王庆云:《论寒山诗及其东西方的影响》,《烟台师范学院学报》1990年1月15日。

②王庆云:《论寒山诗及其东西方的影响》,《烟台师范学院学报》1990年1月15日。

③王庆云:《论寒山诗及其东西方的影响》,《烟台师范学院学报》1990年1月15日。

④徐光大:《寒山诗考注·登陟寒山道》,陕西人民出版社1991年版,下不再注。

具丰彩，且引发与推进中外东西丝绸之路，蜂拥般地进入天台，给当时浙东和天台山文化增添不少神奇多姿的光彩。寒山，留下来的时间最长，诗篇最多，影响最大，与山水神秀的天台山、天台山人也最亲切而和合，可说是他们的代表。说他是诗僧，但其思想十分复杂、幽奇，因此，不少学者都认为他是“亦儒、亦释、亦道”的人物，而且还带有强烈原始主义本然人性的政治理念和丰富哲学思想，是为哲学流派色彩的诗人。最早为《寒山子诗集》先后作序的是天台山道士徐灵府和杜光庭，把寒山列入道家的《仙传拾遗》。唐宋以后把寒山列为诗僧，宋太平兴国(976—984)年间在苏州阊门外建枫桥寺，后称寒山寺，寒山被誉为疯癫奇神诗僧，声名始自远扬。从寒山诗集所见，他是带有佛道悲天悯人和儒家民本思想，讲求道德伦理真谛的诗人，又是有强烈爱民、恤民的学者。他深刻地痛斥和抨击世俗黑暗社会，而自己又不得不远离尘世，寄身山林，隐匿洞穴。他是一个很有学识、卓见不凡、厌世嫉俗的儒生，又是充满佛道色彩的归隐山林的隐士。寒山是诗僧，自然是佛教徒；但他又恨世人世俗，并不龟居于寺坛，并从未宣称自己是佛僧。但他又常阐佛理，嘲笑道家和炼丹骗术，也从未宣称过自己是仙道。他常讲轮回报应，疯疯癫癫，这又辱没了“不语怪力乱神”和讲究鸿博大雅的儒学风范。所以说他什么也不是；但又可以说他是儒、道、佛兼收，具有鲜明反传统、反潮流哲学思辨、哲学流派色彩的人物。

寒山由西安、洛阳的两京来隐居天台寒石山，自有一番曲折坎坷的情缘，也有必然的经历。他生于西京咸阳，《太平广记》、《仙传拾遗》说寒山大历年间还活在世上天台。胡适、余嘉锡先生根据《宋高僧传》和《传灯录》，提到灵佑禅师到天台，与寒山相逢于途中，“赵州游天台，路次逢寒山”，说明代宗大历年间寒山已隐居在天台，已有二三十年了。

寒山生当我国唐玄宗开元“忆昔开元全盛日，小邑犹藏万家室”的封建社会鼎盛之时。他少有大志，擅长诗书，多次参加科举，由于体貌颇不丰伟，科举落第。寒山在咸阳度过少年时期，然后奔走四方，“出生三十年，尝游千万里”，结果“东守文不赏，西征武不勋”。继而又逢安史大乱，远走他乡，渡黄河，涉淮水，过长江，辗转流离，历尽艰辛来到浙东天台。我国儒家知识分子讲求“达则兼济天下，穷则独善其身”，“纵有千斤金，不如林下贫”，他抛却功名，离开混浊黑暗的尘世，去寻求一个天地人和合的原始主义的人间佳境：“我自遁寒山，快活长歌笑。快活枕石头，无地任改变。”

寒山思想，是儒道佛兼容，幽秀神奇，融于三家的人本、民本的思想。他来自官宦之家，但爱纯朴的人民，寻找清净的天地，神往自由自治的人间乐园，故其诗有感染、熏陶、震撼世人的巨大作用和效应。寒山在天台30余年，他和天台山幽秀神奇融于一体，浓烈地展示他独特个性的人生观、社会观，及其追求自由自治的理想情操，展示其人生的清丽幽秀诗篇，比陶渊明还陶渊明，无愧为出色的山水诗人、哲人。他又有强烈的政治观点，对人世间的善恶、美丑、真伪、贫富不平，爱憎分明，用漫画式的通俗诗作和明快俚俗的语言，无情地讽刺了黑暗混浊、欺压无辜而毫无人性的封建社会，有力地痛斥和鞭挞贪官污吏、强宗豪族、地主劣绅的敲诈勒索、横征暴敛，淋漓尽致地揭示人世间的贫富悬殊，阶级压迫的不平，劝世人离开尘世，走向山明水秀的青天世界。他说：

世有多解人，愚痴多苦心。不求当来善，唯知造恶因。五逆十恶辈，三毒以为亲。一死入地狱，长如镇库银。

又说：

我见百十狗，个个毛狰狞。卧者渠自卧，行者渠自行。投之一块骨，相互啀喍声，良由为骨少，狗多分不平。[①]

通过对黑暗官场和残暴统治者的争权夺利与狰狞面目的形象揭露，激怒起千万人反压迫、反剥削的心灵共鸣；合而不和，和中有争，斗争中显露出对天地间纯洁明亮山水境界的强烈追求，充分地反映了儒佛道兼融的人性和民本的思想。另一方面，在寒山诸多诗中，最突出地体现出的是一种哲人的清高自恃、孤芳自赏，指引人们离开混浊尘世，走向原始（生态）纯真的山林世界，使美丽自然和社会人生哲理融为一体。其诗云："寄语诸仁者，复以何为怀，达道见自性，自性即如来。"又说："谈玄月明夜，探理日临晨，万机俱泯迹，方识本来人。"又说："千云万水间，中有一闲士。快哉何所依，静若秋江水。"[②]寒山超世脱俗，幽秀神奇，有如天上的闲云迷雾，"一往寒山万事休，更无杂念挂心头，闲于石壁题诗句，任运还同不系舟"；然一旦出现一缕缕红霞时，其描绘的寒山情景，达到一个惟妙惟肖的至高梵宫境界，这如明初刘基好友曹文晦的"寒岩夕照"一般："天边渐蚀千峰紫，木杪犹余一缕红。凭谁唤起

---

①徐光大：《寒山诗考注·登陟寒山道》，陕西人民出版社1991年版。

②徐光大：《寒山诗考注·登陟寒山道》，陕西人民出版社1991年版。

寒山子，共看回光入梵宫。”美国学者史乃德在《长春》杂志的《寒山诗译序》中也说：

我在山中呼唤寒山，没有回应；我在晨雾丝霞中呼唤寒山，万籁俱静……突然，我好像看到了这个难以想象得出的小小的中国游汉，他在那儿高高站立着，雾气缭绕之中。

观寒山一生，他的社会伦理和政治理想，是用诗来表达出来的。一个极为重要的特点，就是出于儒、释、道，但又不屑与儒、释、道三家为伍的反传统、反潮流的人生态度。他瞧不起帝王将相、佛僧仙道；他说“寻思少年日，游猎向平陵。国使职非愿，神仙不足称”；又说“欲知仙丹术，身内三神是。莫学黄中公，抱愚百守似”；又说：“常闻汉武帝，奚及秦始皇。俱好神仙术，延年竟不长。金台既摧折，沙丘遂灭之。茂陵与骊岳，今日草茫茫。”他的诗作，有容乃大，丰富多彩，天地人间，包罗万象，经史子集、天文地理，高自天庭，低及尘世，上自皇帝，下及百姓，总是带着反潮流的哲学意蕴和非常清晰而深刻的人性及其内蕴分析和探究，展示出他特有的智慧，不管是作为文学家、诗人，还是哲人，都达到我国文化史上相当高的水平。

寒山思想、理念、为人情操，与当时封建社会，格格不入，冰炭而不相容，他说“世有多事人，广学诸知见，与道转悬远，复以何为怀”；他不可能也不愿进入儒家的政坛，佛家的天堂，道家仙宫，不会和达官贵人结合，步入仕途；也甚至很难与云游山水的文人墨客为伍，成为唱和太平的帮闲式的儒生学士；他自然也成不了炼丹神仙的佛道高僧，成了我国历史上抗争人世、离开人世，而又不愿离世的带有“超世”色彩的独特诗人、学者。他指出其真正儒家、道家、佛家者，降生人世，“解义始修行，修行唯真实”，返朴为真，回归自然，回到天地人和合的清风明月的山林世界，“劝君求出离，隐居在林薮”，自由、自治、自明，最终走向他自具特色的“一往寒山万事休”的近道、近佛、近儒（隐逸）的寒山道路：

寒山深，称为心。纯白石，弗黄金。泉声响，抚伯琴。有子期，辨此音。有蝉鸣、无鸦噪。黄叶落，白云扫。石磊磊，山奥奥。我独居，我善导。仔细看，何相好。

二、寒石山是寒山追求原始主义的人性思想和情操的范本

寒山子一心想从天台山的大自然中寻求心灵的共鸣，因此他全身心地热爱

自然，投入自然，最后走进自然天台山的三四十年，充分展示出寒山的自然生态般的原始人性。首先对儒道佛民本与情操的理想寄托，构筑自由自治的人世范本。“众星罗列夜明深，岩点孤灯月未沉。圆满光华不磨莹，挂在青天是我心”，寒山的清静无尘的心性和清风明月下的寒石山形成了十分和谐的真如状态，任运随缘，相得益彰。他以一个儒生，借隐于佛道的天台神山，“抛绝红尘境，岁终寒石中”，“三界横眠闲无事，明月清风是我家”。诚如唐诗人韦应物所云：“才愁暮云滑，始照寒池碧。自与幽人期，逍遥竟朝夕。”诚然，寒山诗作及其展示的思想理念及情操的整个物质载体，是峰峦叠翠，云蒸霞飞，八百里方圆的幽秀神奇的天台山系。“自乐平生，天下第一”，与天台的大自然融为一体。“南国山水天台奇”，高山流水有知音，他有时攀登天台顶峰华顶：

> 自见天台顶，孤高出众群。风摇松竹韵，月现海潮平。下望山青际，读玄有白云。野情源山水，夺志慕道侘。

有时也慕天下“山水之冠”的石梁：“瀑布千万丈，如铺练一条，下有柄心窟，横安定命桥。迴耸霄汉外，云里路迢迢。雄雄镇世界，天台各独超。”荡开胸怀，享受天台山的幽秀神奇的自然、人文景观，真有如他自己所说的，“心高如山岳，身似孤飞鹤”，“他神往天台山，有如志在高山，善哉，峨峨兮有如泰山，志在流水，善哉，洋洋乎有若江河”。寒石山，乃寒山子朝夕相伴的隐居地，相依为命的人生重地，这是留给世人的带有纯真原始主义人本、民本色彩为主题诗篇的核心，寒山子与寒石山结下了不解之神缘，终于写出了“别开一代风流”的杰作。

寒山子一生，离开天台的山水，离开了天台寒石山，就不可能有寒山子的仙怀、禅风、灵气、神气、硬气，也就不可能有留传至今的寒山诗篇。诚如闾丘胤所序：“菩萨遁迹，示同贫士。出言成章，谛实至里。独居寒石山，自乐其志，凡人不则，谓凡狂士。”①他抛开了咸阳颇为富有的官宦之家，已经把寒石山当成自己梦寐以求的新家，天台寒石山是他的名副其实的新家。其诗云：

> 余家本住在天台，云路烟深绝客来。千仞岩峦深可遁，万重溪涧石楼台，桦巾木屐沿流走，布裘藜杖绕山回，自觉浮生幻化事，逍遥快乐实善哉。

①闾丘胤：《寒山子诗集序·赞曰》。

寒山为海东寒石山的秀丽山水、旖旎风光而歌唱，为天台名山、为祖国的壮丽河山留下了不朽之作。

寒山以自然主义的彩笔，真实写出了寒石山的原生态的自然风貌、人文景观，与他蕴含的天然人性及诗情画意，给世人提供了安贫乐道，自由自治自明的“快乐实哉”的样本：“山上青天山下溪，天上人间亦相宜。”他隐居天台寒岩，“自乐其志”，作为诗人、学者，不是真隐，实为文士借隐，借此幽秀神奇的新家，摆脱尘世的杂乱无章，名利缠绕，读书习文，研读经史、坟典、杂记；修身养性之余，就漫游遍山原野，有时诗兴发作，竟又不惜返回社会、街巷、寺观，干预时弊，以狂士、疯僧、乞丐等各种形式，为民请命，这应该是寒山热爱天台山、天台人民，追求原始主义人性、民本的真谛所在。公元761年台州发生了中唐江南最大的袁晁农民起义，史称“积众二十万”，波及江、浙、皖赣四省之地，[①]社会动荡，战乱频仍，民生疾苦。这对于已沦为乞僧的寒山来说，不仅是衣食住居的困境，更是精神上的极大冲击。他难以摆脱尘世社会，与千丝万缕的世情俗念，重燃起年轻时“不救斯民，非仁者之心”的情思：“月尽愁未尽，年新愁更新。”又说：“吁嗟贫复病，为人绝友亲。瓮里无长饥，甑中屡生尘。蓬庵不免雨，漏榻劣容身。莫怪今憔悴，多愁定损人。”又说，“大有饥寒客，生将兽鱼殊。长存磨石下，时哭路边隅”；又说，“富贵疏亲聚，只为多钱米。累日空思饭，终冬不识襦。”他看、听，也要写，写了不少揭露穷富不均，为富不仁、残害百姓的贪官污吏、盗贼强宗、土豪劣绅，祈望出现没有压迫，剥削的平静和谐的小康社会。

寒山诗的成名、声名是对寒石山的特殊的深层的感情：他最多诗还是写寒石山。寒石山，是他完美的，天地人合一的和谐世界的象征，是他摆脱和忘却了人生的痛苦、折磨、贫困、屈辱，求得清静、快乐的佳境，为寒石山歌唱、赞美，矢志不渝、终其一生。其深刻因缘当有三点：一是寒石山天时地利，离县城40里，高900丈，孤高幽绝，幽秀神奇，远离喧闹混浊的市井，“天高高不穷，地厚厚无极，动物在其中，凭兹造化力”。二是寒石山有原始般的山水林泉和清风明月，融为一体，“高山流水觅知音”，是他人生的寄托和追求的知音。其三是寒石山完全地和合了他当时思想、感情，获得最完善的原始、人本的自然主义的归宿。他诗云：“寒山唯白云，寂寂绝尘埃。草座山家有，孤灯明月轮。”“寒岩深更好，行人无此道。白云高岫闲，青嶂孤猿啸。”在《寒山多幽奇》中还完整地描写

①《旧唐书·代宗纪》又引《王栖曜传》。

了寒石山的幽奇层岩、月夜风影、奇草异石、雨露飘渺、雪霜笼林等各具特色的景象和特有的"涧梅雪作花,杌木云充叶"和"天边浙蚀千峰紫,共看回光入梵宫"交相辉映的天下奇观。点出了冬去春来、雨后天晴的梵宫世界、天地人间的生机,这是诗人满怀的希望和憧憬。

寒山一生,和天台山相依为命,形影不离,在他诗篇中,写得最好的,是情景交融的寒山的山水诗、隐逸诗、人情诗、哲理诗,是他思想和艺术的高度结晶,展示惟妙惟肖、幽秀神奇的原始主义的人性、民本的浓烈理念和情操,是寒山对我国文化史的重大贡献。寒石山作为独特名山,峭峙瑰丽、幽邃神奇;洞顶巨嶂,层林翠叠,又高耸云霄;嵌空大厦,石壁如劈,坚如磐石,颇有泰山压顶之势。洞前巨岩的盘陀石,洞口突露石笋,酷似"大蛇出洞",有如龟、蛇相守,合称"玄(龟)武(蛇)"。洞前一溪,两岸杉柳成荫,泉水从岩洞流出,水流委曲,纷纷扬扬,细如筛粉,波光敛滟,洞西的"龙须洞",恰似塔形,圆耸明豁,此情此景确为寒山精神、情操、品格的最佳寄托和集中体现,是完人和自然本性展示的人间天堂。寒山所写的悟性寒山诗最多,有《登陟寒山道》、《香香寒山道》、《独卧重岩下》、《寒山多幽奇》、《粤自居岩山》、《可重是寒山》、《一住寒山万事休》、《我家本住在寒山》、《寒山深更好》、《可贵一名山》、《寒山唯白云》等不下 30 余首。寒山写寒岩:"寒山人不到,白云常叆叇。孤月夜长明,圆月常来照。细草作卧褥,青天为被盖。快活任石头,天地任变改。"这种疏野旷逸的隐居生活,摆脱了人世间一切烦愁,使他快乐歌笑,"寒岩深,称我心",使他"虎丘兼虎溪,不能相呼召"。寒石山的环境、人文,高山流水、清风明月,与寒山"野性"和谐一致,有学者竟称:使他迷恋于此先后"七十余年"。

以天台山幽秀神奇为特色所形成的诗派色彩的寒山文化,其主角、主体还应是寒山自己,以及天台名山和当时天台的社会为自然、人文的背景。寒山来自西安、洛阳两京,生于大唐由盛转衰的开元天宝、安史大乱的特殊年代,在颠沛流离的征途中,饱尝战乱之苦,在豫、汝、荆、襄诸州,反复辗转,最后渡过钱塘,唯一落脚选中于天台山畔的寒岩。首先,天台山幽秀神奇,誉为"天下奇观";孙绰、李白等著名诗人,奉为神圣、灵秀、秀绝,"迹拟乎蓬阁,名播于海内","天台六十五茅蓬,总在悬崖绝涧中,耐着风雪三千丈,从君高卧一千春",①春去秋来,尤以漫天霜雪之际,给人一种超脱凡尘,飘逸凌空的共鸣和感受。其

---

①许尚枢:《天台山诗词曲赋选注楹联》,北京团结出版 1994 年版。

次，天台文化名扬海内，寺院道观星罗棋布，有发达悠久的佛、道和儒学合流的超逸幽秀的民俗文化，尤其是附丽于天台山中的幽秀神奇，内涵幽奥的佛道人文景观，有如磁石吸引寒山之到来，天台山成了寒山精神思想的支柱、寒山诗作的源泉，也是他一生演绎传奇所以流布四方的文化背景、物质载体。再者，寒山和天台山融为一体的寒山文化，恰如天台山一样展示出天地人的和合，儒道佛三家相容的人性舞台。天台山、寒石山幽秀神奇的人文自然景观和天台山人高洁的性灵的和合，孕育和培养了一代一代震撼世人的奇人、奇事、奇篇、奇观，因此，给予人们奇妙无比的精神感染，并蕴藏辐射至天地四方。以天台山为载体的寒山文化，也如天台山一样，成为百花齐放的学派性色彩的名山文化。

四、天台山三教兼容是寒山思想和情操的学术(派)因缘

这里还要进一步探讨的是寒山文化是一种学术型的地域鲜明的历史文化，来自天台山孕育而成的儒佛道三家兼容的文化。天台历史悠久，文明发达颇早，天台山是天台佛学、南宗道学的策源地；也是民俗儒学个性鲜明的学派性文化，它在浙东，以至引入东亚的日本、朝鲜，竞放出夺目的光彩，在中国的文化史上有相当的学术地位。寒山带着佛道悲天悯人和儒家民本思想，进入寒石山，并终此一生，其感情因缘和天台山自然、人文灵性和合，这是极为重要的学术因缘，在这一点上，天台山文化孕育和融合了寒山的精神、情操，并最终形成、提升了寒山文化。

首先，体现寒山思想、理念、情操的诗篇，是天台历代佛道思想及其寺院道观的展示。天台寺院110多所、道观30多所。名震海内的著名的寺院有国清寺、智者塔院、高明寺、方广寺、华顶寺、万年寺、东安隐寺、白马寺、济公院、清心寺、通圆定慧寺、明岩寺等；著名的道观有桐柏宫、玉京观、福圣观、妙乐院、白云观、法轮观、元明宫、昭庆院、洞天宫等。进入天台山，首先映入眼帘的就是在深山幽谷和峰峦丛林之中耸峙着星罗棋布的寺院道观，展示出“刹院如星罗，海天有楼阁”的人间奇景。这对于寒山有磁石般的引力，使他排除万难，走过千山万水，独辟蹊径，走进天台天地，并终此儒士一生，与天台佛道文化融为一体，开出寒山奇葩文化。

再说，天台山儒佛道三家兼容，源远流长。我国道学进天台山颇早，相传西周灵王太子晋“乘白鹤两至赤城，治桐柏山，掌吴越水旱”。《委羽山志》载：

“周穆王时李八百游五岳、历王屋、登括苍，而至天台，遍历十六洞天。”①道学真正传人天台，始自东汉的葛玄、左慈进入桐柏、华顶、赤城等处修炼道术，置炉炼丹，并建降真台和法轮道观，传道授徒。两晋南朝许迈、徐则、陶弘景等步其后尘，进入天台，修身传道、著书立说，创造出适合战乱时期，能保百姓平安，又能清静无为地学道神仙，从而使汉族人民能够接受佛道双修的理论。陶弘景即提出“非离非合，佛法所摄，亦离亦合，仙道所依”的观点，把天台辟为道教重点名山。张联元《天台全志》就以天台“玉京洞、桐柏山、司马悔山、灵墟山、天姥山等五处为洞天福地”。而桐柏山为“养真之福境、成神之灵墟、不死之仙乡”②。

传闻佛教汉初兴平元年(194)即传入天台。真正把佛教全方位带进天台，当在两晋南北朝时，当时北方大乱，北魏、北周相继大举灭佛。由于大批僧徒南渡，江东比较安全，佛学在台州活跃起来。又因天台天时、地利优势，故而广为流传，形成声势。其为开启之功，应为东晋高僧昙猷，他从海上进入四明，继在天台建万年寺、方广寺、崇法寺等，开讲佛学经纶。其后，遣送子弟，南下台、温、闽北各地，流布四方。万年寺后来还成了日本禅宗临济、曹洞两宗的发祥地。其间晋大同四年(538)岳阳王肖智在赤城山建“梁妃塔”，独树一帜，对台州佛学流传也产生大影响。天台成了佛学传播的重要基地。

对寒山最有引力是天台山国清寺，开创我国佛教破斥南北、兼容中外特色的佛学天台宗，这是智者大师不朽功勋，也是对天台山文化贡献的一大伟业。智者一生开创了天台佛学，其哲学理念被誉为“中国黑格尔”；他所完成了天台宗教学的本体论、认识论、真理论、方法论、佛性论等一系列判教体系，在世界哲学史都有一定的地位和影响。诚如日本学者柳田圣山所说：“智者的宗教与哲学，则是把中国人的空性科学和实践结合为本土宗教的最初的卓越成果，这对尔后中国佛教各宗的发展，特别具有划时代的意义。”又说：“中国佛教的伊始，首先接受的是神异的印度佛教，直到天台宗开始，才真正成为中国知识分子的宗教。天台的实践是佛陀独特的冥想宗教在中国前所未有的灿烂的奇葩。”③隋唐时期，日本、朝鲜不少高僧、学者云集天台山，“欣闻中国故大师智者传如来心印，礼天台山……故不惮滔天之骇浪，不怖映日之惊鳌。外其身而身存，思其

①引自拙著《台州文化发展史之天台山文化的学派特色及发扬光大》一节。

②陶宏景：《真诰·甄命授篇》。

③《智颐评传》转引《禅与中国》，南京大学出版社 1996 年版。

法而法得,大哉之求法也”[①]。当时中日、中韩高僧之间的渡海佛学交流,频繁不迭,人数之多,规模之大,追求之坚定执著,确为我国文化史上一大节目!

儒学在天台并不如佛道发达,但颇有特色,在国内也达到学派性的水平。台州地僻东南沿海一隅,特别是天台,崇山峻岭、鸟道难行,远离古代京都长安、洛阳,“天高皇帝远”,封建专制皇权政治的控制相对减弱,所以天台儒家之学,带有反潮流的清高超逸的民俗色彩相当浓烈。如“大儒顾欢,隐道不仕,于剡天台山,聚徒讲学,受业者达百余人”,开启了天台民俗儒学的先风,此后孙绰、令闻,以及南下郑虔、骆宾王来天台讲学、吟诗,其风越来越浓。

综观天台山的儒佛道三学,其一开始就交流融合、相互兼通,学术思想,结构内容,以至表现形式,包括一些著名佛儒道的著作,如刘宋以来,顾欢《夷夏论》、葛洪《抱朴子》、陶宏景《养性延命录》、司马承祯《修真秘旨》,以至佛学大师智者《法华文句》、《法华玄义》等三大部、五小部,都渗透了儒道佛三者圆融合流的思想和理论。再如进入天台山的葛洪、葛玄、孙绰、顾欢、智者、寒山、司马承祯、任旭、李白、孟浩然、元稹、韩愈、刘禹锡等一大批大家,或多或少都有儒、道、佛学三家兼融的因子和色彩,他们齐来瞻仰神奇幽秀的天台山风光,留下了不朽的作品和诗篇,也留传下他们为国为民的光辉事迹和高风亮节,其中不乏神往自然,追求隐逸,而又主张个性解放,以天下为己任的政治家和思想家。寒山是以狂士、疯僧、野道的表现,进入天台,留在天台,终此一生,丰富了天台的儒学、道学,佛学的反潮流的民俗化的色彩,寒山的思想、情操、品格和精神,也充分地展示了天台山文化的学术因缘,寒山文化成了幽秀神奇的以天台山为物质载体的学术性的文化。

可以说,寒山思想、理念,极其复杂,而且经历了三四十年,以至五六十年岁月逐步形成的,他首先似儒、似道、似佛,但又是非佛、非道、非儒;但从其全面展示的思想、理念、情操,及其诗作的核心真谛,还是“达则兼济天下,穷则独善其身”的清高自恃的退隐儒生。他带着强烈的社会责任感,超越尘世,又留恋民间;他走进山林,又要回寺院市井;他目睹社会混浊黑暗,主张出世超脱,他看到人间不平,主张入世干预;他的这种矛盾的思想和情态,使他不得不进一步思考探究人生社会的真谛,不仅增强了学识,提升了洞悉社会的智慧和能力,丰富了

---

①《招提寺千岁传记·殿堂篇》引拙文《唐代日本高僧远渡天台及中日海上交流的开拓》,《东南文化》1996年10月。

他诗作独特的人性品位和感染力量，而有“开一代风流”的巨大影响。寒山、寒山诗及其悲喜剧的传奇一生，增加大唐色彩的民俗人性的山水文化，丰富和构筑了以天台山文化为特色的儒道佛三家兼融的寒山文化，其所蕴含的灵气、神气、硬气的精神和情操，又进一步丰富、开拓了历史悠久，源远流长的天台山文化。寒山的思想、理念、情操及其传奇一生，为天台名山文化，大唐文化发扬光大，声名远扬，为繁荣我国文化作出独特而重要的贡献。

项斯的平民生活及其独具一格的清丽诗风

项斯(795? —849?),字子迁,唐台州乐安(今浙江仙居)人,生卒年月不详。他是流落长安、洛阳及边远地区很长岁月,而又颇有声名的中唐诗人,也是当时台州最早考中进士,见于唐文坛的最出色的文学家,《全唐诗》收录他《寄石桥僧》等 97 首诗,近来又陆续发现《寄剡中友》等 4 首诗,共 101 首诗。关于他的籍贯,历来说法不一。明《统一志》和《临海县志》说他是台州临海人;《台州府志》和《仙居县志》说是仙居人。此外《大宋台州永安县迁明禅寺碑铭并序》称"项斯之宅可寻,麻姑之峰可登也",麻姑峰在仙居;南宋景炎年间宋代著名的理学家黄溍为项良才写的《乡贡进士项君墓志》,就确指项斯为仙居人:"台之项氏,所祖莫详。丹徒尉(项)斯肇见有唐,斯仙居人,会昌进士。"①《魏书官氏志》称:"项姓,出自国名,春秋楚国公子封于项城,其子孙遂以国名为姓。"项斯其祖来自河南项城,黄溍是项良才孙子项炯的挚友,当时项炯已由仙居迁临海,他特地讲到项炯先祖项斯是仙居人,应确定无疑;而"所祖不详",这应是后人误项斯临海人而发的。

项斯出生于仙居,年少在仙居度过的。《台州府志》说他的故居"三十八都有项斯坑",项斯坑沿袭至今,《浙江通志》载:"离县城十五里,距三学寺五里,有项斯坑。"《全唐诗》所收项斯的 98 首诗中,其增加的有较早写的《山行》一篇,是描述仙居山村风光景色和村里村外所见所闻,细腻、贴切、幽深、逼真,可见其年青为诗的功夫,学者评其已到"清妙奇绝"的境界:

青枥林深亦有人,一渠流水数家分。山当日午回峰影,草带泥痕

①《浙江通志》载:"晋永和三年置乐安县,属临海郡。五代时改乐安县为永安县。宋景德年间,又改永安县为仙居县。"

过鹿群。蒸茗气从茅舍出，缲丝声隔竹篱闻。行逢卖药归客来，不惜相随入岛云。①

项斯《边州客舍》一诗中有“自少诗名在，如今白发多”，也说明项斯年少即擅长诗文，并已有很大的名声。大约在唐宪宗元和十年(815)，即项斯二十多岁时，赴京进士考试，落第后，开始由两京流落他乡，奔波足迹遍及当时我国边远的东西南北。唐朝有“三十老明经，五十少进士”之谚，项斯热烈追求进士举业，“从不松懈”，他在《鲤鱼》和《落第后寄江南亲友》诗有：“似龙鳞又足，只是欠登门。他日能为雨，公田报此恩。”辛文房《唐才子传》还载项斯落第后：“初筑草庐于朝阳峰前……枕白石，饮清泉，长哦细酌，先后有三十余年。”《唐音癸籤》说：“布衣流落才士，更多应缘幕府，摄级进身”，项斯在此期间，竭力追求功名，各地应缘幕府，寄人篱下，以求进身。他到的地方很多，长安是他多次应试进士所在地，其次如咸阳、临潼、渭南、华阴、樊川，也是他常到之地，其间他回过家乡，如杭州、绍兴、衢县、永嘉、天台、也有他的行踪。他还到过西北边塞的甘肃泾州，四川平武、巴县，湖北荆州，山西的龙州、大同、舜城，安徽当涂，江西彭蠡；他还在广西边州(今宜山县)、秦城(兴安县)和云南宁州住过一段较长时间。项斯面对惨淡人生，抱着“复振儒衣，直上青云”的志向，风尘仆仆，颠沛流离，在求官、谋生的道路上奔波近三十年。项斯诗中有“一棹三湘浪”，“单车二蜀尘”，“梦尽吴越水”，“暮愁黄河怨”，“缘多山与海”，“巴中逢故人”，“养病住秦京”②等，都说明他到过我国的东鄙、西塞、南蛮、北疆，足迹遍及全国各地。诚如他《途中逢友人》所云：

长大有南北，山川各所之。相逢孤馆夜，共忆少年时。烂醉百花酒，狂题几首诗。来朝又分袂，后会鬓有丝。

对他最难忘，而最有意义的，还在长安、洛阳和张籍一段友谊，有《留别张水部籍》诗：“子城西并宅，御水北同渠，要取春前到，秉间候起居。”

项斯五十余年人生征途，坎坷不平，结识了不少官僚、士人、术士、僧道，其中还有日本、高丽的高僧。最著名的有杨敬之、张籍、欧阳衮、姚合、郑薰、李中丞、韩将军、殷中丞等。《新唐书·杨凭传》说：“杨敬之(国子祭酒)爱士类，得其文章，孜孜玩讽，人以为癖。雅爱项斯为诗，所以称之，由是擢上第。”又唐李倬

---

①项斯：《山行》等，《全唐诗》第十七册卷554，中华书局1978版。

②项斯：《巴中遇故人》等，下不再注。

《尚书故实》有：

> 杨敬之爱才公正，尝知江表之士项斯。赠诗曰：几度见诗诗总好，及观标格过于诗。平生不解藏人善，到处逢人说项斯。

杨敬之、张籍在《赠项斯》一诗中对项斯十分赏识，赞誉备至，有“端坐吟诗忘忍饥，万人中觅似君稀”之叹。以至文豪张洎说项斯“诗格颇与水部（张籍）相类”，可见项斯是当时很不平凡的诗人。

项斯生活在中唐，德宗、顺宗年间，宦官专权，藩镇跋扈，朋党之争，此起彼伏，异常剧烈；复加回纥、吐蕃入侵，战乱不断，人民处于水深火热之中。项斯的诗，贴近社会，比较广阔地反映了当时重大的现实问题，也提出自己的意见、看法和建议。他浪迹各地，特别是在多次科举应试期间，目睹京洛政治的黑暗、动荡的边塞，体会尤深，在细描祖国山川、人民生活中，也显示出对动荡不安的社会抗争；为此他也结识了不少抗击外侮，为民请命的爱国文武将领，其中《龙州与韩将军夜会》、《长安退将》、《送殷中丞游边》诗篇，都描绘和抒发“路去干戈日，乡遥饥馑年”，“最悲无力制蕃营，惆怅中原不用兵”的民困国危，而又无力挽回的悲凉心情，项斯是热爱祖国山河，而对贫苦人民又很有深情的诗人。

项斯生活中唐后的社会动荡，边塞战事频仍之际，诗有一定的思想性，人民性，是一位颇有才华的现实主义的诗人。为诗立意清新，清淡的笔触中，点染和反映了当时的社会现实，张籍《唐诗主客图》，列出“主升堂者七人”，其中就有项斯。一方面，项斯出生于地僻浙东海滨，唐时亦为“贬谪之地”的台州山区，群山叠嶂，土地贫瘠，交通十分闭塞，人民生活十分穷困，史载：“自上元宝应之后，此邦骚扰，逃亡无数，人不堪命，皆去在为盗贼。”①另一方面，唐自穆宗长庆至文宗开成年间（821—836），宦官专权，飞扬跋扈，中枢一片混乱，敬宗、文宗相继为宦官所杀，835年的“甘露之变”，宰相宋申锡、王涯及大臣郑注、李训、韩约等一大批朝臣，亦先后为宦官所贬杀。藩镇割据，愈演愈烈，地方吏治十分败坏。项斯初试落第，为谋职、谋生，四处奔波，从浙东到长安、洛阳，又从两京到边塞的广西、云南，又到过陕甘、四川的穷荒之地。南北流离颠沛，使他看到国势危亡中的人民艰难生活，也熟悉和了解当时统治阶级内部的矛盾和黑暗斗争，以及地方军阀的骄横残杀，这就提升项斯的观察社会的思想，也提高了项斯诗篇的

①《全唐文》卷817杨光《赤石楼隐难记》。

社会品位。所以有不少学者认为项斯为诗，既有李白、王维的山水风采，也有力竭学习杜甫的史诗特色，如他在《中秋夜怀》中所说："趋驰早晚休，一岁又残秋。若只如今日，何难至白头。沧波归远处，旅食尚边愁。赖见前贤说，穷通不自由。"对此，吴枫评曰：

> 项斯有写山野贫苦，寂寞生活者，特别反映战争和人民疾苦的诗作，更为精彩、深刻，清新、细腻、逼真，不乏感人之处。[①]

如写战乱之苦的饥荒有《送友人游河东》："路去干戈日，乡遥饥馑年！"如写战争骨肉离散有《龙州与韩将军夜会》："别歌缘剑起，客泪是添愁"；如写回纥、吐蕃侵凌边塞，边将无能，则把锋芒直指腐朽荒淫君主，有《长安退将》："塞外冲沙损眼明，著白衣裳把剑行。常说老身思到将，最悲无力制蕃营。翠眉红脸和回纥，惆怅中原不用兵。"目睹战乱频仍，当此动荡残世，项斯只有如《寄韦秀才》一诗中所抒发的无可奈何、凄凉悲苦的心情："荆台兰渚客，寥落共含情。空馆相思夜，孤灯照雨声。"而留下来也只是："小院无人夜，烟斜月转明。清宵易惆怅，不必有离情。"而《病鹤》一诗则完全是写他落第之后，犹如一只曾遨游碧落而"低迴所依"的白鹤，而受"因风雨困"的自况：

> 青云有意力犹微，岂料低回得所依。幸念翅因风雨困，岂教身陷稻粱肥。曾游碧落宁无侣，见有青也不忍飞。纵使他年引仙驾，主人恩在亦应归。

项斯一生过着流离颠沛、寄人篱下、求职浪游的生活，心向庙堂，身居草野，熟悉山村、湖海、高山、峰峦，写下了不少赞美祖国山河，以及平民百姓生活，很有思想，且描述细腻，语言清丽，展示出十分贴切民间生活的诗风，辛文房说项斯，"开成之际，声价籍甚"。唐中期，诗家辈出，人才济济，特别是长安、洛阳两京，大家、名家众多，然项斯跻身诗坛，诗风标格、颇有声名，实属不易，熟知的典故"到处逢人说项"的"说项"，就是指的项斯。这些清丽幽秀的诗篇中，项斯成功之处是强烈地反映了他的爱国、爱乡、爱民的深情，如《杭州江亭留题登眺》、《游烂柯山》、《暮上瞿塘峡》、《彭蠡湖春望》、《太白山隐者》、《寄石桥僧》、《山行》、《苍梧云气》等，都能观察入微，体味深刻，淋漓挥洒，逼真细腻，贴切分明，为读者展示出富有动态的河山幽美和形象社会生活的画面。如《山行》，起笔写"青枥林

---

①吴枫主编：《简明中国古籍辞典》。

深亦有人，一渠流水数家分”，接着写“山当日午回峰影，草带泥痕过鹿群。蒸茗气出茅舍出，不惜相随入岛云”。其诗写“一渠流水数家分”的林深幽静的山野角落，一下拉开日午迴峰，草带鹿群的一片广阔天地中，平凡中见奇特，奇特又出自平凡，互为因果，相辅相成。有如我们今天徜徉在“山上青天山下溪，天上人间亦相宜”的神仙居之中。如《彭蠡湖春望》：“湖亭东极望，远棹不须迴。遍草新湖落，连天众雁来。芦州残照尽，湖山万叠翠。”从湖亭东望，拉开“连天众雁”，“湖山万叠”，确实有“极目楚天舒”的情怀和境界。再如写衢州《游烂柯山》：“步步出尘氛，溪山别是春。坛边时过鹤，棋处寂无人。访古碑多缺，探幽路不真。翻疑归去晚，清世累移晨。”[①]烂柯山，是衢州第一景观，又名石室山，以横空凌云的天然石梁和仙人观弈的神奇故事，传播四海，誉为道教“青霞第八洞天”，神仙的“烂柯福地”。[②] 项斯所写烂柯山的溪水、坛边、棋处、古碑，处处扣住神山福地的出尘围氛，言简意赅，描绘得十分贴切逼真，如临其境，把探寻烂柯洞天福地时的“献赋才何拙，经时不耻归”的仕途落第的心情，溢于言表，情景交融，余韵无穷。

项斯的诗篇中，值得一提的是有关佛道的诗作，意蕴深厚，颇具一格。有唐一代，道教风靡上下，佛学相当兴盛，项斯曾多次踏足于佛道寺院，结识高僧、道徒和隐逸处士。他在《赠道者》、《题永忻寺影堂》、《送苏处士归西山》、《太白山隐者》、《咸阳别李处士》、《寄坐夏僧》、《送僧归南岳》和《华顶道者》等诗篇中，记录他们交往情谊，也强烈地流露出“退则独隐其身”的心境。陈耀东教授在《嵊县志》卷 24《文翰志》发现项斯《寄剡中友》佚诗，也记访友而留宿寺院而发的：“歇马亭西酒一卮，半年闲事亦堪悲。山晚回游寻寺宿，雪夜谁与戴家期。”项斯年少就和佛道有情境因缘。台州三面环山，一面临海，群峰叠翠，幽秀神奇，寺院道观林立，佛道思想相当发达，天台、仙居自古以来就有“佛道仙源”之誉称。诚如山水文学家孙绰所称，“皆玄圣之所游化，灵仙之所窟也。夫其峻极之状，嘉祥之类，穷山海之瑰富，尽人神之壮丽矣”。项斯屡次落第，“斯性疏旷”，且自负才华，“时不耻归”，自有“就松荫、枕白石、饮清泉、交结净者之去处”。他曾借隐于荒僻山野，“筑庐朝阳峰前，交结净者，盘礴宇宙，戴蓟花冠，披鹤氅，就松荫，枕白石、饮清泉，长哦细酌，凡如此三十余年”。还有《梦仙》一诗云：“昨宵魂梦到仙津，得见蓬山不死人。云叶许裁成野服，玉浆教契润愁身。红楼近月宜

---

①项斯：《山行》等，《全唐诗》第 17 册卷 554，中华书局 1978 版。

②《烂柯山诗集》，《围棋与烂柯山》，浙江衢州社科联合会 1993 年版。

寡心，缘杏摇风占古春。次第引看行来篇，浮光牵入世间尘。”他崇尚佛道思想，且有不少诚挚的僧道师友，其《送客归新罗》、《日本病僧》等诗作，说明他还和新罗、日本的高僧建立较深的友情。项斯所写佛道诗作，如《寄石桥僧》、《日本病僧》、《宿山寺》、《赠道者》、《落第后归觐喜逢僧再阳》、《送僧归南岳》、《山友赠鲜花寇》、《题太白隐者》等，都是佳品，匠心独运，写出僧道内心世界的清调幽思和对现实社会的美好寄望。有的情景写得很好，如写石桥，“溪中云隔寺，夜半雪添泉”；如写湖山寺，“湖山万叠翠，门桥一行春”，如写“月明古寺”：“月明古寺客初到，风度闲门僧未归”；如《送宫人入道》：“将敲碧落新斋磬，却进昭阳旧赐筝。”如写《华顶道者》，则充分表现他的超脱放逸的思想：“仙人掌中往，坐有上天期。养龙于浅水，寄鹤在高枝。得道复无事，相逢尽日棋。”但是项斯对于佛道思想，持正确的认识，他对道教的鬼符神丹、灵仙妙药的迷信骗术，则取否定的态度，他在《赠道者》中说：“晏未知养气，度日语时稀。到处留丹井，终寒不絮衣。病乡多惠药，鬼俗有符威。自说身轻捷，今年数梦飞。”而在《古观》中就一针见血地指斥佛道仙药是“洞中谁识药，门外日添坟。”在唐时佛道相当盛行，并有一定社会势力的背景下，项斯能有此认识和判断，是难能可贵的。

学者都一致认为项斯的诗风，“亦师水部（张籍），幽闭深秀，清调颇同”①。然项斯的现实主义诗风，和杜甫、白居易相比，似兼不及，然其“幽秀清调”却分外细腻、诱人；而较张籍有更广阔、更丰富的社会生活基础。一方面他生活面广，人生道路更坎坷不平，诗歌涉及面更宽些，观察也更深入一些。因此，诸多不同地点，不同时间映入他的视野的，他都抒发和表达出与众不同的情态和心境；另一方面，取材和立意大多来自基层人民的生活，写出他与常人略有不同的社会画面。虽然，激昂慷慨，气势雄伟不足，但仍显得颇为新颖，近乎“神奇”。项斯有《送宫女入道》一诗，其文云：

> 愿随宫女董双成，王母前头作伴行。初戴玉冠多误拜，欲辞金殿别称名，将敲碧落新斋者，却进照阳旧赐筝。旦暮焚香绕坛上，步虚犹作按歌声。

唐时有不少写宫女入道的诗题，有写思想动态，有写入道后生活情景；而项斯抓住宫女入道一刹那的生活重大转变，而引发出突变的心态，闹出“戴冠误

---

①张洎：《项斯诗集序》，又见《唐音癸籤》。

拜","碧落斋磬","旦暮焚香","步虚歌声"等的笑话,确实给人以新颖、神奇的感觉,所以清著名诗评学家沈德潜在《唐诗别裁集》中称:"此题唐人诗无佳者,(项斯)此篇差胜。"①再如写《蛮家》,"领得卖珠钱,还归桐树边。看儿调小象,打鼓试新船。醉后眠神树,耕时语瘴烟。不逢寒便老,相闻莫知年"。"蛮家"是我国对西南的云南、贵州、广西一带少数民族的泛称。《云南志》有"西南蛮荒之地";唐樊绰任安南经略使名蔡袭的幕僚,著有《蛮书》名志;《唐书·卢钧烈》传称"南海有蛮舶之利"。此题唐朝诗人写得绝少,项斯到过广西宜山、兴安、云南宁州等地,住过一段较长时间,其触笔蛮族,亦属常情常事;但对蛮族的山野景色、生活风俗、民间情调,以及地方独具的事物和景观,如铜柱、古象、船舶、神树,瘴烟等,写得十分清丽生动,活灵活现,如临其境,如见其物,在诸多唐诗诗作中,也是不可多得的。故《五朝诗善鸣集》云:"吟得如此好诗,安得不逢人说项。"再如《宿山寺》,其文云:

栗叶重重复翠微,黄昏溪上语人稀。月明古寺客初到,晚度闭门僧未归。山果经霜多自落,水萤穿竹不停飞。中宵能得几时睡,又被钟声催著衣。

文人投宿山寺,又临黄昏人稀、月明古寺,这样的题材颇多;但衬托出的"黄昏人溪上","晚度僧闭门","山果多自落","水萤不停飞"的情境,气氛浓重,自然协调,反映一个强烈功名愿望,屡试不第,南北奔波,流离颠沛,而又不得不"钟声催著衣,能得几时睡"的士人,风尘仆仆,朴实无华之中有"清幽奇绝"之妙。《唐律偶评》称其"劳人之劳,不亦悲哉",所以《吴礼部诗话》说:"项斯亦师水部,自以字清气远,匠物为工。"张籍也说项斯:"得于意表,迨非常情所及。"

项斯诗歌的成就,确有其自己的特点,其构思选题的匠心独运之处,是他诗歌艺术性突破的表现和创造。

一是善于多角度地描摹现实生活的事物形象,并作典型的地域色彩的发挥和概括,达到唐诗艺术的一定高度。项斯是很有才华的,在他诸多的抒情诗和叙事诗中,善于选择和概括社会生活中具有地域特色的,而又不同寻常的人物、景物和事件,通过他长于形象的描摹,构筑起触景生情,情景交融的生动诗境;且不常用典,不事雕饰,以朴素而又清丽的文字语言,在景物和情感的交融中,

①沈德潜:《唐诗别裁集》卷7。

含蓄细腻地抒发自己情怀，寄寓和展示内心的感受和希望，具有独特的个性风采，这是项斯诗歌艺术性的最大成就。如《长安书怀呈知己》：

江湖归不易，京邑计长贫。独夜有知己，论心无帮人。一灯愁思梦，九陌病中春。为问清平日，无门致出身。

项斯一生浪迹江湖，寄居京邑长安，自然是“一灯愁梦，九陌痛春；夜有知己，而心无故人?”在这样独特的情境下，“为问清平日”，有的不仅是怀才不遇，还有无门入仕的强烈抗争；后来项斯五十多岁了，中了进士高第，“官终丹徒尉”，以奋斗精神了此一生。所以《重订中晚唐诗主客图》评项斯的诗，“极寻常事，说得如此闭致，如此深情，似未经人道著”，诚有“及观标格过于诗”，“万人中觅似君稀”之震惊。如《长安退将》为一首好诗，“塞外冲沙损眼明，着白衣裳把剑行”，写的是由边塞归来养病的战将，人老志不老；他在想什么？“翠眉红脸和回纥，最悲无力制蕃营”。唐朝后期，政治腐败，内外交困，回纥、吐蕃，南诏频频入侵，诚如李商隐等所云“凉州陷来四十年，河陇侵将七千里”，“万里无人收白骨，夫死战场子在腹”。带有忧国爱民的诗人项斯，边塞败绩，国事日蹙，民陷于战争水火之中，在自己仕途艰辛的情境交融的极度刺痛中，唯有“上高楼阁看星位，惆怅中原不用兵”，爱国感情十分强烈，是思想性和艺术性结合的典范诗作。

项斯诗歌艺术性还有一个重要的特点就是用语朴素清丽，把抒情、叙事的诗篇写得景物分明，细腻逼真，从而使诗境画面更鲜明动人，有一定人生社会体味深度和丰富艺术感染力量。他的《江村夜泊》、《哭南流人》、《晚春花》、《鲤鱼》等，都是集中体现项斯善于用语，并善于巧妙构筑诗境出色诗篇。《晚春花》一诗云：

阴洞日光落，花开不及时。当春无半树，经绕足空枝。疏与香风会，细将泉影移。此中人到少，开尽几人知。

该诗将生长于阴洞偏僻环境，缺少阳光，开花又迟，而素质高雅的晚春花，用生动的语言展示出他的不同流俗的清高风格“疏与香风会”，“开尽几人知”，宁可孤芳自赏，洁身自好，而不同流俗，这是作者借托“晚春花”以自喻自慰，也是对当时世俗社会只重门第，不重才学；只重庸才，不重人才的一种抗议与抗争！诚如马群华先生在评项斯《山行》一诗中所云：“诗人创造出的意境，借助个性化语言，使读者倍加亲切，展示出富有动态的美的人生境界。”①

①《唐诗鉴赏辞典·项斯》，上海辞书出版社 1984 年版，第 960 页。

日本高僧远渡天台和唐代对东亚海洋的开发

唐代我国和日本的文化交流十分频繁，从而推动东亚各国的海交、海运，其间日本高僧、官员、学者漂洋过海，远渡天台，学佛求法，频繁不迭，其人数之多，规模之大，信仰、追求之执着坚定；尤以两国高僧为了佛学事业，交流思想，研讨学术，拉开一幕雄伟壮丽的东亚海运历史壮剧，令人惊叹不已，堪称中古海东文化交流的一大时代性的绝妙佳话。此不仅为台州历史文化和天台宗发展史谱写了最为优美的一页，也是中日海运史、中日文化交流史、海东海上丝绸史上值得大书特书的篇章。唐时天台声名海内外，著名的《七道图》列天台山为海上名山《域中四绝》之一；唐宰相、历史地理学大家李吉甫把国清寺列为江南名寺；著名书法家李邕赞曰："定势雄侈于古今，奇表严净于江汉。"天台佛学吸引日本高僧，以至来中国的诸多佛学大师甘冒生命危险，漂渡鲸波，捷足先登，以参拜圣境天台国清为无上荣光。天宝年间，大唐高僧鉴真第四次闯渡日本，途经台州港，带去天台《法华玄义》、《摩诃止观》等佛学经典，台州开元寺高僧思托鼎力相助，完成了历史使命；尔后，创立日本天台宗的第一个"传教大师"最澄，唐贞元二十年(804)九月远渡天台，途经台州开元寺，其在呈文台州刺史陆淳书状中称："闻中国故大师智𫖮传如来心印，礼天台山，遂送赍黄金，涉巨海。不惮滔天之骇浪，不怖映日之惊鳌。外其身而身存，思其法而法得，大哉之求法也。"①他回国后潜心翻译佛典，开创天台学派。拉开日本封建社会历史序幕的圣德太子，钦慕唐风文化，主持大化革新，尤其崇拜中国天台宗开创祖师智者大师，他说自己为天台宗第二祖师慧思托生，"昔闻南岳禅师迁化之后，托生倭国王子，

①《招提寺千岁传记》卷下《殿堂篇》。

兴隆佛法、济度众生”;还说日本和中国“山川异域,风月同天,寄诸佛子,共结来缘”。他在执政期间,提倡佛学,大塑佛像,广搜佛经,多次派遣留学僧,留学生来中国学习。他嘱托高僧荣睿、普照两大法师来中国:“今钟此运,愿和上东游兴化……圣教兴于日本国。”①借助中国佛学,推进国内政治改革,促进日本社会经济、文化、教育的发展。

考诸中日有关史籍,日本平安时代遣使入唐,朝拜中国灵山圣迹的日本高僧、学者,去得最多的是天台山,其次是五台山。并对天台国清寺有不同寻常描绘,《大唐和尚东征记》云“(天台)国清松篁蓊郁,奇树璀璨,宝塔玉殿,玲珑赫奕,壮丽华饰,不可言尽”,还说山水名家东晋“孙绰《天台山赋》不能尽其万一”。最澄大师首开朝拜天台先风,此后日本高僧入唐,络绎不绝,“没有一个不登台岭,巡礼拜谒智𫖮(智者大师)圣迹的”②。据《入唐求法巡礼行记》载,唐开成三年(838)来中国的高僧圆仁,主修天台宗,他和最澄弟子圆载,一踏上中国国土,“出牒于使衙,请向台州国清寺”,并“右请台州国清寺,寻师决疑”,表达他们对智者大师崇敬和缅怀。天台和日本高僧之间的佛学研究和思想的交流,达到精神上天作之合的境界。由于天皇和来华高僧独钟天台佛学,早期来唐的学者高僧,献经之地也大多集中天台山。天台宗成了日本佛学的圣流,由奈良朝的三论、法相、俱舍、成实、华严、戒律六宗,转向平安朝新兴的天台、真言两宗,“而以天台列为其首”③。所以宋《高僧传》称日本高僧“泛海到(中)国,赍教法指一山为天台(山),号一寺为国清(寺),风行电照,斯教大行”。也因为灿烂的唐朝文化,特别是通过佛学天台宗对日本社会有不同寻常的影响,日本学者把平安文化称为“唐风文化”。

日本新兴的封建统治者,特别是他们派遣来唐的学问僧、官员、留学生,高度重视唐朝文化,并独钟天台佛学。回国后,借助唐朝文化,尤以佛学文化来大力推动政治改革,打击顽固保守势力,取得历史性的胜利。那么中国唐风文化、天台佛学,对于中世纪日本由奴隶社会进入封建社会,究竟有多大推动作用?又产生怎样影响?这是中日关系史上非常重要、影响很大、而又有深远历史意义的研讨论题。

首先,当时中日政治和历史背景。唐朝是我国封建社会最为繁荣强盛的王

①《招提寺千岁传记》卷下《殿堂篇》。

②王勇:《唐宋时代日本向江南灵山名寺舍经考》,收入《中日文化论丛》,杭州大学出版社1996年版。

③《宋高僧传》卷16。

朝，政治清明，经济发达，文化昌盛，国威大振、名震中外。唐王朝四周的各个民族把大唐皇帝称为“天可汗”，“四夷自服、天下帖然”。唐朝采取开放、开明的政策，中外并收、兼容并蓄，唐朝文化对于周边的国家、民族具有强劲的政治辐射力。东亚的日本、朝鲜等国多次派出“遣唐使”；中亚的波斯、大食等国络绎不绝地派遣留学生、商人、学者来长安，他们把中国看成“东方文明之邦”。唐朝无愧为当时世界上最强大、最先进的封建大帝国，在世界各国、各民族的文明竞争中，处于遥遥领先的地位。

大唐和东亚的日本、朝鲜的友好往来，进入历史上空前活跃和繁荣时期。当时日本正进行剧烈的大化革新，贵族和奴隶主不断复辟反抗；而遭受奴隶主压迫而进行反抗的奴隶暴动，又此起彼落。日本新兴的封建统治者及其政治家、思想家，深感广造舆论，大兴文化，制定适合时宜的政治方针和军事战略，才能有力地打击顽固保守势力，稳定和巩固初建的封建政权。唐朝的繁荣强大，唐朝丰富多彩的文化，使日本垂涎欲滴；而且反映在政治、经济、军事、文化等多方面的两国悬殊的反差，更其强烈地刺激日本封建统治者迫不及待地来学习和吸收大唐的文明。诚如日本著名史学家木宫泰彦在《中日文化交流史》一书中所指出：“当时日本有识之士，由于遣隋使一度接触到优势的中国文化，并多少吸收了一些之后，决不会就此满足，必然益加赞叹向往，狂热地试图吸取、模仿。遣唐使的派遣，就是为实现这种愿望的手段。”①也正是在不断派遣遣唐使的过程中，加深了对唐朝文明的认识；同时又在不断吸取、模仿的过程中，渗透进日本社会的各个领域，拉开日本社会改革的序幕。

日本新兴地主阶级统治者在学习吸取中国文明，以谋求发展本国的政治、经济，推动社会前进，确实是从文化突破，其间佛学为最重要的媒介。一方面日本天皇遣使来唐的强大队伍中，本来就有很多档次很高的学问僧，他们学识渊博，文化造诣很深，其中有不少肩负着革新政治的使命。据我国学者苏晋仁教授统计，自七世纪舒明天皇二年(630)到九世纪宇多天皇宽平六年(894)，日本陆续来唐的僧侣留学生中，有名出家的留学僧就有 92 人，占在家留学僧人数的 3 倍以上。他们其中有不少都参加当时的政治改革和文化启蒙活动。平安时期著名入唐八家，天台宗占有 4 家；92 名留学僧中有 5 名荣获“大师”，天台宗占

---

①[日]木宫泰彦：《中日文化交流史》，第 167 页。

有 4 名。① 另一方面唐朝文化丰富多彩，远播四方，也高度吸引日本的留学生和学问僧。唐风文化儒佛道兼融，其宗教性意蕴，是催进封建社会伴生和发展的产物，中外封建统治者常常利用它为确立封建秩序开辟道路。剧烈的政治斗争也极大促使日本新兴封建统治者，对唐风文化情有独钟，其在儒道佛三教中，尤以天台佛学为主旨，推行大化革新，有力打击顽固保守的奴隶主和贵族势力，取得历史性的社会改革成功。645 年至 650 年以日本孝德天皇命名的大化革新，名义上是由中臣镰足和中大兄皇子主持，实际上是在由唐太宗贞观年间来唐的学问僧、留学生如南渊清安、旻直、高向等直接策划和参与下发动起来、打开局面的。他们拥立孝德天皇，推翻豪族苏俄氏统治，颁布诏令，几乎原封不动地模仿和照搬唐朝贞观年间颁行的政治、经济、文化制度，取消豪族奴隶主的私地和部民制，确立封建的政治体制和社会秩序。例如唐朝中央三省六部官制、均田租庸调赋税制度、府兵制度，其内容、条文，以至文句大多只字不改地引申过来。日本中央官制：中枢有神祇官和太政官，下设中务、式部、治府、民部、刑部、大藏、宫内八部。日本京都安京完全模仿唐朝长安，有朱雀大街、承天门街、东市、西市等布局设置。至于当时推行的《班田法》、《租庸调制》、《大宝律令》等则完全从唐朝抄录过来的。如《班田令·田令》记载："凡给田分田者，男二段(长 30 步，广 12 步)"；又载"其地有宽狭者，从乡土法，易田倍给。受田悉足者为宽乡，不足者为狭乡"②，其文句和唐朝田制所载没有两样。至于社会习俗、服饰制度，以至民间风情，亦深受唐朝影响，有不少也是照搬过去的，兴起了学习唐风文化的时代热潮。

尤其值得一提的，并取得社会文化卓著效果的是这些学问僧带走了大量的中国文史名著和佛学经典，据《传教大师最澄将来目录》所收吴颢《送最澄和上还日本国诗序》说：来过天台国清寺的最澄等带回日本的中国典籍和佛学经典有 460 多卷。其中有《史记》、《汉书》、《三国志》、《孙子兵法》等著名典籍，以及包括开创日本文字、日本胡服的重要经典，吉本真备在唐学习 18 年，带走《说文》等汉文典籍，他和学问僧空海等人，根据中国汉字偏旁，创造的日本现代的片假名和平假名文字。还有大量文学、医学、艺术、书画等大唐名作。所以木宫泰彦认为："日本中古的制度，一向被认为是日本固有的。但一翻开唐史，却发

①苏晋仁：《入唐五家求法目录中外典考》，《中央民族学院学报》1985 年第 3 期。

②[日]木宫泰彦：《中日文化交流史》，第 167 页。

现有许多完全是模仿唐制的。”①

历史常有着惊人的相似之处，日本自大化革新至天平的七八十年间，正是我国唐太宗、高宗、武后、玄宗的贞观、永徽、嗣圣和开元期间，当时社会朝气蓬勃，经济发达，文化教育事业蒸蒸日上，给日本社会改革带来无限际遇，相互学习、交流，这就大大地推动了东方两个民族文化勃兴和繁荣。

宗教不仅是新兴地主阶级的文化需要，其潜在的力量和深远影响还是在政治作用。日本的孝德天皇、弘文天皇、圣武天皇十分崇信宗教，进行政治革新，和武则天、唐玄宗一样也利用中国佛学、道学来加强统治，巩固政权。日本新兴地主阶级及其政治家首先用中国的文化，优化日本文化，尤以融集天台宗等佛学，缓和阶级矛盾，消除各地奴隶和流民起义。历史证明，在奴隶制转为封建制的特定时期，佛教是带有催化和稳定作用的。天台尊崇法华，开张八教，园融三谛，囊括群经；开人生为十界，十通，求众生园满正觉；讲求平等博爱、离苦得乐、智慧具足；尤以中日两国佛教徒们为普救众生，舍身忘命，远渡重洋，其所表现的万劫不辞的精神，对于当时日本新兴封建主以及广大奴隶和部民都具有无穷引力和虚幻祈望，企盼社会稳定和进步。《日本书纪》卷211记载苏俄氏推翻物部氏奴隶部族统治，中臣镰足和中大兄皇子推行大化改革，打着崇佛的旗号，推行政治、经济、文化一系列革新，而取得成功的。

至于圣德太子登上皇位，他之崇佛，不仅是名义号召，更把崇佛思想转变成政治实践。他颁布了许多兴佛的诏书，修建佛殿，塑造佛像，几乎把天台佛学作为治国重要政治思想。声称“闻海西(中国唐朝)菩萨天子，重兴佛法，而致天下大治”，“以此思量，诚是佛法兴隆，有缘之国。”他派出荣睿、普照两大师来唐，学习唐朝的政治、文化；还是邀请中国学识渊博、品德高尚的“堪称大会讲师，以使日本成为兴隆”的佛国大师②。据《新唐书·萧颖士传》，日本曾遣使向唐中央表示愿聘萧颖士为日本国师，其文曰：“倭国遣使入朝，自陈国人愿得萧夫子为师者，中书张渐等人谏不可，而止。”③《全唐诗》卷7也记载萧夫子的弟子刘太真言：“顷倭国之人，逾海来宾，举国国俗，愿师以夫子，敢私以情，表闻天子，夫子辞以病不之从也。”鉴真和尚就是在这样的历史背景下，受日本国邀请，进行了惊心动魄的“六次东渡”，终于把发达的中国文化带进日本国土，他自己也成

①[日]木宫泰彦；《中日文化交流史》，第167页。

②[日]淡海真人：《唐大和尚东征记》

③《旧唐书·萧颖士传》。

为日本国无上荣光的大国师。日本天平胜宝五年(753)鉴真第6次东渡成功,日本天皇对天台宗高僧表示最高仪礼,并给予史无前例的政治待遇。鉴真为律宗大德,他带到日本国的有《摩诃止观》、《法华玄义》、《法华文句》、《四教文义》、《次第禅门》、《小止观》、《六妙门》等天台章疏,逐步发行、著录。充分反映了中日两国,在交流传播佛教文化中,十分重视天台教派,所以凝然在《三国佛法传通缘起》一书中,说当时来去中日传教的僧众,大多是天台宗或者"皆兼台宗"的高僧,所以把"大德律宗鉴真和尚,称是天台第四祖师",并说:"和尚定慧双修,内外该互,天台教观,研究精详。"还说:"鉴真和尚来朝之时,律宗诸典,天台诸文赍持最多。随来弟子法进、昙静、思托、义静、法载等十四人并是智解名哲,皆兼台宗。"①

《唐才子传》等著录的以诗名见称的僧人有50余人,时称"文僧"、"诗僧",有皎然、灵一、灵彻、清寒、寒山、丰干、无可、虚中、齐己、贯休、惟审、护国、文益、可止、清江、王梵志、格绳、法照、广宣、修睦、若虚、云表、无闷、悬域、子兰、隐峦、处默、卿云、栖一、若虚、可朋、亚齐、归仁、玄宝、文秀、理莹、无本等,时称"格律清畅,骋誉丛林,名声藉长",其中有不少是对中日文化交流颇有影响的天台诗僧。

鉴真和尚到日本之后,孝谦天皇希望他担任日本僧纲大僧正,改变"比来出家,不审学业,多由嘱请,甚乖法意。遂使后生之辈,积习成俗,不肯变正,恐污法门"②的现状。孝谦天皇命令主持改革的留学僧吉备真备以敕使身份迎接鉴真,并向其呈送天皇诏书,请他担任东大寺戒坛大师,其文云:

> 大德鉴真,远涉沧波,来至此国。朕先造东大寺,经十余年,于佛西欲之戒坛,自有此心,日夜不忘。今大德诸远来,冥契朕心,乃是朕之有感。

后来,孝德天皇设斋东大寺,以最高最隆重的仪典表彰鉴真,指令"代朕执笔唯和尚(鉴真)一人而已"③。所以《东大寺要录》卷2《供养草说》载,"唯大和尚(鉴真)独秀无伦,能孚众望,道俗归心,抑为授戒大师"④。鉴真东渡日本国,

①凝然:《三国佛法传通缘起》。

②凝然:《三国佛法传通缘起》。

③《宋高僧传》卷15,又见《唐大和尚东征记》。

④《续日本记》卷15,圣武天皇至武十六年。

以天台宗为媒介，促进中日高僧日益频繁的交流互访，对东亚文化交流产生巨大的推动作用。

鉴真以天台为主旨宗派传入日本，日本师蛮《本朝高僧传》卷57载，“鉴真门人法进等在日本比睿山，弘扬天台教义”，并向日僧宣讲天台三大部的“《摩诃止观》、《法华真义》、《法华玄义》等四遍，深受欢迎”。又据凝然《律宗纲要》，称唐洛阳大福光寺的道璇和比严等高僧在传播戒律华严时，也传天台宗。所以杨曾文教授在《关于中日天台宗的几个问题》一文中，说日本最澄高僧入唐之前，我国高僧鉴真、道璇、法进及其弟子“一是把天台宗重要章疏传到日本，二是在传律之暇讲义天台经典，但只是没有培养出继承天台宗教义的人”。可见，最早传入天台宗经典和教义的，应是鉴真、道璇和他们的弟子们。

天台宗流入日本，最后创立日本天台宗学派，是由最澄完成的。最澄(767—822)，日本著名高僧、学者，年十二从行表出家。公元804年9月，桓武天皇派遣最澄以“天台法华宗还学僧”，带弟子义真为翻译，由惊险的海道入唐求法，到达台州开元寺，即登天台山朝拜国清寺。在台期间，深得台州刺史陆淳等的保护和支持，先后参谒国清、龙兴、佛陇、禅林、开元诸寺院，主修天台止观，并从受大乘“三聚净戒”；又拜受天台宗名僧道邃、行满、修然等学佛求法，勤奋抄录佛经。《唐天台山国清寺道邃传》载：“贞元二十一年(805)日本国沙门最澄者，亦东夷贲服中刚决明敏僧也。泛溟三幸，以达江东，慕天台之法门。属邃讲训，委曲指教，澄得旨矣。乃尽缮写一行教法东归。”他从台州府临海转至天台之后，潜心研习，先学法相唯识章疏，后学法华宗创始人法藏《华严五教义》等抄本，并通过高僧道邃精心指教，尽阅天台经典。尤对《摩诃止观》、《法华玄义》、《四教义》、《维摩疏》等，精勤披阅，学有所成，功德圆满后归国。回国后参照由鉴真传入日本国天台经典，在比睿山结庵修行，进行日本国天台宗的开创活动。其后，日本桓武天皇邀请最澄参为“内供奉”。最澄因得天皇的扶持，每年11月在比睿山宣讲天台三大部，并请奈良佛教宗派十位高僧和吏部官员来比睿山参与法会，声名颇盛，终于建立了日本天台宗教派。再澄开创天台宗，讲授天台正统经典，重视天台传统的理论建设，据《传教大师台州录》记载，最澄从唐带回谌然著作就有19部84卷，并予以一一著录。《宋高僧传·道邃传》称：

> 最澄阇黎，形虽异域，性实同源，特禀生知，触类玄解，远传天台教旨，又遇龙象邃公，总万行为一心，了殊途于三观，亲承秘密，理绝名言。

《比睿山大师传》载行满送最澄还国时，寄于崇高的祝愿："早达乡关，弘我教门，极我严训，生生世世，佛宗不断，法门眷属，同一国土，成就菩提，龙华三会，共登初首。"

最澄来华，拉开日本高僧来天台学佛求法之门的序幕。最澄嫡传直系弟子如圆仁、圆珍、安然等络绎来天台国清寺，全面学习和效法天台宗教派的程式。他们把天台义理中疑难问题，请天台宗师"时决旧疑，兼抄法文"，尽请名师，培养弟子学习和掌执台宗四时八教基本教义。他们还在天台山为智者大师重修墓塔，修缮国清佛殿、国清止观院的修止观堂；并为僧人建三间僧房。回国之后在比睿山再建天台总持院，灌顶坛，大展弘法，全面教习天台宗佛学弟子。圆仁、圆珍是继最澄之后出任比睿山延历寺座主，死后谥为"兹觉大师"，"智证大师"。由此可见，佛学天台宗派是在中日文化交流中，得之两国封建统治者及学者、学僧的大力支持，尤以日本天皇悉心护持，天台宗在日本"生根开花"，绵延不绝。也由于两国高僧，频繁密切的来往交流，切磋研讨，弘扬了天台宗，也发展了天台宗的佛学理论，加速流播东亚、南亚各国，天台宗成了世界性"天台宗学"。

一千二百多年来，天台山国清寺成了中日两国文化交流的神圣殿堂，天台佛学理论，也成了日本等东亚各国天台佛学教派的重要基地及思想和理论基础。各国高僧频繁的交流，对东亚海运开拓和发展作出历史性的贡献。

日本国和浙东天台一海之隔，但大洋阻绝，交往不便，诚如《大和尚东征传》所云"彼国太远，沧海淼漫，性命难存，百无一至"，但他们为了文化交流，不惜甘冒生命危险，远涉重洋，翻山越岭，朝拜圣地天台。

首先，天台山是日本高僧唯我独尊的名山，国清寺成为日本高僧情深独钟的寺院；且天台山寺院经济相当发达，使中日高僧长期来往有了一定的物质基础。中国佛教寺院自南朝晋、宋以来，一是皇帝和官员赏赐和捐助土地，寺院享受免税、免役的权利，蓄养众多的白徒、奴婢、僧祇户，浮图户为寺院作无偿劳动，有进行宗教活动的经济实力。二是寺院得到政府支持，采用借贷放息的办法，开设"长生库"，经营土地。地主田庄、官僚田庄又支持寺院庄田，构成三位一体的封建土地所有制，更具有政治、经济基础。早在陈宣帝年间，曾下诏天台国清寺一道敕文："智者禅师，佛法雄杰，时匠所宗，训兼道俗，国之望也！宜割始丰县(天台)调，以充众费；蠲两户民，用作薪水。"隋文帝统一南北，开皇十二年(592)发布"诸州名山之下各置僧寺一所，并赐庄田"，这些寺院，不仅殿宇雄伟，佛徒众多，且“水陆庄田，仓廪碾硙，库藏盈满”。据《嘉定赤城志寺院门》所载，当时天台有寺院62所，大寺国清寺有田3461亩，有地420亩，有山地3902亩；报恩寺有田3998亩，有地196亩，有山地6830亩；天封寺有田1562亩，有地230亩，有山地4854亩。《宋高僧传》卷16记大和年间(827－835)国清寺主事僧清蕴谘谋于主持文举，又“置庄田十二顷”，可见国清寺拓置庄田之多。天台寺院的宝刹殿宇十分宏伟壮丽，厢房屋舍众多，有着十分充裕的经济实力和活动场所。大中七年(853)日本天台宗圆珍泛海来国清寺，学习天台教观，后还在国清寺止观院内建止观堂，题称《天台山国清寺日本国大德僧院》。真是因为天台和天台寺院有这样经济实力、政治条件，才能铺开规模宏大的中日天台佛学交流的历史盛会。

其次，大唐重视对外交流，对来唐官员、僧侣、学者都有一定的优惠政策，热情接待。天台寺院经济发达，浙东明州、台州又有传统的海上航道，推进日本国高僧学者的文化交流，还有海上名山天台山对于佛国高僧有强烈吸引的情境因缘，这是有唐一代中日高僧佛学频繁交流，文化远播的契机，促进中日高僧学者甘冒生命，漂渡鲸波，开拓海运。

天台山东面是一片浩瀚无际的海洋，西、北、南三面是高耸入云的括苍、大盘和雁荡三座名山，崇山峻岭，幽秀神奇，首先给人以一种超脱凡尘的情境感受。天台山景色幽秀峻奇，峰峦怪石林立，奇岩倒悬，溪流争先，飞瀑急湍，确是我国境内不可多得的、人悟性空的佛道胜地。李白有“龙楼凤阙不肯住，飞腾直欲天台去”的著名诗句，道出了世人对天台山的向往之情。古往今来，多少名流学者，佛道高僧，徜徉于她的山岩峻峭、群峰叠翠的山水怀抱之中。名山和名人结下了不解之缘，留下无数的传闻轶事，故而天台称名中外，此为日本国高僧来大唐，实现和走进梦绕魂牵的佛国圣地，添增又一层无比神秘的追求动力和文化色彩。

天台历史悠久，佛道色彩的山水神秀文化，声名远扬，早在西周流传王子乔“立祠天台桐柏之下”；又有“右弼真人治天台桐柏，以掌吴越水旱”的说法。汉时又传刘晨、阮肇误入天台桃源，“诸仙女歌吹还乡、迷不得归”，成了我国文学史上千古传颂的佳话。三国两晋南北朝时期，左慈、葛洪、陶宏景、萧子云等国内著名道家的开创人物，齐来天台，“导法神仙，兼综医术炼丹”，天台就成了神秘莫测，令人神往的佛道圣地。影响最大是东晋孙绰所写的《天台山赋》，《晋书·孙绰传》说他做过章安太守，是著名山水大家，“少以文才垂称于时，文士以绰

为其冠。王、郗、温、庾诸公之死,必须绰为碑文,然后刻石”,他把天台山描绘成天上人间,其文云:

> 盖山岳之神秀者也,皆玄圣之所游化,灵仙之所窟也。夫其峻极之状,嘉祥之美,穷山海之瑰丽富,尽人神之壮丽矣![1]

天台山确为“五岳不足为奇,九州无复物论”的天下名山。所以齐周华《名山藏副本》《海内名山评》中把天台山作为我国名山中的“山水之冠”的佛道圣山,有“游台山不游天下诸山可也;游天下诸山不游天台山不可也”[2]。诗曰:“天台七十二茅蓬,尽在悬崖绝壑中;落尽山花人不见,白云深处一声钟。”极言天台山是秀丽山水风光和幽深清静寺院道观,融为一体的中华大地得天独厚、不同凡响的“佛宗仙源”。这对日本高僧来说,同样也是得天独厚的“佛宗仙源”。

天台山是修禅宝地,清净佛门,故而名僧大师辈出,胜迹遍及各地,同样也吸引日本高僧来天台朝拜瞻仰。佛教自东汉永平年间传入中国后,三国孙吴赤乌年间,随同道教一起进入天台山。当时浙江初建有寺院 9 所,天台占 6 所。东晋南朝,支遁、慧观、竺昙等高僧云集天台山,奠定了天台佛教在国内的重要地位。特别是陈太真七年(575)高僧智𫖮来天台山,在幽溪、灵墟等建立道场,宣扬佛法,撰写经典,创立了中国佛教史上具有中国特色的第一个宗派——天台宗。智𫖮说:“吾闻天台幽胜,昔人见称,将息缘兹岭,以展平生之志。”他建立了止观学说,提出“圆融三谛”、“一念三千”的独具特色的判教体系,预示着中国佛教一个新时代的开始。所以喻氏《台州府志》称:

> 台山为仙佛之窟,神仙所宗,魏晋以来,代都高僧,嗣后智者来天台创立台宗,徒众遍天下,为吾台释氏之盛可知也。

日本著名学者铃木大拙指出:“天台宗智𫖮大师是佛教的一位伟大哲人……智𫖮和法藏等人,即使列入世界最伟大的思想家之林,亦毫无愧色。”[3]智𫖮开创的天台佛学,既融合了中国南北两地佛理论教品格和学术风貌;又比较完整地综合了中国和印度佛教哲学的教学和实践;同时又把中国传统的学术文

---

①《台州府志》卷 129《方外传》。

②齐周华:《名山藏副本·海内名山评》。

③《禅宗·历史和文化》,《禅警答胡适博士》,黑龙江教育出版社 1988 年版。

化，儒学、道学、阴阳学等调和升华，融贯于天台宗佛理之中，形成了独具一格的天台宗佛学思想体系。她既是中国哲学理智的产物，又带有中国学术思想的情感属性；并且还为历代封建王朝谋求国家统一，政权集中，作出有效的政治论证。佛宗仙源的天台山，诞生了佛学天台宗的伟大哲人智者大师，这又很自然吸引日本高僧齐来朝圣、学习，“共结来缘，兴隆佛法”。

总之，首先是政治锐敏的日本天皇和学识渊博的日本高僧，已经完全地意识到天台佛学对于日本国的振兴和发展具有十分重要的意义。同时，天台山的幽秀神奇景色和超脱凡尘的性灵感应，必然会和求法学佛的高僧产生情境共鸣。天台宗名扬四海，引来了世界各地佛徒高僧，佛学思想又像磁石般地吸引着他们来天台山朝圣学法，故而日本高僧大量涌入天台山和国清寺，成了当时东亚文化大交流舞台的一大亮点。加上当时大唐政府对来唐的留学生和留学僧，又都给予政治经济的特殊关怀和优待。《唐会要》卷 100 载：

> 蕃国使人入朝，其粮科各分等第给，南天竺、北天竺、波斯、大食等国使，宜给六个月粮，……东至高丽、日本国，南至真腊国……并为入蕃，其使应给料各依式。

《入唐求法巡礼行记》载日本这批高僧至扬州、长安，然后或由明州、台州到天台，当时唐中央就规定“路远者州县给程”，途中唐地方政府出车船护送，所谓“乘驿入山”，“乘船入京”，使其平安地到达目的地。曾邀请鉴真和尚去日本国，而称名于世的天台宗高僧荣睿和普照来唐之后，唐政府每年给“绢二十五匹，四季给时装……”日本高僧最澄到天台途经台州临海开元寺时，台州太守陆淳“曾献金 15 两、紫纸 200 张、筑笔 200 管、墨八挺、刀子一、兰木九、水精珍一贯”。台州司马吴颉所撰《送最澄上人还日本国序中》还说：“师译言：请货金贸纸，用书天台止观，乃命大师门人之裔哲曰道邃，集工写之，逾月而毕。最澄忻然瞻仰，作礼而去。”唐中央到地方各级官府沿途建驿站，天台特设寺院驿站等，都是高规格地接待来自各国留学生高僧，自然大大助长日本高僧不畏鲸波，远渡中国之滚滚热潮。

日本高僧来天台次数、人数确实很多，带走的佛经以及经史子集也很多，可见当时文化交流丰富多彩，并具有很高的学术价值和品位。我们查录日本出版的如《入唐五家求法目录》、《台州福州温州和尚书信目录》、《唐大和尚东征记》、《大正藏》和《日本书记》有关典籍的目录；参照苏晋仁教授所撰《入唐五家求法目录中外曲考》，说明入唐的日本学问僧、留学生及吏员所带走的佛经和文集，以涉及台州和天台宗为多。今抄录一部分，可见一斑：《入唐新求圣教录》一卷，唐大中三年圆仁撰。《惠运律师书目录》一卷，唐大中三年惠运撰。《台州福州温州等地求得经律论疏记外书等目录》一卷，大中八年最澄、空海等撰。《智正大师请来目录》一卷，唐大中十二年圆珍撰。《入唐求法巡礼行记》三卷圆仁撰。《台州给日本法僧圆珍牒》一道，大中七年台州刺史李肇、司功参军唐贞等撰。《日本求法记》一卷，台州开元寺僧知连撰。《天台山录》一卷、《天台山方外记》一卷，徐灵符撰。《越中孟中丞修理天台山石象道场碑》一卷，越州刺史兼浙东观察使孟连撰。《天台山三亭记》一卷，台州刺史陆质撰。还有《十大洞天无名记》、《台州温州往来集》、《台州开元寺知建老宿诗集》、《福温台州相送诗》、《天台山石桥铭》等等，不一一列举。惜者，我难见全貌，其具体内容也难有所知。仅从这些目录中，一是可以窥见被最澄、空海、圆仁、圆珍、常晓等日本高僧带回日本国的不仅是一般天台佛经，而是经、史、子、集，应有尽有。二是其所带走的佛学经典都是唐时新译的，文集也是新作的。

我们在淡海真人元开撰的《唐大和尚东征记》和台州开元寺僧思托撰《鉴真和尚东征传》中，首先也可以看到，其所录经卷文书等以天台宗、密宗大法典籍最多，也说明当时日本学问僧所带所录的佛学著作也都是当时天台宗、密宗的最新思想和最高成就。二是他们来天台从学求法的高僧是日本学问僧中一流人才，如最澄和空海来唐求法，师从天台九祖道邃法师，他是天台宗师中，“幽识远晤，悬解真宗，执志有恒天台大师”。《道邃传》载：“最澄，属邃讲训，委曲指教，而得指矣。”又说：“首造石霜学禅法，后往天台听荆溪止观说。”①回国后，“所将天台教法，彼土机缘”，著书立说，开创天台学派。三是日本学问僧，研究探讨涉入文化各个文化领域，如最澄、空海、圆仁等“精书、工八体、精三乘”，所以带走的不以佛学为限，涉及政治、文学、书法、语言、音乐，以及地方的历史、地理、文化、山水风光等典籍书卷。唐诗人朱千乘赞空海：“威仪移旧体，文字冠儒宗。”圆载回国，陆龟蒙以《闻圆载上人挟儒泊释典归本国一绝》相送：“九流三藏一时倾，万轴光凌渤解声。从此遗编东去后，却应荒外有诸生。”②四是中日高僧关系融洽、密切，回国后仍以当时业已开通的中日海上航道，保持亲密的联

①《天台山方外志》卷5、《台州府志方外记下·行满》。

②参见《全唐诗》，陆龟蒙《闻圆载上人挟儒泊释典归本国一绝》、胡伯崇《赠释空海歌》、马忠《赠日本僧空海离合诗》等。

系。我们在《智证大师年谱》中，知圆珍大中十二年(858)回国后，曾托“唐海商詹四郎(景全)带书札、礼物、四斤水银”，赠送给天台国清和台州开元寺僧常雅等。常雅又托中国台州商船带去“天台南山角子茶一，又生黄角子茶二”等，并“热情函复”。圆珍大中七年(853)乘钦良晖船入唐，“漂泊至福州，辗转来天台山国清寺，建止观堂，题名为日本国大清院”。元庆六年日本圆珍弟子“遣僧三惠于唐地，请藏经阙本三百余卷”。元庆七年，天台山国清寺诸僧及越州开元寺座主“曾让唐商柏志贞(中国宁波、章安一带开往日本大商船主)带给圆珍书信、礼物，经卷也随船带回日本”①。天台菩萨戒师道邃和开创日本天台祖师最澄感情诚挚，最澄回国后，仍保持联系，并研讨天台经典，“至善至深”，其在所撰《道邃和尚书》中，对最澄表示深切怀念：“化隔沧海，相见杳然，日向衰老，色心俱颓，以遣余生耳……义真行者，意不如前。各与相共，弘扬宗教也!”

日本高僧频繁远渡天台，对于隋唐时期中日海运的开拓和发展，有巨大贡献，无愧为世界海运史上一大奇迹。追溯寻源，一是和浙江早期越族海运开发日本、朝鲜等有密切关系，天台濒临浙东海域，北有句章(即四明)、南有章安(即椒江)和温州、福州都是我国东南沿海最早崛起的名港之一，两汉时期还是南控浙闽的军事重镇和对外重要港口，海运畅通，这就为中日两国高僧来往和交流提供了必备的条件。且浙东一带早期越人的航海足迹，远及日本、韩国和东南亚各地，海上活动带有佛道浓烈的寻仙觅佛的色彩，天台山自然是最佳的圣地。秦朝道家方士徐福出海东渡日本，《史记·淮南衡山列传》：“秦绝圣人之道……遣振男女三千人，资以五谷种子，百工而行，言海上有三神仙，徐福得平原广泽，止王不来。”有学者认为从浙东余姚出海，“平原广泽”其地，日本和歌山新宫町有《秦徐福碑文》：“今东海可当蓬瀛者，无可舍望国他求，则谓日本国，其实也必矣。”这和陈寿《三国志·倭人传》所载日本列岛居民户数和航海地理位置吻合：“倭人在带方郡(今南朝鲜半岛沿岸)东南大海中，依山岛为国邑，旧百余国……又渡一海，辗转至倭女王国。”其后东吴孙权，开拓海运，雄心勃勃，尤对日本、韩国海运开拓有过重大贡献，当时的章安就东南沿海的海运的重心。在《三国志》和《晋书》有关列传中，记当时江东的织锦、织绫、铜镜、瓷器、铁器、兵器远运日本。东吴是海上强国，声名在外，所以日本称中国为“越人”、“吴人”，织物为“吴锦”、“越绫”，等等。

---

①戴禾：《唐代来长安日本人生活活动和学习》，《陕西师大学报》1985年第1期。

其次，唐时中日海上航运相当发达，两国频繁的文化交流、航海活动，增强双方友好睦邻的关系，成了这一时期中日文化交流的历史佳话。一方面明州、台州、福州、温州诸港是传统中日海上航运的南道，经济、政治、文化的往来和交流本来就比较频繁。另一方面由于日本新兴封建统治者，尤其是日本高僧钦慕天台，独钟台宗，他们认为日本国的复兴，必须“佛法东流日本”，高僧务须“东游兴化”。圣德太子执政之后，认定“大唐国者，珍国也”，日本“万事悉仿效(中国)之心”，把强盛的中国，优秀的文化，作为日本发展图强的唯一动力和榜样。因此，海路直航就成了开辟中日交往的主要通道。日本自舒明天皇至宇多天皇(约 630—893)的 260 余年间，光天皇先后任命过 19 次遣唐使，民间不计其数。

毫无疑问，发达的中日海上交往，及其创造的奇迹，得力于高僧对南道进一步开拓和发展，天台山自然是他们最主要目标之一。日本遣唐使前期规模不大，每次使舶不超出二艘，200 余人，而后期多达十余艘，人员多达五六百人。前期主要沿着隋时日本遣隋使的航线，仍走由日本难波、博多，沿朝鲜半岛百济、高句丽海岸，再由辽东半岛越黄海至登州、青州，或南下东海；或由济水、淮河，经楚州入运河到洛阳，到唐都长安。到高宗武后时期，中日交往愈益发展，这条航线路途远、时间长，途中山东成山一带风大浪险，日本遣唐使舶改由日本值嘉岛出发，沿朝鲜百济海岸 ，直渡中国黄海楚州，下苏州、杭州、明州、越州、台州，泛海南下浙闽，或再循通济渠，经开封、洛阳到唐都长安。到了开元天宝年间，一是因为遣唐使的热潮日益高涨，往来的船只和人员越来越多，特别是我国江南经济发展、民间的交流与日俱增，如何寻找一条捷径，以解决中日官方和民间交流不断增加和发展，就显得十分必要了。二是中日佛教文化交流出奇活跃，日本高僧来扬州、苏州、越州、福州、温州和天台朝拜和取经的，越来越多，如何选择由日本直趋江浙东部海口，以满足虔诚的中日高僧文化来往，就成了当务之急。这样，苏州、明州、台州、福州、温州等就成中日海上航运最为便捷的理想港口。三是七世纪末期，朝鲜的高句丽、百济、新罗互相征战，最后新罗灭了百济和高句丽，统一了朝鲜半岛，遂与北向拓展的日本遣唐使之间发生摩擦，两国关系比较紧张。日本遣唐使的船只也因新罗阻隔，不得不由北道改绕南道，诚如《新唐书·东夷传》所称：“新罗梗海道、(使舶)更由明、越州朝贡。”苏州、越州、明州、台州等地，均属东海要冲，海运事业一直相当发达，又是中国东南沿海最富庶的地区，盛产丝绸、绫缎、茶叶、铁器、瓷器；而扬州、括州、婺州等地土特物产，也可直接运至该地港口而转销海外。正是这些诸多因素，越州、明州、苏州、台州的地位就显得更加重要而突出。中日海上航运推动和促进天台宗佛教东传日本;而中日高僧东西横渡,也加速了中日南线航道进一步开拓和发展。

当然,由于日本高僧远渡中国的不断刺激,南线也促进北线发展。在两国航海者共同努力下,形成唐朝“两路四线”为格局的海上航道。两汉开启的海上丝绸之路,有了历史性的开拓和发展。

北路有黄海北线和黄海南线,早期我国政治经济重心在黄河流域,和日本、新罗、百济的航海都取此两线:北线北路由山东登州沿海出发,东北行经辽东半岛,再入西南朝鲜湾,直航日本九州;南路由山东靖海沿海出发,直取朝鲜半岛西岸,再沿岸南下驶进入日本。南线有东海南路和东海北路:南路由浙江的明州、越州、温州、台州出发,横越东海,首达日本南方奄美大岛,进入日本。南线北路由江苏的楚州、扬州、苏州沿海出发,横越东海,直达日本肥前松浦郡的值嘉岛,进入日本。明州、温州、台州、泉州、福州,特别是南方大港广州的开发,并使唐朝和东南亚、南亚的海上航运出现崭新的局面,唐朝远洋航海也进入了空前繁荣时期,推进南海、印度洋和东非、北非航线,唐朝远洋船队不但已越过印度半岛,直航阿拉伯海与波斯湾,而且首次到达红海和东非海域。651 年大食帝国第三任哈里发国王首次正式派使入唐。阿拉伯国家来中国遣使自 651 年至 798 年的 148 年中,正式遣使达 39 次之多。唐代海运空前活跃,达到世界航海史上辉煌顶峰,还出现贾眈所说《广州通海夷道》。夷道者可分三段:第一段由广州出发,顺马来半岛直下爪哇;第二段再由新加坡,穿过马六甲到阿拉伯首都巴格达;第三段由波斯湾头的奥波拉,沿阿拉伯半岛西航,直至红海口,到东非、北非,进入葡萄牙和西班牙海岸。这就是我们所说由黄海,东海,南海直达欧、非的“唐代海上丝绸之路”。唐代赴印度求法的代表人物义净,就是从广州出发,“长截洪溟,似山之涛横海,余通巨壑,如云之浪滔天”,他经过南亚佛逝国(苏门答腊)、末罗瑜国(马来半岛)、裸人国(今尼科巴群岛),最后到达印度恒河口的耽摩立底国,再进入西非,进入欧洲海域。其时撰写的《南海寄归内法传》和《大唐西域求法高僧传》,是研究中国与南亚、东南亚、东非和欧洲文化历史和航海的无价之宝书。

值得一提的是因为唐代中西丝绸之路海陆通道大开拓、大发展,东部沿海由于中日高僧频繁交往,南线航道的明州、苏州、台州、温州等港口的海上航运就更加兴旺发达,不仅是单纯文化交流,也伴随着经济、贸易的发达和繁荣。台州海运一度曾重现了昔日章安的辉煌,章安辖区内的永宁(黄岩)、东冶(福州)、东瓯(温州)都是我国重要港口、造船基地,黄岩的"合五版为一船"的永宁船屯,驰名海内,由东海进入南海、南亚海域。因为佛学交流和海道商船频繁来往的有力冲击,台州的海运步上新的台阶,成为东南沿海重要的远航港口之一。鉴真和尚六次东渡,其中一次从台州出海,因风急浪大 ,经台州湾北上明州、扬州。据孙光圻的《中国航海家大事简表》,中日民间商人的东南海上航运,去日本的船舶很多,规模较大,有明确记载达 27 次,其中从明州出海 9 次,台州 2 次(不包括玉环的玉榴岛),广州 2 次,温州 2 次,福州 2 次,苏州、楚州等各一次。今引文如下:据《安祥寺惠萼传》,会昌二年(842),"驾船由明州驶日,搭者回国遣唐僧惠萼"。同年中国商人李处人"由日本肥前起航……到达台州玉溜镇(今玉环县)"。大中元年(847),"从明州望海镇出发,随船圆仁弟子性海入唐的日本人春大郎、神一郎等"。大中十二年(858),"从明州启航,日僧圆珍搭此船返国"。咸通四年(863),"从明州启航赴日,日僧贤真、忠全、惠萼等随船返国"。乾符四年(877)"自台州开航,日商多治安江搭船运去香药等很多货物"。中和三年(883),"由中国台州驶日本,捎去天台国清寺诸僧及越州良邃和尚所遣子弟致圆仁书信"等等。[①] 明州、台州、温州逼近天台,来往又以高僧为多(当然也伴有经济贸易),来中国的日本高僧,大多为天台宗,或"皆兼台宗",其目的也是来台州、天台为多。故在《高僧传》、《两唐书》、《嘉定赤城志》和喻氏《台州府志》也有不少记载,"日本国沙门最澄者,亦东夷(日本)人,泛海到国,慕天台之法门,赍教法指一山为天台";《赤城志》卷 19 有"高丽头山,在县东南 280 里,自此山下分路入高丽国,其峰突立,宛人首,故名";"新罗山,县西 30 里,与八叠岭相望";又"宁海清居院,具东一广里,传僧昙猷乘槎自海至尝卓庵焉"。还有"县东南 280 里有东镇山(即大陈岛),自此山下望海中,突出一石,舟往高丽者,必视以为准也"。东镇山,就是章安(椒江)口外的大陈岛。这些记载一是反映台州海外航运发达和海运地位,南路北路的海航船只,去日本还是去朝鲜,以台州东镇山为标志;二是标出东镇山,名闻中外,可能因东亚日本、韩国高僧、学者,慕天台佛道仙踪,山水胜地,频繁朝圣,其目的是深恐东去西来往返的日本、高丽商船会迷海路,误走航道;其三,商人、高僧频繁海外来往,证明当时台州以及天台山佛教文化对中日、中韩以及南北海运开拓的重要影响,大陈岛已是当时我国东南海运的重要航务标志。

---

①孙光圻:《中国航海史》之《隋唐航海》部分。

大唐海东丝绸之路兴起和台州人文科学的勃兴

唐宋是浙东濒海东西丝绸之路最发达，也是台州文化全面发展时期，特别是有唐一代，经济繁荣，文化发达，国力强大，中西交通四通八达，海、陆丝绸之路畅通无阻，国都长安是当时世界性的都市，文化大交流的圣地，也是中外学者们云集的中心，中国文化气度恢宏，有容乃大，百花竞放，兼容并包，推进世界文明开拓、繁荣。台州是海东一大枢纽之一，台州古港章安复兴，天台宗远播海外，台州也成了展示大唐文化发达繁荣的典型窗口之一。浙东海、陆丝绸之路畅通，进一步拉动东亚日本、朝鲜，以至南亚和东非的海上文化交流，宁波四明学、温州东瓯学、台州儒佛道学，尤以天台宗佛学，成为声名远扬“唐风文化”的亮点，演出海东文化远播海外的盛大节目，载入中华史册。

大唐中日、中朝、南亚海运的开拓和发展，追溯寻源，早在两汉时越族海运开发有密切关系，温州、台州、明州，都是我国东南沿海最早崛起的名港之一，又是南控浙闽的军事重镇东南都尉所在地，为中日、中朝和南亚、中西亚等国的学者、僧侣、官员来往和交流提供了经济、政治、文化条件。浙东越人的航海足迹，远播日本、南韩和东南亚各地，当时的海上活动，带有浓烈寻仙觅佛的色彩，秦朝道家方士徐福出海东渡日本，有说是从浙东余姚出海的，《史记·淮南衡山列传》：“秦绝圣人之道……遣振男女三千人，资以五谷种子，百工而行，言海上有三神仙，徐福得平原广泽，止王不来。”“平原广泽”，即日本和歌山新宫町，有《秦徐福碑文》刻云：“今东海可当蓬瀛者，无可舍望国他求，则谓日本国，其实也必矣。”这和陈寿《三国志·倭人传》所载日本列岛居民户数和航海地理位置相吻合：“倭人在带方郡（今南朝鲜半岛沿岸）东南大海中，依山岛为国邑，旧百余国……又渡一海，辗转至倭女王国。”东吴孙权，雄心勃勃，开拓海运，对日本、海南海运开拓有过重大贡献，当时的台州章安就东南沿海海运的战略重心。在《三国志》和《晋书》记当时江东的织锦、织绫、铜镜、瓷器、铁器、兵器通过章安郡治（临海）港口远运日本。东吴是海上强国，声名在外，所以日本称中国为"吴人"，织物为"吴锦"、"越绫"、"越人"等等。

唐时推进台州文化发展和中外交流的是中日、中朝海上航运相当发达，文化交流，增强了双方友好睦邻的关系；唐朝在沿海开始设置市舶司，并有优惠政策，接待国外使者、商人、学者、僧侣，频繁的航海活动，成了这一时期文化交流的突出特色。日本自舒明天皇至宇多天皇（约630—893）的260余年间，先后任命过19次遣唐使，大多海道来的，并以温、台、甬、南道为主。中日海上交往，前期偏重官方，中后期民间海运活跃，经济、政治、文化交往中天台佛教流播成了主流。高丽国王重视我国儒佛经典，皇族义通游学中国，也带回天台经典，所以"会昌法难"之后，吴越王曾遣使去高丽收集、赎买一批儒佛典籍。至南亚尼泊尔、印度学问僧不畏惊天骇浪，万里鲸波，推进文化交流的海上活动，成就了东亚海运史，以至世界海运史上的罕见壮举。如鉴真六次东渡日本，主持东大寺，宣传讲经天台宗；最澄多次入唐求法，朝圣天台宗，成立日本天台佛学宗派；圆仁、圆珍、慧萼继承最澄衣钵，也如鉴真实现"五渡造舟，六回入海"，百折不挠，历经艰险，朝鲜、新罗也建天台佛学宗派。唐高宗咸亨五年（674），新罗王法敏之弟仁问，来我国天台求法，时任大唐右骁卫员外大将军，高宗下诏出任新罗王，封为"临海郡公"（台州）。其后不少学僧经东海来台州，天台大慈寺僧法照曾赋《送禅师归新罗》诗："万里归乡路，随缘不算程。登山百衲敝，过海一杯轻。夜窗依云色，晨斋就水声，何年持贝叶，却到汉家城。"再如高丽法育、谛观名僧，"传法弟子百余人"，来天台螺溪就学羲寂大师。他们感人的渡海经历，表现了中日、中朝高僧为追求佛学的共同事业，展现无所畏惧的自我牺牲精神，为世界中古海运史谱写了最为壮烈的篇章。

毫无疑问，发达的中日、中朝海上交往，得力于高僧对南道海运进一步开拓和发展，圣地天台山自然是他们主要目标，中日、中朝高僧来天台朝拜和取经的越来越多，这样，苏州、明州、台州、福州、温州等就成中日、中朝海上航运最为便捷的理想港口。七世纪末期，朝鲜的高句丽、百济、新罗互相征战，最后新罗灭了百济和高句丽、统一了朝鲜半岛，遂与北向拓展的日本遣唐使之间发生摩擦，两国关系比较紧张，日本遣唐使的船只也因新罗阻隔，不得不由北道改绕南道，南道则偏重明州、越州，诚如《新唐书·东夷传》所称："新罗梗海道、（使舶）更由明、越州朝贡。”浙东是唐时东南沿海最富庶的地区，盛产丝绸、绫缎、茶叶、瓷器；而杭州、括州、婺州、等地土特物产，也可直接运至浙东等地港口而转销海外：南路有东海南线和东海北线：南线的基本走向由浙江的明州、越州、台州出发，横越东海，首达日本南方奄美大岛，进入日本。北线由江苏的楚州、扬州、苏州沿海出发，横越东海，直达日本肥前松浦郡的值嘉岛，进入日本。东亚海运主线是温州、台州、泉州、福州，特别是南方大港广州的开发，使唐朝的海南和东南亚，南亚的海上航运出现崭新的局面，唐朝远洋航海进入了空前繁荣时期。远洋船队不但已越过印度半岛，直航阿拉伯海与波斯湾，而且首次到达红海和东非海域。651 年大食帝国第三任哈里发国王首次正式派使入唐，阿拉伯国家来中国遣使自 651 年至 798 年的 148 年中，正式遣使达 39 次之多。总之，这些诸多因素，越州、明州、台州的地位就显得更加重要而突出。中日海上航运推动和促进浙东海运，特别是天台宗佛教东传日本，中日高僧东西横渡，也加速了中日南线航道进一步开拓和发展，推动了中西丝绸之路文化大交流、大发展，有力推进台州人文科学大勃兴，大发展。

台州文化，哲学、文学、史学、科技在这样的时代背景下，也有了长足的进步和全面的发展。台州文化儒道佛三家相互融合，各展其长，吸引日本、韩国高僧、学者，南亚印度佛学也进入天台，台州文化呈现出学派性的色彩。当时以天台山为文化舞台，北方南下的文人、学士、官员，以及海外学者、高僧，集聚天台，探讨社会人生哲理，阐发物质和精神关系，以及哲学、文学科技中的发展中的重大命题，形成台州文化理论中特色宇宙论和心性论两大范畴，即主张天人合一，救世致用；通过讲学、著述、诗文创作，在较为广阔领域展开剧烈论争，形成儒道佛合流的台学、天台学。南北儒道佛学派领袖和大师如智者大师、啖助、寒山、司马承祯、吴筠，大诗人文豪李白、孟浩然、柳宗元；日本学者再澄、圆载、圆仁等，都涌向天台山、台州府城临海传道讲学，从而有力地推进台州哲学人文和自然科学的发展。当时论争主要涉及学术思想兼容性，知行统一性；理论实践性，推动哲学思想、理论的开拓、开创，不仅推进了台州学术的发展，也为佛学天台宗、民俗儒学、道学，以及稍后南宗道学的产生，奠定了理论和人才的基础，并开启天台佛学、儒学、道学远播海外，而成为我国唐风文化的显学之一。

中国传统哲学的宇宙观，是“生生不已，大化流行”的宇宙观。早期儒家哲学家即提出“在天成象，在地成形，天地同根，万物一体”的理论，由中原华夏的孔门哲人，道家李八百、彭宗、刘奉林等传入台州。两汉时期提出“天人合一，天人交胜”的主张，又强调把人看做是“天下最为贵者”，认为“人得天地之全德，五行之秀气”，从而彰显人在天地间的突出地位，故有“天人感应”，“人定胜天”的命题，把天命和人性合而为一，这是我国儒学关于人生哲学的最大突破，也是由他们传入台州，这是早期我国哲学家追求人生的最高精神境界的展示。至唐一代台州哲学思想，以儒家的“天命和人性合一”为主体；主张道家清净高洁，“修身齐家治国平天下”，而为圣人人格的最高主旨，张令闻说：“道高天子问，名重四方招”，以志操、博识相融，天道与人道合而为一；以至提出：“朝中宰相，何如林下神仙”，把儒道佛的哲理，实现“自身完美”为无上境界，达到所谓天地同根、万物一体的和谐境界，而其关键乃在“君子所性，仁义礼智信根于心”的“心”和天台山的山水及幽秀神奇景色融于一体。

当时台州儒学学者们政治追求，别具一格，带有地域色彩的道家“清贞高洁，立操清守”结合，即以后鲁迅先生所谓“台州式硬气”精神渊源。开启台州儒学人物，即晋代任旭（？—326）。他的哲学思想带有亦儒亦道的色彩。《府志·隐逸传》载：

> 任旭，章安人，立操清守，不染流俗，乡曲推而爱之，郡将蒋秀嘉其名，请为功曹。秀居官贪秽，每不奉法，旭正色苦谏不纳，谢去，遂闭门讲习……旭清贞洁素，学识通博，诏下州郡，旭因朝廷多故，志尚隐逸，辞疾不行。后晋明帝诏曰：临海任旭，会稽虞喜并洁静清守，其操岁寒不移，研习坟典，居今行古，志操足以励俗，博学足以明道。①

任旭奉行的政治哲学就是：“进则兼善天下，退则独隐其身。”唐两宋时期，依然是台州学人的主流政治追求，品格更其清真高洁。《府志》称唐朝天台人张渍、张令闻很有声名，怀才不遇，拒受征辟，只好成为“古乐知音少，名言与俗违”的隐逸名士，一生不仕。他在退隐期间，朝廷几次征召不去，还讥讽杜光庭由文章应制麟德殿为：“朝中宰相，何如林下神仙。”其传称：“张令闻，唐兴（天台）人，号天国山人，杜光庭隐居天台山，僖宗召充麟德殿文章应制。令闻以诗讽之。”《全唐诗》有他的诗：“试问朝中为宰相，何如林下作神仙，一壶美酒一炉药，饱听松风白昼眠。”再如仙居人孙郃，“字希韩，自幼博学多才，尝从方干学，登乾宁四年（897）进士第，爱好孟子、荀子、扬雄之书，为文学韩愈，仕至校书郎，河南府文

①喻长霖：《台州府志》卷79《隐逸传》。

学，累迁右拾遗”。后来朱温篡唐，孙郃著《春秋无贤臣论》，受聘不出弃官归隐故里，自此“著书纪年，只用甲子以示不臣之义”①。孙郃他崇尚儒家“高洁清贞”，主张天道与人道合一，“有道则仕，无道则隐”，决不“卖论取官”，同流合污，做一个有正义感，担道义，而不惜杀身成仁的志士仁人。孙郃是唐后期台州儒士的代表人物之一，本传说他“博学多才，精习经史，擅长百家”，最后“迫而弃官归隐故里”，过着清如高山灵水的明洁生活。他的著述《春秋无贤臣论》，展示他的儒家心性论的重气节的政治哲学。他以春秋时期王室衰微，天下纷乱的背景，影射当世人心不古，讽刺和痛斥朱温篡唐为“于世之大恶”。他说：“今春秋陪臣，张公室，侵王室，弱周以强诸侯，事北祖而强父；佐诸侯而敌周，是佐父而敌祖；遗祖之怨，成父之逆，恶莫大焉”；又说：“更有甚者，或夷之、狄之，弑君三十六，亡国五十二，奔走而失社稷者不可胜纪……于是人不堪命，致令海内无一嘉祥！”②他痛骂抨击叛国扰民的乱臣贼子朱温等，借退隐避世，展示传统儒家知识分子的“立己立人，而报国无门”的时代悲剧。台州有如孙郃这样人物颇多，且有不少来自两京的高官大儒，流放到台州，浓烈了台州式的正气、硬气精神：如清高自持的唐初宰辅来济，“江都人，累官中书令，因刘敬宗等奏（来）济为褚遂良朋党”，高宗时被贬为台州刺史；再如杨元禧、骆宾王、沈佺期、吴颢等，都是才华出众，学识渊博的大儒，皆因卷入阴森莫测的政治旋涡，屡受罪责，颠沛流放，仍保持着知识阶层“清贞洁素”的政治操守。

唐时京都长安下放台州，才识卓著的儒学、道学、佛学官员和学者，有充任刺史、县令、县尉等地方吏员；还有一批因慕天台山幽秀神奇，来游山玩水的国内外文史大家、僧道高人，有的就隐居台州从事文化教育。他们一批又一批之到台州，提高了台州在海内外的知名度，并对历史文化、社会风气和地方吏治起了强力的推进作用，尤对哲学、文学、史学与教育产生非常重大的影响。著名的有来济、郑虔、柳泌、啖助、陆质（淳）、智者、寒山、李白、孟浩然、柳宗元、刘禹锡等，他们以台州名山天台山、括苍山、雁荡山等为文化活动舞台，极大地丰富和提升台州的社会人文科学。

啖助（724—770），字叔佑，唐赵州人，后徙关中，儒学家，天宝年间调来台州临海为县尉。本传说他“善为《春秋》，考三家之长，缝绽漏阙，与《集传》，十年乃

---

①喻长霖：《台州府志》卷79《隐逸传》。

②《全唐文》卷820《春秋无贤臣论》。

成”。他主张治学不必拘泥于“师法”,“家法”。认为儒学要介入社会“从宜救乱”,“唐虞之化,难行季世,而夏之忠,当变而致焉。故春秋以权辅用,以诚断礼,而以忠道原情云。要以不拘空名,不尚狷介,从宜救乱,因时黜陟”①;他的高第门人陆质,顺宗年间参加“二王八司马”的永贞革新,失败之后,于宪宗元和十五年(820)贬来台州为刺史,儒学素养极其深厚,著述颇丰,是中唐一个著名儒学大家。《新唐书》称:“陆淳,字伯冲,吴郡吴县人,因避唐宪宗讳而改名质。师事赵匡,匡师事啖助,受《春秋》之学,后编著成《春秋集传纂例》十卷,《春为集传辩疑》十卷,《春秋微旨》三卷。”《新唐书》作者欧阳修对他评价颇高,称他“能文圣人书,通于后世,谥为文通先生。所著(经)书甚多,行于世”。陆质在宪宗、顺宗时,主张政治改革,反对宦官专权,《王叔文传》和《韦执谊传》载:“叔文阴结天下名士,而士之欲速进者,率谐附之,若韦执谊,陆质、吕温、韩晔、韩泰、陈谏、柳宗元、刘禹锡、凌准、程异等为死友。”后来韦执谊为宰相,陆质“召为给事中,累迁左司郎中、宪宗太子侍读”②。

陆质名重一时,是永贞革新重要人物之一。唐吴颢《送最澄和上还日本国序》有:“陆(质)公精孔门之奥旨,蕴经国之宏才,清比冰囊,明逾霜月”;经学大师朱熹十分推崇他:“推言治道,凛凛然可畏,终是得圣人个意思。”《四库全书总目提要·春秋类一》对其经学评价更高:

> 绝出诸家,有攘异端,有正途之功;益舍《传》求《经》,实导宋人之先路;生臆断之弊,其过不可掩,破附会之失,其功亦不可没也。

他为台州刺史时,重视文化教育,治政颇有卓识,关心支持佛学天台宗的传播和发展,大有贡献。他推崇天台学,主张台(州)学应儒道佛三家兼融并蓄,发扬光大,开拓创新,并以天台为“妙旨”,“总万行于一心,了殊涂于三观”。他认为天台宗佛教,并非是印度佛学简单移植,而是与中国儒学、道学融于一体的“中国佛学宗派”,有此见识,实为难能可贵。陆质对中日文化交流有相当贡献,日本佛学天台宗创始人最澄入唐来天台山学道求法时,陆质以台州刺史的名义,以大礼隆重迎接,赏送物品,并敬请天台宗第十祖道邃至台州龙兴寺开讲《摩诃止观》,后又命僧众抄写天台宗教典128部384卷,还亲自“开宗指审”,把天台佛学引进日本国。后来,最澄回国,陆质又赋诗饯行:“海东国主尊台教,遣

①《旧唐书·啖助传》。

②《旧唐书》王叔文、韦执谊传。

僧来听妙法华，归来香风满衣襟，讲堂日出映朝霞。”

大唐时期台州文化舞台，崛起了令世人瞩目的以天台山为背景的中国化的佛学天台宗，这是浙东台州文化史，以至中西文化交流史上一大节目。一方面唐王朝“偃革兴文，国力隆盛，布德施恩，天下大宁”，成为当时世界上最强大，最繁荣的东方文明之邦，因海上航运的畅通，“绝域君长，皆来朝贺，九夷重译，相望于道。”另一方面以长安为中心的东西经济文化大交流，丝绸之路的浙东四明、剡溪和台州天台山成为海东重要枢纽，佛道儒相容的独特风采，中外文人学士、僧侣高道的云集之地。

当时儒佛道三家的明星人物，集聚天台，风云际会，群星荟萃，呈现出儒、道、佛三教合流各显其长的新景象，这是台州对我国大唐文化学术发展一大贡献。始自孙绰《天台山赋》掷地金声，声震海内外，文豪诗圣、名公钜子，竞相进入天台山，著名的文人如李白、孟浩然、元稹、张说、刘禹锡、柳宗元等；著名高僧道家如智者、寒山、灌顶、湛然、司马承祯、吴筠、杜光庭等；还有来自日本、新罗及南亚的高僧、留学生如最澄、圆仁、圆载、慧显、道育、德韶、法荣、理应等，以瞻仰佛道胜地的诗文名篇，传道授业的鸿篇大作辉映文坛。有的则是凭借天台山神奇幽秀，如华顶讲寺、国清讲寺、寒石山寺，开讲儒佛道经典著作，弟子满座，不少海外学者、僧侣，来学习研究我国传统文化，日韩一批学者，回国后推进政治改革、文化革新，开创学术流派。其中最值得称道的是智者大师，他进入天台山，筹建国清寺，开创了第一个具有中国特色的佛学天台宗，大放光芒，成为佛教“八宗之首”，在我国哲学史、宗教史以至世界文化史上都有特殊重要的地位和贡献。

智者（538—597）自南陈光大元年（567）辞别宗师慧思至金陵瓦官寺开讲《法华经》，光大三年（569）率徒栖隐天台山。他得之陈、隋二代王朝的鼎力相助，以天台山之宝地，发挥其独特的聪明和智慧，提出教观总持、破斥南北、引论天竺、解行并进，提出会融三谛、止观双修的佛学学派的理论和主张，终于创建了佛学天台宗。他一生弘法三十余年，他亲自为炀帝杨广受戒，“东西重范化通万里，所造大寺 35 所，手度僧众 4000 余人，写一切经 15 藏，金檀画像 100000 许区，50 余州道俗受菩萨戒者，不可胜记；传业学士 32 人，习禅学士散流江汉，莫限其数；著述 29 部 150 卷”①。天台宗主要典籍为《法华文句》、《法华玄义》、《摩诃止观》，世称三大部；《观音玄义》、《观音义疏》、《金光明玄义》、《金光明文

①《续高僧传·智者传》。

句》、《观音疏》为天台五小部。智者作为天台宗佛教创始人，他不仅是隋唐时期最杰出的佛教领袖和佛学思想家，也是我国为数不多的杰出哲学大家。他的佛学体系，可以概括为“诸法实相”的辩证统一的宇宙观，“性具善恶，顿悟成佛”的佛性论，“止观双修”的认识论，“五时八教”的教相判释论等四个方面。他提出的“纯一实相，实相外更无别法”和“即事而真无非实相，一色一番莫非中道”的“实相之理”，独创性指出“佛与众生的本性同其善恶”和儒学关于“万物一体”的自然神论和人性善恶观相互融通，将中国哲学史上的善恶二性论，用佛性论加以解决，这样，中国传统伦理“善有善报，恶有恶报”，就融于佛教的“业报轮回和善恶报应教义之中”。既顾及和调解了哲学史上人性善恶长期争论，又达到天台宗的宇宙论和人性论的圆融和自洽。智者大师提出止观学说，强调定慧并重，也有开创性的重大意义，为国内外学者誉为“中国的黑格尔”：“若人成就定慧二法，当知此二法如车之双轮，鸟之双翼，若伦修习，即堕邪倒”。进而提出圆融三谛，“中道之观，亦具三义：定于二边，即贯穿义；正义中道，即观达义；中道法性，即不观观义”；然后以三谛贯串止观，“三止，三观，在一念心，不前不后，非一非导，……法性空寂名止，寂而常照名观，是各圆顿止观”①。智者的学说充分吸纳了儒道两家重要内容，别开中国佛学的独特境界，诚如他在《摩诃止观》末尾指出：“心心寂天，流入菩萨若海，乘一大车，游于四方，直至道场，成等正观觉。”这一“心心寂天”的正观，是智者受到道家影响，融摄道家思维方式和伦理观念所达到的精神无止的境界；所以他说：“丹田气海，能锁吞万病，若止心丹田，则气息调和，故能愈疾。”《道德经》中的“有、空、真”三观和智者“空、假、中”三观不谋而合，天台宗的佛性融入道性之中，这应是天台宗佛学的重要特色。当然，智者开创天台宗派与台州道学和儒学发达有重要的关系，尤以道学中的幽秀神奇的天人合一和众妙之门、玄而又玄的玄学互溶，再渗入儒学清心清守的进则兼善天下，退则独隐其身的世界观，促成天台宗佛学成为中国特色的佛学宗派，名扬海内外。总之，他以佛教理论和兼容各派的传授方式，圆融了儒道佛三教的哲学理论，又把印度佛教融摄于中国传统文化，并加以改造、发展和创造，体现了中华文明兼容并包，有容乃大的恢宏气概和胸怀，为我国佛学、哲学的理论开拓和创设，作出巨大贡献，在世界哲学史上有一定地位与重要贡献。

智者弟子灌顶(561—632)，字法云，俗姓吴，常州宜兴人，避乱迁居台州章

①《智者大师·摩诃止观》卷3。

安，七岁从章安摄静寺出家。陈至德元年(583)投天台修禅寺师事智者，研译观门，频蒙印可，自此，“三宫庐阜，九向衡峰，从未分离”①。智者圆寂后，灌顶将其遗书及《净名经文疏》带至扬州，献于杨广。其后奉杨广命，与隋司马王弘返回天台，设千僧会，终于完成了国清寺的创建工程，并为首任主持。

灌顶是国清寺最后的落成者，更是智者学说的结集者，天台宗的继成者，也是智者学说的宣传者和天台宗传法世系的构造者，他是天台宗创立和发展过程中最重要人物之一。灌顶的一生，毫无利己之心，他把全部身心都奉献给了以智者为创始人的天台宗事业。一是他以智𫖮的名字，把智𫖮所创立的学说著述成书，公布于世，以确定的文字树立了天台宗佛学流派的宗旨和理论。天台三大部，五小部等实际上是灌顶根据智者学说，由他逐步整理完成的。二是他为了弘扬天台宗为智𫖮立传，由他完成的《智者大师别传》、《国清百录》两部杰作，使智者大师、天台宗佛学、国清寺，自此留传于世，流播四方。三是智者创立了天台宗佛学理论的体系，其最终却都为灌顶继承并完成的。智者门下弟子自然很多，能出色弘宣智者大师之教者，则为灌顶，后来天台佛学史出现了自成系统的传承说，就是以龙树为初祖，慧文为二祖，慧思为三祖，智者为四祖，灌顶五祖……所以《佛祖统记》的作者志磐称：

> 昔者智者为佛所使，以灵山亲闻法华之旨，惠我震旦，乃天人教，阐明三观，纵辨宣说，以被当机。至于末代传弘之寄，则章安侍右，以一遍记之才，笔之论疏，垂之将来，殆于庆喜结集，同功而比德也。微章安，恐智者之道将绝闻于今日矣！②

中唐以后，出现了天台湛然(711—782)，他是天台佛学史上一个重要人物。据宋《高僧传》，他是晋陵荆溪人(江苏宜兴)，他于净乐寺出家，再由会稽开元寺来天台国清寺，他提出的“无情有性”的佛性论，这在我国佛教史上是一次佛性理论的重大突破。早在南北朝时期竺道生首次提出的“一阐提”，即断了善根的众生也有佛性。其后智𫖮又提出“十界互具”，即畜生、饿鬼也有可能转化成佛的佛性。湛然以万物本体论的角度，认为宇宙万物同具真如之体，论证草木瓦石无情之物，也具有“正因佛性”，从而把佛性更拓而广之为一切万物了。他在《金刚錍经》中说：“彼众生，一一刹那，无不与彼遮那果德，身心依正，自他互融，

①《续高僧传·灌顶传》又引《国清百录》。

②志磐：《佛祖统纪》卷7。

互人齐等，我及众生皆有此性，故名佛性。”又说：

> 佛性者，即人法二空所显真如，当知真如即佛性异……系缘法界，一念法界，一包一香，无非中道，中道即佛性，一色一香，无情之物，也有佛性。①

又说：“一尘一心，即一切生物之心性，何独自心之有无耶？以共造故，以共变故，同化境故，同化事故。”总之，湛然的“无情有性”理论，虽有诱饰自高，但他突破有情之物和无情之物的界限，克服了佛性不具普遍性的弱点，使之可以囊括宇宙，流贯天人，不仅发展印度佛教中成佛的理论范围，并且把儒家荀子普通平民百姓“之人可为舜禹”，孟子“人皆可为尧舜”的人性论也推进了一大步，这就极大地推进了天台宗的佛性理论的深度和广度。这是我国佛教史上一次重要的思想解放和理论创造，其积极后果使原已衰落的天台宗又进入复兴阶段，湛然也成为天台宗发展过程中的一个中兴人物。

台州哲学，在唐一代亦有一些很有影响和声名远播的亦佛、亦道、亦儒的人物，寒山、拾得、丰干等诗僧进入天台，给当时台州和天台山文化增添不少神奇幽秀的丰彩，寒山是他们的代表。寒山应是开元天宝年间传奇人物，有说他是贞观时、开元时长安人，长途跋涉，最终来到天台山。说他是诗僧，但其思想十分复杂矛盾，因此，不少学者都认为他是“亦儒、亦释、亦道”的人物，而且还是带有丰富哲学思想、哲学流派色彩的诗人。最早为《寒山子诗集》先后作序的天台山道士徐灵府和杜光庭，把他列入道家的《仙传拾遗》；唐宋以来始把寒山列为诗僧。宋太平兴国(976—984)年间在苏州阊门外建枫桥寺，后称“寒山寺”，寒山声名始自远扬。从寒山诗集所见，他是一个具有强烈爱民、恤民的学者、儒生，他深刻地痛斥和抨击世俗黑暗社会，而自己又不得不远离尘世，寄身山林，隐匿洞穴，是一个很有学识、卓见不凡的厌世嫉俗的归隐儒生。寒山思想十分矛盾，他是诗僧，自然是个佛教徒；但他又恨世人世俗，并不龟居于寺坛，并从未宣称自己佛僧。但他又常阐佛理，嘲笑道家和炼丹骗术；从未宣称过自己是仙道。他常讲轮回报应，疯疯癫癫，这又辱没了“不语怪力乱神”和讲究鸿博大雅的儒学风范。所以说他什么也不是；但又可以说他是儒、道、佛兼收，具有鲜明哲学、哲学流派色彩的人物。

---

①唐·释湛然:《金刚錍经》,《大正藏》卷 46,第 78 页。

寒山在天台30余年，他有强烈的政治观点，他用漫画式的通俗诗作和明快俚俗的语言，无情地讽刺和鞭挞贪官污吏、强宗豪族、地主劣绅的虚伪势利，敲诈勒索，横征暴敛，淋漓尽致地揭示人世间的贫富悬殊，阶级压迫的不平。他说："我见百十狗，个个毛狰狞。卧者渠自卧，行者渠自行。投之一块骨，相互啀喍声。良由为骨少，狗多分不平。"其最出色的是通过对官场统治者的争权夺利的形象描述，从根本上揭露封建制度的黑暗没落，进而激怒起千万人反压迫、反剥削的心灵共鸣。在寒山诸多诗中，体现出的是一种哲人的清高自恃和对尘世丑恶的高傲蔑视的独特人格风范，指引人们离开混浊尘世，走向洁身自好、自由自治的真善美的山林世界之中，把美丽自然和纯真人生融为一体。其诗云：

> 寒山多幽奇，登者皆恒慑。月照水澄澄，风吹草猎猎。凋梅雪作花，杌木云充叶，浊雨转鲜灵，非晴不可涉。今日岩上坐，坐久烟云收。一道清溪冷，千寻碧嶂头。白云朝影净，明月夜光浮。身上无尘垢，心中那得忧？

又说："登陟寒山道，寒山路不穷。溪长石磊磊，涧阔草濛濛。苔滑非关雨，松鸣不假风。谁能超世累，共坐白云中。"①寒山之超世脱俗，达到一个相当高的人生境界。

观寒山一生，他的哲学伦理和思想品格，是用诗来表达出来的。他的思想理念，有一个极为重要的方面，就是出于儒释道，但又不屑与儒释道三家为伍的反传统，反潮流的人生态度。他说："寻思少年日，游猎向平陵，国使职非愿，神仙不足称"；又说："天生百尺树，被剪长条木，有才遗草泽，不作魏阙思"；又说"欲知仙丹术，身内三神是。莫学黄中公，抱愚百守似"；又说："君看叶里花，能得几时好，今日畏人夺，明朝待谁扫。不怜娇艳情，年多转成老，将世化作花，红颜岂长保。"又说："生命原由命，富贵本由天，自古诸哲人，不见有长存"；又说："常闻汉武帝，奚及秦始皇，俱好神仙术，延年竟不长。金台既摧折，沙丘遂灭之。茂陵与骊岳，今日草茫茫。"②他的诗作，哲学意义是非常深远：如其涉及范围，高自天庭，低及人间，上自帝皇，下及百姓，有容乃大，包罗万象。对于社会、人性、物性，囊括之广，剖析之深，其同情人民，情真意切，揭露人间丑恶，刻木三分，不管是作为为文学家、诗人，还是哲人，都达到我国文化史上相当高的水平。

---

①徐光大：《寒山子诗集辑校》，陕西人民出版社1991年版。

②徐光大：《寒山子诗集辑校》，陕西人民出版社1991版。

寒山一生，落拓而为乞讨丐僧，他不可能进入儒家的政坛，佛家的天堂，道家仙宫，自然不会和达官贵人为伍，步入仕途；也很难自与云游山水的文人墨客为伍，唱和太平的帮闲式的儒生学士；自然也成不了炼丹神仙的道学高道，却成了我国历史上“超世”色彩的传奇人物。最终走向自具特色的“一往寒山万事休”的神奇道路：“寒山道，无人到。若能行，称十号。有蝉鸣，无鸦噪。黄叶落，白云扫。石磊磊，山奥奥。我独居，我善导。仔细看，何相好。”“寒山深，称为心。纯白石，弗黄金。泉声响，抚伯琴。有子期，辨此音。”

台州道学历史悠久，清幽神采，相当发达，在我国道学界、哲学界有相当地位和影响，其重要人物首推司马承祯。司马承祯(646—735)，河南温县人，法号道隐，他是道教茅山宗的十二代宗师，陶弘景的四传弟子。他在天台山成名成家，又传南岳天台道教宗派的创始人，在道教史占有重要的地位。《唐书·隐逸传》载司马承祯出身于河南中州名门望族，深谙儒家经典“少好学，薄于为吏，遂为道士。事潘师正，传其符箓辟谷导引服饵之术，特赏异之”[①]。其后来天台山隐居玉霄峰，自称白云道士。武则天闻其名，召至京都，“降手敕以赞美之”，自是与陈子昂、卢藏用、宋之问、王适、毕构、李白、孟浩然、王维、贺知章为“仙宗十友”。玄宗请入宫中，承祯请还天台，“玄宗赋诗以遗之”；睿宗问阴阳术数，承祯答之曰“道经之旨，为道日损，损之又损，以至于无为”[②]。司马承祯所传南岳天台一派道学，意旨颇高，相当活跃，在他影响和培植下，以后天台出现了许多称名于当时，且影响后世的道教人物，如薛季昌、田虚应、冯惟良、徐灵府、叶藏质、杜光庭，都以南岳天台而得名。

司马承祯在天台修道30余年，他精通道教上清派茅山宗的气功炼养，又广泛采纳道教各派名家的理论，自撰著述，开拓流派；进入天台山后既得天台道学的典籍精义，又深得佛教天台宗要义和修持方法，开创道学南岳天台派。司马承祯著作很多，对天台山文化影响极大。最主要著述有《修真秘旨》12篇、《坐忘论》1卷、《事目历》1卷、《服气精义论》1卷、《天隐子》5篇、《太上升玄经注》1卷、《上清侍帝明桐柏真人真图赞》1卷、《素琴传》1卷等。其中《坐忘论》和《天隐子》是他道学思想的代表著作。

司马承祯继承其师陶弘景“三教合一”的思想，秉承儒家《大学》中有关“知

---

①喻长霖：《台州府志》卷79《隐逸传》。

②引自任继愈主编：《中国道教史·唐宋时期道教神仙思想的演变》。

而后定，定而后静，静而后安”的理论，提倡“佛道双修”、兼溶儒学，“神仙即人”的道学主旨理论。从其总体看来，他欲以道教文化会通儒、佛二教，又高于儒、佛二教，可见其意旨颇高，且有完整的系统性理论，是道教史上有一定开创性的人物。其理论体系是相当完整、深刻而彻明的。他在《坐忘论》中，以老庄和其他道学经典为依据，吸收儒家正心诚意和佛家止观神定的思想，提出“安心坐忘，守静去欲”的道教修养理论。“夫道，有情有信，无为无形；可传而不可受，可得而不可见；自本自根，未有天地，自古以固存；神鬼神帝，生天生地；在太极之上而不为高，在六极之下而不为深，先天地生而不为久，长于上古而不为老”。又说：“人之所贵者生；生之所贵者道。人之有道，若鱼之有水。故养生者，慎勿失道；为道者，慎勿失主，使道与生相守，生与道相保，两者不相离，然后及长久。”最后提出了“言长久者，得道之质也”①。长久为得道之“质”，故其特别强调修炼、苦炼的七个阶次，即敬修、断缘、收心、简事、真观、泰定、保道等。总之，司马承祯认为修道、得道之人，应为“无物无我，一念不生，内不觉其一身，外不知其宇宙，万虑皆遗，与道冥一”，这样，便成了长生久视，无所不能的仙道了。

其著名《天隐子》一书重点论证长生成仙的重心问题。他认为神仙之道，犹如天地之道，真切而简易：“天地在我首之上，足之下，开目尽见，无假繁巧而言，故曰简易。”他提出故习五渐之门，即斋戒、安处、存想、坐忘、神解。“了一则渐次至二，了二则渐次至三，了三则渐次至四，了四则渐次至五，神仙成矣。”修炼到“坐忘”，此则“不行而至，不疾而速，阴阳变通，天地长久，在人谓之人仙，在天曰天仙，在地曰地仙”。

司马承祯“得道成仙论”中，最值得我们重视的还是他不尚玄谈空论，强调主观、躬行、用心努力、言行一致、顺序渐进，从细小简易而下苦功，最终达到坐忘、神仙的境界。他说：“夫法之用妙也，其在能行，不在能言。行之则斯言为当，不行则斯言如妄。”一切大道、妙法，必须从细小简易的功夫做起，先有细小简易的量的积累，才有体无变灭的“坐忘”，这是哲学上至关的量变向质变的发展，最终达到质的神圣的境界：

> 徒见贝锦之辉焕，未晓始抽于素丝；才闻鸣鹤之冲天，讵设先资以叏食。蔽日之开，起于毫末；神凝至圣，积习而成。在物而不染，处事而不乱，真为大矣，实为妙矣。神与道通，与神合一，谓之

①《中国道教史·唐代道教法篆传授》。

神人。神性虚融，体无变灭，形与道同，故无其死。在终如始，乃得真道。①

大唐是我国历史上国力相当强盛，而文明也最为发达的时期。人文、社会、自然科技推向世界文明的最前列。大唐的文化科技的开拓和发展，对世界各国的文明发展、创造传播和影响，也达到旷古未有的大好时代。唐王朝四周的各个民族，把唐太宗称为"天可汗"，"四夷自服，天下帖然"，日本、朝鲜、波斯、大食、印度等国派出学者、高僧，通过海陆的"丝绸之路"，来中国学习求法，极大地促进了我国科技文化的发展。中国的造纸术传到中非阿拉伯，又从阿拉伯逐步扩散到埃及、摩洛哥以至欧洲。中国数学、医学、雕版印刷，以至天文、历法、植物药学，如雕版传入日本，医学切脉传入中亚、西亚，药物传入东非，影响了这些国家的自然科技发展，促进了中外科技文化的大交流。中外海上航运的活跃，"地僻海东"的台州、温州，农业、手工业，海外商贸业等都迅速地发达起来。据《资治通鉴》记载，当时东南沿海的杭州、明州、越州、台州、温州、福州、泉州等地，"船屯林立，巨舰庞大"，中外交通的开拓，大大促进了中外海运、物资交流、科学技术的进一步发展。诚如《旧唐书·崔融传》所云"且如天下诸津，舟航所聚，旁通巴汉，前指闽越……控引河洛，兼包淮海，弘舸巨舰，千舳万艘，交贸往还，昧旦永日"。当时，"东至高丽、日本，南至真腊国……番国远涉巨海，不惮滔天之骇浪，不怖映日之惊鳌"，台温一带也成了海上航运的一大枢纽，其海东台州的大陈岛(即高丽头山)：《赤城志》卷十九载："高丽头山，在县(临海)东南280，自此山下突出一石，舟往高丽者必视以为准也。"

当时台州造船业仍较发达，一是章安是历史的古港，"章安古名郡，东西列街市，潮头送诸舶，入境榄千樯"。二是章安、永宁、东冶都建有船屯，规模较大。著名永宁船，名闻东南，"合五版以为大船，因以五会为名"，出没和航行于东南海上。作为出洋的海船"苍舶"，"长三十丈，载六七百人"；航经台州的沙船、闽船、广船，横越浩瀚无际的东海，北去辽东、日本、韩国，南下海南南洋诸国；大的五牙船，"每船载粮一千石，操驾之工数百"。台州海运，特别漕运、商运的活跃，见之于正史典籍，并引起航海史家高度关注。我们从《唐书》、《三代实录》、《智证大师传》、《安祥寺惠经传》中，得知当时明州、温州、台州一带已有一批著名的大船商，如李处人、柏志贞、李邻德，及稍后的张支信、周文裔、郑仁德、崔铎等，

①《中国道教史·唐代道教法篆传授》。

他们都拥有船体巨大,结构精良的大船,往来于东南沿海和日本、朝鲜一带,频繁而友好地进行经济和文化的交流。据孙光圻教授所著《中国古代海航史》所录,横越中国东海的船舶,从明州、章安、石榴镇(玉环)出海,"经肥前的值嘉岛,进入日本博多津港"。其文云:"六月一日自台州(章安)开航,七月廿五日驰抵日本筑前,日商多安江搭船运回香药等很多货物。"又"中和三年,由中国驶日本,捎去天台国清寺诸德及越州良谞和尚所遣弟子致圆仁的书信"①,圆仁多次来过天台国清。当时中日航海主要内容有三:一是进行货物博易,浙东向日本运去香药、瓷器、绮绢之类,换回沙金财宝;二是进行政治、文化、外交活动,如修书遣使和好,安定东海海疆;三是进行科技、文化交流,据《皇朝类苑》卷78称浙东大批书卷流入日、韩,"吴越钱氏,多因海舶通信,天台智者教五百余卷,有录而多阙,贾人言日本有之,钱俶实书于其国主,奉黄金五百两,求写其本,尽得之讫。"②,可见唐时有大量典籍文书流播海外各国,唐、宋之交,台州建有市舶司,史称宋初"观察使冯安国父宝,巡视金鳌(章安别称)、松门市舶"。当时的临海上亭保(即今红光镇)是进入台州港的重要海上码头,史载:"其海(渎)则停纳万流,宗长四渎,控直港于稽、鄞,引大洋于温、福。出岛峙,通鸭绿,睎日本,睇旸谷。一日再潮,阳往阴复千船万艘,东奔西逐"③,可见其海运规模,南下闽广,东去日本、朝鲜等地商贸的重要港口。

当时海航科技也比较进步,章安、永宁船屯一带所造的船舶,在三国两晋制造"永宁船"的基础上,有了长足进步。当时的船舶,由钉榫技术的推动,建有多道的水密隔舱,增加海舶横向强度和抗风浪的能力。由于船体比较庞大坚固,帆桅相应增多,载重量大,适于越洋航行。造船技艺进步,舱室增多,出现如李处人、柏志贞、张支信等这样的拥有巨大宏船的海航大商人。同时,出海的船舶,对夏秋之际台风已有认知和防范,唐人称台风为飓风,"飓风者,常以六七月发,未至时,三日鸡犬为之不宁"。当时出航者,对海岸岛屿的地形地貌的辨认知识也日趋完臻,唐徐坚《初学记》中有"海中山为岛,海中洲曰屿",台州多岛多屿,海洋中的岛屿山峰已经明显地成为可靠的导航目标。台州远航日本、朝鲜的,都以"永宁"船舶较多,开航时"皆为东镇山(即大陈岛)为准",成为越海日本、朝鲜等出国航标。

---

①孙光圻:《中国航海史·隋唐五代海运》,海洋出版社1989年版。

②《皇朝类苑》卷78《渊鉴类函·舟部》。

③洪迈:《夷坚志》支庚卷5《真如诗藏神》,又引南宋宁海《储罗秀宁海赋》。

唐时航海器械比较进步，设计日趋完善，天文定位的航海技术似已萌芽，虽无明文记载观测天体的仪器，但已能仰察北极星的高度不同，来判别南北海航的距离。著名高僧一行来过天台山，创造的一种简便仪器“复矩”，来测量北极星离地面的高度，有利海航导向，《旧唐书·天文志》云：“以复矩斜视，北极出地。”①当然，一行的“复矩”仪器，不一定完全用于航海，“但据北斗与海洋山顶间的距离，来大略估测航船所在纬度，已成为当时船舶航海导引的重要手段”。还有一个值得一提的是浙江人窦叔蒙，有说是温州人，也有说是台州人，他著有《海峤志》，研究潮汐运动与月亮运动的同步性变化规律，指出“月与海相推，海与月相期，苟非其时，不可强而致也。时至自来，不可抑而已也”。即所谓“一晦一明，再潮再改”，“一朔一望，载盈载虚”，形象指出潮汐变化规律；并且还求得潮汐周期为 12 时 25 分 14.02 秒，这在潮汐注解理论研究方面，属于世界领先地位。其次值得强调的台温一带多台风，出海船舶要“预定日期”；并使出海帆船类型的帆檀增大，用途也因此各异。当时大型海船有“三帆以至十二帆，台温多产竹，以竹为横架，织成席状”，船上还有橹、桨、篙等人力驱动装置，一旦成群结队出海，真是千帆竞发，百舸争流，蔚为壮观，极大地推动了浙东沿海的海港海运和商贸事业的发展。诚如《续通鉴长编拾补》卷五所云：“东南得国之大，舶商亦居其一焉。若钱、刘窃居浙广，内足自富，外抗中国者，亦由笼海商而得法也。”

台州天文历数方面的进步，首推高僧一行。一行(683—727)，河南安乐人，俗名张遂。他创制太衍历，名称中外，明确记载他到过天台，《府志·方外记》称“一行张姓，公谨之孙也。穷大衍算法，求访师资，尝到天台国清寺，并立门屏”，今国清寺门前还存有“一行到此水到流”②碑。开元十五年，他受玄宗之命，草创《大衍历》的，特地到海东台州考察，并久居天台国清寺，考察领悟，研究古今历法结构，又参考天竺历法，并吸收其中精华，完成了具有世界性科技成就的《大衍历》共七篇：一为步中朔(计算朔望，平气)；二为步法剑术(计算七十二候)；三为步日位术(计算每天太阳的位置和运动)；四为步月离术(计算月亮的位置和运动)；五为步轨漏(计算每天的天空星象和昼夜时刻)；六为步交会术(计算日月食)；七为步五星术(计算五大行星的位置和运动)。

---

①《新唐书·天文志》卷引。

②《台州府志》卷 125《人物志》，又引《真西山集》。

还要强调的是一行造“复矩图”，实测九州晷影和北极高度，他在723至725年间，曾奔波南北，并派子弟至北起约北纬51°，南至约18°等的13个地点，测量北极出地高度，及夏至春秋等数据，以定各地食分之多寡和南北昼夜的长短，并得出地差“大率三百五十一里八十步，而极差一度”①。这是世界上第一次测量子午线的长度。按此结论，子午线每度长为131.11千米，比近代的测算值偏大约20公里。他还和梁令瓒共同制作黄道游仪，用以观测日月运动，并测量星宿的经纬度；又发现星宿于赤道上的位置和距极度数，因岁差异系而有不同，由之得出结论，太阳在冬至速度最快，以后渐慢，春分时平，夏至最慢。所以清代著名地理学家天台人齐召南说：“自古皆谓恒星随天不移，西法谓恒星亦自动，其说甚确。一行以铜仪测验，即知古今不符，已开西法之先。”

唐宋是台州青瓷发展的全盛时期。浙江的越州窑、龙泉窑、台州窑、婺州窑、瓯窑、德清窑，以及杭州“官窑”等，居于国内首位。无论是数量、质量，还是品种、造型、釉色、纹饰等制作工艺，都达至顶峰，蜚声中外。唐陆龟蒙《秘色越器诗》有：“九秋风露越窑开，夺得千峰翠色来。好向中宵盛沆瀣，共嵇中散斗遗杯。”曾来台州寓居的著名诗人顾况，把台州黄岩南部和温州常称古之为“东瓯”，所以台州窑，为通称为“东瓯窑”，其《茶赋》有：“舒铁如金之鼎，越泥似玉之瓯……蒙茗玉花尽，瓯越荷叶空。”

台州窑址数黄岩沙埠窑群为最佳，她是台州青瓷窑系中的佼佼者。当时窑群总面积有七万多平方米，窑池林立，环境极好，磁土矿、水源、燃料十分丰富。主要生产生活瓷、艺术瓷和外销瓷，器物有壶、瓶、罐、盘、碗、碟、盆、盅、执壶、谷仓、洗、盂、熏炉、粉盒、茶托、灯盏、佛像等，还有多角瓶、孔明碗、鲤鱼盆、荷花、桂园、荔枝、花生等形象生动的地方特产器具，是用作祭祀器和明器的。其他还有黄岩头陀、平田窑址，临海孔化岙、王安山窑址；温岭塘下、黄泥园窑址；天台崔岙王家塘、坦头镇窑址；三门亭旁上鲍窑址；仙居横溪、白塔镇等窑址，都有一定规模，其制品形状各异，制作也颇精巧，纹饰亦各种各样。台州瓷的器物装饰以刻画饰花为主，堆塑镂孔为次，再辅之以模印、针点、透雕、塑瓷等工艺手法流程。尤以鱼藻纹、水草纹、荷莲纹、双鱼纹、牡丹纹，绘出诸如菊花、桃花、杜鹃、芙蓉、玉兰、水枝花，以及江河湖海的虫、鱼、鸟兽。最为精致的彩色，以青绿色、泛黄色、紫青色、青橙褐色、清白色等各种各样的色彩为佳，多种色彩辉映其间，

---

①《台州府志》卷125《人物志》，又引《真西山集》。

光泽滋润，洁清透明，疏密有致，庄重典雅，可谓“精美绝伦，巧夺天工”，益增台州独特的地方特色。

台州瓷器外销，历史悠长，据地方史志所载，三国孙吴派卫温、诸葛直，远规台湾，据《临海水土异物志》，应带出一批台州的青瓷。唐时鉴真和尚第四次东渡日本，经天台国清寺南下，阻宿黄岩禅林寺，传闻鉴真也曾带出黄岩青瓷。日本中村新太郎《中日二千年》一书，记日本高僧道元来天台山、明州等地学佛求法，很欢喜台州瓷，不仅带走台州陶瓷器，并还带走烧制陶瓷的技术，这是对日本瓷器文化一大贡献。台州的章安、松门、玉榴岛(玉环)都是古代中外贸易的古港，产品远销日本、朝鲜、菲律宾、马来西亚、印尼和东南亚各国，应有大量瓷器进入这些国家，可惜这些方面记载不多。1988 年 3 月，我们在三门湾港口海底捞起数百件青瓷。台州文管会的金祖民先生曾在南京博物院，见到菲律宾、日本送还我国的其中三件珍藏青瓷佳品，他认为：“从其造型，釉色，纹饰特征，认定是黄岩沙埠窑群的产品，当为晚唐北宋时远销至菲岛无疑。”①

唐时台州化学、物理和医药等科技方面，也有一定的进步和发展。

特别值得一提的是台州军事火炮发明家孙琰，他是唐末五代著名的发明家，台州临海人。对我国火药、火炮历史的开启和发展，有重要的作用和地位，本传说他“骁勇有智，时人谓之孙百计”。吴越天宝二年，他留守苏州任牙将时，抵抗淮南周本、吕师造强兵围攻，他发明连环霹雳火炮，《资治通鉴》称：

> 吴越将临海孙琰随机应变，置轮竿首，垂绝不是絙投锥以揭之，攻者尽露，炮至则张网以拒之，炮迁网辄之，竟无所施，淮南兵遂遁。

孙琰时称“孙百计”，应有更多发明，可惜史籍少有记录。

台州道家对医学、药学也有独特的创造和贡献，唐代著名道学家司马承祯(655—735)，河南温县人，他出自“官宦名贤之家，奕代清德”，他年少好学，浪游名山，与陈子昂、李白、卢藏用、宋之问、毕构、孟浩然、贺知章、王维为“仙宗十友”，后止天台山四十年不出，自号“白云子”，在我国道教发展史上是一位历史性的人物。他有《坐忘论》、《天隐子》、《修真秘旨》、《太上升玄经注》、《上清天地宫府图经》等道学代表著作。其中出自得道神仙宗旨而涉及医学、药学的重要述作，如《修身养气诀》、《服气精义杂论》、《采服松叶等法》、《太上

---

①金祖民：《中国陶瓷集・台州古代陶瓷文化》。

升玄消灾护命妙经颂》等，利用天台山的天然植物、草药、金砂、乌药，并结合名山圣水和清净天气养生，形成完整养生学。在我国医学药学，尤以养生学有重大的突破和贡献，科技发展史上有一定的地位。

他提出养生、得道的最高原则，即“信道之心是生命之道的根”的理论。首先，要“敬信”、“断缘”、“收心”、“简事”、“真观”、“养定”，然后才能“得道”。所谓修持，即“心有五时”，“身有七候”。五时指：一动多静少；二动静相半；三静多动少；四无事则静，事触还动；五心与道合，触而不动。所谓七候指：一举动顺时，容色和悦；二夙疾普消，身心清爽；三填补夭伤，远元复命；四延数千岁，名曰仙人；五炼形为气，名曰真人；六炼气成神，名曰神人；七炼形合道，名曰至人。所谓“圣人”，最终达到“体无变灭，形与道同，故无生死，隐则形同于神，显则形同于气，所以虽有水火而无害，对日月而无影”的形、神、道合一的神仙境界。

司马承祯还提出“服气五牙法”，“太清行气符”，“服六戊气法”，“服三五七九法”，“养五脏五行气法”，“服气疗病法”等功法，探索服气养生与治疗疾病等自身生命持续的重大问题。他说：“大气者，道之几微也。几而动之，微而用之，乃生一焉，故混元全乎太易”，从宇宙化生的角度，把气提高到生命固存的高度。他强调服气成仙，他说：“然金石之药，候资费而难求，习学之功弥岁年而弥远。若乃为之速效，专之克成，与虚无合其道，与神灵合其德者，其唯气也。”同时，他也主张服药，他说：“今之草木之药性，味于脏腑，所宜为安脏丸，理气膏。其先无病疹，脏腑平者，可常服此丸膏，并茯苓、巨胜等丹服之药。若脏有疾者，则以所宜者增损之服。如先有痼疾及别得余患者当别医攻疗。”司马承祯的服气、又服药的养生神仙的理论，进一步发展了自两晋以来道教的服气疗病的理论，并使道教的气功治病法进一步完善，特别是以气功疗病的同时，强调药物兼而同疗的治病方法，使我国道家服气养生，成仙之法，走向医学、药学的科学道路。

道家对台州医学、药学、针灸学等，亦有贡献，著名人物也颇多，在《嘉定赤城志》、《天台山全志》都有著录。

柳泌，生卒年月不详，宪宗期间来台州为刺史，《资治通鉴》卷240称：

> 上（宪宗）晚节好神仙，诏天下求方士。柳泌言于上曰：“天台山神仙所聚，多灵草。臣虽知之，力不能致，诚得为彼长史，庶几何求。”上信之，丁亥（元和十三年，818），以泌权知台州刺史。

《天台山全志》又说：

> 泌至台州，驱吏民采药。岁余无所得而惧，举家进入山中。浙东观察使拥送京师。上复使待诏翰林服其药，日燥渴，竞以致死。顺宗立，乃杖杀泌。

柳泌最后被杀，是自食其恶果，然其对台州药学却有一定的实地实验，并流传民间的作用和影响。本传称其为台州刺史时，于天台丹霞洞设官方丹炉药室，其文云“其中多灵葩翠茎，修篁奇竹；又有曲池环沼，药室丹炉”，专门采炼神药丹方。其所作《玉清行》诗曰：

> 遥遥塞冬时，萧萧蹑太无。下看白日流，上造真皇居。仙郎执玉节，侍女捧金书。七珍飞满座，九液酌如泉。狮麟威赫赫，鸾凤影翩翩。顾盼乃须臾，还是数千年。①

柳泌欲步两晋葛玄、葛洪入天台山采药、炼丹、修道成仙之法，对台州药学有推动作用。他受学《九鼎经》、《金清丹经》，撰写《玉清(金液)行》，采仙药、炼金丹、置丹炉，其所用茯苓、芝草、黄精、胡麻所制“玉清金液”、“茯苓膏”等，不是长生之药，但有补气血之效，当地民间亦流行至今。世上无“长生不老”，亦无“升天神仙”，柳泌也因以欺君罪，终遭杖杀。当地士民同情柳泌遭遇，“冀其不死”，在天台山福圣观东侧，为柳泌造墓树碑。《天台山全志》作者张联元还为其辩解称“柳泌杖杀之说，恐未必然”，这是后人对他的景仰和祝愿。

唐宋之交，天台山寓居着许多知名的道家。吴筠、司马承祯、叶法善、夏侯隐、杜光庭及至稍后的吕洞宾、罗隐之、施肩吾、张伯端、白玉蟾等。他们来天台为了学道神仙，提出了不少养生成仙的理论和方法，长而久之，遂形成了道家的调息、服饵和导引等一整套养性保健和全身运动的原则和理念，对我国的养生保健医学却有重大的开拓，遂成天台道家特有养生学。调息即为“意守”，主张呼吸自然，心平气和，达到意气合一。夏侯隐有“睡仙夏侯人之灵，神游山水真忘形。越险何问涧与径，但闻鸟语兼花馨。闭目齁齁脚不停，登山渡水全未醒”。服饵，即为服气辟谷和食疗等功法。服气辟谷，使五脏气血宣通，然后添加辅助药品，如茯苓、乌药、白术、黄精、胡麻、大枣、核桃等，以充实生命元素。导引，是指养生保健的体育运动。魏晋至两宋，台州道家养生保健有各种功法

①金祖民《中国陶瓷集·台州古代陶瓷文化》。

和理论，天台是集中地、发源地、开创地，著名的有易筋经、八段锦、五禽戏等等。司马承祯作《导引论》，使五脏、经脉以至肌肢、腠理、精血全经宣汇相通，达到养生保健的全面效果。他说：

> 肢体关节本资于动用，经脉荣卫在于宣通。今既闲居，乃无运役之事，须导引以致其和畅。户枢不蠹，其义信然。故荣气者，所以通精血，盖筋肋，利关隔也。卫气者，所以温肌肉，充皮肤，肥腠理，司关阖也……阴阳相随，内外相贯，如环之无端也。

其后，杜光庭等著名道家形成系统的调息、服饵，导引的养生保健等法，有相当的科学价值和实用意义，对后世道家的生命炼养实践，有极大的推动作用，并为我国保健医学提供了出色的理论和实践的经验，至今仍有很好的科学和实用的意义。

唐和亚非欧经济文化交流推进世界文明的发展

唐初前期太宗、高宗、武则天、玄宗，励精图治，政策开明、开放，不断创新，特别太宗一代，胸怀开阔，高瞻远瞩，奋发进取，凝聚和培养了一批杰出的政治家、思想家、军事家、经济学家、文史学家、科技学家，发展经济，繁荣文化，振兴中华。太宗首先提出"自古皆贵中华、贱夷狄、朕独爱之如一"，"无隔华夷，诚信如一，日月贞明，煦昭著于环宇"，继承和开拓两汉以来的中西丝绸之路，铺设通往东亚、西亚、南亚以及非洲、欧洲的四通八达的海陆天可汗大道，促进中外政治、经济、文化交流，推进了世界文明的发展。大唐的国都长安、洛阳两京，是当时世界政治重心，也是政治、经济、文化交流的中心。

大唐文明，广被四海，赢得世界各国和各族人民的赞誉和崇敬，开放的方针、政策，促进国内外的使节、留学生、商人、高僧、学者相互交流并经他们有力地宣传、介绍，世界各国的璀璨文明不断交流，大唐文化丰姿多彩，群花竞放，也给大唐文明注入勃勃生机，共同推进世界文明大交流、大发展、大提高。《两唐书·地理志》、《广州通海甿道图》、玄奘《大唐西域记》和义净《南海寄归传》、《大唐西域求法高僧传》，王玄策《西域记》等有关典籍资料，7—9世纪国外涉及唐代有关《行记》、《纪传》、《游记》、《文集》、《省道纪》等，其中最著名有710—794年日本著名文史学家淡海三船《唐大和尚东征记》，或称《鉴真和尚东征记》，日本高僧圆仁《入唐求法巡行记》，简称《入唐巡记》；新罗留学生崔致远，874年在中国一举及第，曾为溧水县尉、侍御史，著有《桂苑笔耕集》；还有波斯、大秦及北非阿拉伯人在唐后期撰写的有阿拉伯人苏烈曼《苏烈曼游记》，伊本·考尔大贝《道程及郡国志》，他曾任中亚喀巴尔省邮务长官；还有伊本·罗斯德《阿尔阿拉克那非撒》一书，被誉为介绍大唐的百科全书。这些著述，从不同方面，记录、介绍唐朝及世界各国地理方位、物产特产、政治制度、社会状况、城市繁荣、人民生活、文化交流、名胜古迹和经贸活动，尤其描述赞誉大唐是文明之都："美丽，神往，城市繁华、人民文化素质尤高，无论冬夏，都穿丝绸……"

唐初中央政府为了推进和发展世界各国政治、经济、文化的交流，制定政策，建置机构，建立了由礼部专门负责和执行的中央最高机构，由鸿胪寺设定具体机制和政策，接待外国使节和有关经济、政治、文化交往的一切事宜，并定重要来使由唐皇帝礼遇接见。《新唐书》称："宜王宾见，体国是同，为六官之列，诸蕃客商，因使入朝，包括译语掌客出入，都为鸿胪寺，检校办理。各国入朝使节，皆由中国供给。"又载："蕃国遣使入朝，供客食料以四时输鸿胪，季终勾会之。"①《唐会要》载："各国使节，各分等第，南天竺、北天竺、波斯、大食等使，宜六个月粮。尸利佛誓、真腊、诃陵等国使，给五个月粮。林邑国使，给三个月粮。"圣历三年六月，又载"东至高丽国，南至真腊国，西至吐蕃、波斯，及坚昆都督府，北至契丹、突厥、鞑靼、靺鞨，并为入蕃，以外为绝域，其使应给料，各依定式"②，如此厚待的礼仪和政策，极大地推动了世界各国的政治、经济、文化交流，大唐是东方文明礼仪之邦，声名海外。

唐朝还在我国东南沿海著名港口广州、扬州、明州等地建有市舶司、互市监专门接待各国来华的使节和客商。顾炎武《天下郡国利病书》称"贞观十七年(643)，就设立市舶司"，大大促发和吸引各国大批"遣唐使"，"入唐使"等从海道进入中国。唐玄宗开元期间，还和西部吐蕃签订"四夷来同，海内宴然"，"遂和同一家，天下百姓，普皆安乐"的历史性甥舅会盟，有力推进和吸引中亚、西亚、阿拉伯，以至欧洲"入唐使"、商客、学者、僧侣进入中国。唐中央政府后来还把接待政策，推到地方州县，并对入住国内的使节、客商、学者、僧侣予以政策优待，政治上，视之如一，生活上给予衣食土地，入京外蕃可在国内科举入仕、为官。《唐户令》规定："诸没落外蕃得还，及化外人归朝者，所以州镇给衣食"，并且"具状送省奏闻，化外人于宽乡附贯安置"。又称，"诸没落外蕃不得还者，一年以上复三年，二年以上复四年，三年以上复五年，外蕃投化者复十年"。③ 国外商人、学者、人民大量蜂拥进入中国，我们在《唐书》传记中，载当时长安"胡客达四千人"，当时东南沿海的扬州、楚州、密州、登州、青州、海州、明州、台州等沿

①《新唐书》卷46《礼部》。

②《唐会要》卷100《大食》等传。

③《唐会要》卷100《杂录》。

海城市，都建有供外国人居住的化外里、兴化院、化外坊、里化馆，当时新罗人来华最多，唐人称其国为“君子之国”，特设著名的“新罗坊”、“新罗馆”、“新罗院等”。当时胡商、胡客、胡姬、胡娘、胡店遍及各地，他们又不断招揽我国西部、西北、西南来内地的人民以及中亚、欧、非各国蕃客，胡商、胡客，以及胡僧、学者、留学生。特别西部大国波斯、大秦、花剌子模也受其影响，涌入国内。李白有诗“胡姬春酒店，听歌乐世娘”，王维有“落日胡姬楼上饮，风吹箫管满楼闻”。以至于到唐末黄巢义军打进广州“杀胡商二十万人”，扬州“田神功讨胡展，大掠居民(扬州)，大食波斯贾胡死者数千人”。可见大唐胡客、胡商之多。

大唐加强和世界各地的政治、经济、文化的交流，政府重视对交通设施的建设和开拓，海口有市舶，陆上有驿站、客栈、邸店、货店……礼仪待客，特别是“扬(州)、益(州)”号称世界大都会，推进世界文化、文明提升和发展。值得一提的是一批高僧不畏艰险，远涉重洋，不怕牺牲，传播宗教，诚如义净渡海西行时所说“亘万岭西而投身，跨千江而西遣命”，“设令得到西国者，以大唐之寺，标寄栖然”，纵然“去者数百，存者仅有几人”，依然“不辱使命”，极大推进了中西文化交流。唐朝四通八达的海陆丝绸之路，较两汉以来的规模范围更广、更大、更远；而且所涉及的政治、经济、文化，特别科技、宗教、产业、商品，都发生了巨大的变化，增添了许多新的内容。

唐朝的中西丝绸之路，海、陆方面有重大推进和拓宽。东出东海、黄海，至高丽、日本、新罗诸国，东北经黑水靺鞨到达翰海以北“骨利于国”，及“去京师一万五千里”的流鬼国(即今海参崴一带)。北由回纥向西拓展到黑海以东，葱岭以西阿姆河地区，到波斯、大秦；西部出西南可海路以次到印度、锡兰，至北非及拂菻(东罗马)等国。向南经南海可抵苏门得腊、诃陵、婆登；最远到南极耨沱洹等地，“来广州近五月海程”。此外出海东南行，可抵印度尼西亚、菲律宾、爪哇南海诸国。据《唐书》、《唐会要》所录的国家地区，可考的有 130 多国，如康国(今撒马尔罕)、安国(今布哈拉)、石国(塔什干)、阿国(喀沙尼亚)、火成国(花剌子模)、吐火罗(阿富汗)、波斯(今天波斯东)、骠国(缅甸)、天竺(印度)、拂菻(北非、东罗马)、狮子国(锡兰)、穆国(今马里)、大食(又称白衣大食、伊拉克倭马亚王朝)、罽宾国(克什米尔)等。

当时由我国东南沿海出海的海外交流航道，已经形成“两路四线”格局。较两汉南北朝的海上丝绸之路，有了历史性的开拓和发展。

我国政治经济重心在黄河流域，北路有黄海北线和黄海南线，和日本、新罗、百济的航海都取此两线：北线北路由山东登州沿海出发，东北行经辽东半岛，再入朝鲜湾，直航日本九州；南路由山东靖海沿海出发，直取朝鲜半岛西岸，再沿岸南下驶进入日本。南路有东海南线和东海北线：南线的基本走向由浙江的明州、越州、温州、台州出发，横越东海，首达日本南方奄美大岛，进入日本。南路北线由江苏的楚州、扬州、苏州沿海出发，横越东海，直达日本肥前松浦郡的值嘉岛，进入日本。中日高僧频繁海上活动，促进了温州、台州、泉州、福州，特别是南方大港广州的开发，并成为南线南端最大港口，使唐朝和东南亚、南亚，以及印度洋、北非的海上航运出现崭新的局面。唐朝远洋航海进入了空前繁荣时期，远洋船队不但已越过印度半岛，直航阿拉伯海与波斯湾，而且首次到达红海和东非、西欧海域，651年大食帝国第三任哈里发国王首次正式派使入唐，阿拉伯国家来中国遣使自651年至798年的148年中，正式遣使达39次之多。

唐代海运空前活跃，达到世界航海史上罕见的盛况，还出现贾耽所说《广州通海夷道》。可分三段：第一段由广州出发，顺马来半岛直下爪哇；第二段再由新加坡，穿过马六甲到阿拉伯首都巴格达；第三段，由波斯湾头的奥波拉，沿阿拉伯半岛西航，直至红海口，到东非海岸。这就是我们所说由黄海、东海、南海直达欧、非的“唐代海上丝绸之路”。唐代赴印度求法的代表人物义净，就是从广州出发，“长截洪溟，似山之涛横海，余通巨壑，如云之浪滔天”，他经过南亚佛逝国(苏门答腊)、末罗瑜国(马来半岛)、裸人国(今尼科巴群岛)，最后到达印度恒河口的耽摩立底国，再进入西非，入东罗马欧洲海域。《南海寄居内法传》、《大唐西域求法传》、《大唐和尚东征传》和日人圆仁《入唐求法巡礼行记》等，记录了我国与南亚、东亚、西亚、东南亚以及北非、欧洲的航海活动及经济文化交流的诸多精彩节目。天宝二年四月二十五日，唐玄宗还问鸿胪卿王忠嗣，诸蕃诸国远近，王忠嗣竟对答如流：

> 臣谨安西域图，陀拔思单国，在疏勒西南25000里；罗刹支国，东至都盘国十五日程，北至陀拔国十五日程；大食国、都盘国西至十五日程；歧兰国，西至大食国两日程；石国，东至拔汗那国100里；罽宾国，在疏勒西南4000里，西至大石国1000里，南至婆罗门国500里，北至吐火罗国200里……①

①《唐会要》卷100《大食》等传。

又说，“石国，其俗善战，多良马；婆利国，林邑东南……出火珠；倭国，新罗东南，在与中国通，设官十二等，俗有文字，敬佛法；女国，在葱岭以西，以女为王，每居层楼，侍女数百，五日一听政……其俗贵女子，贱丈夫，妇人为吏，男人为军士……犹有数夫”；吐火罗国，“与挹怛杂居，胜兵五万，其国土著多男子，少妇人，故兄弟通室，妇人五夫，则首五解体……献大鸟，名驹汗血马……”①可见，当时官方对于世界各国的地理、方位，包括物产资源、民俗民情、宗教信仰，通过海陆中西航道，直接或间接都有一定了解、记载。

唐朝是当时世界上政治强国，也是经济文化上的大国。以中华大一统的“视之如一”理念，促进文化相互交流，经济相互发展。唐太宗登上皇帝宝座，和群臣宴会时就宣称“以文治国”，提出百花同放、中外兼收、兼容并包的文化方针政策。他在贞观五年，称大丈夫在世应祖述尧舜禹汤，秦皇汉武，说乐事有三，“王者视四海为一家”，“六合大同，万方咸庆，张乐高宴，天下欢洽”，“遣人远抚，万里归仁，中国既安，天下大宁”。贞观君臣心目中的六合大同，一是中华一统：“两京等于心腹，四境方乎手足”，“四夷为枝叶，畿内为根本”。二是和周边以至世界各国，“遣人远抚，绥之以德，万里归仁，天下大宁”。三是强调本固根深，枝叶茂盛，皮之不存，毛将焉附，以中华大一统的经济、文化为基本，推进各国的交流，促进世界各国文明的提升和社会和谐的发展。

到了玄宗开元时期，坚持对外开放，开拓对外经济、文化交流，一是开放力度、广度加大，二是外族、外国来华的规模、次数，更大、更远、更频繁；特别文化、科技、商贸交流，有了极大提升、发展。而且还进一步宣布“开怀纳戎，张袖延狄”，因此，世界各族各国的经济、文化也不断输入国内，唐政府也不断吸取各族、各国的经济、文化，充实、发展中华经济、文化。张星烺《中西交通史科汇编》载“唐为推进海内外经济贸易，鼓励外商来华，上谕蕃舶来华货物，除陌脚、收市、进奉外，任其来往，自为交易，不得重加税率”②，“各地回教商贾（大多是阿拉伯人）多聚广府，中国皇帝因任命回教判官一人，依回教风俗，治理回民……一切皆《可兰经》圣训，及回教习惯行事”；故“伊拉克（*Irak*）商人来北方者，皆颂声载道也”。③ 大秦、波斯、天竺、拔汗那，及米、曹、石、安国等中亚南亚、西亚各国商人来华，他们经营珠宝、香料、药材、毛皮、酒食、铁器、刀剑、鲛革、天鹅绒及

---

①《册府元龟》卷931。

②《新唐书》卷221,《全唐文》卷63。

③张星烺:《中西交通史料汇编》,中华书局2003年版,第二册,第201页。

植物纺织品；有不少是海航“汛船”，直至广州后，又经海陆丝绸之路，“取道西去”，运去中国的丝绸、瓷器、精铁、皮革、肉桂、生姜、刀剑、金银器，因而致富。有不少商客眷恋中国，久留两京扬州、成都、广州、明州等地后“皆有妻子，买田宅，举质取利，安居不欲归(国)”①。

唐代和国内外经济文化交流，继承、开拓和发扬两汉以来的传统，通过使节、学者、商人、僧侣相互交流，实现历史性的大发展。各国使臣来华，日益频繁，据莫任南教授统计：从贞观元年(627)至大历七年(772)，东亚日本、新罗、南亚狮子国、林邑等十分频繁，总数有 200 多次；西亚使节来往，重要的有吐火罗 35 次，石国 21 次，康国 31 次；大食从永徽三年(651)至贞元十四年(798)遣使来华 37 次，天竺咸亨三年(672)至开元二十九年(741)遣使来华 19 次，拂菻(东罗马)自贞观十七年(643)至天宝元年(742)7 次。还说上元元年(760)“白衣使婆谒使等十八人于延英殿会”。白衣使，即白衣大食，750 年为黑衣大食推翻，其后裔阿卜杜·拉赫曼西奔，756 年据西班牙重建政权。这是历史上西班牙通过中西丝绸之路和我国首次通使。唐朝出使国外也极为频繁，不计其数。最著名贞观十五年(642)太宗命“卫尉丞李义表报使恒河(印度)摩揭陀王。其后王玄策又出使尼泊尔、天竺”。高宗调露元年(679)，高宗派裴行俭护送波斯王子泥涅斯还“将复王其国”。显庆年间，高宗以阿罗成“差送拂菻国诸蕃，招慰大使，并于拂菻、西界立碑”②，等等。

唐代前期是我国历史上最强大而又文明昌盛的时期，政治和文化的影响远播中外，从东部的日本、朝鲜至西部北非和东罗马，各国的学者、商旅、艺术家，尤以僧侣、商客，顺着海陆丝绸之路，到世界经济文化中心两京西安、洛阳、扬州、成都、广州、明州等大城市，真如日本著名史学家木宫泰彦所云：“对中国优秀文化益加叹羡和憧憬，朝野上下醉心于学习和模仿，形成一股狂热的学习高潮，他们以文化和典章制度为主。”至于中亚波斯以及印度、阿拉伯、东罗马等国，更多的是来中国经商做生意，也和日本、新罗等国一样，传播交流宗教、艺术、建筑、绘画、雕塑、音乐、医药、植物典籍和技艺。大唐输出经济、科技、文化，同时也吸取世界各国，不同民族文化，相互交流，兼容并蓄，开花结果，焕发异彩，为世界中世文明发展，为丰富弘扬唐文化，作出历史贡献。

---

①《唐会要》卷 100《大秦传》等。

②端云：《陶斋藏石记》卷 21，杨博文、谢方《诸蕃志》校释职方外纪校释转引。

唐时，由于封建经济和文化高度发展，政治秩序比较稳定，海陆交通便捷，中国与亚、非、欧各国的经济文化交流进一步频繁起来。

一、唐和朝鲜的经济文化交流

我国和朝鲜在历史上的关系十分密切。高丽，出自东北扶余，都平壤，即唐玄菟郡故地，史称“辽东之地，周为箕子之国”。① 唐初，朝鲜半岛高丽、百济和新罗三国鼎立。贞观年间，高丽泉盖苏文杀其王高武自立，并联合百济进攻新罗，新罗求救于唐，唐太宗亲率六军，选派大将分海陆两路进攻高丽，因军粮接济不上，士卒困于天寒地冻而遭到失利。660 年，唐高宗继续进攻高丽，先灭百济，在其地分置五个都督府。666 年，泉盖苏文死，其子男生、男产、男建争夺皇位，男生向唐求援。667 年，唐高宗再派大将李仁轨率薛仁贵等部攻高丽，668 年攻下平壤，将其地分置九个都督府、四十二州、一百县，属安东都护府管辖，以薛仁贵为辽东都护，镇守平壤，并迁高丽三万多人置于陇右、山南、江淮等地区，和平相处。

大唐名将薛仁贵、薛讷和高丽关系十分密切，也多次征战辽东、高丽，屡立奇功。唐太宗曾说“朕不喜得高丽、辽东，喜得白衣霓将(薛仁贵)”。其父子皆为辽东都护，辽东经略使、平卫大将军，坐镇平壤，治政颇佳，誉为“抚孤存老，检制盗贼，随才任职，褒崇节义，高丽士众皆欣然忘亡”②。后新罗和高丽交恶，高丽王之子高藏为辽东都督，朝鲜王，内迁辽东。高丽吸取唐朝的政制和文化，中央官制有如三省六部，史载“官凡十二级；曰大对卢，郁折，太大使……秉国政，三岁一易。其州县六十、大城置辱萨一，比都督，余城置处闾近支，亦号道使，比刺史，有参佐，分干。有大模达，比卫将军；末客，比中郎将”③。百官服色五彩缤纷：“王服五采，以白罗制冠，革带皆金扣。大臣青罗冠，次降罗……金艮杂扣；庶人衣革，戴弁，女子首巾帼。”人民多居依山谷，以草茨盖屋，民习农工，纺织；唯王宫官府“佛庐以瓦”；宗教颇兴，“俗多淫祠”。建武为辽东郡王高丽主时，提倡儒、道，“命道士以像法往，为讲《老子》”。并命“太子桓权入朝献方物”，来长安时，唐派名师大德迎进，“所至士女夹道观之”。唐初，高丽高僧波若来华参学，遍历海内寺观，还到天台佛陇，释谒智者国清院寺，并授禅法。在天台华顶行道近十六年，长眠于天台山，他比日本高僧最澄来天台早近一百四十余年。

---

①《旧唐书》卷 199《新罗传》。

②《新唐书・薛仁贵传》。

③〔朝鲜〕《三国史记》。

以后，新罗统一朝鲜半岛，逼唐将安东都护府一再内迁辽东、新城。新罗都督金法敏，唐封为新罗王，中朝关系友好，常遣使来唐，交流文化，学习大唐礼制、经典。此后，唐和新罗维持着友好亲密的关系，有六七十年之久。

唐朝和新罗交往密切。据朝鲜《三国史记》所载：从 703 到 897 年间新罗以"朝贡"、"贡方物"、"朝唐使"、"入宿卫"、"谢恩"等名义派出使节团体共 89 次，唐向新罗派使臣，祀祭、册封共 18 次，是当时最多的。新罗重视唐朝的文化，研究中国的政治、历史、哲学、天文、历法、医学，并派遣子弟到长安留学，学习中国的四书五经、诸子百家和佛道经典。有些留学生还参加了唐朝科举考试，在唐做官。许多高丽、百济的音乐家来长安学习唐乐。大唐十乐中也有高丽乐。八世纪，新罗仿照唐制，建立了封建中央集权的国家制度，中央设执事省，为最高行政机构，下设六部；又仿内侍者设立内省、大宫、梁官、沙梁官，管王宫事务。经济上仿唐建立丁田制和庸调法，管理土地和租税。还进行科举考试，在庆州设国学，学习《论语》、《孝经》、《周易》、《春秋》、《左氏传》、《文选》，重点讲授儒学经典。新罗人薛聪，借用汉字标注国音，创造了新罗文字"吏读"，对朝鲜文化的发展起了很大的推动作用。由于新罗典章完备，文物昌盛，被誉为有类中华的"君子国"①。

唐和新罗的经济贸易往来也相当频繁，文化交流则是主要特色。唐在沿海和内地为新罗商人设"新罗馆"、"新罗院"、"新罗里"、"新罗坊"等。朝鲜、新罗的特产和工艺品，如金、银、药材、帛布、人参、海豹皮、大鱼花牙锦、朝霞绸，大量传入唐朝。唐朝的金银精器、紫罗绣袍、五色绸、彩棱、瓷器、唐三彩等手工艺品，也大量输入新罗，大大丰富了两国人民的经济和文化生活。在我国东南沿海一带，有大批聚居朝鲜侨民的"新罗坊"、"新罗馆"、"新罗院"、"新罗里"，有的还和汉人结婚、生育，成为长期居住内地的汉化中国人。长期友好交往，朝鲜的文化，也对唐朝产生了一定的影响。

值得一提的是新罗高度重视和学习大唐文化、科技，促使本国的繁荣昌盛。派遣留学生、留学僧求学、求法，是当时人数、次数最多的国家。公元 640 年，新罗国王首次派遣王族子弟进唐中央国学(即太学)，唐太宗十分重视，以国子监祭酒孔颖达讲授儒学。其后，日益增多，据《唐会要》卷 36《附学读书》载 837 年有 216 名。知名学者不计其数：有金云卿、崔利贞、金立之、金简中、朴居勿、金颖、崔元、崔志远、元杰等 38 名。据《朝鲜佛教史》一书记载，入唐

---

①[朝鲜]《三国史记》。

的求法高僧有64人，著名僧人有圆测、明朗、慈藏、智仁、神昉、金大悲、无相、慧昭、容日、弘惠山人、朴山人、梧真、慧业等。[1] 留学生金云卿"以新罗宾贡，题名杜师礼榜"，后任命为唐朝官吏。崔志远874年考试及第，初为江南宣州溧水尉，后任淮南节度使高骈从事官，著有《杜苑笔耕集》20卷，为今朝鲜最早的古文集，也是东亚海航史上最早重要典籍之一。留学僧圆测，从名僧玄奘为师，后参加印度僧人地婆可罗的授讲佛学，带来梵本经文18部，其中有《华严经》的汉译本等，其名著《解深密经疏》、《仁王般若经疏》，对中朝两国的佛学及文化交流事业的发展有很大贡献。慧超，723年入唐求法，后南去五天竺(今印度、巴基斯坦、尼泊尔)，经波斯、大食到拂菻(今叙利亚)，其重要著作《往五天竺传》，记述中、印、巴及中亚细亚各国的佛学、风情、地理、交通、物产，是中古时期重要的典籍，影响极大。该书1908年在我国甘肃敦煌千佛洞首次发现，声震中外，可惜已残缺不全，首尾失落。还有新罗高僧惠伦，入唐后更名惠申，629年随玄奘赴印度求法，惜随从未归，留印度庵摩罗波国的信者寺，研究佛典达十年之久，终老于印度，对中印佛学传播有一定贡献。还有不少留学生、留学僧和唐时著名诗人李白、张乔、张籍、罗隐等都过密来往。李白和新罗高僧地藏曾相遇于九华山，后有悼词云："赖借普慈力，能救无边苦。"在今《礼五台山偈120字》有新罗学僧的名偈云：

> 天长地润香难分，中国中天不可伦，长安帝德谁恩报，万国归拜朝圣君……将身岂惮千山路，学法宁辞度百秋。何期此地都回还，泪下沾衣不觉斑。愿身长在中华国，生生得见五台山。

对中华、中华文化的热爱和崇拜，言溢于表，也充分展示两国文化交流中僧侣的真挚感情和历史作用。

在我国与新罗交往中，值得关注的经济和科技方面的交流。唐朝的铁器、瓷器、陶器、纺织、茶叶，以及金银器传入新罗；至今，新罗庆州古墓发现唐时的遗物，有武器、马具、器皿和工艺品，都和唐式相似。《新罗本纪年》载公元686年则天皇后送给新罗使节50卷精彩书籍，其后雕版印刷也传入新罗，开元期间，印刷和造纸技术，也真正传入新罗。1966年10月在庆州佛国寺释迦塔中，发现汉译佛经《无垢净光大陀罗尼经》，朝鲜学者朴真认为佛经是704—751年楮纸上用雕版印

---

①《唐代新罗留学生在中朝文化交流中作用》，《西北大学学报》1994年第2期。

刷的,其技术是从唐传入的。[①]。新罗、日本使节来华大量购买唐人诗文,尤以“张鷟……大行于时,晚进莫不传记。新罗日本使至,必出金宝购其文”。692 年新罗高僧道证,自唐带回天文图,后在庆州建观察天象的瞻星台,又制造了观察仪器,漏刻器。647 年新罗学者德福来唐学习李淳风发明的麟德历,新罗后来改用宣明历:“高丽不别治历,承用唐宣明历。”692 年新罗中央仿唐设医学博士,讲授中国医书《素问》、《本草》、《针经》、《脉经》,促进医学发展。

二、中日文化交流和日本遣唐使的西来及鉴真大师的东渡

中、日两国是一衣带水的邻邦,两国关系源远流长。《唐书》称:“日本、倭国别种,以其围在日边,故以日本国为名。”南北朝时,日本大和雄略天皇曾遣使致书宋顺帝,提及大和统一,并致书盛称和好。隋时,日本四次派遣小野妹子等“遣隋使”来中国,并派留学生和学问僧到中国学习文化和技艺。隋炀帝也派遣裴世清等出使日本,进行文化交流,这是中日遣使通好的由来。

唐时,中日两国的交往更加密切。日本来唐的“遣唐使”有十七次之多,迎送唐朝使节到日本的“迎入唐使”、“送客唐使”也有九次。631 年,日本遣使来唐,唐太宗命新州刺吏高仁表远迎答聘。高宗、武后和玄宗时期,日本遣使来唐的规模更大,一次多的达五六百余人。日本天平时代(724—781)是唐朝文化输入日本的极盛时期,“遣唐使”和留学生在我国学习哲学、历史、政治制度、文学艺术、生产技术,带回中国文化典籍《史记》、《汉书》、《三国志》、《孙子兵法》、《文选》等。《唐会要》载:

> 长安三年,遣其大臣真人来朝,贡方物,礼犹中国户部尚书。身服紫袍,以帛为腰带,好读经史,解属文,宴之麟德殿,授司膳卿而还。[②]

开元初“日本遣使来朝,因请士授经,诏四门助教赵元默就鸿胪教之,以为束修之礼……尽市史籍,泛海而还”。日本著名的大化革新,在高向玄理等一部分留学生的赞助下进行的。日本的政治制度仿照唐朝,建筑安京(京都)模仿唐朝长安城,也有朱雀大街、东市、西市等名称。当时颁行的“班田制”、“租庸调”、“大宝律令”都按唐制制订的。如《大宝律令》“田令”中记载:“凡给口分田者,男二段(长三十步,广十二步)”,又说“其他有宽狭者,从乡土法,易田倍给”,“受田

①[朝鲜]朴真:《朝鲜造纸史》。

②《唐会要》卷 100《大食》等传。

悉足者为宽乡，不足者为狭乡"①。不仅名称和唐制一样，条文、内容、文句几乎都和唐制相同。日本官制，中央设有神祇官和太政官，下设中务、式部、治部、民部、兵部、大藏、宫内八省，极似唐制三省六部制。

中日两国的贸易更是繁盛，两国人民不畏艰险，远涉重洋，不顾骇浪，以远航船只运送大量丝织品、铜镜、铁器、茶叶、银器、香料、瓷器及一批文史典籍等前往日本。日本商人也同样带着玛瑙、琥珀、布、铜等器物前来中国。最近在西安王府遗址就发现了日本的"和同开宝"银币及丝织、器皿等。

中日文化交流，唐时达到了高潮。著名的天台宗鉴真和尚，应日本圣武天皇的邀请，以国师之名六次东渡日本，历尽艰险，双目失明，终于在754年率领弟子到达日本，传入天台宗主要佛经。鉴真进入日本首都奈良，受到举国上下的欢迎。日本著名文学家真人元开和鉴真弟子思托，共同写下了中古光辉名篇《唐大和尚东征记》。唐朝的佛寺建筑、雕刻绘画艺术也随之传入日本，现存日本的唐招提寺，就是鉴真和他的弟子创建的，寺内至今仍收藏着他的坐像。唐时有的日本留学生在中国居住长达二三十年之久，也有因通婚入仕住中国。著名日本学者阿倍仲麻吕，长期住在中国，改名为晁衡。他汉文诗写得极好，和我国著名诗人李白、王维交谊很深，回国后，因流传他归国途中遇风漂没，李白还写了《哭晁卿衡》一诗悼念他。入唐为官的日本学者如荣山忌寸、清村宿弥、江田忌村，都改为汉名徐公卿、袁晋卿、王希逸等。中国的诗赋乐章，特别是唐诗，深为日本文人学士所喜爱，大量流入日本，广为传诵。学问僧空海等根据中国汉字草书和楷书的偏旁，创制了日本的平假名和片假名，王羲之的"真迹"《圣教序》，也由他们传入日本。此外，日本人民的生活、饮食、服饰也受到唐朝的影响。现在日本人的和服及收藏在奈良正仓院的唐代文物、乐器、丝织品、铜器、面具、生活用品，都是日中两国文化交流的珍贵纪念品。

三、唐和东南亚各国的友好关系

(一) 唐与印度

唐与印度，关系也比较密切。唐时印度称天竺，分为东、西、南、北、中五天竺。唐武德年间，中天竺著名的戒日王统一印度。高僧波顿来长安，敕往兴善寺，翻译《宝星经》等佛典，拉开中印文化交流的序幕。贞观二十二年(648)唐太宗派梁怀敬、王玄策出使天竺，中印经济、文化交流日益频繁，而后玄奘奉命西

---

①[日]仁井田升:《中国法制史研究》，第121—128页。

出，历尽艰险，讲学授经，并带回大批佛学经典，成了中印文化交流史上一大历史性佳话。印度从咸亨三年(672)至开元二十九年(741)遣使来华共19次，不少高僧带梵文经卷来广州，进入两京，大小乘经共1500余部，最著名的有《瑜伽念诵法》等，中国的《老子像》、《道德经》等就在这时传入印度。印度的火珠、郁金香、菩提树也传入中国。唐太宗还派人到天竺学习“熬糖法”，①并命扬州“上诸蔗”试制，《唐书》称：“太宗遣使(至摩伽陀国)取熬糖法，即诏扬州上诸蔗，作渖如其剂，还味愈西域远甚。”此后，中国和印度的文化交流更加密切。我国的手工艺品、文化典籍、医药、艺术不断传入印度。尤其是造纸术传入印度后，对印度文化的发展起了极大的推动作用。同时，印度的医学、天文、数学、音乐、舞蹈以及造型艺术传入中国，对唐代文化也发生了很大的影响。杜环的《经行记》载开元年间印度历数学家瞿昙罗等著《开元占经》，把印度九执历介绍到中国。如印度传入的数学中的大数、小数，就对我国古代数学的发展产生了积极作用。玄宗命一行参考瞿著印度历法，完成世界上最出色的《太衍历》。我国的云冈、敦煌和麦积山石窟壁画，是世界闻名的艺术宝库，直接受到印度的犍陀罗和笈多式艺术的影响。印度的琵琶七调传入中国后，对我国古代的音乐变革也产生了很大的促进作用，唐朝胡乐极盛，深受西域、印度、中亚各国的影响，以至朝廷在重大节庆日，演奏中西合流的大唐十部国乐，其中即有天竺乐、安国乐、康国乐、龟兹乐等。

在中印文化交流史上，我国官员、高僧起了重要作用。唐贞观二十一年，王玄策三次出使天竺，太宗“命长史王玄策往赴慰之”。期间除了讨伐阿罗那顺篡夺王位，更多则是从事经济文化来往。《唐会要》卷51记“贞观末年，婆罗门僧依其本国仙方，合长生神药，灵草秘石，历年而成，太宗疑无效”。又称“王玄策出使天竺，天竺诸国贡献方物”。唐代著名的高僧玄奘，是中印两国人民和平友好的使者，他对促进中国和印度半岛各国的文化交流，作出了卓越的贡献。629年(唐贞观三年)，玄奘从长安出发，经新疆，越帕米尔高原，取道中亚，到达印度。他遍访印度半岛上著名寺院及高僧法师，学习印度语言，钻研佛教原理。玄奘的渊博学识和对佛教的虔诚笃实，受到印度及其他国家的尊敬。他在印度讲经说法，获很高的声誉，回国时，印度戒日王为了礼敬玄奘，特开“无遮”大会七十五天，玄奘为主讲，以所著《破恶见论》为凡本，到会有印度十八国的国王及

---

①《新唐书》卷221上《摩揭陀传》，但据《政和经史证类备用本草》记载，南北朝我国已制造砂糖与蔗糖，两者有别。

各派僧侣六七千人，会议成功，玄奘获得很高荣誉。645 年，他先后跋涉五万余里的艰险行程，回到长安，带回佛经六百余部，唐太宗在朱雀大街为他召开了盛大的欢迎大会，“京城士女迎之，填城溢郭”①。玄奘回国后，专心译经，经过二十年的辛勤撰作，译出佛经一千三百多卷，这些译文就成为今天研究印度半岛古代各国文化和印度古代佛经的宝贵资料。646 年，玄奘还和他的弟子写成了《大唐西域记》一书，生动地记载了中亚、西南亚约为一百三十八个国家地区的山川、物产、风俗、政治、历史、宗教信仰等有关情况。这部书不仅是中国历史上的重要著作，也是研究古代印度半岛和中亚各国历史的重要著作。另外还有一个重要事件，671 年(唐咸亨二年)，高僧义净从海道到印度取经。义净，山东历城人，十五岁即有志去天竺求法，因传统陆道为吐蕃阻隔，决定举帆西航。他到广州后，带领数十僧侣，乘波斯舶出海，冒鲸波狂浪，宣言“上将万陵师，匹士志难移，如能恒命短，何得满长纸”。历经印尼爪哇、佛逝，最后到达印度恒河口眈摩立底国。他记录了南海诸国的地理方位、风土民情、地域物产、历史简况，商贸活动，并抄录有关各国的佛经典录，居留印度十年，求经学法，抄录大量资料，撰写了《南海寄居内法传》；与《法显传》、《大唐西域记》等都是中世纪世界文化交流史、海航史最杰出的著作，也对世界和中印文化交流作出了不朽贡献。

（二）唐与缅甸

早在一世纪初，缅甸就已和汉朝通好。唐时，缅甸称骠国，《唐书》称“传闻永昌西南三千里，往来通聘，遣子朝贡”；两国间的经济文化交往开始逐渐密切起来。其时中国输入缅甸的主要是丝绸、锦绣、铁器；缅甸输入中国的主要是白毡、棉布、玻璃制器。《唐书》称：“其王姓困没长，名摩罗惹，其国相名摩诃斯那，舆以金绳床，远适则乘象，嫔御甚众。”又说：“罗城构以砖甓，周一百六十里，相传本舍利佛城。内有居人数万家，佛寺百余区。堂宇皆错以金银、渥以丹彩。”开元间，“国王派乐工 35 人来长安，又献国乐凡二十二曲”。唐德宗贞元年间，骠国随南诏使者到唐，送来骠国乐。我国云南受缅甸文化影响很深，南诏王国太和城，当时就居住着三千余骠国人，太和城建筑有明显的缅甸佛教建筑艺术特征。由于受缅甸影响，南诏人民信仰佛教很盛。

（三）唐与斯里兰卡

唐时斯里兰卡称狮子国，《唐书》称“狮子，东西南大海中洲”。南朝宋时开始

①《唐新语》卷 13《记异条》。

朝贡，其国“山各积伽，绮宝、古佛游处”，因人民以善驯养狮子而得名。高宗咸亨年间，狮子国遣使来唐，并使其国船舶来广州停泊，经营金钿、珠宝、药石，“并献方物”。《唐语林》卷8“每岁至广州安邑。狮子国船最大，梯上下数丈，皆积百货”。天宝年间，再遣使送来火珠、钿金宝璎、象牙等贵重物品。锡兰既是船舶业发达又是南海海航要港集聚南海各国盛产犀角、乳香、珍珠、宝石、玻璃、苏木、丁香经此交易，输入国内。我国丝绸、瓷器、茶叶、铜镜四大宗货也经此港输至世界各地。唐人李肇的《唐国史补》说开元年间，广州停泊的外国船，以“狮子国为最大、最多”，且每年内运的货物至广州后，再北上，可以想见它当时和唐的贸易关系之活跃。据孙光圻《中国航海史》记载：大唐高僧明远、窥冲、大乘灯、僧哲、智弘、慧日等都先到骠国，后抵狮子国城授法传佛。爱州人大乘灯，随父母泛海罗钵底国，开始出家为僧。后回长安从玄奘学经，继而附舶西航卒于俱尸城涅槃寺。他们在狮子国多年，南海重要中转枢纽港口，狮子国航船、航海举世盛名，常返还广州，故大唐和南海诸国，因广州、狮子国海航联成一线，经济文化交流更加频繁。

(四) 唐与印度尼西亚

唐时印尼的苏门答腊称室利佛逝，爪哇称诃陵，婆罗洲称婆利。《唐书》称其国：“过军徒弄山二千里，地东西千里，南北四千里而远，有城十四，以二国分总。”其王号曷蜜多，国多男子，地位高于女子。《册府元龟》卷970说：“贞观十八年，摩罗游国(即苏门答腊)遣使贡方物。”高宗咸亨至玄宗天宝年间，他们屡派使者来唐，唐朝曾封其使者为“折冲都尉”，封其王称“宾义王”，授为“左右卫大将军”，赠以紫袍、金钿带。唐咸亨三年(672)义净出南海远航到印尼，“未隔二旬，果至佛逝”，他在佛逝巨港，得到佛逝国王帮助，托商船(波斯)带回梵文三藏经约50余万颂。义净称佛逝：“王家及富余者，并授铜槃、铜碗以及叶器，大如席许，肴馔饮食，数盈百味……斋供更成殷实。”义净在佛逝进行佛学交流外，还采用中医药物，针灸疗法，医治疾病，并传授给当地人民。《唐书·南蛮传》云：“现居其国，所到之处，莫不大生礼敬……云是支那(中国)天子所居处来也。”可见当时有许多中国人生活在印尼。其中，学者和僧侣还在印尼抄录经卷，为其撰写《南海寄居内法传》收集资料。后至裸儿角“争乘小艇有盈百数，皆将椰子，芭蕉及藤竹器来互市”。当时印尼物资和南洋一带的古贝、象牙、白檀、鹦鹉、玳瑁、生犀、香料、珍珠等输入中国内地。唐朝的丝绸、锦绢、瓷器、铁器和其他工艺品、文化典籍，也输入印尼和南洋各地，最近在印尼打捞沉船所得的铁器、银器、瓷器，其中出土的唐白瓷凤首执壶，做工极为精致，堪为罕世精品。

此外，唐与林邑（越南中部）、真腊、高棉（即今柬埔寨）等国也都有经常的经济和文化往来，和印尼相近略而不述。

四、唐和中亚、西亚、北非各国的经济文化交流

唐朝平定突厥之后，我国与中西亚、北非的交通畅通无阻，使者沿着历史上有名的“丝绸之路”，可直达西亚及地中海东南沿岸诸国。也可从海道出广州，越马来半岛，经锡兰入波斯湾，然后沿阿拉伯海至北非和欧洲。当时和唐朝关系比较密切的主要有下列一些国家。

（一）唐与波斯

波斯是中世纪中西亚、北非大国，在历史上和中国关系渊源流长。汉时，称安息，有名的“丝绸之路”，主要是中国和波斯两国人民开辟的，对中西交通和世界文明的发展作出了极大的贡献。《唐书·波斯》称其为“大月氏别裔，王因以姓，又为国号，治二城，有大城十余，人数十万”。唐贞观年间，波斯萨珊王朝遣使者没似半来唐。661 年，波斯卑路斯因受大食侵扰，特派使者来唐求援。后来，卑路斯王子泥涅斯来到唐朝避难，唐高宗封他为右武卫将军。678 年，唐高宗派吏部侍郎裴行俭专程护送王子泥涅斯回国，一直送到安西碎叶镇，因受大食势力所阻，客居在吐火罗（今阿富汗）二十多年，后来又回到唐朝，后卑路斯王子客死在长安，受封左威卫大将军。波斯复国后，唐和波斯的来往不断扩大和发展。

波斯和唐朝的经济贸易一直比较兴盛，波斯湾重要港口伊斯法罕，是“丝绸之路”的水路转运站；也有很多波斯商人，排除万难，从陆路丝绸之路，来长安、洛阳、扬州、广州等城市做生意，开“胡店”。有的安家立业，数世不归；有的入仕为官，成为汉化波斯人。开元年间杜环因西征失利，随军去波斯、大食。杜环《经行记》云：“绫绢机杼、金银匠、画匠、汉匠作画者京兆人樊淑、刘比；织络者河东人乐环，吕礼。”说明中国有一批工匠，落户于波斯。玄奘在《大唐西域记》说：“波斯有大锦”，即中国和西域丝织在波斯境内相互交流中出现的波斯著名“大锦”。大马士革出现造纸坊厂，说明我国四大发明造纸术，是通过波斯建造的造纸坊厂，传入欧洲。中国的瓷器、丝绸、漆器、铜器等四大宗手工艺品，通过波斯商人不断输往北非、欧洲，开拓出中西丝绸之路的远程航道。波斯伊利汗国丞相拉施德主编《伊利汗的中国科学宝藏》，称唐孙思邈《千金方》已译成波斯文、阿拉伯文。中国的炼丹术也由波斯人传入欧洲，东罗马称中国炼丹的硝为“中国雪”。波斯土生土长的菠菜、浑提葱、酢菜，由波斯经尼泊尔传入国内。此外，流行于波斯、石国、康国的袄教已传入中国，景教、摩尼教在安史之乱前后，也传入中国。

（二）唐与阿富汗

唐时阿富汗称吐火罗，和唐文化、经济交往相当频繁，它和大食、罽宾、疏勒、沙兰、碎叶、拔那汗国都有历史往来，是中亚“丝绸之路”南路必经之地。《唐书》称“吐火罗、葱岭西、乌浒河之南，古大夏地。胜兵十万，土著，少女多男”。《唐书》还说“城北颇黎山，有神马，国人每收马琪侧，产句驹汗血马”，称名中外。其国文字，风情民物“与西域于阗略同”。又云“西域诸胡事火袄者，俗事天地水火诸神，皆诸波斯受法”，尤因宗教相互交流，其与中国、波斯的交往自唐以来达到极盛。武德、贞观年间，吐火罗与唐通使，高宗时，还送来鸵鸟“高七尺，其色元，鼓翘而行，日三百里”，“玛瑙镫树高三尺”。高宗命王名远出使吐火罗，“以所理阿缓大城为都督府”，并封其王为月氏都督。开元间，两国关系更加密切，吐火罗又送来“名马驹、异药、乾陀婆罗二百余品”，还有红玻璃、碧玻璃、生玛瑙、金精及质汁等异物。阿富汗具有中亚文化特色，杂技、医术、驯兽颇有声名，“开元七年，叶护支汗那帝赊上表，并献解支之人暮阐”，其技术十分神奇，玄宗“请加试验”。① 此后，两国文化来往一直很频繁。

（三）唐与大食

大食亦称哈里发帝国，或伊斯兰教帝国。七世纪初，大食统一阿拉伯半岛之后，国力极盛，东灭波斯，西有北非，并屡次打败东罗马帝国。651 年，大食通使来唐，《唐会要》称：

> 大食，其王姓大食氏，割据波斯西境，自立为王。文字旁行，日五拜天神，不饮酒举乐，有礼堂，七日王高坐为下说法：死敌者生上天，杀敌致福，故俗勇于战斗。②

伊斯兰教创始人穆罕默德用《古兰经》鼓励他的民众和门徒说：“为了追求知识，虽远在中国，也应该去。”伊斯兰教也传入中国。高宗时大食是中、西亚的大国，遣使来唐达 37 次之多，长安、洛阳、扬州、广州、泉州都有大量大食商人，在我国西安、广州等地的唐墓中还出土了倭马亚王朝的阿剌伯金币。开元初年，国力强大，又遣使送来良马宝钿带等物，玄宗封其使者为果毅都尉，并赠以

①《唐会要》卷 99《吐火罗国》。

②《通典》卷 193《大食》。

绯袍、银带。后来,大食和唐朝因争夺中亚石国的控制权,发生怛逻斯战役,唐军高仙芝失败,除了一部分官兵被俘,随行的绫绢匠、金银匠、纸匠、铁匠等也落入大食军中。中国的造纸、丝织等技术因这些工匠传授,由之西传,在当时的撒马尔罕就有学习中国造纸技术而建立的造纸作坊,再传至西亚大马士革,再西传非洲、欧洲,对西方文明贡献很大。安史之乱时,唐曾借助部分大食兵力,收复长安、洛阳。大历、贞元年间,两国又互通信使,关系日趋友好。

阿剌伯人苏来曼《印度・中国游记》称中国船只已运货物至波斯湾的西拉甫口,然后经红海,远至埃及。唐朝和大食之间经济往来相当频繁,尤其是大食所辖的阿拉伯一带商人,来中国经商的人数极多。他们居住在广州、泉州、扬州、交州等城市,把珠宝、药材、香料、火油、豌豆、丁香、石榴、胡桃、胡麻以及其他果品传入中国。中国的丝绸、铜器、银器、瓷器等传统手工艺品也通过他们远销阿拉伯和欧洲各国。此外,中国药学、医学传入大食,也传入了阿拉伯各国,对阿拉伯医学发展起了很大影响。

(四) 唐与东罗马

汉时称罗马帝国为大秦,唐时称拂菻/大秦和大唐文化交往,日益频繁,贞观九年"大秦景教僧阿罗本来长安",开始建景教寺院,并研究中国的佛学,首开唐和大秦的友好往来。贞观十七年拂菻王波多力遣使来唐,带来赤玻璃、石绿、金精等物,唐太宗则"赐以绫绮"等物①,其后来唐共七次。《太平御览》卷808称:"大秦国有五色频黎玻璃……赤、白、黑、绿、黄、青、绀、缥、红、紫等十种,红色最贵。"罗马皇帝、贵族非常爱用中国丝织品,"数以安息诸胡,交市于海中"②。开元七年大秦大德僧带一批僧侣,并随同阿拉伯伊斯兰、祆教徒共同来唐,唐设萨宝府,专门管理其宗教事务。杜环《经行记》说:"大秦善医眼及痢",其中说到珊瑚、海西布、虎魄,都系特产,通过其使节,由商人带进国内各地。唐和东罗马贸易颇盛,在今我国的陕西、河南、山东以至宁夏都发现罗马金币。宁夏固原曾发现东罗马金币,随葬之墓主人为史道洛妻康氏,年代为宪庆三年(658)。其墓历史上经多次野蛮盗掘之后,仍发现许多文物珍品,其中罗马金币约有一角人民币硬币大小。墓门两侧一对镇墓武士和善俑,为国内同期墓中之陶俑精品。③ 另外值得一提的是罗马人吞刀吐火的杂戏和治痢疾、眼病的医术,传入中国,坊间市民奉为杂技艺术精

①《唐会要》卷99《拂菻国》。

②《通典》卷193《边防典》《大秦》。

③《宁夏固原发现东罗马金币》,《光明日报》1996年4月8日。

品。此外，据《新唐书·拂菻传》记载，中国特产丝绸、皮革、精铁、鞋帽、瓷器、肉桂、生姜、刀剑、金银器等，大量传入东罗马，盛称罗马人“喜穿丝绸”，瓷器为“支那”，由此得名。东罗马则以金、银、夜光璧、大贝、玛瑙、玻璃、孔翠、珊瑚等珍奇物产输入国内。故史家称中国和罗马中西之路为精品陶瓷、丝绸之路。《唐书》记载，唐时东罗马帝国西南有磨邻国、老勃萨国，那一带的人民“黑而性悍”，其地“度碛二千里”①，指的大概是今天撒哈拉大沙漠周围的非洲黑人。最近在北非和非洲东岸，考古发现了不少唐朝瓷器、银器、铜镜，由此推断，唐和非洲民族是通过大秦国而互相交流来往的。

总之，唐和中亚、北非，以及远至欧洲等许多国家有着广泛、密切的经济，文化联系，有着十分浓厚的情谊，尤其是各国使者、学者、僧徒和商人的友好来往，在世界文明史上占有重要的地位，也是唐朝中国人民对世界经济，文化发展作出的伟大贡献。

---

①《新唐书》卷221下《拂菻传》。

唐风文化的官吏公务人员节假休假与请假制度

我国古代，周、秦开始即有官吏公务人员节假、沐浴、休假，以及婚丧冠礼之制度，这是关系国家政务运行的一个重要政策和措置，也是封建王朝对文武官员的一项基本的福利待遇和管理制度。这些制度制定、贯彻、执行的好坏，对治国成败、吏治清浊有着十分重要的作用和影响，所以，封建王朝高度重视，遣派重臣学者，制礼作乐，并对这些制度和相应法令、措施，不断厘正、完善。早在商周，王令左巫右史，粗定明文，到汉代逐渐完善，基本形成。隋唐时期，我国南北第二次大融合，大统一，唐初修订五礼至贞观制定《贞观律》，形成由开元假宁令、式、格等汇集构成的《大唐开元礼》等制度条目，对官员有重要的政策优待、也有礼律约束，并关注民生，排除一些封建迷信，又吸收民间优秀的民俗精华和传统，无论内容和形式都有了新的提高和发展，达到了较为成熟的阶段。当时节假、休假等制度大致可以分为两类，一是固定的节假日，具有普遍性特征的，如休沐制度、节假日等；一是特殊情况下的请假，包括赐告、予告、丁告、告宁、谒告、事故告等。可见，休假等制度程式，来源已久，只是到了唐代内容比较全面，具体入微，规定生动，富有韵采，既有思想性、科学性、民俗性，又有人情味，形成了完善体系，影响深远，以至成为我国今天休假制度的原型。弄清古代节假制度的变迁过程，不仅有利于了解大唐王朝的国家行政法律制度一些民主性、民生性、科学性，而且还是展示大唐繁荣昌盛的一大突出的窗口，有助于进一步了解中华民族相沿成习的礼仪习俗和社会生活，并推进社会进步和历史文明发展。

一、汉唐时期的节假制度

（一）唐以前的节假制度

古代节假日制度的渊源很早，可以追溯到原始社会的节令日和时令日的庆贺活动。节假日制度的发生与节日的形成，以及最初人类如何适应，和合天、地、人之间原始意想，有着密切的关系。早在传说时期的黄帝、神农、尧、禹，到了商周时代，人们每年要举行春秋两次的祭神活动，向上天诸神祈求赐福、良好年成，并举行庆贺丰收的活动。每当祭神日的到来，人民尽出，参与祭事。商、周作为官府衙署的政府官员，左巫右史，是尊秉王命的主要祭司，其他大小官吏、公务人员，也不办理公务，定期参与，并随之休假。《国语·周语》详细地记载了周天子春籍时的典礼和斋日："先（耕）时五日，瞽告有协（暖）风至，王即斋宫，百官御事，各即其斋三日。"这是见于先秦最初最原始节假、休假，节日。节假的形成和完善与民间的风俗习惯有很大的关系，从早期的带有浓厚的原始祭祀仪式，到后来定期的节日的形成，经过一个相当长的发展过程。秦汉是中国节日风俗的开始定型时期，到唐朝全面完善，对一些重要的节日如元日、腊日、夏至、冬至、伏日等节日的休假都有了明确的而比较科学规定。

秦汉休假制度，见之于法令典籍，来源于先秦的定期沐浴，《礼记》记载："五日则燂汤请浴，三日具沐。""燂"即"火热，加热"的意思，也就是说先秦时期官员享有每三、五日有烧水沐浴的习惯。汉代例行公休假日，休沐制度。汉《法律》定"吏五日得一下沐。言休息以选沐也"。《汉书·郑当传》："孝景时为太子舍人，每五日洗沐。"说明汉时官员每五天可以回家沐浴休息。①

汉代有至日（包括冬至、夏至）休假。《后汉书·礼仪志》曰"冬至前后，君子安身静体，百官绝事不听政，择吉辰而后省事"，"日夏至礼亦如之"。② 也就是说，冬、夏至前后是适合安身静体的好时节，因此官员可以不用办公，在家休息，说明朝廷对官吏的待遇和照顾，以及对于科学的休养生息的重视。《汉书·薛宣传》曰："及日至休吏，贼曹掾张扶独不肯休，坐曹治事。宣出教曰：盖礼贵和人，道尚通，日至吏以令休，繇来久，曹虽有公职事，家亦望私恩。"③说明在至日不休息，得不到时人的称赞，反而会遭到责备。《易》称："象曰：'雷在地中复，先王至日闭关，商旅不行，后不省方。"注曰："方事也，冬至阴之复也，夏至阳之复也，故为复则至于寂然大静，先王则天地而行者也，动复则静，行复则止，事复则无事也。"④蔡邕《独断》曰："腊者，岁终大祭，纵吏民宴饮，非迎气故，但送不

①《西汉会要》，《礼记正义》，中华书局 1985 年版。

②《后汉书·礼仪志》。

③《汉书》卷 83《薛宣传》。

④《汉书》卷 83《薛宣传》。

迎。正月岁首亦如腊仪。”①同时,“汉和帝元年六月已酉初,令伏闭尽日”。注《汉官旧仪》曰:“伏日鬼行,故尽日闭,不干它事。”②伏日是由于鬼行的日子,不宜做事,而表达的忌讳心理,反映了古人对天气异常酷烈时,担心得病,而妄称惧怕鬼神,所以应待在家里。这也说明正月岁首、腊日和冬、夏至日一样,有固定的休假,与早期原始人类,对天地发生异常变化而产生祭祀心理一样,都有一定的科学道理。

另外,特殊日子在秦汉时期开始有休假的具体规定。这是我国节假的雏形,为后来明确的节假,提供的最初法律格式。如每年三月的每一个巳日,《后汉书·礼仪志》:“是月(三月)上巳,官民皆结于东流之上,曰洗濯祓除,去宿诟病,为大洁。”祓禊有祭祀的仪式。可见秦汉之际,三月上巳出游沐浴祭祀的活动非常普遍,具有春季节假的雏形。所以《周礼·春祭·女巫》曰:“女巫掌岁时祓除衅浴。”郑玄注曰:“岁时祓除,如今以上如水上之类,衅浴谓以香薰草药沐浴。以祓除疾病。”③这也许可上溯到女系氏族社会留下的痕迹。魏晋以后则明确以三月三为上巳节,《晋书·礼志》:“自魏但用三日,不上巳也。”到了唐代,三月三成了固定的最重要的春祭节假日。

(二)唐代的节假制度

在我国传统文化当中,传统节日诞生甚早而历久弥新,传说时期的黄帝、神农就有祭天、祭祖、祭神(鬼)的原始祭祀典式,意蕴珍藏一个民族的历史存在和心理性格的特色,深深影响人们的世俗、民俗生活,所以历代统治阶级的中央政府都高度重视,并为之制定节假、节日制度。秦汉开始,到唐代,节假制度达到成熟阶段,全面、生动、丰富、多彩,展现了大唐政治稳定,经济发展,城市繁荣,以及人民生活得到重大改善。节假制度以礼仪为原则,措施具体,名目繁多,时假时间较长,有科学内涵,不少方面,突出君臣吏员与人民同乐,呈现出太平时代的特色,可为我国文化史上一盛大节目。

其一,旬休制度。唐朝尤重礼仪,《贞观礼》规定:

“凡岁之常祀二十有二,冬至、孟夏、季秋、蜡神、春分、秋分、夏至、孟冬、仲春、立春、立夏、季夏、立秋、立冬、孟春……祭祀之节有六:一

①蔡邕:《独断》,景印《文渊阁四库全书·子部》。

②《周礼注疏》卷260《春宫·女巫》。

③《周礼注疏》卷260《春宫·女巫》。

曰卜日，二曰斋戒，三曰陈设，四曰省牲器，五曰奠玉帛，六曰进熟、馈食。”

其制度的主要目的是敬神治民，礼仪天下，庆贺丰收，国泰民安。

旬休是官员例行的休假。所谓“一月三旬，遇旬则下直而休沐”。高宗“永徽三年二月十一日，上以天下无虞，百司务简，每至旬假，许不视事，以与百僚休沐。”①这是皇帝和官员同休同乐。开元中《许百官旬节休假不入朝诏》有具体严格规定，外官也可同休同乐：“朝廷无事，天下太平，自中及外，自今已后，百司每至旬节休假，中书门下及百官并不须入朝，外官等其日亦不须衙集。”②开元二十五年玄宗令内外官的九月派生授衣假，并可以回原籍授衣，探亲：“内外官五月给由假，九月给授衣假，分为二番，各十五日”，官员可回乡和亲朋戚友团聚，休假同乐。玄宗提倡孝道，天宝四年下令官民有孝假：“顷以乡闾侍丁、良用恤然，自今以后，优给孝假不须善行。”后来还借神佛降生，下令孝假“二月十五日降生，同四月佛生之时，休假一日”。这些休假，明显有皇帝、百官，希望“与民同乐”的目的和色彩。

其二，节假日制度的名目。唐时常规的节假时间大大增多。《唐六典》卷二记开元假宁令规定：“元正、冬至，各给假七日；寒食假清明四日；八月十五日、夏至及腊各三日。正月七日、十五日，晦日，春秋二社，二月八日，三月三日，四月八日，五月五日，三伏日，七月七日、十五日，九月九日，十月一日，立春，春分，立秋，秋分，立夏，立冬，每旬并休假一日。”这些是民间重视并可参与的庆贺节日：如元日、冬至、上元、寒食、七夕、中秋、重阳及春秋二社等重要的节气日，中央和地方都须放假，但时日多少，各不相同。节日在不同历史时期，因政治、经济的形势，或因皇帝喜乐，亦不相同，唐玄宗时假日增加，他的生日，儒佛道教主诞辰，也是重大节日，次数越增越多。每逢节假，两京官民，皆召开盛宴，或携带家眷，倾城出游，车马不绝于途。其中，“元正，岁之始；冬至，阳之夏，寒食三节”，后给假多至七日。而元正之节，又包括除夕在内，多达十日；且除旧迎新仪典格外隆重，热闹而丰彩。届时在中央：皇帝临朝，百官盛装，按品级排列陛前朝贺，各地刺史，节镇派遣使臣，携带土贡特产，而上京应试举士，都在殿廷之下；蛮夷君长，不辞万里，向大唐皇帝进献珍异贡品，“百蛮奉遐赆，万国朝未央”。

①《资治通鉴》卷244，大和五年胡三省注。

②《资治通鉴》卷244，大和五年胡三省注。

最隆重盛大庆典如玄宗上泰山封禅之仪式,国之大典,非同寻常,上自皇帝、下及百官公卿、地方长官;还有国外、各族王侯使节,都上泰山,公祭规模之大,为"史之罕见"。再如每年三月三日上巳节,唐朝皇帝都要在长安曲江园林大宴群臣,称为曲江游宴,也与民同乐,以开元、天宝年间最热闹,最繁华。杜甫《丽人行》诗云:

> 三月三日气象新,长安水边多丽人。紫驼之峰出翠釜,水晶之盘行素鳞。犀箸厌饫久未下,弯刀镂切空纷纶。黄门飞鞍不动尘,御厨络绎送八珍。

白居易有诗云"共知欲先流年急,且喜新正假日频"。[①] 唐时春闱进士发榜,为"跳龙门",也要在曲江宴集,为重要节庆之日,其时"公卿家倾城纵观",新进士竞相吟诗,《太平广记》卷178《放榜》条,记贞观初放榜,"太宗私幸端门见进士于榜下缀行,喜谓侍臣曰:天下英雄入吾彀矣……对座于时,公卿来看,饮酒数巡,便起赴期集院,三日后又曲学射"。其间游宴活动,一连十余日而不散,这是皇帝、官员、进士、百姓带有文治色彩的君民同乐。唐玄宗把他生日八月五日称为千秋节,每年这天,大宴百官于兴庆宫花萼相辉楼,并下令全国各州县官民饮酒同乐,休假三天。当然,地方、官吏、百姓还要相应进献食物、彩礼表示祝寿,据《绮觉寮杂记》称"唐人生辰多俱汤饼,世所谓长寿饼,长寿面者也",民间长寿面等即来自唐玄宗的千秋节。唐朝每年立春要举行隆重开春生产仪典;这是唐朝对农业生产的高度重视,一面昭示开春官民要重视辛勤耕织,一面官民放假,并以吃"春盘"为迎新之意,今日春天吃春卷,即由此而来。杜甫有"春月春盘细生菜"。八月十五日中秋节吃月饼,九月九日饮菊花酒,还有以春命名的名酒,如乌程箬下酒,剑南烧春酒,山西杏花春酒等,也是唐人在重要节日,庆贺丰收,君臣民同乐,产生和开创的民俗风情。

玄宗时期重视孝道,清明寒食扫墓,祭祀先祖,开元二十年五月癸卯下令"寒食上墓,宜编入五礼,永为恒式",从此"寒食扫墓,著在令文"。[②] 大历十三年规定:自今以后,寒食通清明休假五日;德宗贞元三年六月丙午加寒食假宁七日。寒食节日也提倡官民同祭,有一特别的饮食特色,即吃雕刻各种花色图案的鸡蛋,有时还举行斗鸡斗艺的娱乐,比试竞争,以为乐事,成为唐代又一个

①《全唐诗》卷443《岁假命酒赠周判官萧协律》。

②《唐会要》卷23《寒食拜扫》。

崇宗祭祖的大节日。

总之，唐时节假日，官员必须参加朝廷或官衙举办的国事活动及庆典，如京城元日、冬至、元宵、中秋的大朝会称“大陈设”，君、臣、民、男女老幼，都参与庆祝，也因此使唐朝城市更加繁荣。当时长安、洛阳、扬州、杭州、益州、南京、苏州等，都是数十、数百万人口城市，酒楼、餐馆、宾馆星罗棋布，铺陈豪华，非常热闹。清顾禄《桐桥倚棹录》记唐朝南京、扬州、苏州夜市船宴极盛，其文称扬州，“三十里长街市井连，夜市千灯照碧云”，“天下三分明月夜，无奈二分在扬州”，史称“扬州”富甲天下，夜里如同“白昼”；其记苏州“宴游之风，开创于吴，至唐兴盛。郡人宴会与请客之在吴贸易者，即碛沙飞船会领于河道上”，“酒若肴馔、任客所指，行令猜拳，直夜而止”。所以杜佑《通典》称唐时天下：“东至宋汴，西至岐州，北至太原，南及荆襄……夹路列店肆待客，酒馔丰溢，以供商旅。”

其次，唐时还出现、增添了一系列新的特殊的节日，并明文规定，专职奉行。如皇帝的降诞日，还设立了专门的节日法令，休假一或三日不等。玄宗开元十七年八月五日，“左丞相源乾曜，右丞相张说率文武百官等上表，请以是日为千秋节，著之甲令，布于天下，咸令宴乐，休假三日。”并下令“上尉供帐，太常奏集，光禄造食”，以官帑开支为游宴费用，并特设“检校寻胜使”，督促各地经办。①（代宗）宝应元年四月即位，十月，宰臣等上言：“今月十三日皇帝降诞日，望准天长节休假三日，帝以山陵未毕，不许。宰臣又上言休假一日，从之。”其后唐朝皇帝的降诞日，都有休假，倡导中央和地方，官与民共庆同乐的。

唐朝是我国各民族进一步大交流、大融合的时期，各民族思想、信奉，相互激励，相互交流，融入各民族的民俗风情，中华文化的礼仪祀典进入新的开拓和繁荣时期。尤以唐为儒、释、道三教合一，成为中华大一统思想文化的核心，在节日的制度上也融入儒释道和各族不同的特色，带有了浓烈的大中华色彩。儒道释三教的教主诞辰，教坛重要节令等宗教节日，逐步成为当时必不可少的节日之一。儒教不必说了，如祭孔大节，全国庆奠，节日尤多；再如二月八日与四月八日作为佛诞日的休假，正式被纳入开元假宁令。还有七月十五日为中元节，称为鬼节，道家、佛家的共有色彩，此为梁武帝创立的“兰盂盆会”的节日有

①《唐会要》卷24《受朝贺》。

关，唐也以明文确定下来，可见道教佛教的影响。此外，如吐蕃、回纥、南诏，以及西域、南亚、印度、中亚各族的节庆，也渗入唐朝节日。孙思邈《千金方》称："七月十五日营盆供寺为盂兰会，各大寺庙、梵声道音，绕梁不绝。又广设盂兰盆招引四方僧侣……施舍多少不一。"道教的"三元节"，也是当时重要节日，李唐王朝姓"李"，作为盛大节日，唐玄宗把这个节日以制度确立下来了，俗称"三元大节"。我们从这些节假中，看出大唐经济发展、政治稳定、文化繁荣，其节假日子，不仅君臣共庆，百姓同乐，也充分展示出大唐多民族、多宗教、多地域的璀璨文化，以及多彩多姿而生动丰富、古朴清新、百花齐放的民俗文化、戏文文化、饮食文化，辉映出中华文化的传承和光芒。"唐风"文化是当时世界上最进步的文化，唐诗、唐曲、唐文以至唐菜、唐点、唐装、唐酒等都流传下去，成为世界性的"历史文化"，迄今仍在世界享有极高声誉。

唐时除了上述节假外，还有重提一笔的是特殊的田假和授衣假，说明唐时对官吏百姓生活关心和农事的高度重视。

《太平御览》卷六三四所引唐代假宁令称："诸内外官，五月给田假，九月给受(授)衣假，为两番，各十五日。田假若风土异宜，种收不等，通随(便)给之。"[①]《唐六典》也提到了田假和授衣假：李峤《田假限疾不获还庄，载想田园，兼思亲友，率成短韵，用写长怀赠杜幽素》中有："迹驰东苑路，望阻北岩扉。及此承休告，聊将狎遁肥。"说明田假的制定，是朝廷关心官吏与农事相关。新添的中和节、蜡神节等，各地都要进农书，献新谷、上春股、进春盘、互赠刀尺等物，表示对农业生产的准备、祈望。

授衣假源自《诗经・豳风》"九月授衣"。授衣假与春季的田假相对，是在金秋与重阳时，朝廷对官员的生活关心和体贴。唐代官吏可以利用九月授衣假归家省亲，其安排也与农事收获相关。以授衣为名，在办理冬衣之际，处理各种私事："授衣还乡里……澣濯遂其私。"此外，也表示朝廷对官员的眷顾："且诗著授衣，今存休澣，在于臣子，犹及恩私。"田假和授衣假对于国子学和州县学生，犹如今天的寒暑假一样，可以离开学堂回家探亲，可以休息，可以筹资回校，"二百里外还给程日"。

总之，节假制度从周秦、两汉至唐，经过漫长的发展，以唐代开元假宁令为标志，逐渐完备。其特点一是名目增多，涉及面广，减少迷信活动，科学性

①《太平御览》卷634"治道部十五"《急假》。

增强，群众娱乐活动增加。二是展示封建王朝对官吏的优裕待遇和特加权利，实为稳定政权，安定社会，是朝廷对官吏、一般平民百姓的关心，是一项重要机制和措施。三是和秦、汉相比，明显的是唐朝休假时间长，仅节假即近五十余日，约占全年日数的八分之一，再加上旬休、田假、授衣、儒道释三教特定节日等，即达百一十余日，几近全年三分之一左右。四是内容丰富生动，比较科学，涉及节日假、旬假等天时节庆、农事特点而常规例行的休假，节假，也顾及到全年的农事、中华民族的各地民情风俗，尤以春分、立春、立冬以及田假、授衣等冬假、春假、秋假等，充分体现了休假制度制订者所显示的思想性、科学性、人文性，体现了对人性关怀，对于社会的稳定和行政机构的有效运转，都有着积极的意义。

二、唐时的名目繁多的请假制度及其利弊

其一，唐朝的请假制度。见于最早史籍，我国秦时官员公务人员已存在请假的制度，主要有个人事故假、因功休假或因病休假。《资治通鉴》卷六秦始皇九年："赵人李园……求为春申君舍人，已而谒归，故失期而还。"注曰："谓谒告而归。"《史记》曰："李斯长男由为三川守，告归咸阳，斯置酒于家，百官皆前为寿。"此外《列女传》亦有"陶大夫答子归休"记载。汉律中因功因病休假的称为"告"，"告"又分"予告"、"赐告"。《西汉会要》称"告归"曰：

> 高祖尝告归之田。李斐注曰："休谒之名，吉曰告，凶曰宁。"孟康曰："古者名吏休假曰告。汉律，吏二千石有予告，有赐告。予告者，在官有功最，法所当得也。赐告者，病满三月当免，天子优赐，复其告，使得带绶印将官属归家治病。至成帝时，郡国二千石赐告不得归家。至和帝时，予赐皆绝。"师古曰："告者，请谒之言，谓请休耳，或谓之谢，谢亦告也。"

此外还有告宁制度，汉代父母殁，官吏有丧假，称之为"告宁"。汉律规定时间，前后有所不同，汉初规定了36天，汉末守孝达到了三年之久。《汉书·翟方进传》载方进为丞相时，"及后母终，既葬三十六日，除服其视事，以为身备汉相，不敢逾国家之制"。颜师古曰："汉制自文帝遗诏后，国家遵以为常，大功十五日，小功十四日，缌麻七日。方进自以大臣，故云不收逾制。"①汉末发生了变

①《汉书·翟方进传》注引师古曰。

化,《汉书·哀帝纪》记,哀帝即位,始令“博士弟子父母丧服,告宁三年”,颜师古对此曰:“告宁谓处家持丧服。”告宁时间大幅增长,可能有两个原因,一者汉代讲孝道,“治国以孝”;还有就是民间风俗影响,父母丧“为大孝”,必须“处家持丧服”。唐以制度,法令把告宁制度基本上继承,执行下来。

唐朝还有一种有关官吏升降、沉浮,以至于罪罚等有关制度,如减为流放的长期休假、请假制度。这种制度,早在汉代就有,称被动休假,多数是作为一种惩罚而使之离职的,为顾全被惩罚者的名声而曰在家“长休”。《汉书·丙吉传》:“吉为丞相,掾史有罪,不称职,遮予长休告。”师古曰:“给长休假,令其去职也。”《太平御览》卷二六引《东观记》:“魏霸为钜鹿太守……掾史有过,辄私责。数不改,休罢之,终不暴扬其恶。”可见,所谓长休、长假、长告,一种是“给长休假,令其去职”,也就是变相免职。另一种却有不忍加刑,而为优待的处置,唐时著名文人,如郑虔、李白、王维等都有此经历。《唐书·李白传》称“安禄山,白转侧宿松、匡庐间,永王璘辟为府僚佐。王璘败,当诛。郭子仪,请解官以赎”,即长期休假:后降令长流夜郎。后来,李白因赦而回,为“宋若思将吴兵三千赴浔阳”,“释之辟为参谋”,其后,“未几辞职,会李阳冰为当涂令,白依之”。又如郑虔、张通、王维囚于京宣阳里;“三人皆善画,崔圆使绘斋壁画……即极思祈解,虔贬于台州司户参军事,维止下迁”。再如名播天下的萧颖士,开元举进士“对策第一”。玄宗时安禄山宠姿,颖士语柳弁曰“乱不久矣”,于时“托疾请假”游太室山,长期休官,后安禄山死,节度使源洧“辟掌为书记”,后为扬州功曹参军。

值得注意的是,中央地方吏治腐败期间,官吏用钱买假期,甚至放长假的,早在汉初,《西汉会要》载:“郎官故事,令郎出钱市财用,给文书,乃得出,名曰‘山郎’。张宴曰:‘山,财用之所出,故取名焉,’移病尽一日,辄偿一沐,或至岁余不得沐。其豪富郎,日出游戏,或行钱得善部。”又“杨(恽)为中郎将,罢山郎,移长度大司农,以给财用,其疾病休谒洗沐,皆以法令从事”。魏晋南北朝时,“(齐明帝建武)二年五月,寝庙成,诏役身遣假一年,非役者蠲租同假限”。唐天宝年间,玄宗迷于声色,实际上皇帝已放长假,“春宵苦短日高起,君王从此不早朝”,玄宗和贵妃,奢华淫靡,恣行燕宴。尤其御驾华清寺,百官嫔妃随从,皇亲国戚如从者甚众,在霓裳羽衣曲中度过长假。杨国忠是宰相,是中枢主角,“潜拟宫掖,甲第洞天”,操纵内外政事,每至节庆,东马仆从,照耀京邑,百官从僚也放长假,“共会于国忠宅,炳炳照烛,观者如堵”。杨国忠买卖官爵是历史上颇有名气的，自己身兼四十余使，什么尚书、仕郎、少监、刺史，都可用财买到。天宝年间，吏治败坏，大小官吏，荒于声色，衙门变成游艺场所，玩乐燕饮，无所而不及。贪官污吏也是放长假，从两京长安、洛阳到江南、西北，天宝吏治，焉能不败。安史之乱后，藩镇割据，宦官专权时期，地方官吏自定节日假期，崔圆在益州，自定暮春上巳节“与宾客将校数十百人，皆着乾红紫绣袜子，舟楫游于江……是日风包括和，波流静谧……楼船百余艘塞江自至，绮罗妓女凡百许”，还“持兵戒严，良久而过”，百姓观赏数日不止。①

历代还有定制的急假制度早在晋时，“晋令一月五给(急)”，八王之乱后，吏治腐败，一月五给逐渐变成“有急假一月五急，一年之中六十日为限”，一年可以请六十日的假期以处理紧急事务。其后越来越多，《宋书·王韶之传》载：“伏寻旧制，群臣家有情事，听并六十日。太元中改制，年赐假百日。又居千里外，听并来年限，合为二百日。”说明在太元以后，急假的日期已有二百日之多。

唐朝亦有急假，初唐有名文定式，比较严格：婚丧嫁娶，官员调守；父母骤亡，优给孝假，以至远贬穷乡僻壤，也给远程的急假。唐太宗贞观元年曾下令“自丧乱以来，风俗弛坏……既开洪业，不可限以常礼”，“十月少府监奏，丞阎立德妹丧，准令(急)假二十日，立德专知羽仪，其作未了，请止给三日。上曰：风气之情、义不可夺，宜特敦奖，命以次令给假，差人代之”。开元后期吏治败坏，风俗奢靡，借机“既犯条章，又乖礼仪”，玄宗开元三十二年，被迫曾下急令“诸州千秋节，多有聚会，颇成靡费，自今以后，宜听五日一会，尽其欢宴、余二日休假而已”，“后改为天长节”，旧假给三日，其前后一日假，权停。此后对新授参官，任外官未到，称病未上，包括赴任“计水陆路程满日者未到”，“并请停解”。天宝年间，社会风气驰坏，官员法令假日增多，再加各种名目的请假、休假、沐假、急假，泛滥成灾；如天宝四年“贬沈达为泉州参军，徐肇为建州参军，二人为率府掾，各请演州、受州婚姻假”，遥遥无期；当时御史台出示惩戒：“量其秩满，犹有假程，请量黜以惩慢易”。不少官员请假过假，违犯章程，御史台奏令：“既失旧章，又烦圣听，如有违越……每犯夺一月(薪)俸、依奏。”对于“游客官人子弟、勒还本贯，十日外杖一百，居停同罪，须陈问即陈牒给假发遣”。②

---

①《太平广记》卷237《奢侈》。

②《太平广记》卷237《奢侈》。

唐时的事故请假制度，名目众多，种类繁多，就性质而言，也有吉、凶之分。《汉书音义》就称："告、宁，休谒之名，吉曰告，凶曰宁。"吉、凶等特殊事务而引发和形成的事故假，是以礼律为依据的。具体名目有冠礼、庙祭、私忌、婚礼、丧葬、覲省、生子、拜扫，以及疾病、祭祖、侍亲等。

事故假制度有公私之分，其一，公假为庙祭，私忌为"私家庙祭祀"。庙祭之礼在唐五礼中属吉礼大礼的范畴。皇帝在改朝换代与即位登基之际，有立庙附庙之制。还有四时有拜祭之仪，为春分、夏至、秋分、冬至等，都举行祭祀祖先仪祀。逢此日、月，官员持斋志衰，宗族子孙也因之会集陪斋。官吏私家的庙祭比附公家进行，是官员崇礼自己的祖先。所以官员庙祭又有公私之分。《新唐书·礼乐志》称："若诸臣之享其亲，庙寺、服器之数视其品。"开元十年定令的开元礼，规定一品至五品立庙数三至五不等，"六品以下达于遮人之礼，祭于寝①。"可见唐时官员有立私庙及时祭制度。

唐令庙祭给假按《唐六典》开元假宁令："私家庙，各给假五日，四时祭，各四时。"《太平御览·急假》条云，此假"百官九品"皆得享受，去任所三百里内并"给程"。双亲或祖先丧亡之日，古代称忌日。忌日有国忌与私忌之分。国忌是皇帝及先帝的忌日，放假一日，官吏不办公，素斋上庙行香。每逢国忌，百官都要"废务行香"，中央地方别无例外。国忌日不举乐、不鞭挞，乃至官曹不得决断刑狱等。私忌乃是官员父母的忌日，国大为公，家为小私，假宁令规定"给假一日，忌前之夕听还"。当私忌与国事冲突时，唐制庙祭等活动，除了官员有父母亲、大功之丧，或本人疾病，一般不得请假。私忌请假虽不受限，但遇祓庙、祭祀等大事时，却要屈私奉公。

还有为父母祖宗尽孝的祭拜扫墓，主要是给五品以上官员制定的，其父母坟墓又在五百里以外的，其假日，一般为五百里为十五日，再加实际路程时间是比较长的，还要增加时间，一般吏员，给假二日，有的则自行请假解决。唐重忠义，讲孝道，奉行儒学治国，这些公私庙祭、墓扫及相应的假期，是十分优待的，这是唐朝大兴礼乐，从社会单一家庭开始，达到"修身、齐家治国平天下"的一个重要的思想、文化的措置。对父母尽孝，也是对国家尽忠，这对政治、经济发展和繁荣也有一定促进作用。

其二，婚冠与丧葬。婚、冠二礼在五礼中属嘉礼，有常规制度，但和官员

---

①《新唐书》卷13《礼乐志》。

在职政绩优劣结合，以示奖惩。古者二十而弱冠，冠礼为成人标志。所谓“冠者礼之始也，嘉事之重也”。按照《唐六典》开元假宁令载，官员本人“冠，给三日；五服内亲冠，给假一日，不给程”。婚假之给应以婚期为准。假宁令定“婚假九日，除程。周亲婚嫁，五日；大功，三日；小功，不给程。”官员不仅婚、冠可请假，还可参加近亲的婚冠礼、有假期。不过冠礼必须在任官之地举行，官员本人婚礼不在任所，则而给程。唐时规定官员在职而犯有过失错误，婚假降低，所谓量黜慢易。《唐会要》载：“元和四年四月，贬沈连为泉州参军，徐肇为建州参军，二人率府掾，各请泉州建州婚姻假。御史台奏，州皆万里之外，量其秩满，犹有假程，请量黜以惩慢易。”

丧葬在五礼中属“凶礼”。丧葬假在各类事故假中为第一重要，假期多少视品位高低，服制轻重及路途而定。唐代法令，一般百姓，在为父母服丧的孝假内可不服差役。已经执役的诸军校尉和卫士防人，亲勋翊卫等，也有斩衰齐衰等重丧之时，给假百日的制度。父母丧亡官员则必须解职丁忧，通常要服三年丧，实为二十七个月，期满后才能授官复职。《唐律疏议·诈伪》称：“诸父母死、应解官。诈言伪丧，不解者徒二年半。”对于祖父母及其他五服内亲属虽不必解官，但也必须请假行服。《唐六典》卷二载：

> 齐衰周，给假三十日，葬三日，除服二日；大功九月……小功五月，给假十五日，葬二日，除服一日；缌麻三月，给假七日，出降者三日葬及除服皆一日；周已上，亲皆给程，若闻丧举哀，并三分减一。

官员供职在外，若父母丧亡，来不及处置，其灵柩可以暂时在他处安厝，过一段时间，迁回原籍，朝廷也可以给丧葬假期。可见唐时优待在外官吏，并从敦奖民俗出发、劝慰服丧、安抚民意，稳定社会。

其三，觐省与拜扫制度唐时比较盛行的。《唐六典》载：“父母在三千里外，三年给定省假三十五日（或作三十日）；五百里，五年一给拜扫假十五日，并除程，五品已上并奏闻。”省亲归觐父母在官是必遵之制，否则是为不孝。定省假有里途之限，且五品以上，还要由朝廷特批，再增加日期，但并非十分易得。唐制：

> 诸文武百官若流外已上者，父母在，三年给定假三十日。其拜墓五年一假，十日并除程，若一假还家者，计还后给。其五品已上所司勘

当于事，每阙者，奏不得取。[①]

大和三年正月敕，文武官拜扫五年给假，登朝不至五年即不给，说明对觐省与拜扫始终是执行令式的规定。而拜扫假，由于民间素有寒食扫墓的风俗和规定，对于祖坟在距任所较近的官员并非难事。但对于内外官要到外州拜扫和觐亲的，品官越高，给假时间更长："并任唯令式年限请假。"我们在唐朝诗文中有关清明寒食扫墓祭祖的极多，"清明时节雨纷纷，路上行人欲断魂"，在悲哀日子里，即便细雨纷纷，但祭扫还是"必遵之制"，相沿成习，是我国古今对先人祖宗最重要的节假。

此外，唐朝文武官吏还有合情合理的装束假与程假制度。官员授任到职要给予准备的时间，这就是装束假。与此同时还有到达任所需要的路程期限，也就是程假。根据规定，装束假主要是授予赴外任及远任者；"京官身先在外者"还京，装束假就要减少一半。装束假不仅给予一般官员，即左降官与流贬者也多少可以享受一定假期。玄宗时，为禁止流贬人为在路逗留，为郡县所姑息，许其停滞，但有时限，故于天宝五载七月敕令："自今已后，在降官量情节稍重者，日驰十驿以上赴任。"同时还要派人押领，递相吩咐。"如果因循，便要处分"。[②]

装束假之外的程假，公式令有细规定："马，日七十里；步及驴，五十里；车，三十里"。装束假加上程假给官员上任的时间是很充裕的。所以官员上任时，沿途可以欣赏风景，拜访亲友。如白居易元和十年八月，由太子左赞善大夫贬江州司马。出蓝田，经襄阳，乘舟经鄂州，冬初方至江州，大约花了三个月的时间。李白流放夜郎，经江州、当涂、宣城、浔阳……其间当有二月之久。没有超过令式所规定的程假都是允许的、可以的。装束假的规定，对授任不满的官员有回旋余地，代宗时陈少游徐州刺史，挂管观察使；"以岭徼遐远，欲归求近郡"。为此贿赂宰相元载与宦官董秀。经元载内外引荐，董秀"从容旬日"，终于束假简短，得从所愿，换成宣州刺史的颇好差事。

还有值得一提的是官员长假制度。长假通常是指年老，多病，或有功大臣，或特殊困难的，有长时间、连续的，并且会影响工作的长期休假。《太平御览·假宁令》曰："诸本服周亲已上疾病危笃，远行久别，及诸急难，并量给假。"唐朝

①《太平御览》卷634"治道部十五"《急假》。

②《唐会要》卷41《左降官及流人》。

官员本人因病，或年老体衰，多病在身，而不耐公务辛劳，可以请长假。按唐开元假宁令规定：长达一百日；如百日已过，仍不见好，可以告病去职，称为“长告”，即长期休假。当然，或因皇帝信用，或因其官职重要，政务又一时难有顶任的，仍可带病留职请假：“宜依旧秩，未要停举。”如白居易以太子宾客分使东都，“优以散秩退休待遇”，“长告今朝满十旬，从兹潇洒便终身。”①

唐时对于超假、过假也有法令规定：《唐六典·吏部》有“凡执事官应觐省及移疾不得过限”，规定官吏自身病假一般不得超过百日，侍亲不得超过二百日。但对有大功的元老重臣，及“应侍人才然要籍驱使者”，有“申令带官侍养”的优待。《会要》卷四十七称：

> 贞观十六年，韦挺等十八人议曰：王者富有四海，至于臣有大功，享禄其后，子孙率礼……四时不辍，国家大裕，昭明其勋，以劝嗣臣也。

一些特殊年老重臣，授予散秩闲职，令其归家侍养等。唐太宗曰“今海内宁一，旌善念功，褒贤昭德……长孙无忌改封赵国公、房玄龄为梁国公、李靖为卫国公、李勣为英国公，第一大批功臣”，闲职待养，“意欲公之枝叶，翼朕子孙，长为藩翰，传之永久，情在此耳”。

总体来说，侍疾请假和因事请假制度是严格的，常是给予特殊官吏和人物。官员的请假名目繁多，有功而请假旷官的事也时有发生。事故假的执行还是按法令的，处分也有轻重缓急之分。有时官员错失旷假，虽有处罚，但不涉及为官的应有节假及执役的官户、奴婢等：“凡元（日）、冬（至）、寒食、丧、婚、乳咸与假焉”。再如“产后及父母丧，婚放一月，闻亲丧放七日”，违反时假的，特别五品以下官吏，“移疾过限”，自然要加重处理，也不会有重臣、名臣之一般待遇，有的甚至调离降级的。当然因品位高低，人事错综复杂，再加法令其中有不合理的轻重因素，成了有功嗣的重臣、功臣，元老，以及有背景的地方官吏借公济私的借口。节假、请假、休假，尤以到了开元以后，吏治败坏，滥于行赏，有些制度名存实亡，放假成了乱假。天宝年间，中央政令混乱，影响社会风气，不少大臣纷纷建议，改革节假，“恐非久安之道”，难以“垂范将来”，然玄宗安于佚乐，荒于怠政，听之任之，益加败坏，社会日趋动荡，地方藩镇猖獗，最终酿成安史之乱，地方无有平乱之将，很快两京陷落。

---

①《白居易集》卷35《百日假满少年傅官停自喜言怀》。

总之，从汉至唐，节假、休假、请假等制度已经达到了成熟、定型阶段，唐天宝以后，吏治败坏，社会动乱，节假等制度也因之弊端百出，滥而成灾，由此引发了政治腐败、财政困窘，从统治阶级内部釀成安史之乱；但其绝不是由节假制度本身所引起，而是以唐玄宗为代表的统治集团荒淫腐败所造成的。唐朝节假日多，仪典生动，严肃而隆重，每个季节都有特色，赋予一定科学内涵，且以丰富多彩娱乐活动，展示天下太平，与民同乐；特别是吸取千余年来传统优秀的民俗、民风，教化人民，勤于农事，男耕女织，安定社会，提高丰富人民生活；启迪官吏为国为民，发展生产，繁荣经济，对于缔造大唐百余年的治世盛世，确实起了一定作用。且唐一代制定的各项制度为以后王朝所遵循继承，对宋明两代民俗制度和文化的发展产生了巨大的影响，成为我国文化史上一大多彩的节目，以至当时的世界，尤以东亚诸国，堪称大唐为东方文明大国，这也是大唐“唐风”一个重要的辉煌展示。

主要参考书目

汉・司马迁.《史记》. 北京：中华书局，1959 年

汉・班固.《汉书》. 北京：中华书局，1959 年

南朝宋・范晔.《后汉书》. 北京：中华书局，1959 年

晋・陈寿.《三国志》. 北京：中华书局，1959 年

唐・长孙无忌等.《唐律疏义》. 北京：中华书局 1983 年

唐・刘肃.《大唐新语》. 上海：古籍出版社，1982 年

唐・欧阳询.《艺文类聚》. 上海：古籍出版社，1985 年

唐・杜佑.《通典》. 北京：中华书局，1988 年

唐・李林甫等.《唐六典》. 清广雅书局

唐・李吉甫.《元和郡县图志》. 中华书局 1983 年

唐・徐坚.《初学记》. 中华书局，1962 年

唐・刘悚.《隋唐嘉话》. 上海：古典文学出版社，1957 年

唐・刘知幾.《史通》. 北京：中华书局，1982 年

唐・李肇.《唐国史補》. 上海：上海古籍出版社，1991 年

唐・郑处晦.《明皇杂录》. 上海：上海古籍出版社，1991 年

唐・段成式.《酉阳杂俎》. 北京：中华书局，1981 年

唐・段公路.《北户录》. 唐代丛书本

唐・张彦远.《历代名画记》. 上海：上海美术出版社，1963 年

唐・吴竞.《贞观政要》. 上海：上海古籍出版社，1881 年

唐・朱景玄.《唐朝名画录》. 四库全书本

唐・释道宣.《续高僧传》. 上海：上海古籍出版社，1990 年

唐・陶弘景.《真诰》. 转引任继愈主编《中国道教史》

唐·寒山.《寒山子诗集辑校》.陕西:西安人民出版社 1991 年
五代·刘昫等.《旧唐书》.北京:中华书局,1990 年
五代·王定保.《唐摭言》.上海:上海古籍出版社,1991 年
五代·王仁裕.《开元天宝遗事》.上海:上海古籍出版社,1991 年
宋王·溥.《唐会要》.北京:中华书局,1995 年
宋·王钦若.《册府元龟》.北京:中华书局,1961 年
宋·宋敏求.《唐大诏集令》.北京:商务印书馆,1959 年
宋·李昉等.《太平广记》.上海:上海古籍出版社,1990 年
宋·李昉.《文苑英华》.北京:中华书局,1965 年
宋·欧阳修.《新唐书》.北京:中华书局,1979 年
宋·范祖禹.《唐鉴》.北京:上海古籍出版社,1988 年
宋·洪迈.《夷坚志》. 北京:上海古籍出版,1991 年
宋·陈耆卿.《嘉定赤城志》.北京:中华文史出版社,2004 年
宋·李昉.《太平御览》.北京:中华书局,1990 年
宋·叶适.《习学记言序目》.北京:中华书局,1989 年
宋·司马光.《资治通鉴》.北京:中华书局,1956 年
宋·马端临.《文献通考》.北京:中华书局,1956 年
宋·王应麟.《国学纪闻》.上海古籍出版社,1988 年
宋·孙光宅.《北梦琐言》.上海古籍出版社,1991 年
宋·王谠.《唐语林》.上海古籍出版社,1991 年
宋·《宣和画谱》.上海美术出版社,1962 年
元·陶宗仪.《辍耕录》.上海:商务印书馆,1936 年
宋·洪迈.《夷坚志》.中华书局,1961 年
明·胡应麟.《少室山房笔丛》.上海古籍出版社 1936 年
明·王夫之.《读通鉴论》.中华书局,88 年
明·张奕.《东西洋考》上海古籍出版社,1980 年
清·赵翼.《二十二史札记》.上海古籍出版社,1980 年
清·齐周华.《名山藏副本》.上海古籍出版社 1996 年
清·《全唐诗》.北京:中华书局,1999 年
清·永瑢等.《四库全书总目》.北京:中华书局,2003 年
清·李卫等.《浙江通志》.上海:上海古籍出版社,1988 年

喻长霖纂.《台州府志》.上海：上海游民习勤所,1939年

余嘉锡·《四库提要辩正》.北京：中华书局,1981年

李学勤主编.《十三经注疏》.北京：中华书局,1964年

韩国磐.《隋唐五代史》.上海：上海人民出版社,1980年

王仲荦.《魏晋南北朝隋唐史》.上海：上海人民出版社,1981年

范文澜.《中国通史简编》.北京：人民出版社,1965年

史念海主编.《中国唐史论丛》.西安：三秦出版社,1980年

陈寅恪.《隋唐制度渊源略论稿》.《唐代政治史述论稿》.北京：中华书局,1963年

谷霁光.《府兵制考释》.北京：人民出版社,1980年

谭其骧.《长水集》.北京人民出版社,2009年

高世瑜.《唐代妇女》.西安：三秦出版社,2000年

张泽咸.《唐五代农民战争史汇编》.北京：中华书局,1979年

雷家骥.《武则天传》.北京：人民出版社,2008年

郑学檬、卢华语.《李世民评传》.南京：南京大学出版社,2006年

徐连达.《唐朝文化史》.上海：复旦大学出版社,2004年

齐陈骏.《枳室史稿》.甘肃文化出版社,2005年8月

王勇等.《中日文化论丛》.杭州：杭州大学出版社,1990年

孙光圻.《中国航海史》.北京：海洋出版社,1995年

任继愈主编.《中国道教史》.上海：上海人民出版社,1990年

杨博文等校译.《诸蕃志校释》.北京：中华书局,2000年

冯承钧.《中国南洋交通史》.上海：上海古籍出版社,2005年

台湾“中央研究院”.《中国海洋发展史论集》.台北.永裕印刷厂,1985年

日本神奈川大学人文学研究所.《中日文化论丛》.杭州：杭州大学出版社,1990年

[日]木宫泰彦.《日中文化交流史》.(转引)

[日]仁井田升.《中国法制史研究》.(转引)

[日]淡海真人等.《唐大和尚东征记》.(转引)

[日]仁井田升.《中国法制史研究》.(转引)

[朝鲜]《三国史记》.(转引)

[朝鲜]朴真.《朝鲜造纸史》.(转引)